农村电子商务基本理论与运营实践

何 华 编著

科学普及出版社
北 京

图书在版编目（CIP）数据

农村电子商务基本理论与运营实践 / 何华编著. —北京：科学普及出版社，2017.10
ISBN 978-7-110-09670-3
Ⅰ.①农… Ⅱ.①何… Ⅲ.①农村－电子商务 Ⅳ.①F713.36
中国版本图书馆 CIP 数据核字（2017）第 259367 号

策划编辑	高磊	
责任编辑	高磊	
装帧设计	鸿城时代	
责任校对	陈娟	
责任印制	马宇晨	
出　版	科学普及出版社	
发　行	科学普及出版社发行部	
地　址	北京市海淀区中关村南大街 16 号	
邮　编	100081	
发行电话	010-62103130	
传　真	010-62179148	
网　址	http://www.cspbooks.com.cn	
开　本	787mm×1092mm　　1/16	
字　数	400 千字	
印　张	19.25	
版　次	2017 年 10 月第 1 版	
印　次	2017 年 10 月第 1 次印刷	
印　刷	北京盛通印刷股份有限公司	
书　号	ISBN 978-7-110-09670-3 / F・268	
定　价	38.00 元	

（凡购买本社图书，如有缺页、倒页、脱页者，本社发行部负责调换）

内容简介

本书共分八章,从电子商务概述、农村电子商务概述、农资与农产品网上运营实例、农产品网上开店与运营(以淘宝网为例)、网店运营、网店客户关系管理、农产品电子商务支付与农产品物流农村电子商务精准扶贫等几方面详细、全面地介绍了农村电子商务的运营。全书内容丰富、结构合理,加入了大量的农村电子商务的实例,用通俗易懂的语言向读者介绍了农村电子商务开展的方法和流程,深入浅出,使读者能快速、全面地了解农村电子商务基本理论和实践方法。本书适合开展、研究农村电子商务的人员阅读使用。

序　言

随着"互联网+"和双创时代的到来,电子商务在农村、农业领域的应用越来越广泛,以信息技术和全球化网络为支撑,对农产品从生产地到顾客手中进行全方位管理的全过程,主要是从事与农产品产、供、销等环节相关的电子化商务服务。近年来,我国政府和社会高度重视农村电商的推广和应用,采取一系列的政策和措施促使其发展,除了大力发展物流体系建设、农村信息化建设、农村电商平台建设、县域电子商务公共服务中心和村级电子商务服务站点的建设外,还把支持农村电子商务培训作为重点来建设和支持,并且投入了大量的人力、物力和财力。

在农村电子商务的发展过程中,越来越多的人意识到要想发展农村电商,消费品下乡、农产品进城两方面都很重要,特别是农产品进城更是重中之重。农村是一块宝地,有大量的资源和市场,之所以农村电子商务发展不均衡,一个重要的原因就是农村电商人才的缺乏,对于农村电商,不能简单地理解为让工业品下乡和把农产品快速地卖出去,而是要增加农民收入,实现农民富裕,让更多的贫困人口摆脱贫困。农村电商呈现快速发展的态势,是发展县域经济的重要引擎和实现精准扶贫的重要抓手。农村电子商务是对农村各种资源的整合,它在快速布局、高速增长的同时,电商人才的缺口也在不断增大,并已对农村电商的发展形成严重约束,没有充足的人才,农村电商发展后继乏力。农村没有获得信息的来源,不知道国家出台的惠农利民的政策,也没有能力拓展销售渠道,想做电商却无从下手。所以,通过国家推广电子商务进农村示范县的契机,加强对农村人口、地方政府领导进行电商培训,培养农村电商人才是推进农村电子商务的推广和应用重要的一环,迫在眉睫。

发展农村电商最主要的目的是帮农民把农产品卖出去,实现农民增收,这就需要全方位布局和培养懂得农村电商知识的新农人。目前多数的农村电商培训基本上是由政府牵头出资,联合或邀请培训企业进行电商人才培训,目的在于培养更多农业电商人才,发展农村经济,但很多培训机构只是按照要求完成规定的培训任务,却并不关心培训的效果,也不在意培养了多少人才,这样就达不到培训的目的,培养不出真正的农村电商人才。

农村电子商务人才培育计划是一项规模庞大、工程复杂的长期项目。在计划实施初期,首先要搞清楚培训的对象。一般来说培训对象是返乡大学生、大学生村官、农民工、农村青年致富带头人及经济困难未就业青年，包括种植、养殖、加工、运输、销售大户，农村能人、经纪人、农村专业合作社成员等，还有政府部门相关人员、农村连锁超市、农资直营店、基层服务站等机构。

我们要采取正确的开展方式来落实精准培训农村电子商务人才，因材施教对培养人才具有重要意义，所以进行农村电商培训时要根据不同的对象选择不同的培训内容。现实中，因为没有确定目标群体、没有根据受训者的层次教学的，效果都不太理想。对于年纪较大、网络意识薄弱、农产品电商推广工作经验不足、没有电商知识的农民来讲，要由浅入深，由简单到复杂的过程开始；对于有一定基础的种养大户、大学生村官、经纪人等就要根据他们的基础来制定课程体系；针对致力于电商发展的农村合作组织、村企等农村群体，开展定制式电商专训，包括农民新生网商电子商务基础培训、电子商务进阶提升培训、农村市场或产业带电商培训、师资队伍及相关农村企业人员的电商高端培训等。制定的培训内容还要富有针对性，结合农村科技、实用技术、科技示范、政策法规、农村金融、致富信息等内容，开展电商普及性或点亮式培训。最后，还要根据受训人的基本地理环境因地制宜地确定培训内容，实现培训的实操性。

大多数农民的文化水平不是很高，能引导他们进行一些简单的操作，使他们循序渐进做好农产品的电商是培训的一个重要内容。而有的培训人员一讲课就推广自己的平台，让农民在自己或其他电商平台设立自己的店铺，让农民进行店铺的装修，还要农民自己去打造网货，让农民去打造爆款等，农民对农业和农产品种植有研究，但让他们去做一些电商从业人员都没有做好的事，实在是强人所难。因此，农村电商培训更应该输送"因才施教"的理念，不应该及早地动员农民去建店铺，去自己开辟销售的新天地，因为农民没有那么多资金的投入、没有获得更多流量的渠道、没有打造品牌的经验。其简单实用的还是要学会选择一些有信誉、有较强运作能力的电商企业，加强与这些企业的合作。农民负责按要求、按标准生产农产品，电商企业负责网上的销售。这种结合对农民来说更实用，更容易操作。

做好农村电商的培训，需要切实解决以下几个问题：一是杜绝有关部门急功近利的问题，二是解决培训内容无人把关和培训过程无人监督的问题，三是监督培训讲师没有门槛和水平不高的问题，四是缺乏针对培训结果进行考核的问题。这些问题解决了，农村电商培训的效果就会更好。

本书恰恰是兼顾实用性、先进性和理论性，同时以浅显易懂的语言帮助和指导各类农村电商从业者和管理者如何实现农产品上网销售，了解国内农村电商发展动态，如何开展农村电子商务。本书完全可以作为电子商务进农村示范县的培训教材，希望通过本书让农民尽快学会如何运营互联网工具；让农产品插上电商的翅膀飞翔；让农村与城市同步发展；让更多的农民走上富裕道路；让农村农民生活更快地实现中国梦。

国资委流通行业管理政研会调研员、一带一路
工作委员会金融局（筹）局长　孙光佩
2017年10月8日

前　言

随着国家大力推进电子商务进农村示范活动，中国农村电子商务风起云涌，逐渐已经成为市场热点，除了淘宝、京东、苏宁纷纷加入农村电子商务大军以外，以农村电子商务为核心的创业企业更是如雨后春笋般出现，包括各地政府引导的电子商务进农村示范县运营企业、各地农产品龙头企业、供销e家、中国邮政，等等，更有由若干精英创造了浙江遂昌、河北清河、江苏沙集等运营模式，对传统农业商贸流通方式向现代化农业商贸流通方式转变起到了极大的推动作用。

虽然目前农村电子商务活动如火如荼，但站在长期发展的角度还需要保持理性。首先，大部分地区的农村电商运营形式和内容雷同，缺少特色，专业性和实用性不强，农业信息服务体系还没有形成，目前大部分运营企业均以消费品下乡为主，电子商务给农产品销售带来的作用尚未完全体现，如何使得农村电子商务推行从政府输血到市场自身造血，还需要政府和企业进一步长期探索。

农村经济的发展一直是中央政府各个部门关注的焦点，所谓民以食为天。如今在互联网高速发展的今天，农业发展还存在落后的状况。比如，农民对互联网并不在行，大量的农产品滞销；好的农产品因为没有销售渠道、没有好的包装理念而卖不上好价钱；有见识的农民种植的特色蔬菜和水果，无法发挥更大的商业价值，等等。

农村电子商务对农业生产带来的积极意义无疑是巨大的，不仅能引导农民进行合理化生产，从而扩展农产品市场、提高农村产品知名度，还可以推广新型农业生产技术、提高农村生产的创新能力，从而带动农民走上富裕之路。产业先行，意识优先，随着农村电子商务的不断宣传和推进，农村基层政府和老百姓都认识到了通过互联网可以致富，但如何利用电子商务让自己致富，让自己种植的农产品获得更好的市场认可，获得更高的价值和利润，大部分农民还是茫然无措，还处于盲从和"等、靠、要"的状态，还需要通过培训进一步提高农民掌握互联网电商工具的积极性和主动性。基层政府领导也都认识到可以通过电子商务帮助农民致富和帮助贫困户精准脱贫，但究竟如何利用互联网工具，还需要从理论和方法上进一步帮助其提高认识。

市场上关于农村电子商务的书籍寥寥甚少，已有的几本书籍大部分以高职院校理论教材为主，针对基层如何开展电子商务的指导性和操作性不强，大部分电子商务示范县运营企业的培训活动没有合适的参考教材，均已 PPT 课件为传授方式，学员没有长期可以阅读和参考的读物。鉴于此，笔者根据自己对市场的长期调研和运营实践，编写了本书，希望能够对基层人员运用农村电子商务工具起到理论和实践方面的指导作用。本书在编写过程中，得到了商务部中国国际电子商务中心高俊、马淑坤的大力支持，并且提供了宝贵意见，在此表示感谢。同时也感谢北京神农联创电子商务有限公司常剑、张洁的鼎力相助，在市场调研过程中给予的大力支持和帮助，在此一并感谢。

本书共分八章，从电子商务概述、农村电子商务概述、农资电子商务运营实例、特色农产品电子商务运营实例、农产品网上开店与运营（以淘宝网为例）、网店运营、网店客户关系管理、农产品电子商务支付与农产品物流、电商精准扶贫这几个方面详细、全面地介绍了农村电子商务。全书文字通顺，结构合理，加入了大量的农村电子商务的实例，用通俗易懂的语言给读者介绍了农村电子商务开展的方法和流程，内容深入浅出，使读者能快速、全面地了解农村电子商务基本理论和实践方法。本书适合开展和研究农村电商的人群使用，适合基层政府领导了解农村电子商务使用。

农村电子商务是新兴事物，作者本着抛砖引玉的态度写作此书，鉴于作者水平有限，书中疏漏之处请读者批评指正。

何华

2017 年 7 月

目　录

第一章　电子商务概述 … 1
　第一节　电子商务概念与分类 … 2
　　一、基本概念 … 2
　　二、电子商务特点 … 3
　　三、电子商务分类 … 5
　第二节　电子商务商业模式 … 7
　　一、电子商务商业模式概念 … 7
　　二、商业模式的结构 … 8
　　三、典型的电子商务商业模式 … 8
　第三节　电子商务产生与发展 … 16
　　一、数字革命推动了电子商务的发展 … 16
　　二、交易环境推动了电子商务的发展 … 17
　　三、企业的环境响应支持模式 … 17
　　四、组织响应战略 … 18

第二章　农村电子商务概述 … 21
　第一节　概述 … 22
　　一、农村电子商务内涵 … 22
　　二、农产品电子商务的参与要素 … 22
　　三、农村电子商务的实现形式 … 23
　第二节　农村电子商务模式 … 23
　　一、概述 … 23
　　二、电子商务改造传统农业案例 … 24
　　三、我国典型农村电子商务模式 … 26
　第三节　电子商务在农村电子商务中的作用与路径 … 31
　　一、电子商务在农村电子商务中的作用 … 31
　　二、加快发展农村电子商务的路径举措 … 32

第四节　我国农村电子商务发展 ……… 35
一、农村网购市场规模呈现快速增长态势 ……… 35
二、农村电商呈现出的特点 ……… 35
三、农村电商消费趋势 ……… 35

第三章　农资与农产品网上运营案例 ……… 37
第一节　网络营销概述 ……… 38
一、营销理论的发展 ……… 38
二、网络营销的概念 ……… 39
三、网络营销的作用 ……… 41
四、网络营销与传统营销的区别 ……… 42
五、网络营销理论基础 ……… 45
六、网络营销方法 ……… 50

第二节　农资企业网上运营实例 ……… 62
一、×××农资企业网站分析 ……… 62
二、农资企业营销模式总体思路 ……… 64
三、农资企业线下营销策略 ……… 64
四、线上营销策略（网络营销） ……… 71
五、直销商管理 ……… 76

第三节　特色农产品网上运营实例 ……… 77
一、中国农业网站分类 ……… 77
二、特色农业产品进行网上交易的优势分析 ……… 79
三、基于微信平台的汉中农产品销售与推广案例 ……… 79
四、微信商城项目实施 ……… 80

第四章　农产品网上开店与运营 ……… 85
第一节　开店准备 ……… 86
一、开店准备 ……… 86
二、选择网上交易平台 ……… 87

第二节　淘宝规则解读 ……… 89
一、淘宝网有关概念的界定 ……… 89
二、交易 ……… 90
三、经营 ……… 90
四、市场管理 ……… 91
五、通用违规行为及违规处理 ……… 93

第三节　开店流程 ……… 96
一、如何注册淘宝账户及激活支付宝 ……… 96
二、开店步骤 ……… 99
三、开店考试 ……… 107

  四、宝贝发布 ……………………………………………………………………… 112

  五、发货操作 ……………………………………………………………………… 114

 第四节 店铺定位与管理 …………………………………………………………… 118

  一、店铺定位 ……………………………………………………………………… 118

  二、店铺管理 ……………………………………………………………………… 120

  三、商品定价 ……………………………………………………………………… 126

 第五节 货源组织 …………………………………………………………………… 129

  一、从批发市场进货 ……………………………………………………………… 129

  二、通过淘宝寻找货源 …………………………………………………………… 129

  三、在采购网站上寻找货源 ……………………………………………………… 130

  四、买入品牌积压库存和换季清仓商品 ………………………………………… 130

  五、地域特色商品 ………………………………………………………………… 131

  六、展销会和交易会 ……………………………………………………………… 131

  七、淘宝网分销平台 ……………………………………………………………… 131

 第六节 店铺交易安全 ……………………………………………………………… 132

  一、店铺交易安全产生的原因 …………………………………………………… 132

  二、店铺交易安全的防范 ………………………………………………………… 133

第五章 网店运营 …………………………………………………………………… 139

 第一节 网络消费者行为心理学基础 …………………………………………… 140

  一、对商品的感知与消费者选择行为 …………………………………………… 140

  二、记忆对消费者行为的影响 …………………………………………………… 140

  三、想象与联想对消费者行为的影响 …………………………………………… 141

  四、注意对消费者行为的影响 …………………………………………………… 143

  五、需要与消费者行为 …………………………………………………………… 144

  六、情感与消费者行为 …………………………………………………………… 145

  七、消费动机与网络消费者行为 ………………………………………………… 146

 第二节 店铺推广与营销 …………………………………………………………… 147

  一、网站营销策略 ………………………………………………………………… 147

  二、网店推广手段与产品宣传文案写作 ………………………………………… 149

  三、淘宝网店推广技巧 …………………………………………………………… 160

 第三节 店铺装修 …………………………………………………………………… 163

  一、店铺布局 ……………………………………………………………………… 164

  二、店铺装修案例 ………………………………………………………………… 165

  三、店铺装修 ……………………………………………………………………… 167

  四、宝贝分类模块的编辑 ………………………………………………………… 176

  五、店铺商品陈列 ………………………………………………………………… 181

 第四节 农产品商标和地理标志 ……………………………………………………… 182

一、农产品商标 …………………………………………………………… 182
　　二、农产品地理标志 ……………………………………………………… 184
　　三、农产品商标注册 ……………………………………………………… 184
　第五节　农产品认证 ………………………………………………………… 187
　　一、绿色食品认证 ………………………………………………………… 187
　　二、无公害农产品认证 …………………………………………………… 188
　　三、有机农产品认证 ……………………………………………………… 189

第六章　网店客户关系管理 …………………………………………………… 191
　第一节　网店客户关系管理理论综述 ……………………………………… 192
　　一、客户关系管理理论的起源 …………………………………………… 192
　　二、客户 …………………………………………………………………… 193
　　三、客户满意 ……………………………………………………………… 195
　　四、客户关系理论 ………………………………………………………… 200
　　五、客户关系管理理论 …………………………………………………… 206
　第二节　店铺客户关系管理实践 …………………………………………… 207
　　一、注重客户感知价值 …………………………………………………… 207
　　二、增加客户的信任 ……………………………………………………… 209
　　三、将客户服务贯穿销售各环节 ………………………………………… 210
　　四、建立店铺客户金字塔 ………………………………………………… 214
　　五、店铺客户关系管理实例 ……………………………………………… 218

第七章　农产品电子商务支付与农产品物流 ………………………………… 225
　第一节　网店的电子支付 …………………………………………………… 226
　　一、电子支付的概念及特点 ……………………………………………… 226
　　二、第三方支付 …………………………………………………………… 226
　　三、淘宝网支付实践 ……………………………………………………… 229
　第二节　农产品物流配送 …………………………………………………… 233
　　一、物流配送概述 ………………………………………………………… 233
　　二、农产品物流配送 ……………………………………………………… 235
　　三、选择快递公司 ………………………………………………………… 237
　　四、淘宝网物流配送实践 ………………………………………………… 242
　第三节　货物包装 …………………………………………………………… 246
　　一、包装概述 ……………………………………………………………… 246
　　二、农产品包装 …………………………………………………………… 251
　　三、农产品包装相关规定 ………………………………………………… 252
　　四、货物打包 ……………………………………………………………… 253
　　五、打包流程 ……………………………………………………………… 253
　第四节　发货流程 …………………………………………………………… 255

一、发货流程概述 ·· 255
二、淘宝发货流程 ·· 255

第五节　农产品冷链物流 258
一、农产品冷链物流概述 ·· 259
二、生鲜农产品冷链溯源信息关键点 ···································· 260
三、生鲜农产品物流模式 ·· 262

第六节　大宗农产品物流 266
一、农产品物流概述 ·· 266
二、国内典型省份农产品物流经验做法 ································ 268
三、提升农产品物流效率的路径举措 ···································· 269
四、普通物流与快递的区别 ·· 270

第八章 农村电子商务精准扶贫 273
第一节　精准扶贫相关理论 274
一、贫困相关理论 ·· 274
二、精准扶贫相关理论 ·· 276

第二节　我国精准扶贫机制与政策 279
一、我国精准扶贫的主要政策 ·· 279
二、精准扶贫的主要机制 ·· 281

第三节　电子商务精准扶贫内涵与机制 283
一、电子商务精准扶贫内涵 ·· 283
二、电子商务精准扶贫主要内容 ·· 283
三、国内电子商务精准扶贫模式 ·· 284

第四节　农村电子商务精准扶贫路径举措 288
一、模式 ·· 288
二、实施内容 ·· 289
三、总体规划 ·· 290
四、总框架 ·· 291
五、电子商务精准扶贫方案 ·· 292

第一章

电子商务概述

第一节　电子商务概念与分类

电子商务是指在全球范围内通过网络进行商品、劳务的交换活动。电子商务所具有的不同于传统交易手段的新特点，带来了巨大的经济效益和社会效益，促进了生产力的大幅度提高，大大改变了人们的工作和生活方式。这一新型商业模式改变了原有的传统经济、市场以及产业结构，改变了产品和服务的流动模式，改变了企业对消费者的划分标准，改变了消费者价值衡量、消费者行为模式，同时也改变了劳动力的市场结构。

一、基本概念

自从电子商务产生以来，不同专家、不同组织、各国政府、不同企业均对电子商务从不同的角度进行了定义。

1. 专家的观点

我国电子商务专家李琪教授认为，电子商务是在技术、经济高度发达的现代社会里，掌握信息技术和商务规则的人，系统化地运用电子工具，高效率、低成本地从事以商品交换为中心的各种活动的总称。

2. 企业对于电子商务的定义

IBM：IBM 公司将电子商务定义为广义的 EB（electronic business），它不仅包括狭义的 EC（electronic commerce），而且是把买方、卖方、厂商及其合作伙伴通过因特网（Internet）、内联网（Intranet）、外联网（Extranet）结合在了一起。IMB 公司认为，只有先建立良好的内联网，建立起比较完善的标准和各种信息基础设施，才能顺利扩展到外联网，最后扩展到电子商务。

美国通用公司：电子商务是通过电子方式进行的商业交易，可以分为企业与企业间的电子商务和企业与消费者之间的电子商务。

3. 各国政府对电子商务的定义

美国政府：电子商务是通过 Internet 进行的各项商务活动，包括广告、交易、支付服务等活动，全球电子商务将会涉及世界各国。

欧洲议会：电子商务是通过电子方式进行的商务活动。

加拿大电子商务协会：电子商务是通过数字通讯进行商品和服务买卖和资金转账，它还包括公司间和公司内利用 E-mail、EDI（Electronic data interchange）、文件传输、传真、电视会议、远程计算机联网所能实现的全部功能（如市场营销、金融结算、销售、商务谈判）。

4. 国际组织对电子商务的定义

世界电子商务大会：电子商务是指实现整个贸易活动的电子化，即交易的各方以电子贸易的方式，而不是通过当面交换或直接面谈方式进行的任何形式的商业交易活动。从技术方面可以定义为，电子商务是一种多技术应用的集合体，包括交换数据、获得数据及自动捕获数据。

世界贸易组织（WTO）：电子商务是通过网络进行的生产、营销、销售和流通活动，它不仅指基于因特网上的交易活动，而且指所有利用 IT 技术来解决问题、降低成本、增加价值和创造商业和贸易机会的商业活动，包括通过网络实现从原材料查询、采购、产品展示、订购到出品、储运、电子支付等一系列的贸易活动。

经济合作与发展组织（OECD）：电子商务是发生在开放网络上的饮食企业之间、企业与消费者之间的商业交易。

5. 电子商务的分析定义

电子商务是指通过网络进行的商品、劳务，以及信息的买卖活动。根据不同的视角，电子商务可以进行不同的定义。

（1）沟通：以沟通的视角定义电子商务，是指通过计算机网络或者任何其他电子手段进行的商品、劳务、信息的购买活动，以及通过网络进行的付款活动。

（2）交易：以交易的视角定义电子商务，是指电子商务能够通过网络或其他在线服务提供商品、劳务、信息买卖活动的能力。

（3）业务流程：以业务流程的视角定义电子商务，是指通过网络自动完成信息传递，从而替代传统的业务流程中信息的传递过程。

（4）服务：以服务的视角定义电子商务，是指政府、企业、消费者、管理部门为了减少交易成本、提高服务质量、提高客户响应速度所利用的一个商业工具。

（5）学习：以学习的视角定义电子商务，是指中小学、大学及包括企业在内的其他组织通过网络所进行的在线培训与教育。

（6）协同：以协同的视角定义电子商务，是指企业内部与企业之间进行的协同架构。

（7）社区：以社区的视角定义电子商务，是指电子商务能够为社区成员提供一个聚集的场所，社区成员能够在这个场所中互相学习、互相交易、互相合作。

综上所述，电子商务是指通过网络进行的商品及劳务的交换、客户服务、企业与企业之间的合作，以及在组织内部进行的电子交易活动。

二、电子商务特点

1. 虚拟化

与传统交易相比，电子商务交易是通过网络进行的，整个过程不需要交易主体面对面进行，信息查询、订货、支付等环节均是通过网络，交易过程所涉及的经济资源不是以传统的物化形式出现,而是被虚拟成由"0""1"组成的多种数据形式的符号。这种虚拟的信息资源向商家的商业信用提出了更高的要求。

2. 低成本

在电子商务环境下,任何组织与个人通过网络紧密联系在一起,建立虚拟社区、虚拟公司、虚拟政府、虚拟市场等,可以实现信息共享、资源共享、智力共享等,大大减少了组织与个人的信息搜寻成本;同时电子商务将传统的商务流程虚拟化,以电子流代替了实物流,可以大大减少经济资源,从而节约成本;与传统商务活动不同的是,电子商务没有实体店铺,销售人员数量比传统商务减少,以信息技术为基础的电子商务可以改变企业决策中信息不确定和滞后问题,通过网络可以将市场需求信息实时传递给供应商,从而适时得到补充供给,在具备条件的情况下可以实现"零库存管理",从而库存成本也大大降低。以上这些均实现了电子商务的低成本运作。

3. 高效率

电子商务打破了时空的界限,商务活动不再受地理界限的限制,真正实现了一天24小时,一周7天的不间断运作,网上的交易可以开展到传统营销人员和广告促销所达不到的市场范围。同时网络又提供了丰富的信息资源,组织与个人可以实现信息的共享,为各种经济资源的重组提供了更多的可能,使经济资源能够得到最优的配置。电子商务改变了传统的流通模式,消费者与生产者可以实现直接在线交流,消费者甚至可以参与到企业的生产活动中去,生产者可以快速响应消费者需求,极大地满足消费者的个性化需求,并且能够通过网络瞬间完成信息传递与计算机自动处理,没有人员干预,加快了交易速度。

4. 信息透明

通过电子商务,企业之间、消费者可以直观地将各种商品的配置、价格,以极其透明的方式查询和获取,并进行对比。因此,与传统商务相比,在网络环境下,信息不对称和信息不完全得到了改善。原因一是劳动者信息获取、传递、处理和运用信息的能力空前增强;二是劳动工具的网络化、智能化及隐含在其内的信息与知识的分量急剧增大,信息网络本身也成了公用的或专用的重要劳动工具;三是使不可缺少的生产要素劳动对象能得到更好的利用,并扩大其涵盖的范围,数据、信息、知识等都成了新的劳动对象;四是使组合、协调生产力有关要素以提高它们综合效益的管理对生产力发展的决定性作用更加强化;五是使作为生产力特殊要素的信息与知识通过对生产力其他要素所起的重大影响和通过对这些要素的有序化组织、总体性协调,发挥其物质变精神、精神变物质两个过程相互结合的特殊作用。

三、电子商务分类

1. 基于交易性质的不同

通常是以电子商务交易的性质或者是以交易主体之间的关系来对电子商务进行分类。

企业对企业（business-to-business，B2B）：是指企业与企业之间所进行的电子商务，所有参与 B2B 的主体均是企业或者是其他组织，这些企业可以是非特定企业，也可以是特定企业。非特定企业是指在网络环境下，为每笔交易寻找最佳交易伙伴，与交易伙伴进行从订购到结算的全部交易过程，企业间不以持续交易为前提。特定企业之间的电子商务是指企业之间存在伙伴关系，一直存在交易关系或者今后继续保持交易关系的企业，为了共同的经济利益，进行的从设计、开发开始，对市场及库存进行全面管理而从事的商务交易活动。例如，制造业企业与其供应商之间的电子商务活动。

企业对消费者（business to customer，B2C）：是指企业与消费者之间进行的电子商务活动，B2C 电子商务中的交易主体是指企业与消费者，企业直接面向消费者销售产品和服务，企业为消费者提供商品零售或服务。典型的 B2C 有海尔、戴尔网上商城。这一电子商务模式也称为电子零售，主要借助于网络开展在线销售活动。

电子购物平台模式（business to business to customer，B2B2C）：第一个 B 指广义的卖方（成品、半成品、材料提供商等）；第二个 B 指交易平台，即提供卖方与买方的联系平台，同时提供优质的附加服务；C 指消费者。卖方不仅仅是公司，还可以包括个人，即一种逻辑上买卖关系中的卖方。平台绝非简单的中介，而是提供高附加值服务的渠道机构，拥有客户管理、信息反馈、数据库管理、决策支持等功能的服务平台。买方同样是逻辑上的关系，可以是内部也可以是外部的。典型的 B2B2C 例子是一个企业为客户企业提供一定的产品或者服务，这个客户企业为自己的客户或者自己的员工购买企业的产品或者服务。如一个公司在重大节日时在欧莱雅网上商城为自己的员工或客户购买欧莱雅；另一个例子是指批发商—零售商—终端消费者的模式。例如，航空公司或者宾馆向旅游公司提供飞机票或者住宿服务，而旅游公司将这些服务又提供给自己的旅客。

消费者到企业（customer to business，C2B）：是指消费者与企业之间进行的电子商务活动，该种电子商务模式包括个人通过网络向某些组织提供产品或者服务，也包括通过将分散分布但数量庞大的消费者集聚成一个强大的采购集团，以此来改变 B2C 模式中的卖方市场的局面，形成一个买方市场，从而获得价格谈判地位，最终获取强大的利益空间。目前出现的团购网站就属于 C2B 模式。

个人与个人之间的电子商务（customer to costomer，C2C）：是指消费者与消费者之间的电子商务，是指消费者之间的自由交易，交易商品大多是日常用品。C2C 这种模式的产生以 1998 年易趣成立为标志，目前采用 C2C 模式的主要有 eBay 易趣、淘宝、拍拍等公司。目前 C2C 电子商务企业采用的运作模式是通过为买卖双方搭建拍卖平台，按比例收取交易费用，或者提供平台方便个人在上面开店铺，以会员制的方式收费。

企业与政府机构间的电子商务（business to government，B2G）：是指企业与政府机构之间通过网络进行的交易活动的运作模式。一方面，政府可以扮演消费者的角色，通过网络进行产品、服务的招标和采购，供货商直接从网上下载招标书，以电子数据的形式发回投标书，对政府采购的信息进行回应，然后企业与政府就价格、交货、支付、物流等方面进行协商，最后完成采购活动。同时，企业也可以通过网络进行电子通关、电子报税等。另一方面，政府也作为一个管理者对企业进行宏观调控、指导规范、监督管理的职能通过网络以电子商务方式有效地发挥。

对等网络应用(peer to peer application)：对等网络又称工作组，网上各台计算机有相同的功能，无主从之分，任意一台计算机都是即可以作为服务器，设定共享资源供网络中其他计算机所使用，又可以作为工作站，没有专用的服务器，也没有专用的工作站。对等网络是小型局域网常用的组网方式。对等技术可以应用于 C2C、B2B、B2C 等电子商务中。这种技术的使用使网络中的计算机可以直接互相进行数据、文件、信息等的共享。例如，在 C2C 中，每个网络中的个人均可以将他们各自的音乐、视频、软件及其他数字化产品进行共享。

移动商务（mobile commerce）：是指通过无线通信来进行网上商务活动。移动商务可高效地与用户接触，允许他们即时访问关键的商业信息和进行各种形式的通信。从狭义上理解，移动商务的核心是通过手机、个人数字助理（personal digital assistant，PDA）等移动通信设备与因特网有机结合所进行的信息查询、商务交易及对信息、服务和商品的交换。广义上除了上述核心内容外，还包括有包装和支持这一核心交易活动的一系列服务，包括在售前售后提供给客户的信息及客户的个性化服务等。例如，人们通过可以上网的手机进行银行转账或者在当当网上订购一本书就属于移动商务。

2. 基于交易商品的不同

电子商务依照商品买卖、业务流程、物流配送的数字化水平的不同，具有不同的形式。商品可以是有形的商品，也可以是数字化商品；电子商务所有流程既可以是有形的，也可以完全通过网络进行；物流方面可以是实体配送，也可以通过网络进行传输。这三个方面的不同组合，使得电子商务可以是完全电子商务，也可以是不完全电子商务。例如，在戴尔网上商城购买一台电脑或是在亚马逊网上书城购买一本书时，就属于不完全电子商务，因为电脑与书籍属于有形商品，最后一个环节的物流配送就需要传统的物流公司对有形商品进行实体配送。但是，如果是购买一本电子书或是一套电脑软件，则属于完全电子商务，原因是商品、配送、支付、交货全都是数字化的，完全可以通过网络在线完成。

（1）完全电子商务：是指交易中的产品是数字化产品，信息流、资金流、物流等活动完全通过网上实现，商品或者劳务的整个交易流程都可以在网上实现。完全电子商务真正跨越了空间的限制，实现了一周 7 天，一天 24 小时的不间断交易，极大地节约了交易成本，提高了交易效率，缩短了供应链，具有比传统商务活动不可比拟的优越性。一些数字化商品的交易，可以被视为完全电子商务。

（2）不完全电子商务：是指在网上进行的交易环节只能是订货、支付和部分的售后服务，而商品的配送还需交由现代物流配送公司或专业的服务机构去完成。不完全电子商务仅仅实现了信息流或者支付方式的电子化和网络化，并在一定程度上减少了商流，但并未实现物流的电子化与网络化，它还是要依靠送货的运输系统等外部要素。

3. 基于使用网络的不同

（1）基于 Internet 的电子商务：是指利用 Internet 进行的全球范围内的电子商务活动，在该网络上可以进行各种形式的商务活动，参加交易的主体通过 Internet 网进行交易，进行商品与服务的信息搜寻、交易双方的谈判、在线支付、物流配送、交货等，基于 Internet 网络涉及的领域广泛，涉及的交易主体众多，一个组织与可以与任何一个组织进行交易，是目前电子商务的主要形式。

（2）基于 Intranet 的电子商务：是指在一个组织内部进行的电子商务活动，组织内部各个部门之间通过内部网络进行合作与协调。例如，生产部门与营销部门可以通过内部网络进行生产与库存的协调，营销部门为生产部门提供市场需求信息，生产部门依据市场需求进行生产，减少库存成本，有利于形成有效的商务链条，大大提高工作效率，降低业务成本。

（3）基于 Extranet 的电子商务：是指一个组织与它的供应链成员之间的电子商务活动。生产商从原材料供应商那里获取物料，加工成中间件或成品，再将成品送到用户手中，通过网络实现从供应商到最终用户的物流的计划和控制等职能，整个供应链成员之间是战略合作伙伴关系，每个供应链成员只专注于自己的核心业务，因此，供应链上的成员是真正意义上的"强强联合"，各成员能够做到信息共享、利益共享、风险共担，组成一个虚拟组织，获得强大的市场竞争能力。这种电子商务通过为客户企业提供业务流程外包服务和在线系统服务，深入到企业的核心业务流程中，获得从企业采购、供应等流程带来的供应链上下游资源，实现从获取商机到完成业务管理的全过程，同时，更多供应链系统的汇集也有助于电子商务平台形成一个更大规模的电子集市，从而形成正反馈，反过来使企业的供应链资源得到更强整合。

第二节　电子商务商业模式

一、电子商务商业模式概念

电子商务最大的特点是创造了一种新的商业模式（business model）。所谓的商业模式是指一个完整的产品、服务和信息流体系，包括每一位参与者和他在其中起到的作用，以及每一位参与者的潜在利益和相应的收益来源和方式，也就是公司通过什么途径来赚钱。商业模式同样也指出了公司在价值链中的位置。也就是说，公司通过何种产品与服务活动来实现价值增值。而价值链是指公司在生产的不同阶段为了实现自身的目标而进行的一系列价值增值活动。有些商业模式很简单，例如，沃尔玛的零售机制，就是通过销售产品来实现赢利，而电视台则为观众提供免费的电视节目。相比较而言，电视台的生存依赖于复杂的模式，涉及广告及内容提供者，还有像雅虎这样的门户网站，也依赖于复杂的商业模式。通常情况下，一个公司往往会涉及几个不同的商业模式。

商业模式是一种包含了一系列要素及其关系的概念性工具，用以阐明某个特定实体的商业逻辑。它描述了公司能为客户提供的价值，以及公司的内部结构、合作伙伴网络和关系资本（relationship capital）等用以实现这一价值并产生可持续盈利收入的要素。

二、商业模式的结构

在不同的公司、依赖于不同技术的条件下，有许多电子商务的商业模式。Weill 与 Vitalw 于 2001 年提出了电子商务商业模式的框架。依据他们的方法，商业模式包括八个要素，电子商务模式可以将这八个要素以不同方式组合，建立起可行性的电子商务模式。一般大型组织的商业模型包含以下八个要素模型：直销、中介、内容提供者、全方位服务提供商、共享基础架构、价值网集成、虚拟社区及服务集成。例如，亚马逊网上书城的商业模式包含的要素是直销、提供中介服务、虚拟社区、服务提供者。每一种要素模型均需要具备四个方面的特征：战略目标、利润源、成功的关键因素、企业的核心竞争力。

依据 McKay 和 Marshall 于 2004 年提出的理论，一个复杂的商业模式一般是由以下六个要素组成的。

（1）顾客价值主张（customer value proposition）：公司通过其产品和服务所能向消费者提供的价值，价值主张确认了公司对消费者的实用意义。

（2）消费者目标群体（target customer segments）：公司所瞄准的消费者群体。这些群体具有某些共性，从而使公司能够（针对这些共性）创造价值。定义消费者群体的过程也被称为市场划分。

（3）分销渠道（distribution channel）：公司用来接触消费者的各种途径。具体阐述了公司如何开拓市场，涉及公司的市场和分销策略。

（4）价值配置（value configurations）：资源和活动的配置。

（5）供应链（supply chain）：公司的供应链条，包括供应商及其他商业伙伴，公司之间为有效地提供价值并实现其商业化而形成的一种价值链条。

（6）盈利模式（revenue model）：公司的预期盈利、预期成本、财富来源、盈利能力评估等，即公司通过各种收入流来创造财富的途径。

以下重点介绍盈利模型及价值主张。

三、典型的电子商务商业模式

在电子商务中，有许多典型的商业模式，以下列举其中的一些。

1. 在线直销

在线直销就是指通过网络在线销售产品或服务，销售活动可以是生产商或制造商直接将产品在线销售给消费者，消除了中间商与实体商店（如亚马逊网上书城）；也可以是零售商直接在线销售，使和物流配送更加便捷（如沃尔玛）。这种模式也称电子零售，适用于数字产品或服务的销售（因为所有的交易环节均可以实现电子化），在 B2C 或 B2B 电子商务中应用广泛。

上海麦考林国际邮购有限公司成立于1996年1月8日,是中国第一家获得政府批准的从事邮购业务的三资企业,同时也是中国多渠道零售行业的先驱者,拥有强大的数据库资源,在电子商务和零售店铺等渠道建立营销网络。麦考林致力于为顾客提供时尚超值的产品和方便快捷的服务,深受顾客的信赖。

麦考林起源于美国,由美国麦考林股份有限公司和上海国际服务贸易总公司投资兴办,实际投入资金超过三千万美元。麦考林公司于2000年4月推出第一家具有全国范围之符合缴获能力的大型网上商厦:麦网(www.m18.com)。公司经营服装、首饰、家居用品、美容保健、鞋包、配饰、宠物用品等多种产品,并以邮寄、送货上门等方式进行交货。通过提供全面、及时、便捷、高品质的在线商品销售和服务,建立功能多元化、使用简单快捷、购买满意方便的线上百货商店。

2006年4月,第一家麦考林的实体店出现在上海浦东的新梅广场,这个被顾备春比喻为"试衣间"的实体店一经推出,立刻受到了消费者的青睐。麦考林公司业务覆盖全国31个省、自治区和直辖市。2006年麦考林的销售额突破4.5亿元。

优秀的产品质量、富有竞争力的价格、优异的客户服务使它树立了直复式营销行业领导者的地位,成为中国消费者首选的购物网站。麦网涉及的相关利益者主要有广告主、供应商、邮递公司顾客,他们之间的关系如下图所示。

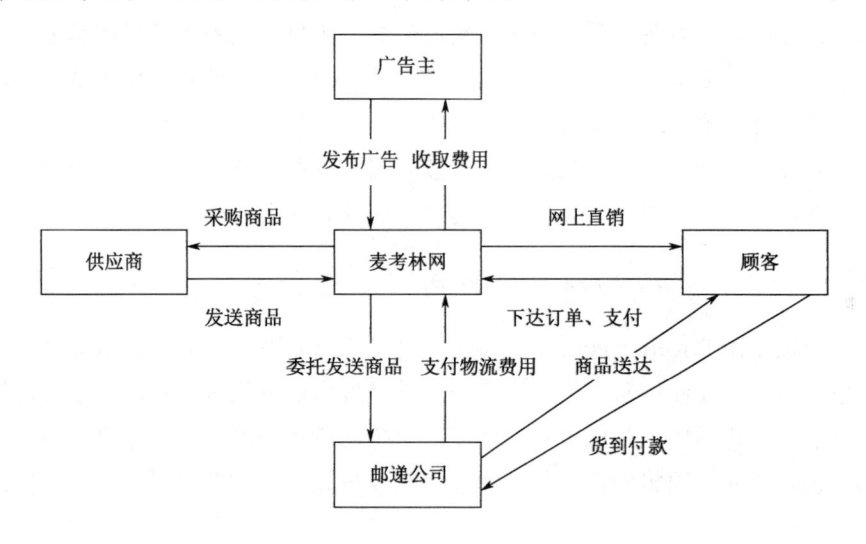

2. 电子招标系统

电子招标是在互联网上进行的竞争性招、投标的过程,就像一种在互联网上现场"竞价",投标者在招、投标期间可以无限次投标。一些大型组织,包括私人的或公共组织,在进行数量很多或价值很高的采购活动时,往往通过招标系统将采购信息发布到网上,也称反向拍卖。由于这种电子招标活动是通过网络在线进行,因此可以缩短招标时间,大大节约人力、物力、财力,从而实现低成本、高效率、公平公正的阳光采购。典型的例子就是政府机构通过电子招标系统来进行政府的采购活动。

浙江省电力公司于2003年下半年开始进行网上招投标电子化工作的试点,初步形成了一个以"新能量网上招投标系统"为核心,招标项目申报及管理系统、专家管理系统、计算机评标系统、合同执行管理系统等为辅的招投标电子化管理平台。这个平台基本涵盖了招投标全过程。

基于这个平台,招标单位通过网络完成招标项目建立、项目审核、招标公告发布等招标工作的全过程;投标单位则通过系统完成查阅招标公告、接受招标邀请、下载招标文件等投标工作全过程。

新能量网上招投标系统的应用,为浙江省电力公司在电网建设物资招投标方面实现电子化管理,为企业坚持集约化发展、精细化管理和规范化运作迈出了坚实的一步。据统计,"新能量网上招投标系统"在浙江省电力公司运行3年来,共进行了400多个项目100多亿元采购金额的网上招标,仅标书文印制作费用一项,就为招标方节省了150余万元。

自2005年4月1日电子签名法正式颁布后,新能量把自主开发的电子签名系统与招投标系统相结合。率先推出CA认证,走在了国内电力行业的前列,对推动电力物资工作的电子商务和信息化进程具有促进作用。新技术的应用除进一步加强网上招投标的安全性和可靠性外,还解决了一些关键性的法律问题,实现了网上招投标的规范化和法制化。CA认证系统还实现了项目的自动开标,简化了开标过程,提高开标工作效率。

"新能量网上招投标系统"流程规范、功能实用、操作简便,较好地满足了浙江省电力公司招投标业务的实际需要。系统的方便快捷和规范实用,受到了招投标双方的欢迎。

从整个平台实际运用情况来看,该系统促进了招投标工作的集约化管理。全省各地供电企业可以通过这一平台进行招标项目的申请,并完成整个招标流程。此外,由于该系统充分利用社会公共基础网络,无须用户安装客户端软件或进行硬件投资。同时,系统通过招标工作的无纸化和网络化,大大降低了物资采购的相关成本。

3. 买方自主定价(name your own price)

买方自主定价由Priceline.com率先实施,是指买方向特定的商品或服务开出自己愿意购买的价格,由公司在此价格上提供产品与服务,最后达成供求平衡。自主定价模式可以实现产业链的一体化运作,为供求双方的无缝对接创造更好的平台,不仅将零散的顾客整合在一起,也将企业资源集中在一起,而且让企业与顾客达到准确对接,大大提高了供求效率。

我开价网(www.wokaijia.com)由北京星网快驿信息科技有限公司投资和建设,并于2010年开始上线运营。网站的宗旨是为广大会员朋友提供优质优价的在线旅游的信息和中介服务,尤其是酒店预订业务。"我开价网"从上线时开始,提供了3000多家酒店信息,会员可以在线预订这些酒店客房。与网站签约的酒店还在逐渐增加中,预计到2011年底,签约酒店数量将达到10 000家左右。这家酒店分布在全国各个省市,包括中国香港地区,可以满足来自五湖四海的会员朋友的旅行需求。网站的签约酒店中多数为涉外酒店,可以为来自海外的朋友们提供优质的住宿服务。"我开价网"除了提供传统的标准模式公开价订房中介服务外,还有独创的"我开价订房模式",在这种服务模式下,会员朋友将会获得更大的价格折扣，可能达到最高下浮80%的折扣率，比较常见的优惠幅度在30%~70%。同时，该模式可以有效地帮助酒店在淡季或者空房率较高时，大量地以私下交易方式出售客房。

"我开价网"建立起了全国第一个酒店闲置房互联网实时信息化交易系统，让酒店闲置房间问题得以解决。对于用户来说，"我开价网模式"最大优势是让用户充分主动掌握定价权。中国星级酒店的平均客户空置率为45%，基于这个现状，用户只要把自己的心理上价位提交上"我开价网"这个平台，很快就能够寻找到心满意足的酒店入住，并能以酒店客户正常价格的20%~60%成交，大大降低了用户旅行的费用。所以，"我开价网模式"对价格敏感的群体具有极大的吸引力。

"我开价订房"模式的主要流程：①会员在线选择城市（商圈）、酒店星级和填写自己期望的客房价格；②会员的需求在线方式传达给数十家目标酒店；③酒店人员根据自身情况决定是否接受该订单，最先确认的酒店将得到该订单；④网站为会员和酒店双方确立订单。

"我开价网"总部设在首都北京市，预计将陆续在全国各地开办若干个分公司或办事处，为会员朋友们和合作商家提供更为便捷的服务。

4. 寻找最合适的价格

这种模式也称为搜索引擎模式，是为网络用户提供信息查询服务的计算机系统，也可以说是一类提供信息"检索"服务的网站，它根据一定的策略、运用特定的方法搜集互联网上的信息并对信息进行组织和处理，将处理后的信息通过计算机网络显示给用户。该模式是搜索引擎服务商提供个性化、智能化的信息查询服务，吸引大量企业用户和消费者登录网站。在电子商务活动中，顾客将自己的需求发布到网上，中间商将顾客的需求建立数据库，然后确定一个公司最低的价格，将该价格发送给顾客。这些潜在的消费者有30~60分钟时间考虑是否接受该价格。这种模式在购买保险时经常用到，消费者将购买保险的意愿发送到保险公司的网站上，同时消费者会接收到许多报价，然后在多种报价中寻找一种最合适的价格。

5. 联盟营销（affiliate marketing）

通常是指网络联盟营销，也称联属网络营销，是一种按营销效果付费的网络营销方式，即商家（又称广告主，在网上销售或宣传自己产品和服务的厂商）利用专业联盟营销机构提供的网站联盟服务拓展其线上及线下业务，扩大销售空间和销售渠道，并按照营销实际效果支付费用的新型网络营销模式。商家通过联盟营销渠道产生了一定收益后，才需要向联盟营销机构及其联盟会员支付佣金。由于是无收益无支出、有收益才有支出的量化营销，因此联盟营销已被公认为最有效的低成本、零风险的网络营销模式，是一种促进方法，用以对公司盟友介绍新客户的行为给予回报，亦被视作一种数字化的特许经营或者合资企业。该模式在北美、欧洲及亚洲等地区广泛流行。

亚马逊拥有将近500 000个联盟机构（包括企业、组织甚至个人），甚至专门向养猫人出售宠物玩具的小规模专门商店的 cattoys.com 公司，也向组织或个人提供获取佣金的机会，那就是将 cattoys.com 公司的 logo 链接到自己的网站上，如果将商品出售，那么将获得公司支付的佣金。VANCL凡客诚品采用广告联盟的方式，将广告遍布大大小小的网站，推出"凡客分红模式"，通过分红模式，鼓动更多人成为凡客的宣传者、推荐者，以顾客的角度推荐新顾客，这种做法不仅为凡客的产品做了宣传，推动市场热效应，促进企业顾客之间良好的关系，而且推荐人又可以得到分红，达到三者利益共存。

6. 病毒式营销

病毒式营销是通过利用公众的积极性和人际网络，让营销信息像病毒一样传播和扩散，营销信息被快速复制传向数以万计、数以百万计的受众。也就是说，通过提供有价值的产品或服务，"让大家告诉大家"，通过别人为你宣传，实现"营销杠杆"的作用。病毒营销并不是传播病毒而达到营销目的，而是通过引导人们发送信息给他人或吸收朋友加入某个程序来增加企业知名度或销售产品与服务。这种方式可以通过电子邮件、聊天室交谈、在网络新闻组或者消费者论坛发布消息推销。国内首家病毒营销传播公司"八加八"曾说，病毒营销正如病毒一样，这种策略利用快速繁殖将信息爆炸式地传递给成千上百万的人。病毒营销的关键是要正确引导人们传播意愿并且让人毫不费力地传播。病毒式营销已成为网络营销最为独特的手段，被越来越多的商家和网站成功利用。

最成功的以服务为基础的病毒营销先驱是Hotmail。一开始他们很少搞促销活动，但在它们发出的每封邮件底端都使用一个收尾线，该收尾线包括一个短小的玩笑及他们的网址。公司由此获得显著发展。现在设想一下每天发出去的E-mail的数量，以及这些E-mail如何帮助hotmail获得更多用户——这些用户又导致更多的E-mail发出去。

Blue Mountain的网络问候卡：当有人发出一封Blue Mountain的网络问候卡，接收者必须去Blue Mountain的网站才能收看，这就带来另一个发贺卡的潜在用户，而这个用户会又发出更多贺卡。

BraveNet网络服务商：BraveNet为用户提供一些诸如访客登记、论坛、在线调查和E-mail表格的工具。当人们在一个会员网站上使用BraveNet的访客登记时，就会看见BraveNet的广告，邀请他们注册BraveNet获得服务。

还有是微软的I'm Initiative慈善计划，每位MSN用户（必须使用的是Windows Live Messenger 8.1版本以上）只要在自己的昵称前输入指定的九家慈善组织的代码，如*sierra（地球环境协会），那么自己的昵称前就会出现"I'm"小旗帜，乍一看就让人以为是：I'm×××，一点都也不突兀。每次MSN用户使用I'm×××进行交谈时候，微软都将把这次活动的广告收入中的一部分捐赠给由这名客户自己选择参与的I'm×××活动的组织。

7. 团购

在传统离线购物活动中，如果购买大宗商品，则会享受一定的折扣。这就是经济学中的二级价格歧视，也就是说企业依据消费者所购买商品数量的不同，将商品按不同的价格出售，但购买相同数量产品的每个人都支付相同的价格。这种二级价格歧视在电子商务中同样存在，电子商务引出了需求聚合的概念，也就是由第三方将单个消费者或者中小型企业的需求聚合起来，形成大规模的采购，从而加大与供应商的谈判能力，最终取得最优价格。根据二级价格歧视，供应商会遵循薄利多销、量大价优的原理，可以向单个消费者或中小型企业提供低于零售价格的团购折扣和单独购买得不到的优质服务。团购作为一种新兴的电子商务模式，通过消费者自行组团、专业团购网站、商家组织团购等形式，提升消费者或中小型企业与供应商的议价能力，并能够最大程度地获得消费者剩余。

目前杰出的团购网站有一起呀、星800、乐家网、佳家网、菲乐团、美团网、拉手网、找折网、爱帮团、团火网、Yoka优享网、聚齐网、喜团、窝窝团、团宝、糯米网、满座、乐拼、酷团、可可团、饭统饭团、Like团（之前叫橘子团最近刚改名）、团购地带、F团爱赴团、58同城、36团、24券、恩多团、心心团、有一团、购物狂、指南针团购网。

一起呀是目前宣传推广方式最多样化，宣传效果最好，而且几乎与所有的社区网站都有合作，在北京、上海、广州、杭州均有大量的忠实会员。

乐家网是沈阳最大最全的建材、家居品牌团购网站，涉及装修、购物、秒杀、生活等多方面的网上订购功能。

五星团购网是深圳知名的家具建材团购网站，针对年轻的深圳人提供多样化的团购活动，有超过100万的深圳市民参加过五星团购网组织的团购活动，共节省2.8亿以上的家庭消费金额。

上海团购网是以TOGO论坛为人群基数，以家居类团购产品为主。其针对客户群比较明确。

聚齐网是由一群充满斗志的年轻人创建的，专门为白领一族提供精品团购信息的网站。

点评团是大众点评网旗下网站，拥有大众点评网人群支持，用于线下线上支持。

大鹅网是社交化服务消费平台。大鹅网是国内领先的社交化服务消费平台。专注于为用户提供各类优质的生活服务、休闲娱乐、运动健身、专业培训服务等的折扣和优惠，并注重消费过程中的商家与用户、用户与用户之间的互动和分享。用户不仅可以在大鹅网上获得最新、最优惠的精品服务折扣，还可以通过消费与自己的好友随时随地地分享自己的体验，让消费不再成为一个人的事情，充分享受互动体验乐趣！

团窝网是广州最具人气的团购网站，其团队在透彻了解Groupon模式后开始筹建。该站依靠已有的网站流量，在与商家的谈判中，恪守"每天只为消费者提供一款精品低价商品"的承诺，在保证团购市场正常秩序的同时寻求创新发展之道，帮助越来越多的消费者加入到团购的大潮当中。

团宝网是国内第一家开展Groupon模式的团购网站，是中国Groupon模式的开创者和引领者，为国内团购企业树立了良好的服务标杆。其服务主要是向会员每天限时提供一款超低折扣的团购服务项目，会员根据喜好可以以较低的价格在线团购到这些服务。

策策团以服装、零食、日用品团购为主，并精选限量本地精品消费项目，隶属于长沙明志网络科技有限公司旗下的全国性团购网站。公司以诚信团购，"零"风险团购为宗旨，网站推出了七天包退服务，力求为广大网友打造一个放心团购平台。

大年团是年货为主打特色的团购网站。每天推出一单精品年货，包括节日礼品、烟花、年夜饭、利是封、春联、春节食品等，网友能够以低廉的价格进行团购，为消费者发现的最值得信赖的年货厂家。另外一个特色是先免费试用，成功后再正式推出售卖上架。

联团网七天无条件退款，先行赔付。

团实惠七天无条件退换货，可开具正品发票，限时赔付。

星800是中国首家团购商城。

8. 在线拍卖

易趣网（eBay）是大家耳熟能详的世界上最大的一个网上拍卖网站，而像亚马逊及雅虎等其他众多网站也在进行网上拍卖活动。最普遍的一种拍卖形式是不同的买家给不同的商品及服务出价，出价最高者就会获得相应的商品或服务。电子拍卖有不同的形式及应用不同的模式。

易趣的电子商务模式是网络经纪模式（brokerage model），目前已开展了个人物品竞标、网上直销和商家专卖三种交易方式。易趣每天新增商品20 000多件，日成交12 000件，每日出价人数近60 000人次，月成交金额近7000万元人民币。易趣每季度营业额以50%的速度增长。在易趣，每4秒就有1件新登商品，每2秒就有1个买家出价，每5秒就有1件商品成功卖出。易趣取得飞速发展的主要原因在于其个人物品竞拍网站的明确定位。易趣把服务对象准确定位在个人物品的网上竞标，易趣没有直接的拍卖方，而是提供平台让用户自己拍卖，自己交易。同时，易趣采取即时发布成交信息，跟踪成交状况等方式进行鼓励，以促进网上成交。

易趣网的主体主要包括卖方、买方及易趣网系统，流程可分为网上注册、交易前准备、网上交易、网下交易及交易后评价五个环节。

（1）卖方和买方在网上注册阶段的简单认证是通过电子信箱进行的，即用户需输入自己的昵称、密码、邮箱及其他的个人信息，初步注册成功后，系统会自动发送确认信函。用户进入邮箱进行确认后才能成为注册会员，进行交易。但是，为了更好地确认卖方身份，保证买方的合法权益，易趣网自2002年9月以来推出了实名认证的方法。虽然网站只硬性要求需在网站上设立店铺的卖方必须进行实名注册，但也强烈建议其他交易者进行实名注册，即通过用户输入的身份证号码或信用卡号码，向相关部门进行核实，达到确认的目的。

（2）在交易前准备环节，卖方在网上选择售卖商品的相应分类，填写较为详细的商品信息，可采取起始价、最低价或一口价，并设立一定的时间期限；买方不仅需要查询所需商品，还要对其进行鉴别，即他们在通过网站搜索系统、商品分类或同类店铺等查询方式找出自己满意商品的同时，需要注意鉴别卖方的信用级别、查看历史的交易评价，并仔细分辨商品信息的真伪，如此一来，可在一定程度上减少被欺诈的可能。买卖双方不同的是，卖方在网上售卖商品不仅需要缴纳如物品登录费、粗体显示费及物品推荐费等费用，还需要在交易达成后支付一定的交易服务费。当然，如果卖方在网上开立店铺的话，也须按照付费店铺收费标准进行付费。

（3）网上交易环节相对较为简单，卖方主要是在商品售卖阶段对潜在出价者所提的问题进行解答，以促成交易达成机会；买方在自我出价的同时，可选择网站的代理出价系统进行实时自动出价，提高获得交易的机会。代理出价系统只需买方填写能够接受的最高价格，系统会自动在这个价格范围内以当前的最低获得价使买方的出价始终保持领先，并在别的买家出价时自动加价（加价幅度是由系统按照当前价格自动计算生成的），直到商品下线成交或买方出的代理最高价被别的买家超越。

（4）网下交易环节除了信息发布、传输、交流仍采取网络形式外，整个阶段已基本脱离拍卖网站，由买卖双方独立进行。网上交易环节达成交易后，网站系统自动实现信息发布（在买方或卖方的"我的页面"中进行发布）、信息传输（通过电子邮件的方式向买卖双方传输成交信息，并告知另一方的联系方式）。买卖双方可通过电子邮件、电话、传真、见面等方式实现交流，确认付款方式、交货方式、退换、保修等事宜，并最终实施交易。

（5）交易后评价环节买卖双方基本相同，都是对交易伙伴进行评价（可选择好/中/差，其分值分别为+1/0/-1），并填写评价内容。

（6）网站在各环节主要是保证系统的安全、保障交易的顺畅并负责信用系统的顺利。同时，网站还会提供如发送电子邮件确认、提醒，提供自动报价系统等增值服务，为网上拍卖的顺利进行提供有效保障。

9. 产品与服务定制

产品定制与服务是指依据客户的个性化需求生产出符合客户需求的高质量的产品与服务。也就是说，为了满足客户的需求，生产商提供各种各样特定于客户、细分市场或地区需求的变型产品。定制虽然不是一种新的模式，但是所谓的"新"是指一种能力，这种能力是生产商能够在成本不增加的情况下快速为客户生产出其所需要的个性化产品。Dell 就是定制领域中的一个很好的范例，它能够为客户定制个性化 PC 机。

新经济时代，企业面对的是千千万万的个体，或者说是一对一的消费者，他们会提出无数个性化的需求。如果企业将每一位客户都视为一个单独的细分市场，根据个人的特定需求来满足每位客户的特定需求，才会在新经济中掌握主动。谁占领了制高点，谁将成为行业的胜者。

自 1984 年创立以来，戴尔根据客户订单特别生产的电脑，在美国等市场培养出一大批忠实客户，并使戴尔在短短的十几年内，一跃成为全球最大的电脑制造商。"每台电脑都是按订单生产，但从打电话到装上车只需 36 小时。"这就是戴尔的竞争法宝。戴尔每年生产数百万台个人计算机，每台都是根据客户的具体要求组装的，戴尔公司让用户按照自己的爱好配置个人计算机和服务器，用户可以从戴尔公司的网址上选定他们所需要的一切电脑组件，甚至还会询问客户：是否因为挑选某个部件需要延迟付货，是否需要考虑一个部件和另一个部件的兼容问题。在戴尔，将会有企业家、网络技术专家、企业软件为客户提供完美的服务。

10. 供应链优化

电子商务最重要的一个特点是催生了一种新的商务模式，那就是供应链管理的优化。原来的供应链系统是一种直线型的供应链系统，直线型供应链很大的缺陷在于对市场需求响应速度慢、供应链成本高昂，并且容易出错，但是采用了电子商务之后，这些情况得到了改观，供应链得到了优化。

供应链的协调运行是建立在各个环节主体间高质量的信息传递与共享的基础上。沃尔玛投资 4 亿美元发射了一颗商用卫星，实现了全球联网。沃尔玛在全球 4000 多家门店通过全球网络可在 1 小时之内对每种商品的库存、上架、销售量全部盘点一遍，所以在沃尔玛的门店，不会发生缺货情况。20 世纪 80 年代末，沃尔玛开始利用电子数据交换系统（EDI）与供应商建立了自动订货系统，该系统又称为无纸贸易系统，通过网络系统，向供应商提供商业文件、发出采购指令、获取数据和装运清单等，同时也让供应商及时准确把握其产品的销售情况。沃尔玛还利用更先进的快速反应系统代替采购指令，真正实现了自动订货。该系统利用条码扫描和卫星通信，与供应商每日交换商品销售、运输和订货信息。凭借先进的电子信息手段，沃尔玛做到了商店的销售与配送保持同步，配送中心与供应商运转一致。

第三节　电子商务产生与发展

互联网飞速发展，电子商务逐步成熟，据中国电子商务研究中心发布的《2016 年度中国电子商务市场数据监测报告》数据，2016 年我国电子商务交易额 22.97 万亿元，同比增长 25.5%。其中，B2B 市场交易规模 16.7 万亿元，网络零售市场交易规模 5.3 万亿元，生活服务 O2O 交易规模 9700 亿元。截至 2016 年 12 月，我国移动互联网用户达到 10 亿，手机网民 6.5 亿，手机上网人群占比 92.5%，比 2015 年底提升了 2.5 个百分点，巨大的用户基数孕育着移动电子商务发展的无限商机。

电子商务概念在 1993 年引入中国。1996 年中国出现了第一笔网上交易。1998 年以推动国民经济信息化为目标的企业间电子商务示范项目开始启动。自 1999 年以来，电子商务在中国开始了由概念向实践的转变。从一开始的 B2C 模式，到 1999 年的 C2C 网上拍卖及 1999 年末兴起的 B2B 模式，电子商务在中国取得了良好的发展。

一、数字革命推动了电子商务的发展

电子商务发展的主要推动力便是数字革命，有关数字革命我们每时每刻都能感受到，在家里、在工作场所、在公司、学校、医院、马路，甚至在战争中我们都能看到数字革命的存在。其中最主要的一个表现便是数字经济。

数字经济是指基于数字技术之上的一种经济形式，这些数字技术包括数字通信网络（Internet、Intranet、Extranet 及增值网络）、计算机、软件及其他相关的信息技术。数字经济有时也称为网络经济、新经济。在这种新经济条件下，数字化网络及信息基础设施为个人和组织提供了一个全球化的平台，在此平台上，个人与组织可以互相通信、互相联系、相互合作，当然还可以进行信息的搜寻。根据 Choi 与 Whinston 于 2000 年所提出的观点，认为该平台具有以下特性：

海量的数字化产品通过网络基础设施能够超越时空向人们传递。这些数字化产品包括数据库、新闻组、信息、数字化书籍与杂志、电视广播节目、电影、电子游戏、音乐、软件等。在购买以上产品时消费者与厂商通过计算机网络或其他移动设备进行在线支付，以

完成商品所有权的转移。

Head 于 2003 年提出数字经济同样也是指计算机与信息技术的一种融合，这种融合是基于 Internet 或其他网络之上的，其结果是信息与技术推动了电子商务的发展及组织机构的变革。这种融合能将各种不同的信息（数据、声音、图像等）通过网络进行存储、处理、转换，并将其传输到世界不同的地方。

数字经济引发了经济方面的革命，一个有力的证明是美国经济在低通货膨胀下的长期扩张（1991—2000 年）。数字革命加速了电子商务的发展，主要原因是为企业提供了市场竞争力，提高了企业的竞争力或者是建立了企业的战略优势。

二、交易环境推动了电子商务的发展

尽管数字革命推动了电子商务的发展主要是由于提供了一些必要的技术支持，但是真正推动企业发展电子商务的力量却是目前的交易环境。

经济、法律、社会、技术等因素构建了一个高度竞争的交易环境，在此环境下，消费者在市场中占有主导地位，其所代表的买方力量越来越强大。这些环境因素有时以不可预知的方式进行着快速的改变。例如，澳航航空公司首席执行官 James Strong 曾说过"我们需要学习的一课是知道一切快速变化的事情，我们必须时刻准备着在形势需要时我们能够做出反应。"企业需要对新的交易环境下产生的问题与出现的机遇做出快速的反应。由于变化的步伐的加快和不确定水平的提高，企业在不断增加的环境压力下必须以更少的资源、更快的速度来生产出更多的产品。

Huber 2004 年提出，新的交易环境是科学技术不断快速进步的结果，这些先进的科学技术不断自我强化，催生出越来越多的技术，快速发展的技术导致的结果是出现更加复杂的体系。交易环境具有以下几个特点：更加复杂多变的交易环境、更多的交易问题、更多的交易机会、更加激烈的竞争。这就要求企业频繁地做出企业决策，要么加快企业决策的流程，要么拥有更多的企业决策者。一个大的企业决策需要考虑许多问题，如市场、竞争、政治问题、全球交易环境，当然不可避免地还需要拥有更多的信息及相关知识来对决策提供支持。

三、企业的环境响应支持模式

在面临市场竞争环境加剧的情况下，企业为了生存与取得成功，不但要降低成本、缩减开支，而且还要进行产品定制、研发新产品等方面的革新活动。除此之外，革新还包括提供卓越的客户服务。这些活动就是所谓的关键响应活动。

关键响应活动贯穿于企业组织活动的始终。从支付活动及订单处理等日常事务到企业的战略决策活动。响应活动同样会发生在企业的供应链条上，响应活动既是对已经存在的既定压力的一种反应，也是组织为了应对未来压力的一种预见性行动，还可以是组织在面对环境变化时对于机遇的把握。

在电子商务环境中，许多响应活动变得更加快捷。在许多情况下，电子商务仅仅是企业面对压力的一个解决方案。

四、组织响应战略

面对来自市场、社会及技术方面的压力,一个企业组织如何作出响应?它们如何处理机遇与挑战?传统的响应活动已经不能适应目前日益复杂与竞争的交易环境,许多过去的解决方案需要作以修改、对其作以补充甚至予以摒弃。相应地,新的响应活动应该着重进行设计。下面介绍几种典型的电子商务响应战略。

1. 战略体系

战略体系能够为组织提供战略优势,使得组织增加它们的市场份额,与其供应商进行良好的沟通,有效阻止竞争者占领自己的市场领域(Callon 1996)。

2. 敏捷系统

一个敏捷的组织应该具备的能力就是能够持续不断地增加劳动生产率,尤其是提高在不断变化不可预测的环境中高效、低耗、迅速地完成所需任务的能力。为了提高企业的敏捷性,技术基础是关键,也是有力的保障,而电子商务便是提高系统敏捷性的一个解决方案。利用电子商务可以使企业在变化的技术环境、政府环境及不断变化的市场需求中获得收益;能够有效利用所需资源及整合相关业务流程,快速响应市场需求,提高客户的满意度;能够快速采纳新技术以适应新的环境变化,能够将不适合的业务流程进行修改;能够整合现有资源并进行有效利用。

3. 致力于持续不断地改进并进行业务流程重组

许多组织不断地进行改革,以便提高自己的产出率、产品质量及提升自己的客户服务。但是持续不断地改进项目对于企业来说,还远不能解决一些商业问题,强大的商业压力要求企业要进行彻底的结构转变,一个有益的尝试就是企业的业务流程重组,电子商务通常与流程重组相关。例如,电子采购活动就是电子商务的一个应用。

4. 客户关系管理

数字革命发展至今,所带来的一个重要变化就是消费者所代表的买方力量比以往更加强大,他们在与供应商讨价还价的过程中地位越来越强大,而且这种力量还在继续增长。网络为消费者提供了大量的信息,消费者可以在线将所有的产品信息进行比较。消费者被称为"上帝",而企业应该尽量使消费者满意以便保持客户的忠诚。

5. 企业联盟

许多企业已经意识到与其他企业组成联盟,甚至与自己的竞争对手组成联盟能够获取意想不到的收益。例如,由通用汽车公司、福特汽车公司及戴姆勒—克莱斯勒三大汽车公司联合组建了一个全球最大的集成买方的B2B电子市场,用来进行汽车零部件采购。目标是通过集成和协作来消除供应商的产品过剩,并希望降低成本、促进业务实施和显著提高整个行业的效率。其他形式的企业联盟有成员间的资源共享、长期的供应商与企业战略关系及企业间的共同研究。

6. 电子市场

无论是私人的还是公共的电子市场，均可以使交易有效地进行，使得市场中的成员能够参与到全球的竞争中。大多数电子市场要求不同企业间能够进行有效的合作。

7. 改善供应链

电子商务能够缩短供应链的延迟、降低库存、消除供应链上其他无效率的环节，运用电子化的供应链系统可以自动组织生产，大大缩短了响应时间，同时可以对供应商进行有效管理。

8. 大规模定制

即面对数量较大的需求时进行定制化生产。目前，消费者需求个性化，需要企业对商品或者服务进行定制化生产，企业所面临的问题便是如何提供产品定制，同时还要保证能够有效率地进行。这就需要企业实现从规模生产到大规模定制的生产流程的改变。在大规模生产中，企业生产大量相同的商品；但在大规模定制中，是对适应每个消费者个性化需求的商品进行大规模的生产。

9. 知识管理

所谓知识管理，是指在任何必要的时候进行的对于知识的创造与捕获、存储与保护、更新与保持及应用。也就是为企业实现显性知识和隐性知识共享提供新的途径，知识管理是利用集体的智慧提高企业的应变和创新能力。知识管理包括几个方面工作：建立知识库、促进员工的知识交流、建立尊重知识的内部环境、把知识作为资产来管理。

第二章
农村电子商务概述

第一节 概述

一、农村电子商务内涵

广义的农村电子商务包含三个方面的含义:一是农产品网上交易,它主要是指农户利用网络营销手段,通过网络进行农产品交易活动;二是农业信息化,它主要是指在农业生产、销售、运输等过程中信息的获取与全球的市场同步对接,在农业产业中实现标准化、规模化,在农产品包装和运销中逐步实现品牌化、国际化,并且有效降低和规避市场风险;三是农民消费网络化,它主要是指国家通过加强电子商务基础设施建设,鼓励农民充分利用互联网,不仅通过网络获取知识和技能,还可以在网上购买生产生活必需品,降低农民生产生活成本,引导农民消费,全面扩大内需。

本书着重讲授农产品电子商务,即农产品买卖双方运用信息网络技术,围绕农产品(加工品)进城和消费品下乡开展的一系列电子化的交易和管理活动,包括农业生产管理、农业信息服务、农产品(消费品)线上销售及电子支付、物流管理、客户关系管理等。它是以信息技术和网络平台为载体,对农产品(加工品)和消费品的产销、流通、售后进行全方位管理的过程,从而实现在网络市场上进行的农产品交易活动。要实现完整的农产品电子商务涉及很多方面,除了买卖双方外,还要有金融机构、认证机构、配送中心等加入。由于大多数农产品的易腐烂性及农产品价格对供求比较敏感的固有属性,通常以拍卖的形式进行网上销售。

二、农产品电子商务的参与要素

1. 农产品电子商务主体

农产品电子商务的参与主体是指直接或间接参与农产品电子商务交易的对象,其中直接参与的有农户、农民专业合作社、农资公司、农产品生产和经营企业、电子商务交易平台、物流服务公司和农产品消费者(个人和企业),间接参与的主要是指政府和金融机构等。直接参与主体在农产品电子商务中处于主导地位,各参与主体基于自身的特点发挥不同的作用。例如,农资公司是农产品生产者的原材料和生产资料的供应商,农户是其中最主要的生产商,农产品企业也是农产品的生产者,电子商务平台是实现农产品电子商务的外部条件,物流服务公司最终实现农产品的转移,其他间接参与的政府或金融机构主要起到提供配套服务的作用。这些农产品电子商务主体一起完成整个产业链上下游的衔接,形成整个农产品电子商务的全过程。

2. 农产品电子商务客体

农产品本身就是其电子商务的客体，本书所研究的农产品是指来源于农业生产的初级产品及其加工产品。农产品既有一般商品的共性，又有自身的特点，进行农产品电子商务的研究必须先得搞清楚这些特点：第一，农业是特殊产业，既受自然环境的影响，又受市场环境的影响；第二，农产品本身具有易腐性、保鲜时间有限，并且农产品标准化生产程度低，个体差异很难控制；第三，也是我国农产品所特有的特点，即在家庭联产承包责任制的基础上，农业生产一般以家庭为单位，中国农村又比较分散，农产品的供销环节脱轨，农产品的市场化难度大。

三、农村电子商务的实现形式

1. 网上农贸市场

快速传送农业、林业、渔业、牧业等供求信息，助力外商进出属地市场，帮助属地农民拓展国内和国际市场。动态传递农产品市场行情，多方撮合各种商业机会，权威发布农产品信息等内容。

2. 电子商务＋乡村旅游＋农村消费

收集不同区域乡村旅游的基本信息，形成特色乡村旅游带动型农村电商发展模式，促进不同区域乡村旅游资源、特色农产品资源与农村电子商务融合发展，让游客能直观了解和体验乡村风景、农家食品、农村娱乐等方面的特点。结合当地特色产品、旅游纪念品等旅游商品，开展网上旅游产品推介活动，从而带动策划、包装、运输等多种涉服务业，全面促进农村商贸流通业的健康发展；依托当地特色产品、旅游纪念品，进行体验式营销，为消费者提供定制化产品与个性化服务，从"适应需求"走向"创造需求"。

3. 特色经济

通过宣传、介绍农村地区的特色经济、特色产业和相关名优企业、产品等，扩大产品销售通道，加快农村地区特色经济、名优企业的迅速发展。

第二节　农村电子商务模式

一、概述

电子商务将对农业产业链进行改造，从农资销售、中介服务、土地流转到农业生产、农产品销售，完整的农业产业链都已经出现电子商务、大数据的身影，见下图。

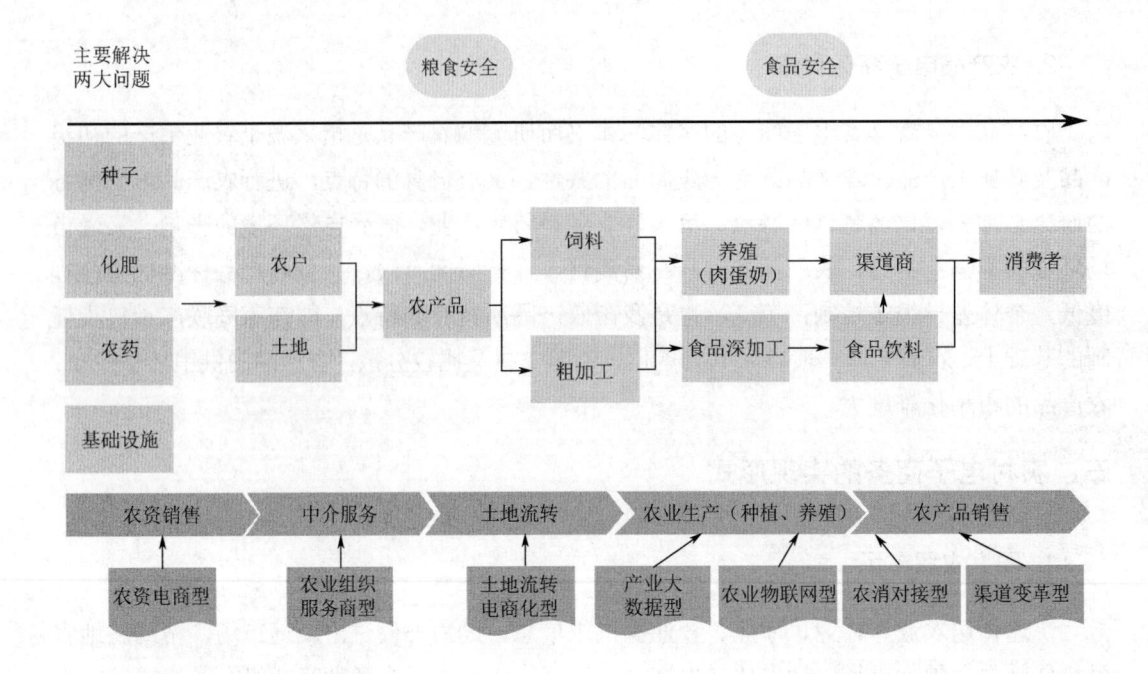

```
主要解决          粮食安全              食品安全
两大问题
─────────────────────────────────────────────►

种子
化肥 ──┐   ┌─农户─┐            ┌─饲料─→养殖────┐   ┌→渠道商─→消费者
农药 ──┼──→│     ├──→农产品──→│              (肉蛋奶)  │      ↑
       │   └─土地─┘            └─粗加工─→食品深加工─→食品饮料
基础设施
```

农资销售 > 中介服务 > 土地流转 > 农业生产（种植、养殖）> 农产品销售

农资电商型 农业组织服务商型 土地流转电商化型 产业大数据型 农业物联网型 农消对接型 渠道变革型

二、电子商务改造传统农业案例

1. 渠道变革型——生鲜电商

理念：基于用户端，电子商务对传统农业产业链的改造。

主要商业模式：生鲜电商

卖点：食品安全、新鲜

案例：雏鹰农牧

有着20多年历史的雏鹰农牧集团股份有限公司，如今已发展成为集粮食基地、饲料生产、种猪繁育、生猪养殖、屠宰加工、冷链仓储物流、终端销售、有机肥、生态种植、铁路专用线等全产业链于一体、市值近百亿的大型现代化农牧企业。2010年9月，"雏鹰农牧"在深圳证券交易所挂牌上市。

在食品安全成为老百姓最为关注问题的当下，雏鹰农牧集团提出"让国人吃上放心肉"，雏鹰农牧斥巨资打造先进的食品安全追溯管理体系，从粮食基地到饲料生产，从种猪繁育到生猪养殖，从屠宰加工到冷链仓储物流、再到终端销售，"从养殖到餐桌"真正做到了"完整产业链，安全可追溯"。其生态养殖、五星级屠宰、气调包装、二维码追溯等，实现了全程绿色生产与领先技术工艺的完美结合，兑现了"让国人吃上放心肉"的承诺。消费者可用手机直接扫描包装上二维码，即可查到每块猪肉生产的各环节信息，即"产品履历"。

2. 平台思维——农产品交易平台

案例：农产品流通龙头——农产品

公司以实体农产品批发市场为依托，以信息、资金、物流、食品安全检测等为保障，打造实体农批市场、农产品电子商务、供应链管理（金融）为主体的多品种、多层次、多模式农产品"绿色交易"体系。公司在全国 18 个省的 19 个城市拥有农产品批发市场、物流中心等；已开业项目达 18 个，另有储备项目约 10 个；公司进行互联网布局战略：依托线下优势，打造全渠道、全品类、多层次的农产品电子商务体系，涵盖食糖、茧丝、棉花等大宗、标准化农产品 B2B 业务。

公司发展战略是成为一流农产品流通综合服务运营商，以实体农产品批发市场为依托，以信息、资金、物流、食品安全检测等为保障，打造实体农批市场、农产品电子商务、供应链管理（金融）为主体的多品种、多层次、多模式农产品"绿色交易"体系。主要为农产品批发市场运销商及生产基地、涉农企业、政府机构提供信息、商务、品牌、在线软件及无线增值等一系列服务。

公司打造全渠道、全品类、多层次的农产品电子商务体系：一是中农网股份-公司电子交易平台运营主体，由阿里巴巴前 CEO 卫哲任董事长、管理层持股 5.95%，涵盖食糖、茧丝、棉花等大宗、标准化农产品 B2B 和生鲜等非标类农产品的 B2C；二是全资拥有深圳前海农产品交易所，具有创新流通模式、提升流通效率、培育新盈利增长点的战略意义；三是筹备深圳市农产品电子商务有限公司，打通旗下农产品批发市场经营户线上、线下双向渠道，发展农产品的 O2O 业务。

3. 用户思维——农销对接

目前农产品市场存在千变万化的市场与千家万户的小农生产的联接问题，出现了全国各地特色农产品滞销与城市居民吃不到放心的特色食品之间的矛盾。同时，农产品市场还存在农产品附加值低，毛利率相对较低现象。而随着互联网的发展，出现了微博、微信、QQ 及 SNS 等免费资源，尤其是微信和微博提供了新的营销模式，出现了褚橙、柳桃、潘果等通过电子商务手段实现了农户（场）与消费者直接对接。

案例：淘宝村

"淘宝村"：阿里研究中心称，目前在国内已经发现了 20 个大型的"淘宝村"（网商数量占当地家庭户的 10%以上），网店总数超过 1.5 万家，年销售总额超过 50 亿元，带动就业人数超过 6 万人。淘宝村的发展更是极大促进了经济的发展，原来一些村子的特产，因为没有平台，没有被大多数人熟知而被遗忘。淘宝村的形成，促进了这些特产的买卖，同时也使当地村子更加富裕。特色农产品实现了价值，农户实现了就业，消费者获得了放心的特色食品。

4. 大数据思维——数据挖掘

案例：龙信思源

龙信数据是国内大数据挖掘应用的资深服务商，是国内民生领域最具实力的数据资源供应商；专注于民生领域的大数据应用服务，以大数据分析挖掘技术为核心竞争力，为政府、社会组织及研究机构提供专业的大数据服务解决方案，帮助其实现高效管理，提升服务质量，推动行业发展。

2013年6月龙信思源与山东农业大学合作，建立"农业大数据资源展示平台"。在农业领域有广泛、深入的研究。例如，农业信息的自动采集、人工采集，跨地域、跨组织间信息的互动协作、信息共享等，龙信思源现已成为国内农业大数据的优质服务商。能够为农业大学、高等院校农业学院、农业局、农业科研机构、农场等农业科研、种植机构等提供数据挖掘模型、数据分析报告等服务。

5. 土地流转电商化——聚土地

聚土地是浙江省供销社直属企业浙江兴合电子商务有限公司联合阿里巴巴集团聚划算平台、绩溪县庙山果蔬专业合作社等单位在安徽省绩溪县实施的一个土地项目，将土地流转与电子商务结合起来，以期实现农户、终端消费者、电商平台的共赢。

聚土地运作流程即农民将土地流转至电子商务公司名下，电子商务公司将土地交予当地合作社生产管理，淘宝用户通过网上预约，对土地使用权进行认购。交易完成后，淘宝用户获得实际农作物产出；农户除获得土地租金外，参与生产环节还可获得工资。

三、我国典型农村电子商务模式

1. 走平台化道路——浙江遂昌模式

遂昌县位于浙江省西南部，隶属丽水市，位于钱塘江、瓯江上游，仙霞岭山脉横贯全境，山地占总面积的88.83%，全县总面积2539平方公里，总人口23万。独特的自然环境造就了遂昌优质的特色农产品，从2005年开始遂昌就有网商自发做淘宝，主要经营竹炭、烤薯、山茶油、菊米等特色农产品。近年来遂昌的电子商务也发展起了服装、家具等品类，形成了许多知名网络品牌。截至2013年1月淘宝网遂昌馆上线，初步形成了以农特产品为特色，多品类协同发展的县域电子商务中的"遂昌现象"。

以下是对遂昌模式主要做法的简要总结。

（1）网商集群式发展，县域电子商务生态初步完备：得益于当地优良的自然环境，遂昌盛产竹炭、烤薯、菊米、山茶油、高山蔬菜、土禽、食用菌等农特产品。2010年3月26日，遂昌网店协会由团县委、县工商局、县经贸局、碧岩竹炭、维康竹炭、纵横遂昌网等多家机构共同发起成立，遂昌网店协会的诞生，对遂昌网商的集群式发展起到了关键性作用。同时，电子商务引发的"创二代"现象也开始明显。掌握计算机与网络技能的具有创新能力的大学生与其父辈丰富的生产经验相结合，把握了电子商务这一商机，从而形成了遂昌农产品电子商务的"创二代"，也加速了遂昌特色农产品电子商务的发展。

（2）农产品电子商务成特色，传统产业加快电商化进程：与江苏睢宁沙集镇、浙江义乌青岩刘村等地以家具、小商品为交易物的农村电子商务相比，"遂昌现象"最大的不同在于其交易物以农产品为主，属于典型的农产品电子商务。

农产品正在成为淘宝新兴的热门产品类目。其中，传统滋补营养品、粮油米面、干货、调味品、茶叶是淘宝网交易额最大的农产品类目。与一些县域农产品电子商务发展主打一两种产品不同（如安溪的茶叶、青川的山货），在遂昌，网上交易的农产品种类从零食坚果，到茶叶干货，再到生鲜蔬果，均占相当大的比例，并且从2013年开始，生鲜蔬果产品呈增强趋势，逐渐成为当地电子商务交易的主打产品。

（3）遂昌馆叫响全国，县域组团整体销售："特色中国"是淘宝网倾力培养的中国地方土特产专业市场，淘宝网从2010年开始，就积极与各省市政府紧密合作，精选全国各地名优土特产及名优企业，共同推进土特产的网上销售市场。遂昌馆是淘宝"特色中国"的第一个县级馆，遂昌网店协会是遂昌馆的运营方。汇集了烤薯、竹炭花生、即食笋、菊米等遂昌本土美食，还包含遂昌金矿国家矿山公园、南尖岩、神龙谷等景点门票、酒店等旅游产品。在遂昌馆，全国消费者也可将遂昌特色产品一网打尽。

（4）政府积极营造电子商务软硬件环境：优良宽松的电子商务软硬件环境是遂昌电子商务快速发展的重要保障。政府对电子商务的投入和支持，主要体现在两个方面。一是基础设施的投入：电子商务基础设施主要包括交通、宽带、产业园区等方面，规划道路建设，开通了多条连接偏远农村和县城的交通支线；另外加强管理，强化科技在交通管理中的运用，进一步改善县域交通环境。二是规则和政策的支持：遂昌县政府承诺将在人才、空间、财政、政策等方面加大对遂昌电子商务发展的支持。

综上所述，"遂网"集合了当地千余家小卖家共谋发展。对上游货源进行统一整合并拟定采购标准，由团队统一运营管理，线下则按照统一包装、统一配送、统一售后等标准化操作执行。遂昌馆的推出，是遂昌县域的一次"整体营销"。遂昌馆以遂昌网店协会为营运主体，当地县政府鼎力支持，吸收网店店家、网货供应商、农业专业合作社、县域内涉旅机构等销方加入，大大提高了遂昌这个小县城在互联网上的知名度。

2. 专业市场+电子商务——河北清河模式

河北清河是全国最大的羊绒纱线和羊绒制品生产销售基地，建有全国最大的羊绒制品专业市场。但是在传统商业模式下，清河羊绒制品的市场半径十分有限，市场辐射面较小。2006年，清河县东高庄村农民刘玉国首次尝试在网上开店卖羊绒纱线，平均每天就可做成100多笔交易。刘玉国网上开店的成功，产生了显著的带动效应，大家纷纷模仿，电子商务在该村迅速兴起。目前，这个不到2000人的小村，全县已有3000多家网店，5万电商大军，注册品牌达到400余个，年销售额15亿元，羊绒制品的销售额占整个淘宝网的74%。专业化的市场提供了丰富的产品资源，最大化地满足了不同消费群体的多样化需求，为电子商务的发展奠定了基础。

清河羊绒制品市场运营之初，清河县委、县政府就提出了"网上网下互动，有形市场与无形市场互补"的发展思路，在羊绒制品市场内大力营造适合电子商务发展的经营环境，相继建成了电子商务孵化区、电子商务聚集区和电子商务产业园，并大力引进网货供应、物流快递、人才培训、研发设计、摄影、美工等专业机构入驻市场，从而保证了电子商务经营者能够以最快的速度、最低的价格享受到最全、最好的服务，提高了网商的市场竞争力。

以下是对清河模式主要做法的简要总结。

（1）注重培训实效：早在2008年，清河县就成立了电子商务服务中心，聘请了专业讲师，开展淘宝入门、网店提升等技能培训；近年来，他们走专业化培训的路子，通过"政府埋单、市场化运营"的形式相继与万堂书院、网商动力、无界电商、新农人等专业机构合作，针对不同的电商人群开展针对性培训，每年培训场次超过200场次，培训人员超过20 000余人次。

（2）搭建赋能平台：几年间，清河相继建成了电商孵化基地、青阳先锋创客空间、无界创客咖啡、跨境电商园等专业平台。其中无界创客咖啡作为电子商务从业者定期交流的场所，率先开通了以"周四党"为主题的系列沙龙活动，主题涵盖了微信营销、手淘技巧、VR虚拟现实应用等最新的理念与技术，不但提升了市场人气，而且促进了创业者之间的相互交流，使从业者迅速掌握了新的运营模式，进一步促进了电子商务的繁荣发展。青阳先锋创客空间已经吸引了美工、VR场景设计、店面装修、摄影、传媒等众多公司入驻，有效缓解了产业链条不完善的难题。跨境电商园是清河县政府与阿里巴巴国际站合作建设的园区，目前已经吸引20多家具有一定规模的汽配、羊绒等行业的电商企业入驻，成为孵化和培育跨境电商企业发展的重要平台。

（3）加强对接合作：积极与淘宝网、京东、苏宁等平台合作，相继建成并运营了"清河羊绒-智慧商城""苏宁易购-清河羊绒馆"等平台；开展了包括"羊年穿羊绒""淘女郎走进清河"、"清河羊绒"苏宁网上网下购物等一系列大型促销活动，大幅度提升了"清河羊绒"在各个平台的知名度和美誉度，拓宽了清河电商销售渠道。

综上所述，通过电子商务的拉动作用，解决了传统专业市场受地域限制所导致的销售难题，实现了传统专业市场与电子商务齐头并进、协调发展的良性格局，成就全国独具特色的"专业市场+电子商务"的电子商务模式——"清河模式"。

3. 农户+网络+公司——江苏沙集模式

沙集镇东风村土地多是盐碱地，土壤质量差且人均耕地少，农户收入也多来源于种地和外出务工，种地的收入非常有限，东风村的贫困可想而知。有限的收入和耕地资源也在倒逼东风村的村民寻求发家致富之道，考虑到现有的资源条件，村民把发家致富的眼光投向了农业以外。东风村最早的非农产业就是生猪养殖业，后面经历了废旧塑料的回收行业，直到2006年开启了家具产业的电子商务，开始仿制宜家家具，加工简单的拼装家具，并通过淘宝平台销售。从小到大，从2006年的1家到现在的2000家，日渐形成规模，进驻淘宝、天猫、京东商城、亚马逊及一号店等网络平台。东风村2013年的家具销售额就已突破10亿元。一直发展到今天，形成了一定的规模优势。

以下是对沙集模式主要做法的简要总结。

（1）农民网商自发生长："沙集模式"是对沙集地区电子商务产生、发展的理论归纳。根据阿里研究院和中国社会科学院信息化研究中心的定义，"沙集模式——特指沙集镇农民网商自发式产生、裂变式成长、包容性发展的现象"。自发式产生指沙集镇东风村的网商是自下而上产生的，区别于政府主导的自上而下的农村信息化建设，这种自发性植根于农户，农户自己辨别市场、主动寻找商机，借助于已经成熟的、市场化的电子商务平台，成功由农民转变为网商。

（2）信息化与产业化互动：沙集模式是农村信息化与产业化之间的互动，先是信息化带动产业化，然后产业化促进信息化，两者在互动中催生了"沙集模式"。沙集模式的核心是"农户+网络+公司"，农户是沙集模式的主体，与市场直接对接，解决了农户与市场间信息不对称的问题。这里的公司多是由原有的农户发展而来，克服了家庭农场的缺陷，尝试用现代公司制度经营。网络既是一种商业模式，也是一种信息化平台，是一种市场化的交易平台，区别于传统的政府搭建的网络平台。沙集模式形成后表现出显著的产业集聚效应和收入效应，有效地带动了当地的就业，大幅提高了居民收入，汇集了多元化的产业，解决了产业单一化的问题，走出了一条富有沙集特色的城镇化、农村现代化的道路。

我国广大的农村地区可以借鉴沙集商业模式，零基础发展农村电子商务，走信息化带动产业化的道路，产业化促进城镇化的道路，通过电子商务这一手段将实体产业引入农村，充实农村的产业基础，解决农村产业空心化的问题，将城镇化、产业化、信息化同步推进。地方政府通过产业政策，在金融信贷、土地厂房等方面支持农村电子商务的发展，同时优化农村地区交通、电信等基础设施，为农村信息化建设打下基础。

4. 走资源整合道路——甘肃成县模式

成县隶属于甘肃省陇南市，位于甘、川、陕三省交界，地处秦巴山地与岷山山脉、黄土高原交汇地带，是东出陕西、南下四川的交通要冲。目前，全县已形成以核桃为主导，中药材、养殖、蔬菜、鲜果、烤烟为支撑的农特产业体系。几年来成县的电商发展卓有成效，它是阿里巴巴集团确定的"千县万村"计划西北首个试点县，财政部、商务部确定的全国电子商务进农村综合示范县，农业部认定的全国农业农村信息化示范基地，农业电子商务示范单位，在第二届中国县域电子商务峰会上，获得全国"农村淘宝创新型示范县"称号；电子商务产业孵化园被商务部列为国家电子商务示范基地。

以下是对沙集模式主要做法的简要总结。

（1）樱桃效应：樱桃效应是指成县大樱桃照片以随手拍的形式，通过网络微博、微信等新媒体途径传播后，引起了网民广泛关注，在圈子里开始购买，促使了一种商业机会的发现。樱桃效应作为成县走上电子商务之路的偶然事件，是互联网发展的必然产物，直接促成成县电子商务协会的成立，成县农产品电商点燃了星星之火。

（2）传播效应：成县的大樱桃及原始生态美景，通过网络自媒体传播扩散，让更多人感知成县生态好景、加深成县影响。传播效应为核桃的逆袭起到了铺垫作用。选择一个优势品种，集中推、整体推，这一点率先突破，带动电商全面发展和全民电商创业。

（3）书记效应：书记效应也可以说是成县核桃效应，这种效应是成县独有的，具体是指成县县委书记实名注册认证新浪微博，通过微博叫卖成县鲜核桃，瞬间微博转发量攀升，个人关注度超预期，个人粉丝量突破 20 多万，成县核桃知名度和成县影响力在网上迅速扩散，最终各类网络媒体也关注报道，称其为"核桃书记"。这样利用新媒体渠道和特殊的个人身份，成县核桃及成县逐渐成为全国热度很高的词汇，起到了整体推介成县、宣传成县特色农产品的作用，成县——中国核桃之乡的知名度和影响力前所未有的提高。

5. 走品牌化道路——吉林通榆模式

受区位、信息、物流、市场等因素制约，通榆本地优质农产品长期处于产量高、质量好、有特色，但价格低、知名度不高的状态，农民群众脱贫致富难度很大。在这种情况下，通榆县借助电子商务高速发展的东风，将优质农产品摆上电商发展"云高速"，切实提高附加值，有效促农增收。同时，围绕贫困人口，结合电子商务，有针对性地搭建平台、创新模式，使电商扶贫成为精准扶贫工作中的一种全新的有效方式，并不断取得良好成效。

总结通榆模式，可以概括为搭建"四个平台"，服务贫困群众创业。

（1）搭建培训平台：充分利用阿里研究院、淘宝大学等资源，实施"万名电商培养计划"，开展"电商扶贫培训进乡镇"活动，为贫困村培训电商应用人才和合格的信息员，确保每户贫困户家中都有人参加电商实用技术培训，做到贫困群众对于电子商务学懂、会用。

（2）搭建创业就业平台：推进通榆县电子商务产业园建设，吸引贫困人口进驻园区，并为其创业提供必要的资金、技术、信息、办公等方面支持。建设覆盖全县电商产品的仓储分包代加工中心，为贫困户网商提供集产品仓储、分拣、包装、配送于一体的外包服务。引进百世汇通等大型快递企业建立云仓库，推进农村淘宝通榆物流中心建设，支持电商龙头企业、小微企业、电商服务企业招聘符合条件的贫困群众务工就业。

（3）搭建服务平台：大力推进通榆县电子商务服务中心建设，使综合平台的电商扶贫孵化作用真正得到发挥。进一步强化各乡镇电商扶贫服务站的重要职能。结合阿里农村淘宝项目在每个贫困村扶持农民网店或电商扶贫网店，引导贫困户成为电商网店业主。

（4）搭建金融平台：吸引社会资本进入，发起成立电商扶贫公益基金，统筹管理和整合使用财政投入、公益支持、社会帮扶等各类资金，重点对参与电子商务融资困难的贫困村、贫困户予以扶持。充分发挥电子商务平台作用，为贫困人口开办网店和从事电商服务业等提供资金支持。推动中国扶贫开发协会产业扶贫投资基金注资通榆县物权融资公司，针对农村电子商务的贷款品类，解决贫困人口参与电子商务融资难问题。

6. 买西北、卖全国——陕西武功模式

武功地处丝绸之路经济带建设的关键区域，具有"辐射大西北、带动大关中"的独特区位优势，积极构建"买西北、卖全国"的电商新模式。面向西北，聚集货源，在征集武功当地特色农产品外，征集整合到陕西渭北苹果、核桃，陕北红枣、杂粮，以及新疆瓜果、干果类，西藏牦牛肉，甘肃枸杞子、中药材等30多类300多种特色农产品，为电商企业提供了充足货源。策划包装，形成品牌，积极聘请知名电商专家，精心策划包装设计了苏绘手织布、杨老五麻花和省级品牌十六御等几十类300余种特色产品，提升形成了武功电子商务产品品牌。安全检测，绿色可靠，凡上线销售的各类农副产品，由县电商检测中心进行严格的安全检测，确保各类农副产品绿色、有机、安全、可靠，让消费者放心、经营者安心。通过庞大的电商团队上线交易，销售全国各地，打造若干个"丝绸之路淘宝赶集小城"和"智慧乡村"。

以下是对武功模式主要做法的简要总结。

（1）以园区作载体，大力吸纳外地电商到当地注册经营：园区不仅聚集了农产品生产、加工、仓储、物流和销售等各类企业，还聚集了西北五省 30 多类 300 多种特色农产品。以人才为支撑，搭建电商孵化中心、产品检测中心、数据保障中心、农产品健康指导实验室四大平台；实施免费注册、免费提供办公场所、免费提供货源信息及个体网店免费上传产品、免费培训人员、在县城免费提供 WiFi "五免政策"。

（2）建立县、镇（中心）、村三级农业信息服务网络体系：抢抓"智慧城市"建设机遇，推进网络安全共享、系统平台共享、信息数据共享、网络媒体共享"四项共享工程"，以及"六个一惠民工程"，为农产品电子商务发展奠定了坚实基础。

（3）建立多元培训体系：武功县已经被陕西省商务厅确定为"陕西省电子商务示范县"、陕西电子商务培训基地。同时，与淘宝大学签订了合作协议，成立了淘宝大学陕西分校。引入阿里农村电商模式，面向农村，持续、深入推进实施农村淘宝项目。依托这些培训载体，实行多元化的电商人才培训。

第三节　电子商务在农村电子商务中的作用与路径

一、电子商务在农村电子商务中的作用

1. 农村电子商务可以实现农业信息的共享，改变传统的"生产拉动"为"需求拉动"。

中国的农业生产，大多处于以家庭为单位的较小规模生产的状况，传统的农产品市场一般为区域性的小市场，市场与市场之间缺乏不间断的信息传递。农户仅仅凭借往年价格选择生产项目，交易圈小，信息不灵，无法抵御市场风险。涉农企业也同样因为农业生产和销售所呈现季节性、周期性特点和农业信息的分散、复杂、综合性特点，在信息交流与共享中出现困难。农村电子商务是通过建立和完善农业电子商务网站，让农民能够以一种新的途经及时了解农产品的生产和供需信息，共享信息资源，把农民与市场有机联系起来，根据市场需求合理地组织生产，避免产量和价格波动带来的不稳定性，以发挥自己的优势，取得良好的经济效益。利用特色农产品电子商务平台提供有针对性的科技信息与服务，聘请国内外专家进行网上指导、培训和答疑，有利于生产技术的创新，提高农业综合生产能力和效益。

2. 农村电子商务可以拓宽农产品销售渠道

在市场经济条件下，农产品销售正日益成为农业效益提高和农产品价值实现的关键环节。传统的农产品销售渠道"生产者（农户或生产企业）——经纪人——批发市场——农贸市场——消费者"所存在的流通环节多、交易成本高、对市场信息响应迟钝和失真等弊端，使生产者难以适应市场竞争的要求。信息网络技术的发展为此提供了现实的发展机遇，农业电子商务的发展，将使农产品流通进程、交易环节和交易费用发生质的变化，提供一种全新的营销和商务模式，让供需双方最大可能地直接交易，改变销售渠道狭窄状况，减少生产与销售的中间环节，增加贸易机会，降低交易成本。由于信息渠道畅通，也有利于更

多潜在的用户购买其所需要的特色农产品。

3. 农村电子商务可以推动农业产业化进程

农业、农村、农民发展的必由之路是农民从个体经营走向规模经营、集约经营，真正成为有竞争力的市场主体，个体农业才可能通过规模经营踏上专业化、现代化的道路。借助农业电子商务平台提供有针对性的供求信息与科技信息服务，农民进一步与各类涉农企业、各种专业生产合作组织、种养大户的联合，有利于形成规模经济并培育新的市场主体，同时也有利于生产技术的创新与农业综合生产能力和效益的提高。只有加快实现这种转变，农业发展才有出路。

4. 农村电子商务可以增加中国农业加入WTO后的竞争力

中国加入WTO后，意味着中国农民、中国的涉农企业要与国外农场主同处于世界农业经济舞台上，在这种冲击下农产品"卖难"的矛盾进一步加剧。一些发达国家凭借其在科技、管理、信息、环保等方面的优势，对我国外贸出口特别是农产品出口设置种种"门槛"，致使大量农产品出口受阻。这除了与我们自身一些农产品生产、加工的质量、管理观念与落后于国际化的商业竞争需要有关之外，一个重要因素就是参与国际竞争的市场信息体系与营销体系建设不完善。在农业电子商务搭建的平台上，可以举办形式多样的"网交会"，快捷便利地将具有竞争力的名优特色农产品征集上来，推介出去，企业和农民在信息平台、支付平台、信用平台和物流平台上进行规范而且安全的电子商务交易活动，实现完全的电子商务，提高加入WTO之后中国农业的市场竞争力，将中国农产品推向国内外大市场。

二、加快发展农村电子商务的路径举措

基于我国农业存在的短板及比较优势，农业的发展方向应该以国内外市场为导向，以农业比较优势为基础，以不同区域特色农业产业为依托，以电子商务为农村经济发展新动力，以龙头企业为依托，由广大农民通过电子商务创业创新实现农业产业升级，并在政府的合理引导下形成农村电商生态体系，促进人与土地和谐发展，实现"农民富、农业强、农村美"的互联网＋"农民＋农业＋农村"的电子商务发展模式，大力发展比较优势产品，调整优化农业结构，转变农村经济发展方式，提高我国农产品品牌知名度与市场竞争力，拉动农村创业与就业，从而实现我国农业弯道超车。

1. "政产学研用"五力协同，共同推进农村电子商务发展

"政产学研用"五力协同，协调基层电子商务参与主体、农业资源与不同主体之间的利益关系，将分散的人力、技术、资金、产品、设施、物流、场地、住房、交通、旅游等电子商务要素有效整合，提供农村电子商务所需要的公共服务；大力发展"农村电子商务培育工程"，建设省一级的电子商务产业园，产业园内集成电商培训中心、创业基地、孵化基地、物流配送中心等功能模块，发挥产业孵化作用；政府加大投入对入驻电商孵化基地的企业实施优惠，在办公用房、场地费用、办公设施、创业辅导、中介、贷款、仓储、物流

等方面提供优惠与便利；建立电商公共服务中心，包括网上商品展示中心、众创空间、电商运营中心、培训中心、电商孵化基地和物流分拨中心，建立电商产业园与电商仓储物流园，吸引电商主体入驻；围绕电子商务相关法律，对电子商务的支持和鼓励政策进一步细化和落实，优先鼓励本地农户或新农人积极发展特色农产品电子商务，树立农户身边的电子商务示范更有说服力；支持农产品电子商务平台对本地农产品进行宣传、推广和销售，提高农户种养的收入；加大对电子商务人才培训的支持力度，提升不同区域内农产品电子商务的水平；积极与苏宁易购、阿里巴巴和京东等优秀电子商务企业合作，建立县域特色农产品网上商城地方馆，推行"农户＋合作社＋龙头企业"模式，引导和支持农民专业合作社、农业产业化龙头企业应用知名电商平台开展经营；整合已建成的网上创业孵化基地、万村千乡农资仓储配送等设施，形成电商服务引领带动型发展模式。

2. 进行农业供给侧改革，从"适应需求"走向"创造需求"

针对不同县域特色农产品特点，建立县域特色农产品数据库，通过诸如二维码来承载农产品不同的原始信息，建立农业产业链大数据，使终端消费者看到产品名、产品特征、产地、种植人、生长周期、生长期施肥量、农药用量、采摘上市日期等详细内容，并通过网络与消费者进行实时互动，了解消费者的个性化需求，实现从消费者到流通者，再到生产者，记录分析种养过程及流通中的动态信息及变化，制定系列调控和管理措施，形成对精细农业的倒逼，引导农户生产满足消费需求、适合网络销售的产品，使农产品供给结构与需求结构相匹配，促进区域内农产品高效有序发展；探索"电子商务＋乡村旅游＋农村消费"模式，积极推动我国不同县域特色农产品走出去，由此形成特色乡村旅游带动型农村电商发展模式，促进乡村旅游资源、特色农产品资源与农村电子商务融合发展。

3. 建立县域特色农产品电子商务服务中心，增强农业集约化发展动力

在农村电子商务引导下，建立不同县域特色农产品电子商务联盟，拓宽外部市场，增强农业集约化发展的驱动力，使农业生产走向集约化、规模化发展道路。同时，为了规避由于一个区域农产品集约化、规模化导致农业生产单一化所带来的风险，考虑与当地旅游、文化相结合，走多元化发展之路；打造建设电商网络综合服务平台，在县一级成立县域电子商务服务中心，采取政府主导、企业主体、市场运作的模式，政企合作共建电商服务中心；在村一级成立电子商务服务站，构建农村电子商务平台，集成农资生产与服务类公司，为农户提供网络代购、产品代销与配送服务（网上代买、网上代卖、便民服务、收发快递、农民创业、电商培训、售后维修等），让农民在农村享受网上购物、销售、缴费等方面一站式服务，实现"工业品下乡，农产品进城"双向流通。通过上述途径打造建设覆盖各级乡镇村的电子商务网络综合服务平台，逐步形成以电商产业园为中心、以各网点为支撑、辐射整个陕西省的农村电商服务体系。

4. 构建农产品可追溯体系，制定统一标准，打造网络农产品品牌

地方政府联合产业协会根据产品特点及市场需求自建标准，并在此标准的基础上开展

电子商务。依托县级农村电子商务物流中心或农产品批发市场,并配备品控检测的专业仪器与设备及农产品质量安全追溯系统等必要的软、硬件设备,在农产品电子商务供应链上各环节建立品控、售后、供应商入驻、产品检测、发货流程、仓储等各环节的可追溯标准;加快制定农产品统一标准,跨县域整合产品、企业、渠道等资源,提高地理标志产品规模,共推共享产品品牌;利用电子商务模式,开辟特色农产品网络直销渠道,改变原来完全依靠收购商的销售方式,增加农户在农产品市场中的议价能力;加大农产品网络营销推广力度,培育网销产品品牌和农产品电子商务企业品牌,打造一村一品特色农产品品牌,培育农产品深加工品牌,创建驰名商标;积极搭建电子商务对外贸易平台,建设特色农产品出口基地,引导龙头企业依托跨境电子商务开拓国际市场,提高我国农业外向度;利用第三方知名电子商务平台开设地方特色农产品馆,打造集产品展示、文化体验、休闲娱乐等功能于一体的线上线下营销集散中心,促进农业产业化发展和农产品标准化、品牌化、国际化进程。

5. 构建特色农产品集群营销模式,大力发展订单农业和以销定产

运用现有的电子商务平台与工具,通过集群招标、团购等模式,将分散的中小需求订单整合形成规模化大订单,从而形成规模效应。同时,将分散的特色农产品种植户及中小涉农企业的农产品集中起来,形成规模化供应,使需求集聚与规模化生产相匹配,通过"公司+基地+农户"的模式,吸引广大特色农产品种植户加入到"订单农业"产业链上,降低农户种植风险。

6. 加大农村电商基础设施建设,夯实农村电子商务基础

加大农村电子商务基础设施建设,从强化基础设施建设入手,整合交通、土地、电力、通信、网络资源;整合相邻几个市(县)域甚至更多地区现有村邮站、便民服务站、乡镇快递网点等农村商品流通服务设施,在不同县域形成一到两个大的区域配送中心,将邮储、供销社、中小物流公司、快递公司纳入到物流联盟,构建公共物流平台,为特色农产品提供标准化、定制化包装及仓储和运输服务,以规模化物流降低区域化物流成本;针对原产地农产品市场和道路交通建设的实际情况,建设农产品保存保鲜仓库,以拉长农产品销售周期,更好地实现农产品实践价值。在条件允许的情况下,可以将仓库建设在消费者集中的区域。政府主导、多渠道融资,构建农产品冷链物流体系,解决城乡生鲜农产品实时配送,推动农村电商更上新台阶。

7. 实施"农村劳动力素质培训"工程,提升农村电子商务发展人才质量

实施"农村劳动力素质培训"工程,对农户进行电子商务技能培训,围绕当地特色农业发展与电子商务对人才的需求,开展多种形式的实用技术培训、农产品标准化生产培训、电子商务技能培训,提高农户就业和创收能力;发展农村地区现代职业教育,围绕当地特色优势产业和电子商务人才需求,提高农村人口素质和就业能力,促进农村地区经济发展,解决农村地区发展"造血机制"不足问题;加大高校招生倾斜力度,提高农村地区高等教

育质量，建立保障农村学生上大学的长效机制，增加农村学生接受高等教育的机会，促进高等教育更好地为农村经济社会发展服务；注重培育发展农业专业合作组织和科技致富能人，通过他们的辐射、带动，有效提升农户的思想意识和科学素质，激活农户要求致富的强烈愿望，从"我想富"的观念向"我要富"的目标转变；进行市场化引导，增强农户网络市场意识，使农户能够自觉按照网络市场经济规律的要求，来组织农业生产，以最小的投入获得最大的收益。

第四节 我国农村电子商务发展

一、农村网购市场规模呈现快速增长态势

据2016年中国电子商务研究中心发布的《中国网络零售市场数据监测报告》数据及中国电子商务研究中心（100EC.CN）监测数据显示，2014年全国农村网购市场规模达1817亿元，2015年农村网购市场规模达3530亿元，同比增长94.3%。2016年上半年农村网购市场规模达3120亿元。农村网购市场迅速扩张的原因可以概括为以下两点：一是随着电商如阿里、京东、苏宁等快速渠道下沉，农村网购市场快速增长，增速超过城市，发展呈现新的动能；二是电商进入农村初见成效，在一定程度上改变了农村用户的消费习惯，改善了物流建设，增强了农村对电商的需求。

二、农村电商呈现出的特点

农村电商成为各大巨头抢占的市场。电商们纷纷聚焦在农村这个市场，一方面是城市的电商用户开始遇到增长瓶颈，电商巨鳄们希望激活广阔的农村市场用户；另一方面也为农产品拥抱互联网提供了无限机遇，而这必将对传统的农产品行业带来巨大冲击。2017年4月10日，国内电商巨头京东CEO刘强东宣布将在全国开设超过一百家京东便利店，其中一半在农村。不难看出，这是京东针对农村市场转换了拓展思路，以实体的方式"渗透"农村市场。而阿里、苏宁、国美等也纷纷把农村电商作为未来主要战略之一，不断在县与村一级建服务站、代理点，寻找合作伙伴，角逐广大的农村市场。

三、农村电商消费趋势

1. 农村电商消费呈增长趋势

依据《2016年中国农村电商消费趋势报告》数据显示，农村电商用户数量近年来呈爆发式增长，无论是网货下乡用户，还是农产品上行(特产馆)用户，其消费习惯与消费结构均呈现独特特征。此外，作为农村电商的重要支撑，在线金融、商流体系也在农村地区有所发展。

阿里研究院联合《阿里农产品电子商务白皮书（2016）》显示，2016年阿里巴巴平台

农产品交易额超过 1000 亿元，同比增速超过 40%，显示出农产品在线交易的强劲势头。

2. 农产品电商正从"客厅革命"扩展到"厨房革命"

2016 年，消费额增速最快的五类农产品依次为蔬菜、蛋制品、肉类、肉类制品和米面。阿里研究院对比分析 2015 年、2016 年的数据发现，粮油、米、面、菜、蛋等必需品初具规模，且高速增长，而坚果、茶、水果、果干等由于规模较大，增速有所放缓。这反映出以厨房为消费场景的农产品正成为新增点，改变传统的消费方式。

3. 农产品网上市场需求呈现高端化

特产馆消费的用户普遍呈现高端化倾向，且年龄相较全站而言更为分散，尤其是 36 岁以上用户，显著高于全站水平。这体现出对于中高年龄层的用户，网购各地特产已经成为他们的习惯，相比线下购买而言，在可信赖的电商平台通过有资质的特产馆购买，也反映出用户对食品安全和网购品质的关注。建议特产馆产品开发时多加包装，以较具品质感、品位感的呈现为优。考虑到用户年龄分散的特点，特产馆产品可多样化，无论是保健品、小吃零食、地方饰品等，均可进一步探索。

4. 农村用户对移动端的依赖，远远超过城市地区

这意味着以当前农村地区基础建设而言，移动端消费更加方便快捷。因此，加大对移动端引流的投入，有望进一步拉伸农村电商的消费能力。值得注意的是，农资用品是移动端需求量最大的品类，农资用品商户可加大在移动端的商品展示。

5. 农资用品需求呈现地域特点

由于各地农业条件不同，农资用品的需求也有所不同。整体而言，肥料是全国各个区域主要的农村电商消费品类，但东北、西北地区对肥料需求更甚，远远超过其他品类。四川地区对园林品类更加欢迎，体现出当地农林种植的特点。

第三章
农资与农产品网上运营案例

第一节 网络营销概述

一、营销理论的发展

美国营销专家菲利普·科特勒在其著作《市场营销原理》中把营销观念分为五种，即生产观念、产品观念、推销观念、营销观念和社会营销观念。

1. 生产观念

生产观念是指导买者行为的最古老的观念之一。该观念认为，消费者喜爱那些可以随处得到的、价格低廉的产品。企业产品的供给小于市场需求。企业面临的市场竞争压力不大，此时以利润最大化为目标的企业只专注于自己的生产，企业一方面扩大自己的生产规模，形成规模经济；另一方面提高自己的劳动生产率，降低单件产品的成本，从而获得较大的利润。

2. 产品观念

产品观念认为，消费者喜欢高质量、多功能和具有某些创新特色的产品。此时，企业的产品处于供求相等的状态，企业专注于产品质量的提高，致力于生产出优质的产品，并不断改进产品。目的是依靠产品质量取得市场竞争力，占有更多的市场份额，从而获得利润的最大化。

3. 推销观念

推销观念认为，如果让消费者和企业自行抉择，他们不会足量购买某一组织的产品。因此，该组织必须主动推销和积极促销。推销观念认为，消费者通常表现了一种购买惰性或者抗衡心理，故需要用推销来影响他们多买一些，企业可以利用一系列有效的推销和促销工具去刺激消费者大量购买。

4. 营销观念

营销观念认为，实现组织各个目标的关键在于正确确定目标市场的需要和欲望，并且比竞争对手更有效、更有利地传递目标市场所期望满足的东西。营销观念是基于上述观念的发展和挑战而出现的一种新的企业经营理念，它的核心原则直到 20 世纪 50 年代中期才基本定型。营销观念基于 4 个主要支柱，即目标市场、客户需要、整合营销和盈利能力，即营销观念从明确的市场出发，以客户需要为中心，协调所有营销客户的活动，并通过创造性活动来满足客户需要，从而获取利润。

5. 社会营销观念

社会营销观念认为，组织的任务是确定各种目标市场的需要、欲望和利益，并以保护或提高消费者及社会福利的方式，比竞争者更有效、更有利地提供目标市场所期望的满足。社会营销观念要求营销者在营销活动中以社会道德为前提，权衡公司利润、消费者的需求和公共利益三者的关系。

从以上五种营销观念的比较分析中可以看出，前三种观念都是从企业出发，没有考虑消费者的需求，客户的选择权被限定在企业生产的产品范围内，企业运用其经济力量"强迫"客户接受自己的产品。随着社会、经济和科技的发展，消费者日益成熟，他们的力量也日益强大，因此他们开始向市场提出更高的要求，拒绝被动地接受企业的产品。越来越多的企业认识到自身的生产无法摆脱市场需求的制约作用，消费者才是产品生产、渠道选择、售后服务等企业活动的决定性力量，消费者需求应该受到关注。因此企业的经营观念开始从生产和产品导向转向客户导向，开始进入了以客户为中心的市场营销时代。

二、网络营销的概念

1. 网络环境对个人消费行为的影响

在网络环境下，消费者的消费行为有了变化，这些变化既表现在消费者的购买时间和购买种类上，又表现在消费者与生产商沟通上。在网络环境下，消费者的个性化需求获得了极大的满足。网络环境对消费者个人的消费行为有了影响，这种影响表现在以下几个方面：

（1）影响消费者对产品与服务的选择：传统的市场往往局限于某一地区，且有一定的营业时间，给消费者购物带来许多不便。在网络环境下，这种局限将消失。由于网络技术的超时空性，消费者可以全天候、跨地区、全方位地面向全球进行商品的选购。没有时间的限制，没有距离的阻碍，消费者足不出户就可以获得所需要的商品信息和商业服务。

（2）影响消费者个性化需求的满足：网络营销的最大特点在于以消费者为主导。消费者将拥有比过去更大的选择自由，他们可根据自己的个性特点和需求，在全球范围内寻找自己满意的产品，甚至向生产者发出定做信息，使"量身定做"的一对一销售成为可能，从而使消费者的个性得到足够的重视和尊重。网络还使消费者花费较少的时间和精力，以快捷便利的交易方式快速与生产者进行商品的买卖。满足消费者对购物方便性的需求，提高消费者的购物效率。

（3）影响消费者对产品或服务差别价格的选择：如果某种产品或服务的价格标准不统一或经常发生变化，客户很快会通过互联网认识到这种价格差异，并可能因此导致客户的不满，所以相对于目前的各种媒体来说，互联网先进的网络浏览器会使变化不定的且存在差异的价格水平趋于一致。这将对分销商在各地采取不同价格产生影响，而且会影响价格折扣的业务。这对于执行差别化定价的公司来说是一个严重的问题。

（4）影响消费者对分销渠道的选择：在网络营销下，消费者和生产者可以通过网络直接进行商品交易。这种交易避开了某些传统的商业流通环节，因而更加直接、"面"对"面"和自由化，它对于以传统运作为主的市场运作模式产生了巨大的影响。

（5）影响消费者与生产商的沟通：消费者可以与生产商直接沟通，即网络时代消费者与生产者可以通过网络直接接触、沟通、买卖。生产商透过网络向消费者提供公司产品信息，消费者亦可通过网络将其需求和意见直接反馈给厂商，节省了传统上买卖双方交易过程中必须花费的交易成本与搜寻成本，并且厂商与客户的双向沟通将无时无刻持续不断地进行，以形成良性的正向反馈。网络个人消费者消费行为的变化，要求企业在制定营销策略时，应该充分关注网络消费者的新特点。

2. 网络营销概念

国外使用"网络营销"的词如下。

cyber marketing：是指在计算机构成的虚拟空间进行营销。

Internet marketing：是指在 Internet 上开展的营销活动。

network marketing：是指包括 Internet 在内的可在计算机网络上开展的营销活动，这些网络可以是专用网或增值网。

e-marketing：是指在电子化、信息化、网络化环境下开展的营销活动。

中国信息协会常务副会长、国家信息化办公室专业委员会常委高新民先生在文章中指出：网络营销是指利用 Internet 技术，最大程度地满足客户需求，以实现开拓市场、增加盈利为目标的经营过程。他进一步指出，网络营销的实质是客户需求管理，利用 Internet 对售前、售中、售后各环节，跟踪并满足客户需求。其目的是在满足消费者的需求与利益的基础上实现企业的利润最大化。网络营销作为市场营销的最新形式，它由网络客户、市场调查、客户分析、销售策略、反馈信息等环节组成。网络营销的实质是利用网络对产品的售前、售中、售后各环节进行跟踪服务，它自始至终贯穿于企业经营的全过程，包括寻找新客户、服务老客户，是企业以现代营销理论为基础，利用信息网络技术和功能，最大限度地满足客户需求，以达到开拓市场、增加利润为目标的经营过程。

网络营销具有很强的实践性特征，从实践中发现网络营销的一般方法和规律，比空洞的理论讨论更有实际意义。因此，如何定义网络营销其实并不是最重要的，关键是要理解网络营销的真正意义和目的，也就是充分认识互联网这种新的营销环境，利用各种互联网工具为企业营销活动提供有效的支持。这也是为什么在网络营销研究必须重视网络营销实用方法的原因。

3. 网络营销的优势

（1）提高顾客的购物效率：由于网络上信息的公开、透明化，对于网络商品购买者，只要通过网络搜索工具就能找出所有销售该产品或相关产品的卖家，并能快速地找到最物美价廉的卖家，同时能及时了解商品的促销信息，不像在传统消费模式中，要逐个商场查看、比较，才能选定出最价廉物美的商家。另外，商家的促销信息一般通过挂商场条幅、手机短信通知会员等方式进行宣传，宣传范围有一定局限性。在网上选定商品后还可以直接由商家负责送达，消费者只需付出一定的运输费用就能足不出户地买到所需商品，并同时可以节省外出购物所需的交通、时间等相关费用，提高消费者的购物效率。

（2）有利于企业及时了解消费者需求：网络营销的目的是进行产品销售，因此消费者的需求是企业在做营销时需要了解的内容。在传统的营销模式下，由于消费者和企业之间缺乏有效的沟通途径，或者由于沟通成本较高，企业很少能与消费者进行有效的沟通，从而使消费者的建议和想法很难让企业知道。而通过网络营销，企业能利用电子邮件、网上论坛、网站留言板、聊天工具等网络渠道与消费者即时沟通，通过发送调查问卷来了解消费者需求，并可以随时根据调查对象的不同更改问卷内容，使消费者的要求能及时传达给企业，使企业产品设计更有针对性，在满足消费者需求的同时，也增加了企业的盈利。

（3）提高企业收益：企业通过网络进行产品直销，节省了传统销售中需要支付的店面租金、销售人员成本、库存费等，因而使网上销售的商品价格普遍低于市场零售价；通过网络开展宣传促销活动可以帮助企业降低广告及营销推广费用；通过互联网与消费者互动交流，可以减少企业的通信费、交通费等，从而降低企业的总体营销成本，提高企业盈利。

（4）有利于企业拓展市场：目前，互联网几乎已经覆盖了全球所有的国家和地区，企业可以不受企业规模的限制，凭借网络营销，以较低的成本就可以与全球的潜在客户接触，将产品的信息迅速传递给以前只有资金雄厚的大企业才能接触的市场，与大企业相对平等地开展竞争。可以说，网络营销为中小企业渗透到其他城市甚至是海外及开拓市场提供了捷径。

（5）能够最大限度满足消费者个性化需求：在实体店铺，营业时间有限制，并且会因为天气等自然环境的影响，造成顾客数量的减少。而与传统店铺不同的网络店铺没有营业时间的限制，企业只需在网上拥有一个自己的网站，企业网站可以全天对客户开放，不受天气等自然条件的影响，消费者只要登录企业网站，就可以挑选自己需要的商品；在传统销售店铺中，由于每个区域经销商进货的原因，造成有的款式在某些城市有销售，有的城市没有，而网络营销就不存在这个问题，由于网络的无地域、无国界的特点，使网络上产品的种类丰富，不受地域限制，消费者可以买到本地实体店没有的款式。网络可以最大程度满足消费者需求，消费者足不出户就能通过网络购买到本地没有的甚至是海外的产品。

三、网络营销的作用

1. 满足消费者个性化需求

营销方式转变为能满足消费者价值取向各异的多元化需求的方式。著名拉美经济学家普雷维什曾评价：从需求的观点看更谈不上消费者主权。……人们想要的东西大部分是集体迷惑艺术的结果。这种艺术随着通信与社会传播媒介的飞速发展而越来越发挥作用。消费主权其实是受控制的主权。网络可以说是这种消极性的抵消物，真正体现了透明、自己和公正的媒体技术，提供了消费者需要了解的信息。消费者可在网上组成虚拟社会，形成消费群体，消费者可自己交流对产品的评价、使用经验和感受。这对一个潜在的消费者所起的作用是巨大的。可与消费者双向沟通，从而将大规模生产转向依据消费者需求的定制生产。

2. 拓宽了市场范围

在市场经济的发展中，生产力的每一步发展，分工的每一次深化，都体现为社会生产链的加长，生产者与消费者之间的环节增多。耗费在这些中间环节上的人力和物力资源不计其数（生产者、出口商、进口商、经销商、消费者）。网络提供了真正意义上的虚拟市场，无国界、地域、空间、时间等限制。

3. 促进企业销售，减少企业成本

营销的基本目的是为增加销售提供帮助，网络营销也不例外，大部分网络营销方法都与直接或间接促进销售有关，但促进销售并不限于促进网上销售，事实上，网络营销在很多情况下对于促进网下销售十分有价值。网络营销对市场的了解增强了对市场预测的准确性。例如，DELL 公司的定制化生产，正是由于满足了消费者的需求，以定制化来减少库存，缩减企业成本，提高企业利润。

4. 提高企业竞争力

随着企业竞争的全球化，要求企业要不断地满足消费者的需求，企业的竞争由原来产品的竞争转变为对消费者的竞争，而互联网提供了更加方便的在线顾客服务手段，从形式最简单的 FAQ（常见问题解答），到邮件列表，以及 BBS、聊天室等各种即时信息服务，顾客服务质量对于网络营销效果具有重要影响。同时，良好的顾客关系是网络营销取得成效的必要条件，通过网站的交互性、顾客参与等方式在开展顾客服务的同时，也增进了与顾客的关系。网络营销以信息为基础，企业信息化程度的高低决定了企业市场竞争能力，消除了时空限制，全天候服务已成为竞争力的另一种体现。

5. 带来企业内部结构的变革

打破了传统职能部门依赖分工与协作完成整个工作的过程，而形成了工程的思想，重新组合形成一个直接为客户服务的工作组，该工作组直接面对市场。企业的决策将由原来高度集中的组织转变为跨部门、跨职能的多功能型的组织单元来制定，改变为分散的多中心决策组织，提高了员工的参与感和决策能力。企业的经营活动打破了时间与空间的限制，从而打破了企业之间、行业之间和地域的界限，可将若干个企业的现有资源整合为一个虚拟企业。

四、网络营销与传统营销的区别

网络营销是伴随网络的发展而发展起来的，网络使得网络营销这种新型媒体的辐射面更广、交互性更强，不再局限于传统的广播电视等媒体的单向性传播，而是可以与媒体的受众群体进行实时的交互式沟通和联系。尽管网络营销不同于传统营销，但是它也是基于传统营销理论基础之上的，是与传统营销整合后形成的新的营销形式。

网络营销作为一种全新营销理念，具有很强的实践性，它的发展速度是前所未有的。随着我国市场经济发展的国际化、规模化，国内市场必将更加开放，更加容易受到国际市场开放的冲击，而网络营销的跨时空性将对传统营销产生巨大冲击。

1. 网络营销改变了传统营销的模式

在传统工业经济时期，企业通常采用规模化生产获得规模经济效应，在全球范围内生产标准化部件和产品，而工业化和标准化的生产方式使消费者的个性被湮没于大量低成本、单一化的产品中。企业以标准质量产品占据市场份额，并投入巨额资金进行广告宣传，影响消费者偏好，抢占市场份额，赚取巨额利润。但是，网络的出现使消费者的个性化得以体现，工业时代同质化、大规模的营销方式将越来越不适应网络消费者的需求。为了赢得更多的消费者，企业必须研究消费者的个性化需求，而网络的出现缩短了空间与时间的距离、构建了一个虚拟市场、Internet 的信息传播是双向的、Internet 上的市场竞争是透明的。由于客户有了更多的主动性，企业成功与否就取决于能否让客户与企业保持长期的关系。企业所要做的是在确定了企业所希望吸引的目标客户之后，有针对性地推出企业的网站，通过网站丰富的内容来吸引目标客户，接触潜在客户，提供他们所需要的产品和服务，使面向消费者的营销活动趋向个性化，使营销模式转变为一对一营销。

2. 从以市场为导向转变为以客户为导向

在传统营销活动中，企业是以市场为导向的，企业获得利润最大化的主要方式是获取更大的市场份额。在这种营销模式下，消费者是被动接受企业的产品，而企业将其所面临的目标市场定位成同质性的市场，也就是认为市场中的消费者的需求是同质的。在进行市场调研之后，企业依据统计数据中出现频次最高的需求特征来定位市场需求，设计产品，最终将产品通过广泛的销售渠道向市场推广，消费者的个性化需求被忽略。

随着网络技术的发展，网络消费者随之出现，网络消费者与传统意义上的消费者有着本质的区别，其消费观念、消费方式和消费者的地位正在发生重要的变化。消费者的个性消费正在回归，每个消费者的心理都是不同的，每个消费者都是一个细分市场。心理上认同感已成为消费者作出购买品牌和产品决策的先决条件，个性化消费正在成为消费的主流。也就是说，主动上网搜寻商品信息的人才是真正意义上的消费者，消费者对商品的购买变得"苛求"了、变得越来越理智，要求也越来越高（商品的性能、价格、特性等公开化）。消费者这种个性消费的发展促使企业重新思考其营销战略，开始以消费者个性需求作为提供产品和服务的出发点。

3. 营销策略的变化

（1）传统的营销策略——4P

① 产品（product）：从市场营销的角度来看，产品是指能够提供给市场被人们使用和消费并满足人们某种需要的任何东西，包括有形产品、服务、人员、组织、观念或它们的组合。主要考虑产品的性能如何、有哪些特点、质量如何、外观与包装如何、服务与保证

如何。

② 价格（price）：指顾客购买产品时的价格，包括折扣、支付期限等。价格或价格决策，关系到企业的利润、成本补偿，以及是否有利于产品销售、促销等问题。影响定价的主要因素有三个：需求、成本、竞争。最高价格取决于市场需求，最低价格取决于该产品的成本费用，在最高价格和最低价格的幅度内，企业能把这种产品价格定多高则取决于竞争者同种产品的价格。需要考虑的是企业的合理利润、客户可以接受的价格及定价是否符合公司的竞争策略。

③ 渠道（place）：所谓销售渠道是指在商品从生产企业流转到消费者手上的全过程中所经历的各个环节和推动力量之和。需要考虑的是产品通过何种渠道销售，如何实现产品的物流配送。

④ 促销（promotion）：促销是公司或机构用以向目标市场通报自己的产品、服务、形象和理念，说服和提醒他们对公司产品和机构本身信任、支持和注意的任何沟通形式。广告、宣传推广、人员推销、销售促进是一个机构促销组合的四大要素，这些要素可以将产品信息传递给消费者，并促进交易行为的完成。

（2）网络营销策略——4C

① 顾客（customer）：网络营销要求企业不再从自身赢利的角度来进行市场细分和产品策划，而应真正做到充分了解并及时满足每个消费者的需求和愿望。零售企业直接面向顾客，因而更应该考虑顾客的需要和欲望，建立以顾客为中心的零售观念，将"以顾客为中心"作为一条红线，贯穿于市场营销活动的整个过程。零售企业应站在顾客的立场上，帮助顾客组织挑选商品货源；按照顾客的需要及购买行为的要求，组织商品销售；研究顾客的购买行为，更好地满足顾客的需要；更注重为顾客提供优质的服务。此时企业应该考虑如何建立一个可让消费者表达购买欲望和需求的网站。

② 成本（cost）：网络营销要求企业不再从满足自身定价目标的愿望出发，在研究消费者能够接受的价格的基础上进行定价，而是要在研究消费者为满足其需求所愿意付出的成本的基础上定价。顾客在购买某一商品时，除耗费一定的资金外，还要耗费一定的时间、精力和体力，这些构成了顾客总成本。一般情况下，货币成本是构成顾客总成本的主要和基本因素。在货币成本相同的情况下，顾客在购买时还要考虑所花费的时间、精神、体力等。即顾客总成本=货币成本+时间成本+精神成本+体力成本。由于顾客在购买商品时，总希望把有关成本包括货币、时间、精神和体力等降到最低限度，以使自己得到最大限度的满足，因此，零售企业必须考虑顾客为满足需求而愿意支付的"顾客总成本"。努力降低顾客购买的总成本，如降低商品进价成本和市场营销费用从而降低商品价格，以减少顾客的货币成本；努力提高工作效率，尽可能减少顾客的时间支出，节约顾客的购买时间；通过多种渠道向顾客提供详尽的信息、为顾客提供良好的售后服务，减少顾客精神和体力的耗费。此时，企业需要考虑的是如何降低销售成本。

③ 方便（convenient）：传统营销有着强烈的地域限制，企业在制定各种营销策略时，不得不考虑营销渠道和地域问题。此外，企业必须通过层层批发和储运过程来保存实物，不仅费时、费力，还不利于企业对市场和消费趋势的快速反应，同时也大大增加了企业的

经营成本。在网络时代，企业可以通过网络与消费者直接接触，最大程度地便利消费者，是目前处于过度竞争状况的零售企业应该认真思考的问题。如上所述，零售企业在选择地理位置时，应考虑地区抉择、区域抉择、地点抉择等因素，尤其应考虑"消费者的易接近性"这一因素，使消费者容易到达商店。即使是远程的消费者，也能通过便利的交通接近商店。同时，在商店的设计和布局上要考虑方便消费者进出、上下，方便消费者参观、浏览、挑选，方便消费者付款结算等。此时，企业应该考虑的是如何使消费者能够方便地购买商品和售后服务。

④ 沟通（communication）：网络营销要求企业重视加强与消费者联系和沟通，改变传统单向信息传递的沟通方式，建立互动交流方式。零售企业为了创立竞争优势，必须不断地与消费者沟通。与消费者沟通包括向消费者提供有关商店地点、商品、服务、价格等方面的信息；影响消费者的态度与偏好，说服消费者光顾商店、购买商品；在消费者的心目中树立良好的企业形象。在当今竞争激烈的零售市场环境中，零售企业的管理者应该认识到：与消费者沟通比选择适当的商品、价格、地点、促销更为重要，更有利于企业的长期发展。此时，企业需要考虑的是如何使生产者与消费者之间能更好地沟通。这包括两个方面，一是如何在网络上介绍自己的产品，并营造出一种良好的购物环境；二是通过访问站点人数的统计，了解消费者的购买意向，并发现产品和经营中出现的一些问题，及时改进。

4C 理论所持的主要观点是站在买方的立场、观点和利益上思考营销，倡导真正意义上的"买方市场"营销。为此，在激烈的市场竞争中，企业首先必须真正以顾客需求为导向，加深入地研究和捕捉顾客的需求，通过提供优质的产品和服务，以满足顾客的需要，提升顾客价值；其次，努力降低企业的生产成本和顾客的费用，降低顾客购物成本、使用成本和购买风险；再次，为顾客提供最大的购物和使用便利，增加顾客获得信息的便利，便利是顾客价值不可或缺的部分；最后，加强同顾客积极、有效的双向沟通，建立基于共同利益的新型企业顾客关系，通过与顾客达成很好的沟通来促进产品的长期销售。

五、网络营销理论基础

1. 直复营销理论

直复营销（direct marketing）是一种广告与通路相融合的新兴营销理念和营销战略，它具有企业与顾客间的"互动性"、营销活动空间上的"广泛性"和效果的"可测量性"等特点。在西方发达国家，直复营销业已发展成为一种趋势。美国直复营销协会为直复营销下的定义是：直复营销是一种为了在任何地方产生可度量的反应和达成交易而使用的一种或多种广告媒体的相互作用的市场营销体系。网络作为一种交互式的可以双向沟通的渠道和媒体，它可以很方便地为企业和顾客之间架起桥梁，顾客可以直接通过网络订货和付款，企业可以通过网络接收订单、安排生产，直接将产品送给顾客。基于网络的直复营销将更吻合直复营销理念。表现在以下 3 个方面。

（1）直复营销特别强调与目标顾客之间的双向信息交流：直复营销的指导思想是一种新型的市场营销观念。其指导思想是坚持以消费者需要为导向，强调以比竞争者更有效的方式传递目标市场所期待的产品与服务。

直复营销活动具有营销者与顾客之间的互动性、个性化和精准性等特征，其除了包括产品销售的功能外，还可以作为建立和维护关系的有效手段。营销者通过某些或特定的媒介向目标顾客或准顾客传递产品或者服务信息，顾客通过邮件、电话、在线等方式对企业的发盘进行回应。随着媒体技术、消费者行为和市场竞争的变迁，直复营销已经成为一种重要的营销战略思想和具有高度可操作性的方法与工具。作为一种相互作用的营销体系，直复营销特别强调直复营销者与目标顾客之间的双向信息交流，以克服传统市场营销中的单身信息交流方式的营销者与顾客之间无法沟通的缺陷。

（2）直复营销的效果易于衡量：网络作为最直接的简单沟通工具，为企业与客户提供了沟通支持和交易实现平台，通过数据库技术和网络控制技术，企业可以方便、低成本地处理每一个客户的订单和需求，目标市场成员对企业直复营销活动项目的回应与否，都与每一个目录邮件、每次直接反应电视广告、每次广播或每个直邮直接相关。因此直复营销的效果是可以测定的。

（3）直复营销在时间与空间上的广泛性：直复营销活动强调在任何时间、任何地点都可以实现企业与客户的信息双向交流，只要是直复营销者所选择的沟通媒介可以到达的地方都可以展开直复营销。客户可以在任何时间向企业提出需求、建议，并反映企业或产品中存在的问题，企业可以通过网络向客户提供帮助及服务。

2. 关系营销

关系营销是 1990 年以来受到重视的营销理论，它主要包括两个基本点。首先，在宏观上认识到市场营销会对范围很广的一系列领域产生影响，包括顾客市场、劳动力市场、供应市场、内部市场、相关者市场，以及影响者市场（政府、金融市场）；在微观上，认识到企业与顾客的关系不断变化，市场营销的核心应从过去简单的一次性的交易关系转变到注重保持长期的关系上来。企业是社会经济大系统中的一个子系统，企业的营销目标要受到众多外在因素的影响，企业的营销活动是一个与消费者、竞争者、供应商、分销商、政府机构和社会组织发生相互作用的过程,正确理解这些个人与组织的关系是企业营销的核心，也是企业成败的关键。

关系营销的核心是保持顾客，为顾客提供高度满意的产品和服务价值，通过加强与顾客的联系，提供有效的顾客服务，保持与顾客的长期关系。并在与顾客保持长期关系的基础上开展营销活动，实现企业的营销目标。实施关系营销并不是以损伤企业利益为代价的，根据研究，争取一个新顾客的营销费用是老顾客费用的 5 倍，因此加强与顾客关系并建立顾客的忠诚度，是可以为企业带来长远利益的，它提倡的是企业与顾客双赢策略。互联网作为一种有效的双向沟通渠道，企业与顾客之间可以实现低费用成本的沟通和交流，它为企业与顾客建立长期关系提供有力的保障。这是因为，首先，利用互联网，企业可以直接接收顾客的订单，顾客可以直接提出自己的个性化需求。企业根据顾客的个性化需求利用柔性化的生产技术最大限度满足顾客的需求,为顾客在消费产品和服务时创造更多的价值。企业也可以从顾客的需求中了解市场、细分市场和锁定市场，最大限度降低营销费用，提高对市场的反应速度。其次，利用互联网，企业可以更好地为顾客提供服务和与顾客保持联系。互联网的不受时间和空间限制的特性能最大限度方便顾客与企业进行沟通，顾客可以借助互联网在最短时间内以简便方式获得企业的服务。同时，通过互联网交易，企业可以实现对整个从产品质量、服务质量到交易服务等过程的全程质量的控制。

此外，通过互联网，企业还可以实现与企业相关的企业和组织建立关系，实现双赢发展。互联网作为最廉价的沟通渠道，它能以低廉成本帮助企业与企业的供应商、分销商等建立协作伙伴关系。如前面案例中的联想电脑公司，通过建立电子商务系统和管理信息系统实现与分销商的信息共享，降低库存成本和交易费用，同时密切双方的合作关系。有关网络关系理论的应用将在后面网络营销服务策略中进行详细介绍。

3. 软营销理论

软营销的理论基础是网络本身的特点和消费者个性化需求的回归，在网络上以企业为主动方的强势营销是遭到反感的，提供信息时必须遵循一定的规则，即网络礼仪，软营销的特征主要体现在遵守网络礼仪又通过网络礼仪的巧妙运用而获得好的营销效果。网络软营销理论是针对工业经济时代以大规模生产为主要特征的"强势营销"提出的新理论，它强调企业进行市场营销活动的同时必须尊重消费者的感受和体验，让消费者能舒服地主动接收企业的营销活动。

（1）网络软营销理论涉及的重要概念

网络社区：网络社区也是一个互利互惠的组织。在互联网上，今天你为一个陌生人解答了一个问题，明天他也许为你回答另外一个问题，即使你没有这种功利性的想法，仅怀一腔热心去帮助别人也会得到回报。由于你经常在网上帮助别人解决问题，会逐渐为其他成员所知而成为网上名人，有些企业也许会就此而雇用你。另外，网络社区成员之间的了解是靠他人发送信息的内容，而不像现实社会中的两人间的交往。在网络上，如果你要想隐藏你自己，就没人会知道你是谁、你在哪里，这就增加了你在网上交流的安全感，因此在网络社区这个公共论坛上，人们会就一些有关个人隐私或他人公司的一些平时难以直接询问的问题而展开讨论。基于网络社区的特点，不少敏锐的营销人员已在利用这种普遍存在的网络社区的紧密关系，使之成为企业利益来源的一部分。

网络礼仪：是互联网自诞生以来所逐步形成与不断完善的一套良好、不成文的网络行为规范，如不使用电子公告牌 BBS 张贴私人的电子邮件，不进行喧哗的销售活动，不在网上随意传递带有欺骗性质的邮件等。网络礼仪是网上一切行为都必须遵守的准则。

（2）软营销与传统营销的区别与联系：概括地说，软营销和强势营销的一个根本区别在于软营销的主动方是消费者，而强势营销的主动方是企业。个性化消费意志而没的回归，也使消费者在心理上要求自己成为主动方，而网络的互动性正是迎合了消费者的这种心理需求。

传统营销活动中最能体现强势营销特征的是两种促销手段：传统广告和人员推销。在传统广告中，消费者常常是被迫地被动接收广告信息的"轰炸"，它的目标是通过不断的信息灌输方式在消费者心中留下深刻的印象，至于消费者是否愿意接收或需要不需要则不考虑；在人员推销中，推销人员根本不考虑被推销对象是否愿意和需要，只是根据推销人员自己的判断强行展开推销活动。在互联网上，由于信息交流是自由、平等、开放和交互的，强调的是相互尊重和沟通，网上使用者比较注重个人体验和隐私保护。因此，企业采用传统的强势营销手段在互联网上展开营销活动势必适得其反，如美国著名 AOL 公司曾经对其用户强行发送 E-mail 广告，结果招致用户的一致反对，许多用户约定同时给 AOL 公司服务器发送 E-mail 进行报复，结果使得 AOL 的 E-mail 邮件服务器处于瘫痪状态，最后不得不道歉平息众怒。网络软营销恰好是从消费者的体验和需求出发，采取拉式策略吸引消费者关注企业来达到营销的效果。

但传统的强势营销和网络的软营销并不是完全对立的，二者的巧妙结合往往会收到意想不到的效果。这里有一个经典的案例：原以亚洲地区为主要业务重心的国泰航空公司，为了扩展美国飞往亚洲的市场，拟举办一个大型抽奖活动，并在各大报纸上刊登了一个"赠送百万里行"抽奖的广告。与众不同的是，这个广告除了几个斗大的字"奖 100 万里"及公司网址外没有任何关于抽奖办法的说明，要了解抽奖办法的消费者只有登录公司网站。其结果是众多的消费者主动登录企业网站以获取相关的活动信息，这样就为企业下一步运作网络营销奠定了基础。因此，与传统的做法相比，这种整合的运作方式，在时效上、效果上都强化了许多，同时也会更经济。一方面，从长远的角度来看，通过这种方式该公司一方面提高了公司网站的知名度和消费者登录公司网站的积极性，另一方面收集到为数众多的 E-mail 地址和顾客信息，这为公司开拓市场提供了绝佳的资源。

4. 整合营销理论

所谓网络整合营销（integrated internet marketing），是指由于网络信息沟通的双向互动性，使顾客真正参与到企业的整个营销过程成为可能，顾客参与的主动性、选择性加强，顾客在整个营销过程中的地位比传统营销得到提高。网络整合营销是把营销战略与互联网技术结合起来的一种结构性方法，有助于综合运用一系列互联网技术来销售产品和服务，影响利益相关者（特别是顾客）的态度，实现营销目标。它指导网络营销对营销策略的研究更加注重互动性和整合性，既要体现消费者参与营销的思想，又要把各类互联网技术与新的营销变量结合起来，达到与广泛利益相关者进行沟通的目的。网络互动的特性使顾客真正参与到整个营销过程中来，顾客参与和选择的主动性都得到增强，在满足个性化消费需求的驱动下，企业必须严格地执行以消费者需求为出发点、以满足消费者需求为归宿点的现代市场营销思想，否则顾客就会选择其他企业的产品。这样，网络营销首先要求把顾客整合到整个营销过程中来，从他们的需求出发开始整个营销过程。它的理论模式是：营销过程的起点是消费者的需求；营销决策（4P）是在满足 4C 要求前提下的企业利润最大化；最终实现的是消费者需求的满足和企业利润最大化。而由于消费者个性化需求的良好满足，对企业的产品、服务形成良好的印象，在他第二次需求该种产品时，会对该公司的产品、服务产生偏好，他会首先选择该公司的产品和服务；随着第二轮的交互，产品和服务可能更好地满足他的需求。如此循环往复，企业和顾客之间的关系就变得非常紧密，形成"一对一"的营销关系。

互联网的特性使"顾客"这个角色在整个营销过程中的地位得到提高，使顾客真正参与到整个营销过程中来成为可能，顾客不仅参与的主动性增强，而且选择的主动性也得到加强。因为互联网上信息丰富的特征使顾客的选择余地变得很大，在满足个性化消费需求的驱动之下，企业必须严格地执行以消费者需求为出发点和归宿点的现代市场营销思想。为此，电子商务营销首先要求把顾客整合到整个营销过程中来，在整个营销过程中要不断地与顾客交互。

企业如果从 4C 出发，在此前提下寻找能实现企业利益最大化的营销决策，则可能同时达到利润最大化和满足顾客需求两个目标。电子商务营销的理论模式就应该是：营销过程的起点是消费者的需求，营销决策（4P）是在满足消费者要求（4C）的前提下的企业利润最大化；最终实现消费者满足和企业利润最大化。也就是说，在基于互联网的电子商务营销中，可利用传统营销的 4P's 组合理论，使其很好地与以顾客为中心的 4C's 组合理论相结合，逐步形成和完善电子商务营销中的整合营销理论。这一理论始终体现了以顾客为出发点及企业和顾客不断交互的特点，它的决策过程是一个双向链。

在与消费者的沟通中，统一运用和协调各种不同的传播手段，使不同的传播工具在每一阶段发挥出最佳的、统一的、集中的作业，目的是协助品牌建立起与消费者之间的长期关系。 在当前的后工业化社会中，第三产业中服务业的发展是主要的经济增长点。传统的以制造为主的产业正在向服务型发展，新型的服务业如金融、通信、交通等发展迅速。市场的激烈竞争要求企业的发展必须以服务为主，必须以顾客为中心，为顾客提供适时、适地、适情的服务，最大程度地满足顾客需求。互联网能够跨时空地为顾客在所在地提供及时的服务。同时互联网的交互性可以了解顾客需求并提出针对性的响应。

在传统的市场营销中，产品、价格、销售渠道和促销被称为营销组合，是整个市场营销学的基本框架。而在网络营销下，这种营销策略将会有很大的改变。地域和范围的概念没有了，宣传和销售渠道也统一到了网上，商业成本降低后，产品的价格也将大幅度降低。所以，在网络营销环境下，一些其他的新问题被纳入到了营销欲望和需求，即如何使消费者能够很方便地购买商品并得到及时送货和售后服务等。

互联网对市场营销的作用，可以通过产品服务、价格、渠道、促销的有机结合发挥重要作用。利用互联网传统的营销组合可以更好地与以顾客为中心的顾客、成本、方便、沟通相结合，并从以下各点展开营销努力。

（1）产品和服务以顾客为中心：由于互联网具有很好的互动性和引导性，用户通过互联网在企业的引导下对产品或服务进行选择或提出具体要求，企业可以根据客户的选择和要求进行生产并及时提供及时服务，使得客户跨时空得到满足其要求的产品和服务；另外，企业还可以及时了解客户需求，并根据客户要求及时组织生产和销售，提高企业的生产效率和营销效率。

（2）以顾客能接受的成本定价：传统的以生产成本为基准的定价，在以市场为导向的营销中是必须要摒弃的。企业应该以客户能接受的成本作为制定产品价格的依据，并根据此成本来组织企业的生产和销售。企业以客户为中心定价，必须准确预测市场中客户的需求，否则以客户需求成本为中心定价便是空中楼阁。在网络营销时，客户通过互联网可以很方便地提出接受的商品成本，企业据此提供柔性的产品设计和生产方案供用户选择，直到客户认同、确定后再组织生产和销售。

产品的分销渠道以方便顾客为主。网络营销的一对一的分销，跨时空销售，使得客户可以随时随地利用互联网订货和购买产品，企业在接受订单以后，通过配送系统或第三方物流快速交付产品。由压迫式促销转向加强与顾客沟通和联系。传统的促销是以企业为主体的，通过一定的媒体或员工对客户进行压迫式灌输，以加强客户对企业和产品的接受和忠诚度。此时，客户是被动的，企业缺乏与客户的沟通和联系，促销成本也很高。4C's 的观点拓展了以 4P's 为基础的市场营销组合的概念，企业的营销策略从消极、被动地适应消费者向积极、主动地与消费者沟通、交换转化。

六、网络营销方法

1. 博客营销

（1）相关概念：博客营销是一种基于个人知识资源（包括思想、体验等表现形式）的网络信息传递形式。因此，开展博客营销的基础问题是对某个领域知识的掌握、学习和有效利用，并通过对知识的传播达到营销信息传递的目的。开展博客营销的前提是拥有对用户有价值的、用户感兴趣的知识，而不仅仅是广告宣传。

知识营销是通过有效的知识传播方法和途径，将企业所拥有的对用户有价值的知识（包括产品知识、专业研究成果、经营理念、管理思想及优秀的企业文化等）传递给潜在用户，并逐渐形成对企业品牌和产品的认知，是将潜在用户最终转化为用户的过程和各种营销行为。

博客营销与知识营销之间的关系是博客营销的一种具体表现形式。博客营销方法是实现知识营销目的的有效手段之一；知识营销的内容是用户最有价值的网络营销信息源。

（2）博客营销特点

自主性：用户变被动为主动，想发什么东西、什么时候发、什么时候修改都可以。用户的自主性是博客营销最根本的特点，真正成为一个主体。

参与性：用户不是一个被动的关系，不是一个广告这样一个简单的目标，它要用户深度地参与到这个过程当中来。

互动性：不是简单地看广告，主要让用户把他体验、感受到的写出来，让更多人进行分享。

博客营销在不同领域、不同企业没有统一的模式，但博客营销的基本思想是相通的。

（3）博客营销的基本形式：利用第三方博客平台的博客文章发布功能开展的网络营销活动；企业网站自建博客频道，鼓励公司内部有写作能力的人员发布博客文章以吸引更多的潜在用户；有能力个人运营维护独立博客网站的个人，可以通过个人博客网站及其推广，达到博客营销的目的。

最常见的是利用第三方博客平台的博客营销，其营销过程可以归纳为五个基本步骤：选择博客托管网站、制订博客营销计划、坚持博客写作、综合利用博客资源与其他营销资源、对博客营销的效果进行评估。

（4）博客营销的价值：博客内容增加搜索引擎可见性；博客网站是增加企业网站链接的有效途径；以更低的成本对读者行为进行研究；博客是建立权威网站品牌效应的理想途径之一；个人博客可以部分替代广告投入，减少直接广告费用；节省保持用户的费用；让营销人员从被动媒体依赖转向自主发布信息。

Stormhoek 是一家小型葡萄酒厂，2006年尝试了一种新的营销方式。试图了解与博客们的互动会怎样影响公司的内部交流、公司文化，进而影响公司的销售。

只要博客满足以下两个条件就可以收到一瓶免费的葡萄酒：①住在英国、爱尔兰或法国，此前至少三个月内一直写博。②已属法定饮酒年龄。收到葡萄酒并不意味着你有写博的义务——你可以写，也可以不写；可以说好话，也可以说坏话。

结果：据 Stormhoek 今称，在 6 月，用 google 搜索这家公司只有 500 个结果，而 9 月 8 日达到 20 000 个。在这两个月中，他们自己估计有 30 万人通过 Blog 开始知道这家公司。这项活动产生的滞后效应还很难具体估量，但 Stormhoek 发现在过去不到一年的时间里，他们的葡萄酒销量翻倍，达到了"成千上万箱"的规模。

2. 电子邮件营销

（1）基本概念：电子邮件营销是在用户事先许可的前提下，通过电子邮件的方式向目标客户进行电子邮件市场调查、电子邮件广告、电子邮件公关和电子邮件直销等传递有价值信息的网络营销手段。基于用户许可、通过电子邮件传递信息、信息对用户有价值是电子邮件营销的几个基本要素。

电子邮件是网络上最常用的服务之一，几乎应用于网络营销中的各个方面，主要功能是信息收集、传递和交流。电子邮件是最有效、最直接、成本最低的信息传递工具。

电子邮件营销的作用有能够维持客户关系、获得更多的顾客反馈、积累用户数据、低成本为客户服务、增加客户忠诚度、实现数字化配送、增加企业的销售量等。

邮件列表的功能是帮助您将公司各邮箱用户按所在部门和小组的不同进行分组，或对公司外部业务伙伴邮箱进行分组，类似于群发邮件的概念。使用此功能，您可以非常方便地将一封电子邮件同时发送给多人。例如，如果把销售部门的邮箱定为 sale@企业域名，那么，只要输入该地址，则销售部门里的所有人都可以收到您的信，方便企业内部信息交流；您也可以把重要客户的邮箱定为 customer@企业域名，那么您只要输入该地址，则所有重要客户都可以收到您的信，方便企业外部信息交流。

邮件列表分为公开、封闭、管理三种类型。公开的邮件列表是指任何人可以在列表里发表信件，如公开的讨论组、论坛；封闭的邮件列表是指只有邮件列表里的成员才能发表信件，如同学通讯、技术讨论；管理的邮件列表是指只有经过邮件列表管理者批准的信件才能发表，如产品信息发布、电子杂志等。

邮件列表发行平台的主要功能如下。

① 用户加入、退出列表：包括新用户加入时的确认、错误邮件地址识别和提醒等。

② 用户地址管理：增加、删除、编辑用户的 E-mail 地址。

③ 查看注册用户信息：管理员查看列表用户总数、每个用户的 E-mail 地址、加入时间等。

④ 注册用户资料备份：为防止数据丢失，定期将注册用户资料备份。

⑤ 邮件内容编辑：如果是通过 Web 方式发送邮件，需要提供在线编辑区域。

⑥ 邮件内容预览：正式发送邮件列表之前先发送给管理员，可以尽可能减少错误。

⑦ 删除邮件列表及 E-mail 地址：当不再利用该发行平台时，可以删除列表并清空所有注册用户地址。

（2）分类

① 电子邮件营销按照是否经过用户许可分类，分为许可电子邮件营销与未经许可的电子邮件营销，也称为垃圾邮件。

② 电子邮件营销按照电子邮件地址的所有权分类，分为内部 E-mail 营销和外部 E-mail 营销。内部 E-mail 营销，也就是内部列表，是指企业利用一定方式获得用户自愿注册的邮件地址，获取的方式为企业自行搜集、租用第三方列表、软件定向搜索。内部邮件列表的主要形式：一是会员注册邮件列表，是指为了获得或者应用某个网站的功能和服务而必须进行较为详尽的用户资料注册的邮件列表；二是信息获取型内部列表，是指为获得某种信息而进行的简单登记，如电子刊物、新闻邮件等。

获得内部用户电子邮件地址的方法

充分利用网站的推广功能：仅仅靠在网站首页放置一个订阅框是不够的，需要设置在显著位置并且给用户以提醒。

合理挖掘现有用户的资源：在向用户提供其他信息服务时，不要忘记介绍最近推出的邮件列表服务。

提供部分奖励措施：比如，通过邮件列表发送在线优惠卷，以引起用户加入邮件列表的积极性。

向朋友、同行推荐：如果对邮件列表内容有足够的信心，可以邀请朋友和同行订阅。

其他网站或邮件列表的推荐：新的电子杂志如果能够得到相关内容的网站或者其他电子杂志的推荐，对增加新用户会有一定的帮助。

提供多渠道订阅：多渠道增加了潜在用户了解并加入的机会。

争取邮件列表服务商的推荐：如果采用第三方的专业发行平台，可以取得发行商的支持，在主要页面进行重点推广。

外部 E-mail 营销：也就是外部列表。在一个邮件列表发行系统上，往往集中了各个行业数量众多的电子刊物，这些刊物通常由合作伙伴创建和维护，服务商只提供邮件列表的电子发行和管理，由于订阅者的资料都保存在服务商的数据库里，为开展 E-mail 营销服务提供了良好的基础，可以根据广告用户的需求选择在合适的电子刊物中发送广告。

选择 E-mail 营销服务商的参考因素包括服务商的可信任程度、用户数量和质量、用户定位程度、服务的专业性、合理的费用和收费模式。

外部列表电子邮件常见问题有发件人信息不明确、邮件无法回复、用第三方的邮件服务器发送 E-mail 广告、邮件主题意义不清晰、邮件无法正常显示、别出心裁的邮件广告、把注册用户当成了终身财产。

主要功能和特点	内部列表 E-mail 营销	外部列表 E-mail 营销
主要功能	顾客关系、顾客服务、品牌形象、产品推广、在线调查、资源合作	品牌形象、产品推广、在线调查
投入费用	相对固定,取决于日常经营和维护费用,与邮件发送数量无关,用户数量越多,平均费用较低	没有日常维护费用,营销费用由邮件发送数量、定位程度等决定,发送数量越多费用越高
用户信任程度	用户主动加入,对邮件内容信任程度高	邮件为第三方发送,用户对邮件的信任程度取决于服务商的信用、企业自身的品牌、邮件内容等因素
用户定位程度	高	取决于服务商邮件列表的质量
获得新用户的能力	用户相对固定,对获得新用户效果不显著	可针对新领域的用户进行推广,吸引新用户能力强
用户资源规模	需要逐步积累,一般内部类标用户数量比较少,无法在很短时间内向大量用户发送信息	在预算许可的情况下,可同时向大量用户发送邮件,信息传播覆盖面广
邮件列表维护和内容设计	需要专业人员操作,无法获得专人人士的建议	服务商专业人员负责,可对邮件发送、内容设计等提供相应的建议
E-mail 营销效果分析	由于是长期活动,较难准确评价每次邮件发送的效果,需要长期跟综分析	由服务商提供专业分析报告,可快速了解每次活动的效果

③ 按照营销计划分类,分为临时电子邮件营销、长期电子邮件营销。

(3) 开展电子邮件营销的技术基础

① 邮件列表的技术基础:从技术上保证用户加入、退出邮件列表,并实现对用户资料的管理,以及邮件发送和效果跟踪等功能。

② 用户 E-mail 地址资源的获取:在用户自愿加入邮件列表的前提下,获得足够多的用户 E-mail 地址资源,是 E-mail 营销发挥作用的必要条件。

③ 邮件列表的内容:有效的内容设计是 E-mail 营销发挥作用的基本前提。

(4) 开展电子邮件营销的步骤:制订 E-mail 营销计划;决定是否利用外部列表,并选择服务商;针对内部和外部邮件列表分别设计邮件内容;根据计划向潜在用户发送电子邮件信息;对 E-mail 营销活动的效果进行分析总结。

3. 搜索引擎营销

(1) 概念:搜索引擎营销(search engine marketing,SEM),是指根据用户使用搜索引擎的方式,利用用户检索信息的机会尽可能将营销信息传递给目标用户。简单来说,搜索引擎营销就是基于搜索引擎平台的网络营销,利用人们对搜索引擎的依赖和使用习惯,在人们检索信息的时候尽可能将营销信息传递给目标客户。搜索引擎营销是网络营销的一种新形式,其本质是企业有效利用搜索引擎来进行网络营销和推广。

搜索引擎营销的基本思想是让用户发现信息,并通过点击进入网站/网页进一步了解他所需要的信息。在介绍搜索引擎策略时,一般认为,搜索引擎优化设计主要目标有两个:被搜索引擎收录、在搜索结果中排名靠前。但从目前的实际情况来看,仅仅做到被搜索引擎收录并且在搜索结果中排名靠前还很不够,因为取得这样的效果实际上并不一定能增加用户的点进率，更不能保证将访问者转化为顾客或者潜在顾客。

（2）搜索引擎的优势

① 潜在顾客在使用搜索：推行搜索引擎营销SEM最根本的原因之一是搜索者会购买产品，33%的搜索者在进行购物，并且44%的网民利用搜索站点来为购物做调研。2009年9月21日，中国互联网络信息中心（CNNIC）在北京发布《2009年中国搜索引擎用户行为研究报告》，报告显示，截至2009年6月底，中国搜索引擎用户规模达到2.35亿人，较1年前相比，我国搜索引擎用户人数增长了5949万人，年增长率达34%。搜索引擎在网民中的使用率达到69.4%，较2008年底增长了1.4个百分点，这是自2007年以来我国搜索引擎使用率首次出现增长趋势。可以说，电子商务在中国已经进入了正式起步的阶段，如果企业的网站没有被列在最前面的几个搜索结果里面，那就意味着这个企业已经不在中国或者国外庞大用户群的备选之列。如果没有被列入备选名单，企业就根本没有机会在网络上推销产品。那么企业将在市场竞争中处于劣势。

② 搜索引擎营销SEM的成本效率高：欧洲市场营销人员指出他们为付费搜索产生的每次点击付出约为2欧元，55%的人认为是"比较便宜"。实际上，在所有营销手段中，搜索引擎营销产生的每个有效反馈的成本最低。搜索引擎营销是一种趋势，美国投资银行Piper Jaffray最新报告认为，2005年的全球付费搜索引擎营销市场规模估计达到100亿美元，预计2006年将增长41%，超过140亿美元。下一个5年，估计付费搜索市场的复合年增长率为37%，到2010年达到330亿美元。搜索引擎营销的增长已经成为全球趋势。中国搜索引擎营销市场的增长率也超过了100%。2006年中国付费搜索市场总收入为2.21亿美元。

（3）搜索引擎的常用手段

① 竞价排名：是指网站付费后才能出现在搜索结果页面，付费越高者排名越靠前；竞价排名服务，是由客户为自己的网页购买关键字排名，按点击计费的一种服务。客户可以通过调整每次点击付费价格，控制自己在特定关键字搜索结果中的排名；并可以通过设定不同的关键词捕捉到不同类型的的目标访问者。在国内最流行的点击付费搜索引擎有百度、雅虎和Google。值得一提的是即使是做了PPC（pay per click，按照点击收费）付费广告和竞价排名，最好也应该对网站进行搜索引擎优化设计，并将网站登录到各大免费搜索引擎中。

② 购买关键词广告：是指在搜索结果页面显示广告内容，实现高级定位投放，用户可以根据需要更换关键词，相当于在不同页面轮换投放广告。

③ 搜索引擎优化（SEO）：就是通过对网站优化设计，使得网站在搜索结果中靠前。（SEO）又包括网站内容优化、关键词优化、外部链接优化、内部链接优化、代码优化、图片优化、搜索引擎登录等。

（4）搜索引擎技术

① 自然搜索：自然搜索指的是搜索引擎找到与搜索请求最相关匹配网页的方法。自然搜索结果仅仅与搜索者所键入的搜索请求的相关程度有关，不会因为任何搜索引擎营销人员做出的支付而受到影响。搜索营销人员使用很多技术来改进他们网站在自然搜索结果中的表现，这些技术经常被称为搜索引擎优化。搜索引擎优化是网络营销非常有效的一种手

段，对于网站推广、网络品牌、产品推广、在线销售等具有明显的效果，通过较高的搜索引擎排名来增加网站的点击率，使浏览量变为现实的销售量，增加产品或服务的销售额。网络调查显示，排名前 10 名的网站占据了 72% 的点击率，排名第 10～20 的网站拥有 17.9% 的点击率，而排名 20 名以后的所有网站只有 10.1% 的点击率。

② 目录列表：目录，列出了与它的主题类别列表中各主题最相关的网站列表。企业需要将自己的网站提交给目录网站，以使网站显示在适当的主题类别之下。目录列表曾是最早的搜索付费载体，一般使用在目录网站上。目录网站是通常由编辑人工维护，按照主题来排列网站的站点。目录列表通常保证推介企业的网站（或是网站的一部分），但是并不承诺企业的网站会出现在列表的哪一部分（顶端、底部，或是一堆网站的中间），或者有多少人会点击企业的网站。目录的编辑决定企业的网站被放到什么主题类别之下，企业也可以要求一个具体的类别。绝大多数网站在一个主题类别中只有一个链接通往他们的主页，但是中到大型的公司有多个不同主题的网页，这样就可以得到多个目录列表。

③ 付费搜索引擎广告：以搜索引擎为平台，按照点击次数收费的一种广告模式。

4. 网络广告

（1）概念：网络广告是指广告主利用一些受众密集或有特征的网站投放以图片、文字、动画、视频或者与网站内容相结合的方式传播自身的商业信息，并设置链接到某目的网页，达到告知、劝说和提醒的目的。商业信息的传播是通过互联网来完成的。

（2）特点：交互性强；灵活性和快捷性；广告成本低廉；感官性强；传播范围广；受众针对性明确；受众数量可准确统计。

（3）网络广告的分类

① 旗帜（banner）广告：也称对联广告，是以 GIF、JPG 等格式建立的图像文件，定位在网页中，大多用来表现广告内容，同时还可使用 Java 等语言使其产生交互性，用 Shockwave 等插件工具增强表现力。旗帜广告是最早的网络广告形式。

② 全屏广告：也称为插播式广告，是指在用户打开当前网页时强制插入一个广告页面或弹出广告窗口。它们有点类似电视广告，都是打断正常节目的播放，强迫观看。插播式广告有各种尺寸，有全屏的也有小窗口的，而且互动的程序也不同，从静态的到全部动态的都有。浏览者可以通过关闭窗口不看广告（电视广告是无法做到的），但是它们的出现没有任何征兆，保证企业的目标客户群体可以看到企业定向投放的全屏幕广告宣传页。

③ 文本链接广告：文本链接广告是以一排文字作为一个网络广告，点击都可以进入相应的广告页面。这是一种对浏览者干扰最少，但却较为有效果的网络广告形式。有时候，最简单的广告形式效果却最好。

④ 伸缩通栏广告：伸缩通栏的广告形式位于频道首页原来 banner（横幅）的位置，不仅把尺寸从原来的 468×60 扩大到现在的 750×80，而且使通栏具有了伸缩功能，通栏伸展开来以后的尺寸是 750×280，伸展后的广告尺寸给了客户很大的表现空间，几乎可以替代客户的迷你广告网站的功能。缩通栏的伸缩功能通过两种方式来实现，一种是点击伸缩通栏右上角的"扩展广告"的字样，另一种是直接点击伸缩通栏。当网友看完伸展开的广

告以后，可以再次点击右上角的"收缩广告"的字样，伸展开的广告会马上收缩回去。由此可以看出，新浪在广告形式的设计上也非常细心地考虑了广告对网友的友好性。

⑤ 擎天柱广告：擎天柱广告形状为长方形，较为醒目，能够承载比按钮广告更多创意表现。大小为148×480像素。出现在首页及各个频道的文本层的右侧。

⑥ 一般按钮广告：按钮是从旗帜广告演变过来的一种形式，是表现为图标的广告，通常广告主用来宣传其商标或品牌等特定标志。按钮广告是一种与标题广告类似，但是面积比较小，而且有不同的大小与片面位置可以选择，可以放在相关的产品内容旁边。

⑦ 一般弹出式广告：弹出式广告是那些当访问网页内容时，在新窗口弹出的一种广告形式，但是这种广告形式是网民最不喜欢的广告之一，也是众多工具条做防弹出功能，以及有些浏览器也提供了这样的功能。各种数据证明在有效率方面弹出式广告比其他广告的效果要好4～10倍。因为弹出式广告需要用户显示的关闭，因此关注度高。

⑧ 关键词广告：关键词（adwords）广告也称为"关键词检索"，简单来说就是当用户利用某一关键词进行检索，在检索结果页面会出现与该关键词相关的广告内容。由于关键词广告是在特定关键词的检索时，关键词广告才出现在搜索结果页面的显著位置，所以其针对性非常高，被称为性价比较高的网络推广方式。

⑨ 画中画广告：画中画广告是指在文章里强制加入广告图片，比如在新闻里加入flash广告，这些广告和文章混杂在一起，读者有时无法辨认是新闻图片还是广告。即使会辨认，也会分散注意力。该广告将配合客户需要，链接至为客户量身订作的迷你网站。大大增强广告的命中率。一般大小为360×300，甚至可达到360×408，在一台17寸的彩色显示器上可占到屏幕大小的18%，当然无法放到首页上。但在内页中可达到相当大的吸引力，加上使用flash的动态与声音效果，点击率比旗帜广告（banner）高。主要在网站的内容页面如新闻、文章的页面投放。

5. 即时信息

（1）概念：即时信息又称为网上传呼，是在互联网上开展的发送服务业务。也就是通常所说的在线聊天工具。它可以使计算机用户能够在网上跟踪同时在网上浏览的亲朋好友。无论这些亲朋好友在任何一个网站的任一网页上浏览，只要输入口令，就可以找到他们，看到他们正在浏览的网页，并可输入文本同他们进行即时对话。

即时信息服务是免费的，虽然这种服务本身没有什么经济效益，但随着网络用户的日益增多，使即时信息已经形成良好的服务市场的品牌效应，其潜在的经济效益空间非常巨大，现已成为国内外一些著名门户网站激烈争夺的网络服务项目。

（2）即时信息的优势

① 实时交流增进顾客关系：快速、高效是即时信息的特点，如果存在信息传递障碍可以及时发现，而不是像电子邮件那样要等待几小时甚至几天才能收到被退回来的消息。即时信息已经部分取代了电子邮件的个人信息交流功能，近年来我国互联网用户收发电子邮件的数量持续下降的事实也说明了这一点。与此同时，即时信息已经成为电子邮件和搜索引擎之后的又一最常用的互联网服务。即时信息的实时交流功能在建立和改善顾客关系方

面具有明显的成效,尤其是一个网站内部中间的即时信息应用,成为企业与顾客之间增强交流的有效方式。

② 在线顾客服务:随着顾客在线咨询要求的提高,已经不能满足于通过电子邮件提问几个小时甚至几天后才收到回复的状况,许多顾客希望得到及时回复,即时信息工具正好具有这种实时顾客服务功能。由于实时顾客服务对客户服务人员提出了很高的要求,因此在一些企业中的应用还需要一个过渡。

③ 在线销售中心服务:实习一个在线销售流程需要多个环节,在完成订单钱就要经历商品查询、阅读产品介绍、比较价格、了解交货时间和退货政策、最终选择商品并加入购物车,然后还要经过订单确认、在线付款等环节才能完成购物过程。在网上购物过程中只要有一个环节出现了问题,这次购物活动就无法完成。利用即时信息的实时顾客服务,为用户提供一对一的咨询,有助于降低顾客放弃购物车的比率,提高在线购买的成功率。

④ 网络广告媒体:由于拥有众多的用户群体,即时信息工具已经成为主要的在线服务广告媒体之一,并且具有与一般基于网页发布的网络广告独特的优势,如便于实习用户定位,可以同时向大量在线用户传递信息等。例如,国内用户所熟悉的在线聊天工具 QQ 就有多种广告形式,最具有特色的系统广播功能就比网站上的 banner 广告、文字广告等更能吸引用户注意。

⑤ 病毒式营销信息传播工具:与电子书等网络营销工具一样,即时信息也可以作为一种病毒式营销信息的传播工具。例如,一些有趣的笑话、加点的情感故事、节日祝福、flash 等都可以成为这些病毒式营销的载体,而即时信息则成为这些信息的传播工具。

(3)淘宝网的即时信息沟通工具——阿里旺旺:阿里旺旺是将原先的淘宝旺旺与阿里巴巴贸易通整合在一起的新品牌。它是淘宝和阿里巴巴为商人量身定做的免费网上商务沟通软件。它能帮您轻松找客户,发布、管理商业信息;及时把握商机,随时洽谈生意。

阿里旺旺的功能有以下几个:

① 来消息更明显:收到消息,橙色背景显示,更明显。

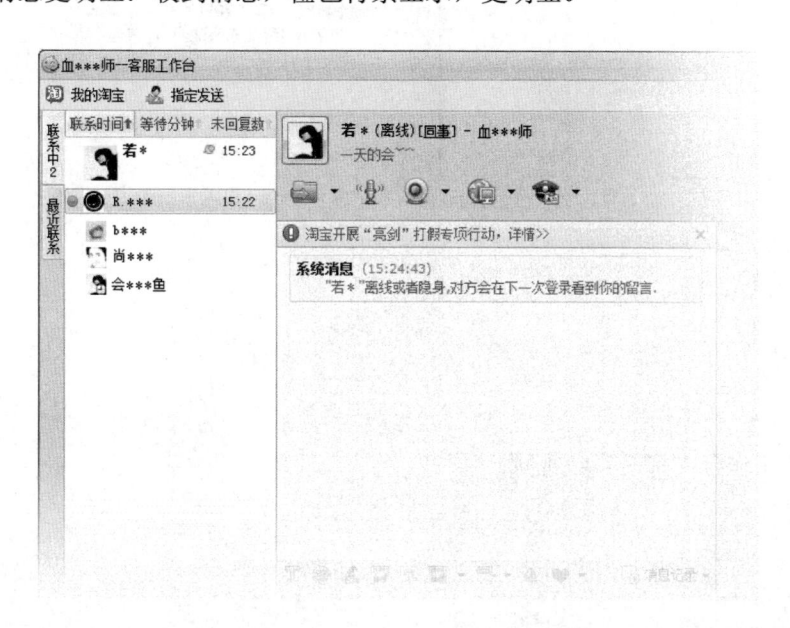

② 联系人置顶：客服工作台中可以将重要的联系人置顶，使重要的客户不再遗漏。

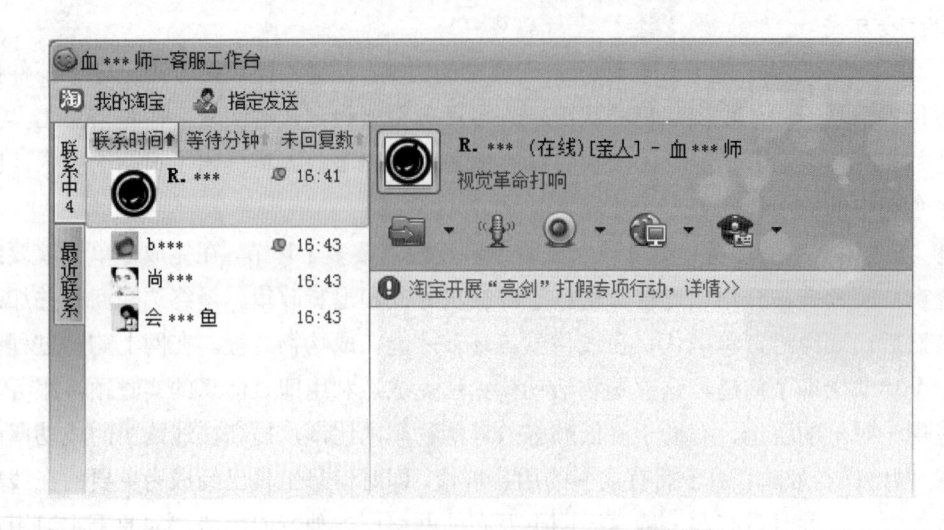

③ 联系人区域可伸缩：客服工作台联系人区域可收起或展开。

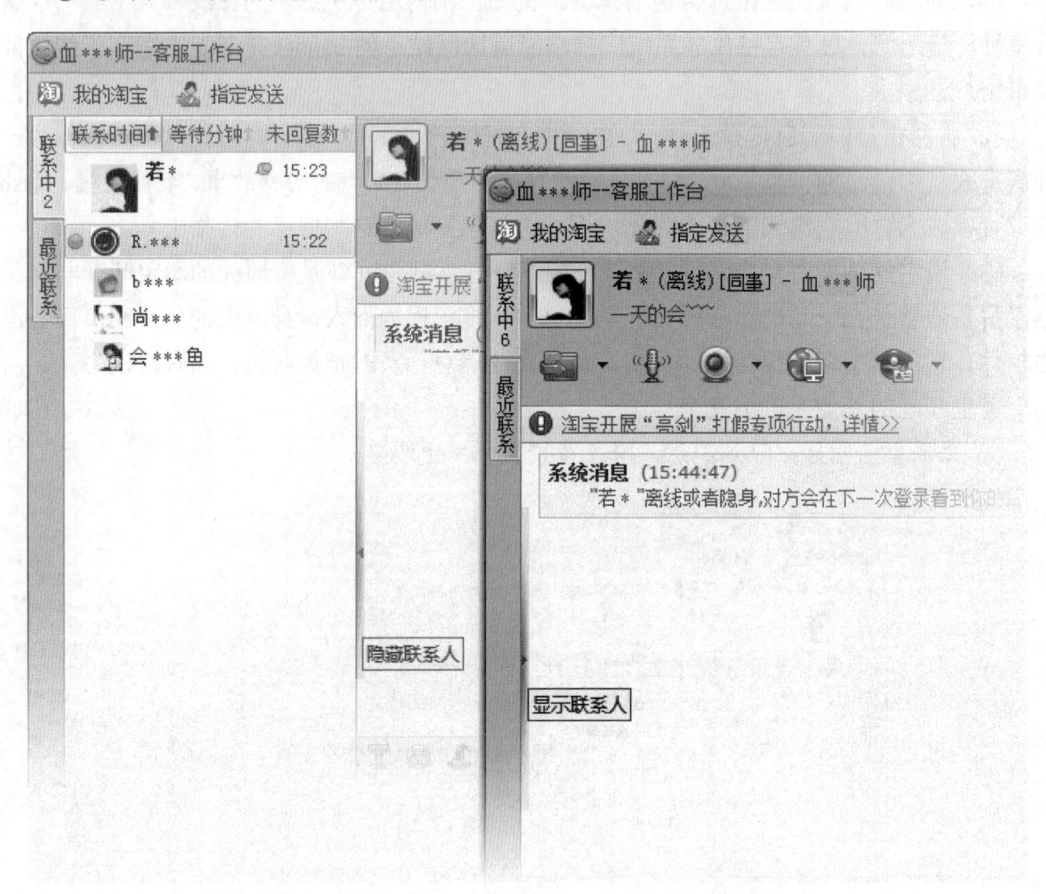

④ 客服工作台支持语音、视频。

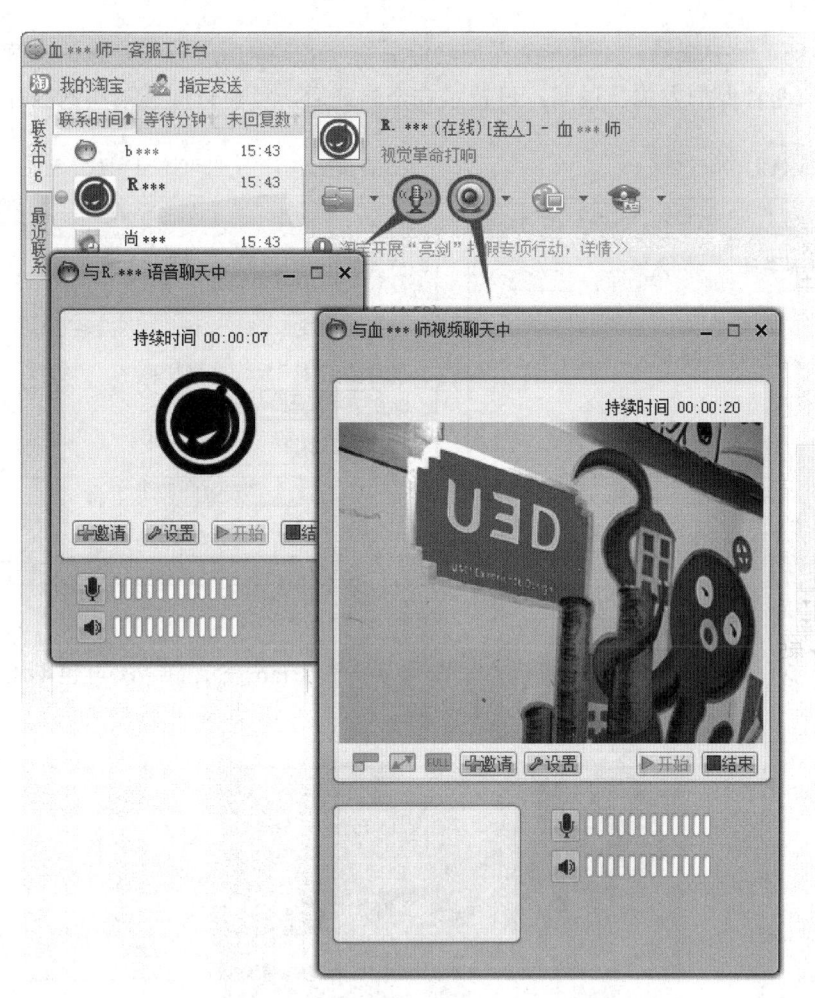

⑤ 客服工作台支持远程协调。

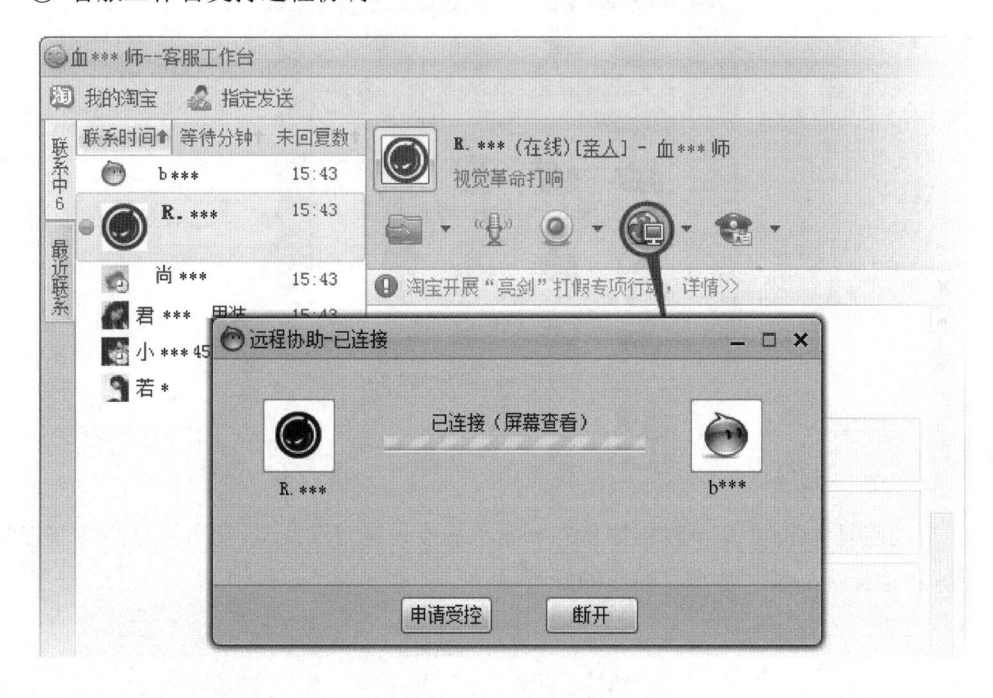

⑥ 安全认证，保护账号：开通安全保护功能后，登录卖家版旺旺时，默认支持支付宝证书或手机短信两种保护方式。说明：设置了安全验证后，目前只能登录卖家版旺旺。

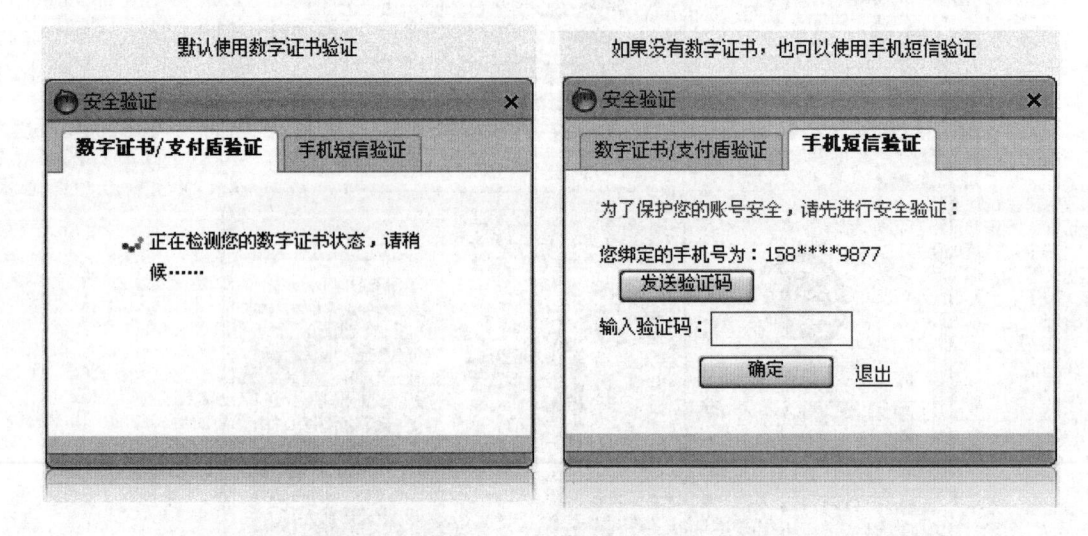

⑦ 子账号免登录：支持子账号免登，子账号从【淘】tab 登录淘宝，再也不用每次都输入密码了。

⑧ 自动回复优化：卖家可以根据状态和繁忙程度设置自动回复，还可以增加频率控制，不再无休止地骚扰买家，是卖家客服的好帮手。

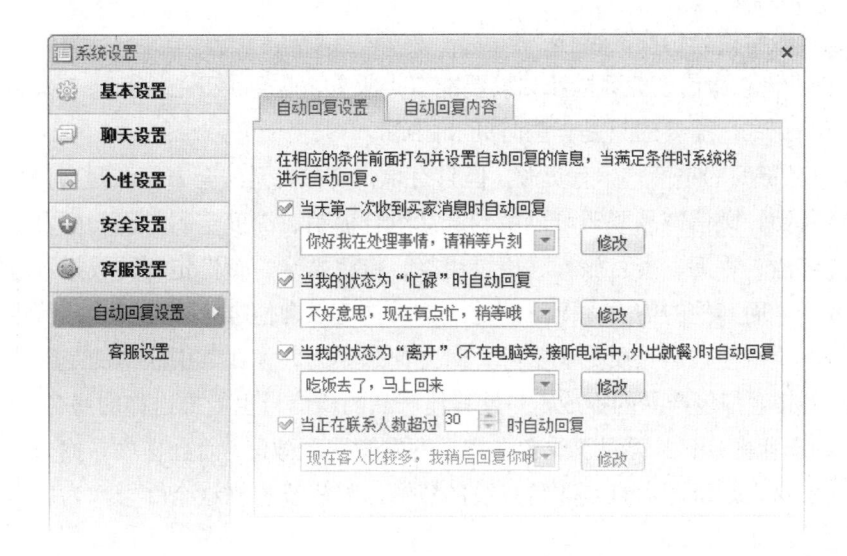

6. 微信营销

微信作为时下最热门的社交信息平台，也是移动端的一大入口，正在演变成为一大商业交易平台，消费者只要通过微信平台，就可以实现商品查询、选购、体验、互动、订购与支付的线上线下一体化服务模式。微信营销概念很火，这是事实。微信好友里面有做得非常好的，比如中柴枸杞向上的雨，流水已经做到 120 万元；板鸭男柴公子，他的鸭子已经从东莞飞向全国。但更多从事微信销售的朋友都处在象牙塔的底端，零星点点的销售，或者仅有大量的朋友却找不到合适的产品进行落地变现。这篇文章主要讨论后者，仅有好友基数，却没有合适的产品来推送的问题。

（1）微信营销适合哪些产品

① 高毛利：保证有 50%的毛利，甚至越高越好。低利润的产品比如牙刷、茶杯，花费同样的时间精力，当你卖出 100 件时所收获的还不及黑枸杞一盒所带来的利润，就算了，这样只会让你中途放弃。

② 竞争少：如地方特色农产品，每个地方特色产品不同，不容易造成同质竞争。

③ 质量可控：朋友圈销售卖的其实是信誉，一旦产品质量不行，影响的是你整个人的信誉，所以在选择销售哪种产品时，一定要对该产品知根知底，哪怕前期辛苦点，多去"蹲点查访"，换来的是对自身产品的信心和人品背书。

④ 大众需求：大家都可以有需求，如吃的产品，人人都愿意尝试，如果是衣服、鞋子，要不不满意款式，要不就是不合适等，后期将会花费你大量的时间去退换货，将直接导致朋友不满意，透支你的朋友圈。

⑤ 易传播：在微信上不方便写太多字、放太多图片，所以产品能用 200 个字以内说清楚是最好的，也方便大家记住。

⑥ 优秀产品联盟：比如微信代理联盟公众平台，筛选出全国适合做微信营销的产品进行分销，一保证入选产品的质量，二保证入选产品的适宜性，三保证入选产品的高毛利。

（2）适合做微信分销商的群体

① 初创业者：微信创业风险小，只要能有点收入，就会很开心。开通个人微信号及公众账号基本不花钱，需要的只是一些时间和耐心。

② 有单品货源的小商户：有货源，但只有单一产品，无法全方位满足客户群，不能进行产品组合营销。微信产品联盟可以做到产品组合促销、深度定制，比如朋友圈有人要结婚，他需要红酒、香烟、蜜月旅行、招待用茶、特色婚装、个性定制的戒指，等等。你能提供的是戒指，而其他的需求你无法满足，这时你可以向他推荐如红酒、招待用茶、蜜月旅行套餐等，价格便宜而且质量非常好，对方何乐不为？你在其中获得的是除戒指带来的受益外，还有其他打包产品的提成，并且其他产品的微信号也能推送你的服务，增加销量。

③ 自由职业者：不少资源职业者喜欢上网发微博玩微信，而且喜欢寻找一些志趣相投的圈子，其实这也是资源而且是非常优质的资源，好好维护好这个圈子，为后续产品落地做好铺垫。

④ 白领和家庭主妇兼职：有许多上班的白领和家庭主妇会在业余时间经营一个淘宝店，一方面是兴趣爱好，另一方面也能赚点零花钱，我在这不讨论淘宝的优劣，微信朋友圈销售是非常适合这类人群的，没有复杂的产品上传下线，不需要一直盯着旺旺服务询问的客户，一部手机在手，所有销售轻松搞定。假如你想微信创业，有部智能手机，开通支付宝，选择一个合适的产品就可以开始。

（3）微信营销目标群体：微信3亿用户量中白领与商务人士占比近半，因而公众号的目标群体锁定在追求高品质生活的白领人士和中高端收入的商务人士，以女性为主。通过每天推送果蔬养生百科知识、健康农家菜介绍、果蔬美容养颜知识来吸引粉丝持续关注，同时根据在推送的内容中添加产品销售链接进行销售。例如，在介绍水果小黄瓜的文章中添加上微商城的销售链接，引导粉丝进入微商城下订单购买产品。

公众号采用自媒体与电商相结合的运营模式。在传播品牌的同时建立消费者圈子，提高消费者对某品牌的认可度，以口碑带动微信电商新渠道的拓展，从而达到既卖得出产品，客户关系又较为稳固的效果。

第二节　农资企业网上运营实例

一、×××农资企业网站分析

×××企业网站除首页外，包括企业概况、新闻中心、产业与产品、企业文化、社会责任、客户中心及招聘信息七大版块。

1. 首页分析

×××企业网站首页的结构如下：首先是头图，宣传企业宗旨"利与天下、惠及员工"。中间部分包括企业化肥网上商城、企业介绍。之后是企业新闻动态，以便让访客更全面地了解企业的最新信息和发展状况。再往下是企业文化相关模块、公司的主要产业、以及办公信息、营销网络等。

最后是主要产品展示，包括企业的主要产品。从以上内容和结构可以看出，企业的网站结构仍然是以公司介绍为主，产品介绍和营销只是附带的内容，并非网站突出的重点。可以看出该企业对网上营销并不重视，其企业网站的功能是重企业宣传、轻营销推广。

2. 重点版块分析——客户中心

在企业网站的几大版块中，"客户中心"板块是和营销最相关的版块。包括营销网络、品牌展示、农化服务、农化动态、咨询建议等内容。

营销网络的国内部分，是在全国地图上标出各区域的联系人和电话，但没有更详细的销售区域划分；国外部分是在全球部分国家的销售市场布局，并无具体内容。其实在这个部分可以作详细介绍，突出企业的国际市场份额和国际地位。

品牌展示这部分是对企业旗下主要品牌的商标介绍、商标图形展示和商标核定使用范围说明。这部分只是单纯的展示，应该加上对每个商标具体代表产品的说明和介绍，强化商标的品牌内涵和品牌形象，如哪些代表高端产品，哪些代表相对大众却最为畅销的产品，效果会更好。

农化服务：部分只有十余篇内容，包括"农化基础知识"和"农化施肥指导"，其中绝大部分是在2010年上传的，只有今年更新了两篇农化施肥指导的内容，说明企业并不重视农化服务内容的运营管理。实际这方面相关内容对农民来说很有帮助，如果运营得好，会对农民有很大吸引力。

农化动态：部分内容不多，但是一直在更新。主要介绍最新的化肥生产技术、农业技术、新的示范基地等。但是这部分却没有放在网站的醒目位置，也说明企业网站在营销方面重视不够。该公司在进行产品营销时通过试验、示范基地等方式扩大市场，同时将示范基地的实施动态及效果展示在农化动态中，以便消费者购买时做出正确的判断。例如，石榴试验、示范基地、玉米去雄的主要优势及操作技巧等。

咨询建议部分可以看到企业对访客的问题的留言有回复。但是如果可以做一个FAQ，效果可能更好。

3. 重点版块分析——化肥网上商城

化肥网上商城是和工商银行及建设银行的网上企业商城合作的，有两个不同的界面，但内容和结构相同。为方便起见，采用和工商银行的"融e购"结合的网上商城作分析。

这个所谓的网上商城由于是和工商银行结合的，其实更像是天猫或京东这类电商平台上的一个店铺，有独立的店名、店铺介绍、联系方式等。而建行的"善融企业网上商城"还包括诚信档案和公司介绍。除此之外，只是简单的商品展示和销售功能。

点击进入网上商城，针对自己施肥对象选择合适的产品，消费者可通过立即订购或加入进货单（选择产品种类多情况下）的方式购买（这主要针对老顾客或购买数量少的消费者）。该公司部分化肥网上订购还可通过赊账的方式下单购买，应该是考虑到消费者团购数量多，一次性难以付清，或是消费者首次进行网上订购化肥，难以避免会对该公司的信誉、产品质量等进行怀疑，为使消费者放心购买，所推出的一种营销手段。在购买过程中如消费者有什么特殊要求可在提交订单时订单下方列出自己的要求。有部分产品可通过赊账的形式进行下单购买，部分产品只能进行在线支付（不清楚是否支持货到付款），当想通过企业客服了解产生该现象的原因，却发现企业客服只是一个形式，并不能像阿里旺旺那样和企业进行实时沟通，这就使消费者在购买时产生了一定的阻力。在进行产品购买时只有等商家确认订单后才可以进行下一步的确认付款，而这个过程需要等很长一段时间，大多数消费者可能没有足够的耐心去等，这说明在确认订单方面有待改进。

综上所述，该企业的网上营销做得并不成熟，从网站内容和架构来看，仍然是传统企业的思路，网站只是简单地介绍企业，没有重视网上营销工作。虽然有农化施肥指导和农化技术服务这些附加值的版块，却并没有给予显著位置去推广，内容运营方面也做得远远不够及时和丰富。而网上商城更是做得很简单，产品也非常单一，类别不够丰富，也缺乏明确的产品分类以对用户购买产生指导作用。商品详情页做得还算比较充实，包括了详细的产品介绍、优势和适用范围，以及使用方法。下单购买的用户体验也有很大的改进余地。这些问题对农资企业的研究工作有一定的启发和借鉴作用，也是设计农资网站时应该注意和避免的。

二、农资企业营销模式总体思路

一般而言，农资企业总的营销模式应该采用"线下线上一体化整合经营"，利用企业自身现有的实体店优势实施线上线下双管齐下的营销模式，通过线下实体店面展示来引导线上的消费，利用线上营销平台宣传线下实体店面。具体方式是线下在各乡镇设立直营点，直营点兼具仓储、展示、销售、引导的功能，同时结合农村墙体广告、口碑宣传等方式，向农村群众提供经济实惠的农资商品，利用农户追求实惠和从众心理等渗透品牌，逐渐培育市场，引导当地农户逐渐接受线上订购方式。线上建设企业农资电子商务商城，并在所构建的电子商务平台上开展相关营销活动，宣传推广企业品牌。

这种模式的特点是线上购买产品，线下享受服务。优势是线下体验服务，相对信任度更高，能够有效解决线上和传统加盟商的渠道利益冲突；向农户提供技术服务，使农资产品发挥最大效用；通过网络能迅速掌握消费者的最新反馈，进行更个性化服务和获取高黏度重复消费；对于直营店的管控会更方便和直接，使生产企业、直营店和消费者三者的关系更加紧密。

三、农资企业线下营销策略

1. 产品策略

产品策略是指企业制定经营战略时，首先要明确企业能提供什么样的产品和服务去满足消费者的需求，也就是要解决产品策略问题。在产品策略中，我们考虑采用差异化策略，显示企业农资产品与其他产品的差异性，向农户提供有明显特征的产品，增强产品的吸引力和竞争力,倡导"人无我有则新,人新我精则妙,人妙我奇则智"。

(1)产品组合:为了满足不同区域农户的需求,在测土配方的基础上,向市场上推出适合不同区域种植结构的玉米专用肥、苹果专用肥、土豆专用肥及蔬菜专用肥。确保投放到市场的专用肥与其他肥料的差异性,即基于每块农田的测土配方的基础上,个性化定制的化肥产品,投放到市场中的复合肥应该从品质上保证农户所种农产品的高产、丰产。

确定合适产品:当品牌被农户认知后,及时组织和指导农民使用。锁定目标顾客后,要根据他们的喜好习惯、购买特点等,合理确定引进的农资产品的功能、风格、款式及价格等,准确地向农民作宣传,最大限度地满足农户的需求。

价格合理:降低农户的购买成本,使他们既对农资产品有质量的认同,也对所经营的农资的价格有个比较,让他们认为你的价格合理。

(2)品牌策略:品牌策略是企业经营自身产品之决策的重要组成部分,是指企业依据自身状况和市场情况,是企业用以识别某个或某群销售者的产品或服务,并使之与竞争对手的产品或服务相区别的商业名称及其标志,通常由文字、标记、符号、图案和颜色等要素或是它们的组合构成,是企业最合理、最有效地运用品牌商标的策略。

首先,应该给企业不同农资产品赋予一个响亮的品牌名称,设计出极具亲和力的能够代表不同农资产品的卡通形象,并设计出朗朗上口的广告词。

其次,成功的品牌需要发展,品牌维护十分重要,营销理念是倡导"农作物的营养师",让企业品牌形象深入人心,目前,随着农业产业化与现代农业的发展,农户对于先进种植技术接受度高,对农资产品的质量要求也相应提高。

最后,在企业品牌推广的过程中,应采用创名牌策略,在创名牌过程中,应做到以下几点:确保农资产品质量;加强科学管理;注重形象宣传,提高企业声誉;坚持开发创新,增强名牌活力;注重价格定位,满足农户消费者需要;搞好农化技术服务;建设企业网站,利用网络推广企业品牌。

(3)包装策略:针对传统农作物使用的农资产品,采用类似包装。企业将所生产的各种农资产品,在包装外形上采用相同的图案,近似的色彩、共同的特征,使客户容易辨认企业的产品。

针对经济类农作物,采用等级式包装,按照产品质量采用相应的包装,以满足不同需求层次的农户,区分产品档次。

外包装上印刷企业LOGO、产品名称、产品档次、各种元素含量、生产方法、公司名称、产地、电话、传真、网址。

2. 价格策略

价格对选择农资产品占有很大分量,定价策略主要是以客户的需求导向为定价基础,对于农户来说,价格不仅是货币的度量,而且也是心理上的度量。心理上的度量,不是以数量高低来衡量,而是以心理的满足程度来确定的。心理的满足也就是消费者对产品的感知价值问题,感知价值是一个动态的概念,它是一个消费前中后全过程的感知,同时也是一个整体性的概念,是消费者对企业产品、形象等整体价值的感知。

首先，农民的收入水平普遍较低，这使得他们更倾向于选择价格较低的农资产品。其次，现阶段大部分农资产品如化肥、农药均属于农民消费的必需品，产品在功能上差异不大，或者农民对这种差异缺乏了解，使得价格成为重要的考虑因素。农民购买农资时首要考虑的因素是价格，其次是品牌、质量、购买方便和包装等。

因此，农资产品的价格策略应该是在农户心理承受价格的范围之内，综合考虑成本因素，基本上采取的是"成本+利润=市场价格"，对于散户及种植大户采取有差别的价格。但是在区域定价方面，采取各区域统一的市场零售价，同时网上定价与直销店价格一致，既要满足直销店的利润要求，又要达到农户价格承受的心理预期。

3. 渠道策略

渠道策略承担着对整体营销策略的重要支持功能，渠道策略所承担的作用不仅是对企业整体营销策略的执行，而且是企业所有营销策略的外部统一、整合、协调及做到真正落实的有力工具。一般来说，农资产品尤其是化肥等大宗商品体积大、运输不方便、产品终端服务技术难度大，因此选用直接渠道。同时，肥料等农资产品销售目标市场大而分散，具有明显的季节性，竞争也很激烈，因此寻求合理的销售渠道非常重要。

（1）直营农资连锁经营：在较为偏远的地区选择大的乡镇设立企业直营农资连锁经营店。在选择过程中，有以下步骤。

第一步，选网点（终端选择）。选网点前，项目组进行了大量的调研工作，通过调查市场容量和需求、竞争对手、农户等情况，再与终端经销商交流相关经销情况。

① 前置调查处理：一般来说，考虑地理位置和市场容量，选择靠近国道、省道或区域内主干道路两旁的网点。

② 终端网点（终端经销商）选择：综合考虑农资终端经济实力，选择有相当经济实力的，农资赊销的特性要求终端必须有较强的资金实力，以便能够大量出货。考虑到终端经销商情况，企业应该选择店面形象较好的，进行直销店铺建设。同时，在村一级选择种植大户作为企业农资商品的直销商，并在其农资产品使用中给予一定的优惠。与终端经销商进行协商，给经销商一定的利润，主要对企业品牌农资产品进行宣传、销售与配送。在直销店建设前，需要仔细了解终端经销商的经济实力、人员配置、负责人信誉、经销区域、农化服务能力等情况，选择各个方面表现比较优秀的经销商作为企业农资产品的直销商。

第二步，终端建设。在终端建设过程中，主要的宣传点为店外、店内、店主、进店的农户，同时进行信息收集。

① 直销店内外宣传：直销店统一装修，突出体现企业品牌特色，从店招的制作到各个环节的营销，都应加入对企业的电子商务网站的宣传，在线下宣传、推广企业的线上业务及电子商务网站品牌。一是制作色彩、LOGO 设计等方面体现企业特色的直销店店招，店招右上角印刷企业网上商城网址；二是悬挂宣传横幅，书写"购买农资产品，上企业网（企业网网址）就够了""农化技术服务、量身定做、品质保证、送货上门""农作物的营养师"等广告词。

a. 店外放置大型广告牌，印刷体现企业品牌特色的优势产品及农户使用后的效果，在显眼的位置印刷企业网上商城网址及网上商城首页图片。

　　b. 将企业的特色优势产品放置在直销店进门显眼的位置，吸引进店农户的注意力。

　　c. 在直销店摆放电子触摸屏，企业农化技术服务知识专题电视片与企业农资网上商城购物流程循环播放，如果有农户咨询网上商城，则由专门技术人员向其演示操作流程。

　　d. 产品陈列到醒目位置与成人肩平的高度，使单品阵列数量多，面积大。

　　e. 摆放具有冲击力的促销品，吸引进店客户的注意力。

　　② 对直营店主宣传和服务

　　a. 对直销店负责人进行企业相关农资产品培训、网上操作培训及销售技巧培训，使其掌握企业产品知识、操作技术及销售技巧。

　　锁定目标顾客：农村外出劳动力多、留守在家的大多是老年人及家庭妇女，他们种田既需要农资服务，也需要技术上的指导。直营店负责主动上门帮助他们制订生产计划，及时配送农资，力求建立一种长期的供货关系。与种植大户结成对子，及时配供货真价实的农资产品，在经营策略与农资产品策划上，与这些目标顾客保持一致。

　　b. 设计标准化的、能够体现企业品牌特色与文化的标准店面。

　　c. 直营店主对产品的推广，农民对市面上流通的农资产品总体情况了解不多，对这些产品的功能变化及农作物适应性的特点了解有限，缺乏品牌意识。因此在购买过程中，往往根据直营店的介绍来决定选择何种农资产品，在农资产品的具体购买中，根据店面销售人员介绍选购产品的比例高达80%以上。

　　农户关注的是产品价格、是否方便使用和是否可信赖，在保证质量和功效的前提下，给予直营店负责人必要的产品介绍，能有效地提高其对产品的接受程度，产品的使用说明应尽量简单明了，便于直营店负责人向客户传达。（可制作产品使用说明手册）

　　农户选择农资产品时关注的是产品质量和增产功效，关注性价比，其他人是否在用和能否赊销，是否有老乡验证和推荐。农户在农资消费时态度较为保守，了解产品质量的渠道较少，最信任的渠道是老乡的介绍和直营店负责人的推荐。

　　农户更愿意使用大厂家/大品牌、高质量和提供售后服务与支持的品牌的农资产品，并且在选择农资品牌的时候会货比三家。一般农户会阅读农资产品说明介绍，对化肥养分的吸收效果比较认可，可通过直营店负责人向农户普及可提高化肥养分吸收率的使用方法。

　　d. 语言规范使用。

　　e. 了解本公司产品的销售情况，查看公司产品的库存，农户对产品的意见和评价。

　　f. 客情关系的维护：记住店老板姓名、电话、地址、爱好，多与店老板交流建立友谊，使其多关注我公司的产品，多卖我产品。

　　g. 在店里主动帮店老板做一些力所能及的事情，如整理产品、补样品、拿袋子装农资产品等。

　　h. 主动与来店里买农资产品的农户交谈，了解其种植的作物，作物长势，病虫害发生情况，针对作物情况为其推介产品，并介绍产品效果和使用方法。

　　③ 同类产品信息收集

　　a. 与店老板交流，了解其他公司的同类产品特点和价格，销售量和利润。

b. 了解同类产品的销售策略、促销活动，农民对其活动的评价，参与活动程度的大小。

c. 了解同类产品的库存情况，店老板每次进货的量。

d. 与同类产品业务员多交流，打探其公司的销售策略和信息。

④ 开直营店负责人会议

注重产品、注重服务、注重管理、提升直营店经销能力。强调自己 + 营销能力。新产品上市要经过实验、示范、推广三部曲，做好前两步，开推广会就是产品能否规模进入市场的关键。

推广会应该注意以下几点。

① 会议前准备工作

a. 会期的确定及人员分工：内容（题目）、时间、地点、参会人员及构成。

b. 会前的实地调查：与直营店负责人、农户进行沟通。了解要推广产品在本区域用量情况、实施效果及存在的疑问等。

c. 互动人员的选择：选择 2～3 个销售该产品的直销商，让其谈一下为什么要卖该产品，该产品都有哪些优势，从而引起其他直销商对此产品的兴趣，从而销售该产品。

d. 从开会的宾馆到会场，要有鲜明的指示标牌，路程中，要多张贴有关本次会议要推广产品的张贴画，给人初步印象。要能让人一眼就能看出是哪个厂家开的哪个产品的专题推广会。其次在主席台正中央悬挂公司标志、标明企业名称、企业网址和推广品种的横幅（喷绘效果更好）；另外主席台上，入场口可以批量摆放本次推广的产品，吸引到会人员的目光，引起关注。

e. 开会前，播放一些有关公司宣传片、公司的网站宣传、该产品的广告带等，若发现有对此产品讨论的人群，可以到中间去进行广泛沟通，他们想对产品或者对市场有何想法和要求，对典型的谈话内容可以成为讲课时的参考，这样可以聚集人气，拉近企业公司和直销商的距离。

② 会议前对产品宣传，给参会人员将一些有关最新的农资政策、行业新闻、市场分析等，通过这些内容来阐述做农资行业的发展趋势，从而增强参会人员的注意力。

③ 会议中进入主题

a. 讲解产品时，听众忌讳的是行业专业术语。一线农资从业人员，文化程度参差不齐，专业术语会让他们感觉乏味，形同嚼蜡，影响下面的产品讲述，在进行产品讲述时，尽量用通俗易懂的语言来讲解，便于参会人员理解。

b. 对产品的作用机制与使用方法是讲课的重点内容。如何使参会人员更容易理解，更容易接受，这些都是要下大功夫的，比如说可以将今天所讲的内容提纲每人一份，将公司产品的特点简单化、通俗化；比如借用成语，拿当地熟知的一些事情做比较。

c. 增加互动内容也是增强产品宣传的好方法，互动分两个方面：一是对所讲内容疑问解答，不厌其烦地对听众疑惑的地方进行讲解；二是有奖提问，对刚才所讲内容进行提问，对积极回答问题并回答正确的听众给予适当奖励。

d. 有关实验、示范及进行销售的人讲该产品的一些感受。事先沟通好已经销售过该产品的直销商，讲解他们对该产品的认识，推广过程中的经验，分享给参会听众，从而调动参会人员对此产品的销售积极性。

④ 会议现场促销：可以在会议结束前进行该产品的现场促销，用优惠的政策吸引已经对该产品有兴趣的客户。

⑤ 总结与回访：会议结束后，要及时进行总结，对本次会议的优点与不足进行总结，以便吸取经验，避免失误。另外会议结束半个月后要进行回访，对产品销售的有关客户进行再沟通、回访，解决产品销售过程中有关问题。

（2）样板田：一般农户容易模仿学习有经验的农户，原因是大部分农民消费者并没有掌握足够的农业科技知识，对于特定的农作物和土壤、温度情况下农资产品的使用了解有限，因此在选择农资产品的时候他们会在很大程度上参考种田能手、科学种田模范等有经验农民的意见，选择和他们相同的农资产品。因此，我们选择的另外一条渠道是样板田或是示范户渠道。

① 示范户选择

a. 有一定的种植规模，科技带头人、在村中有影响力的。

b. 人缘好，在当地有一定的影响力。

c. 对新产品接受能力强。

② 试验地选择

a. 试验地靠近路边（让更多农户可以看到）。

b. 种植作物有代表性（以当地单作物大面积种植为主）。

c. 种植管理水平较高（种的作物长的茂盛）。

d. 观察农作物生长的各个阶段。

e. 对于各个阶段的施肥情况进行现场指导，或是对于当前发生的病虫害有代表性（如某一时间大多数作物长什么虫什么病）。

f. 对于病虫害处于发病初期进行现场试验（更容易做试验）。

③ 田间产品推广

a. 去地里发宣传单页。

b. 送样品给农民使用（针对大户送样品）。

c. 收集种植农户资料（姓名、电话、种植作物及种植面积等）以备日后回访。

d. 组织农技推广讲座，动员农技专家、服务车辆和服务人员，活动需要的有关物品、宣传材料、礼品、技术手册由公司提供。逐一落实参加农户的详细种植信息，建立农户档案，交由终端进行客户的开发和维护。

4. 促销策略

从短期说，促销的目的是促进产品的销售；从长期说，促销的最终目的是帮助提升品牌知名度和关注度，树立良好的企业形象，建立良好的公共关系，促进企业的长期发展。从狭义上说，促销主要是指终端促销，是指在直营店等最终与消费者接触的渠道进行促销活动，主要包括免费试用、买赠等推广形式。为了使各个销售点的终端促销活动有序开展，应制订相应的促销活动的流程图，对促销活动进行规划，具体如下图所示。

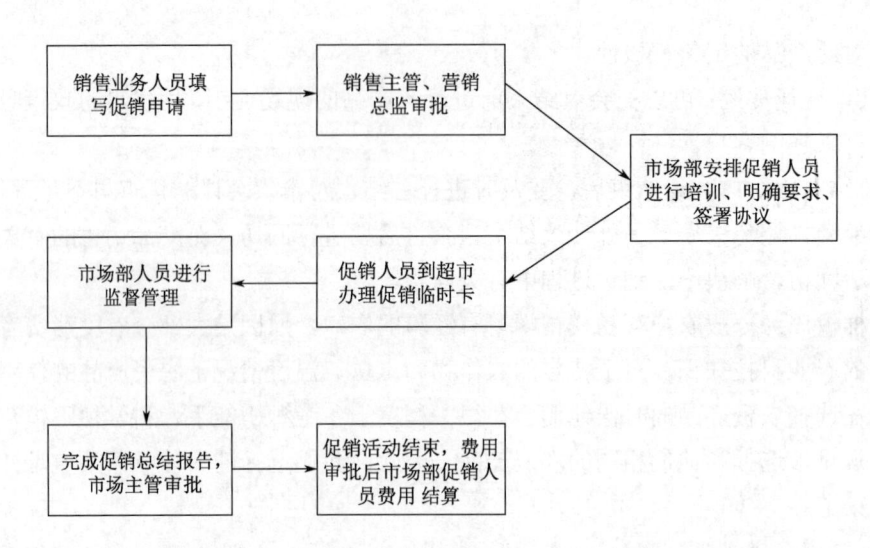

```
销售业务人员填      销售主管、营销
写促销申请    →    总监审批
                        ↓
                   市场部安排促销人员
                   进行培训、明确要求、
                   签署协议
                        ↓
市场部人员进行  ←  促销人员到超市
监督管理           办理促销临时卡
    ↓
完成促销总结报告，  促销活动结束，费用
市场主管审批        审批后市场部促销人
                   员费用 结算
```

在开展终端促销活动时，应尽量做到标准化、生动化。应制定产品陈列、价格标注、海报张贴、礼品堆放、促销人员着装、站位标准等规范；提前布置好现场，做好设施摆放、货物堆列及准备好彩旗、横幅、展板、海报和其他宣传品，在每次促销时都能使促销现场气氛充分激起农户对于农资产品的购买欲望。

做好关系营销：依靠促销积聚人气，将农资广告印在送货的农用车上，将新的农资产品免费给当地农户先行试验，为他们提供技术资料，使公司的卖点与农民需求的买点结合起来。

（1）广告促销宣传——媒体广告

a. 电视广告：针对产品的优势，突出卖点，紧抓目标受众——农户，研究农户的购买心理、购买行为。塑造企业质优、营养的品牌形象，将坚实的产品卖点和情感诉求结合起来，塑造品牌。

b. 报纸广告：实行软硬兼施的策略，同时结合公关手段，利用新闻传媒进行宣传，在硬广告的同时，充分利用新闻稿、软文等软性宣传介绍产品。将高产、质优、"农作物的营养师"与"企业"农资产品进行全方位联结。从观念上进行引导，利用媒体互动宣传，介绍农技科学知识，倡导全新种植理念。

c. 广播广告：无疑广播广告能更有力、更直白地介绍产品，广告与专题的结合，达到显著的促销效果。可邀请厂家技术员、农业方面的种植专家等权威机构人员做专题推荐，也可和节目联合互动，为栏目提供奖品。

d. 户外宣传：一是粉刷墙体，墙体上印刷显示企业农资产品特色优势的广告语、企业网上商城网址及企业的免费服务电话；二是在人流密集的集镇上张贴海报，海报印刷企业优势产品、网站首页图片、网站地址及免费服务电话。

（2）终端宣传

① 在直销店终端，醒目的货架标志可以吸引更多的顾客，从而卖出更多的商品。因此，在各终端促销店最大限度地利用货架条框、挂旗、宣传卡、海报等进行全方位的宣传。

② 在各乡镇的直销店内张贴企业农资产品的广告宣传资料，宣传资料上印刷有企业网

上商城的网址及网上商城首页图片，并辅之以农资科普宣传，提高企业的品牌知名度。

③ 向各乡镇种植大户定期免费寄送农资科普资料，科普资料首页印刷企业网上商城图片。

④ 在种植季节前，重点选择在当地电视台、当地日报、当地广播电台等新闻媒体进行企业产品及企业网上商城的广告宣传。

（3）农化技术服务：想要在激烈的市场竞争中站稳脚跟，靠的不光是有高科技的产品质量，还有良好的服务、强而有力的技术支持，要在服务质量和效率上下功夫。比如为农户进行测土配方，提供个性化的化肥产品；在企业网上商城中开设互动交流区，开通网上咨询热线，及时解答农民在生产中遇到的实际问题，为农民提供技术指导和支持（如施肥应注意的问题、田间病虫害诊断、作物解决方案、提供技术资料、杂志和书籍阅读、产品使用跟踪和回访、异常情况及时处理等）。也可针对农村网民使用手机上网比较多的实际情况，可以与当地通讯运营商合作，通过手机端向当地用户实施"端对点"的服务，可采用微博、微信、QQ 进行技术指导、投放广告。

（4）卖赠活动：赠送样品是介绍新产品的一种有效的方法，农资产品基本处于完全竞争的市场的结构中，市场中所提供的产品基本是同质化的，为了在激烈的竞争中赢得一定的市场份额，应采取一定的促销活动。而赠送促销方式，一方面可聚拢人气，另一方面有利于增加更多的销售机会。在进行促销过程中，可采取数量折扣，或送大米、送方便面、送厨房用品等形式，这样一是给农户进行了让利，促进销售，二是使农户增加了对品牌的认知度。

（5）电影进村：晚上在大的自然村放电影科技片，同时向农民讲解农资产品常识，和农民互动，解决农民生产中的疑难问题，现场有奖销售或定产品，奖品为纯棉 T 恤、不锈钢盆等奖品，根据量的大小确定奖品的赠送。买 200 元农资产品可领价值 5~8 元的 T 恤 1 件，或预交 10 元定金可以领 T 恤 1 件，达到规定购买额度时，返还 10 元定金。

（6）赶集宣传：现场布置、彩旗、桌子、凳子、咨询台、易拉宝、宣传幕布、太阳伞或帐篷。布置成比较大的轰动场面，现场销售、抽奖或根据购买量指定的奖品。主要是现场气氛要活跃，要能吸引观众。一是推介的科技人员要能带头活跃气氛，具有一点表演的才能为最佳；二是要用生动、形象、通俗易懂的方式方法进行推介，赠送有纪念意义的礼品，有奖问答，这样能极大地调动受众的积极性，使他们集中注意力，不仅记住了企业和产品，也记得了产品的好处和用法，能激起强烈的购买欲，这就达到了宣传的目的。

（7）现场示范：在路边比较繁华的路段的农田里现场示范农资产品使用效果，在示范田上插上标牌，让农民看到实实在在的效果，农民才会买账；同时向农民讲解购买农资产品时的注意事项，真假农资产品的鉴别，植保知识、农资产品常识等内容。

四、线上营销策略（网络营销）

1. 网络营销方案目标

企业公司网络营销有两大整体目标：一是通过网络营销在线上推广企业品牌，二是通过网络营销来拉动线上和线下销售。

2. 网络营销环境分析

（1）市场环境分析：从整个化肥市场来看，目前的特点是竞争激烈、市场饱和度高，但营销方式较为陈旧落后，整个市场仍然采用传统的营销策略和方式。目前了解到只有极少数企业如开磷集团开展了网上营销，但开磷集团的网站营销是和工行及建行合作的，并非独立开展，网站做得比较普通，内容更新也并不及时。这种整体陈旧落后的营销环境给企业公司带来了机会，企业公司此时率先开展网络营销，就能抢占市场先机，领先竞争对手。

（2）企业分析：企业公司是具有雄厚实力的化肥经销商，经营区域遍布山西、陕西两省部分地区。同时，化肥作为一种体积大、分量重、单价相对较低的商品，运输配送上也会受到一定的地域限制。这决定了企业公司的网络营销必须具备区域性、针对性的特点，而不能采用普通小商品、农产品、服饰品类等的全国大范围营销模式。

（3）产品分析：化肥产品使用上并不复杂，但是化肥产品本身种类繁多、品牌杂乱，农户在选择和使用上也会有一定困扰，需要农户了解一定的农技知识。因此化肥产品的网络营销要求必须与农技知识、农作物信息等紧密结合，有一定的专业高度和说服力，让农户产生信赖，一目了然，便于选择。

（4）竞争分析：据前期了解，目前开展网络营销的化肥厂家和经销商极少，所以对企业公司而言，优势是领先竞争对手一步，随之而来的挑战则是缺少同行的参考借鉴，需要自己在摸索中前进。

（5）消费者分析：根据前期调研，目前企业公司的主要消费者即农户普遍是留守农村的中老年人，文化程度较低。因此针对这些农户做网络营销推广必须采取由线下向线上引导的方式，逐渐过渡，而不能像其他针对年轻用户的产品可以直接在网上开展宣传推广。他们看重品牌、对价格敏感，同时又容易受周边其他人的影响。这些特点决定了企业公司的网络营销必须突出产品品牌、具有一定的促销特色，并且注重口碑营销。

3. 网络营销方案

（1）网络营销战略：经过精心策划，建议企业公司注册两个顶级域名（××和××），建立企业农资商城网站，在网站中全面介绍公司的文化、销售的产品、覆盖网点、农化服务知识等，对公司品牌和产品进行展示和销售，并通过线上线下结合的方式，扩大在陕西、山西两省的影响，增加当地综合网站的友情联接等。

（2）产品和价格策略：由于目前农村农户对网购的接受程度有限，农资电商更是新生事物，这决定了一开始企业公司农资商城的线上销量必然有限，因此前期农资商城的重点并非产品的在线销售，而是产品展示和引导，这要求网站产品必须种类齐全，所有在线下销售的产品都必须在线上即农资商城网站进行展示。在价格方面，为了保护线下经销商的利益，不扰乱现有的线下渠道，线上销售的产品零售价格应当与线下一致。但为了引起线下农户对于线上购买的积极性，可以采取积分策略。即农户在线上购买可以有积分累积，累积到一定积分可以去线下直营店换取礼品。

(3) 渠道策略

① 门户网站的建立和运营：企业门户网站分为企业农资商城和后台管理系统两部分。企业农资商城主要用于产品展示、企业品牌展示、促销活动、农资信息、订购等；后台主要用于基础数据管理，订单管理，以及物流配送等功能。企业农资商城由于主要出售农资产品，所以网站主色调使用绿色+金黄色，意寓植物丰收。

一是企业农资商城主要内容。

a. 企业商城：按照产品种类、适用农作物种类、品牌等维度展示企业公司在线销售的全部商品。

b. 今日企业：今日企业主要显示企业公司的企业信息、活动等。可自定义栏目，主要包括公司简介、董事长介绍、组织机构图、联系方式、关联网站链接、招聘与培训等（招聘信息、人力资源信箱）。预设栏目：企业文化，企业动态。

c. 农资服务：内容涉及农化基础知识、农化施肥指导、农作物管理、介绍最新的化肥生产技术、农业技术、新的示范基地等。农化服务展示最新的农业技术、知识等，方便用户查找资料学习。可自定义栏目。预设栏目：农资百科、农化服务。

d. 咨询建议：用于和农户进行在线交流、咨询问题、提出建议等。包括 FAQ（常见问题回答）等。

e. 首页轮播图：可以展示公司简介、公司业绩、品牌文化、企业各种活动（公益）、公司新闻等内容，用以宣传企业公司的企业文化与企业宗旨。

f. 品牌展示：这部分是对企业主要品牌的商标介绍、商标图形展示和商标核定使用范围说明。对每个商标具体代表产品的说明和介绍，强化商标的品牌内涵和品牌形象，如哪些代表高端产品、哪些代表相对大众却最为畅销的产品，效果会更好。

二是后台管理系统：包括基础管理、产品类型维护、产品维护、订单管理、物流仓储与配送、直营店管理等。

三是网站设计原则。

a. 整体效果：简洁美观、功能强大、信息互动性强、界面分明、功能性与可读性相融合、信息量大，具有鲜明的行业特点和时代感。在不影响美观的情况下尽量使各种带宽用户能够尽快获取相关信息。

b. UI 设计：网站 LOGO、主题等力求在公司 VI 的基础上表达准确，易于理解与辨析。色彩过渡平稳和谐，以色块对比突出重点，以线条穿插活跃气氛，适量运用简洁精致的图片和动态元素以吸引用户注意力。

c. 内容分类：适合普通网民的阅读习惯，分类清楚、重点突出、简明扼要。

d. 后台系统：以功能完善、使用方便的后台发布资讯、管理账户、在线查询、信息反馈、会员管理等各个子系统来支持网站信息的更新和管理，使网站的操作和维护过程更加方便快捷。数据库及用户查询界面则尽量以实用为原则来设计开发，同时保证信息传递的快速性与安全性。

② 微信公众号的建立和运营：目前农村移动端网民数量快速增长，超过了电脑端网民增长速度。而且根据前期局部调研的结果，农村电脑普及率还不高，但智能机普及率已经

较高。近期全国微信用户数已突破 6 亿户,所以作为目前主要移动端即时通信工具的微信营销显得至关重要。企业公司想在网络营销环节制胜,必须开展微信公众号营销,由指定专人负责运营,内容定期更新。公众号的运营内容可以包括农技知识、农作物知识、农业资讯、行业动态、企业公司的最新促销活动等。需要注意的是公众号的运营应当充分从农户关注喜好的角度出发,以软文为主,吸引农户的持续关注。

③ 微博大号的开设和运营:这两年虽然微博发展显现出颓势,但仍是重要的网络社交工具和营销工具。企业公司应开设微博大号,定期发布微博更新内容,宣传公司的产品、品牌和服务,并开展在线促销活动,如有奖转发、晒企业照片等。

(4) 网上营销推广方案

① 线上线下一体化营销

直营店引导:直营店的显著位置展示网址、400 电话、二维码,引导用户上网、拨打电话或扫码。

a. 赠送礼品:将网址、电话、微信二维码印在台历、挂历等印刷品上,当农户去直营店购买时,赠送给农户,这些带有实用功能的印刷品要优于普通的宣传单页。单页通常在农户看完后就会被丢弃,但是台历和挂历等则会被农户保存下来,放在家里使用。因此印在这些礼品上的网址更能吸引农户的关注,效用也更持久。也可以准备一些带有抽拉条的油笔,抽拉条上面印有如苹果专用肥及施肥方法等内容,包括网址、电话和二维码,当农户使用油笔时就会想起,起到提醒作用。二维码旁边须注明扫描添加公众号,可以定期获取最新农技资讯和知识,以吸引农户扫描二维码添加公众号。

b. 直营店须覆盖 WiFi,农户可以在直营店用微信扫描二维码添加微信公账号,未来可进一步实现扫描二维码购买下单。

传统媒体广告:如农业类报纸或直邮、分类广告等,要将查看网站或扫描二维码作为广告的辅助内容,提醒用户浏览网站或扫描二维码添加公众号,将获得更多的相关信息。

免费试用推广:可以选择一些种植大户,或在当地有一定威望的农户,免费赠送或低价试用企业的产品,要求在农作物上或地头悬挂企业的品牌宣传标志,由这些农户起到示范和带动其他农户购买的作用。还可以和团购相结合。

② 线上营销

a. 网站活动营销:包括限时抢购、团购等。限时抢购:可以在施肥季节开展限时限量抢购活动,准备一定数量的产品,以较低价格销售。参与限时抢购的农户必须提前在网站登记,然后凭登记的电话号码去直营店提货。需要注意的是限时抢购必须与门店提前宣传相配合,以及短信提前通知农户等。团购是吸引部分熟悉网络的农户,发动其周围的亲朋好友,在网上一起订购化肥。对于下单满一定数额的农户给予一定的折扣或促销礼品。

b. 微信公众号营销:通过微信公众号可以开展一些分享推广活动,如转发集赞送礼品、推荐一定数量的新用户添加公众号送礼品等,鼓励吸引农户主动分享企业的公众号给亲朋好友。由于农户的消费习惯很容易受亲朋好友影响,所以由亲朋好友分享的内容也更容易被他们所接受。

c. 短信营销:通过直营店输入的农户信息数据,公司可以建立短信平台,通过短信的方式，定期向农户发送季节性的用肥建议、农化技术知识等。加强和农户的联系，建立感情。例如，在苹果施肥期，发送短信提醒农户苹果专用肥选择和施肥的注意事项，并推荐企业的苹果专用肥产品，以及提前通知农户促销活动等信息。

d. QQ群营销：通过建立企业客户QQ群，吸引企业产品的用户加入该群，在群里进行交流，发布一些文字、图片等传播企业公司的信息,从而让农户更加深刻地了解企业的产品和服务。最终达到宣传企业品牌、产品和服务的效果，加深市场认知度。今后也可以通过QQ群组织农技服务活动、进行宣传和传播、组织开展促销活动等。

e. 搜索引擎营销：在百度、360、必应等搜索引擎上，将公司网站认证为官网（认证官网是免费的）以增加网站的可信度。其他搜索引擎营销主要方法包括竞价排名、分类目录登录、搜索引擎登录、付费搜索引擎广告、关键词广告、搜索引擎优化等。

f. 微博营销：建立微博大号，和覆盖区域的网民实现微博互动、微博抽奖、微博促销活动等。

g. 网络知识性营销：在百度知道、360问答、新浪爱问、天涯问答、搜狗问答、SOSO问问中模拟用户问答来宣传公司产品；通过与用户之间提问与解答的方式来传播企业品牌、产品和服务的信息。网络知识性营销主要是因为扩展了用户的知识层面，让用户体验企业的专业技术水平和高品质服务，从而对企业产生信赖和认可，最终达到传播企业品牌、产品和服务信息的目的。

h. 链接营销：在其他网站做链接可以带来更多的访问量。a.可以将公司网站登录到行业站点和专业目录中，如果属于某个行业协会，该协会集中了诸多会员站点，也可以向该协会网站申请站点。b.寻找一些与企业网站内容互补的站点如农产品电商网站、农产品销售电商平台等，并向对方要求互换链接。最理想的链接对象是那些与公司网站流量相当的网站。

BBS营销：由于企业的销售覆盖区域有限，可以加强与覆盖区域本地门户网站或论坛的合作。例如，和本地论坛合作举办农资知识分享会、农化技术介绍会等，也可以在贴吧等网络交流平台上以文字、图片等形式，发布帖子进行公司和产品宣传推广。

软文营销：通过本地门户网站或行业网站传播一些文章，包括新闻通稿、报道、案例分析等，把企业、品牌、人物、产品、服务、活动项目等相关信息以新闻报道的方式，向社会公众传播。

4. 客户关系管理策略

（1）建立农户个人信息数据库，一个完整有效的客户信息数据库对企业非常重要。通过数据库，可以把公司的最新信息传递给农户，以吸引农户的关注。同时，对农户的消费实行积分制，只要消费积分到一定分数，就赠送礼品，以带动再次消费。每个特殊的节日或农户的生日等，可以发短信送祝福。

（2）定期与农户保持联系。可以通过电话定期回访等，随时和农户特别是种植大户或经销商保持联系，增加互动，了解他们对产品的使用感受、优缺点等，让公司更加了解客户。

（3）为企业网站访问者提供免费的在线服务。这些网站可以为访问者提供免费、全面的在线服务，农技知识问答等，给访问者提供满意的答案。

5. 实施计划

公司今后的网络营销分三个阶段实施。

第一阶段，企业农资商城网站上线，网站通过搜索引擎等各种站点官方认证，网站内容得到完善，线上运营通畅，公司内部网络营销团队建立并完善职能。与直营店、加盟店经过磨合，初步实现由线下引导线上、线上线下一体化营销模式。在此阶段，网络营销方案应该以直营店引导、免费试用推广、微博营销、搜索引擎官网认证、网站活动营销、短信营销、QQ 群营销等为主，这些方式易于实施、成本低廉、接受度高、覆盖范围较为精准。

第二阶段，通过企业公司自身团队、资源、经营状况的发展，网站不断完善强化，网络营销模式已逐步完善。同时随着农村网络的普及和农户网购接受度的增长，企业农资商城访问量不断增长，越来越多的农户选择在线上下单，农户信息数据库也有了较多的积累。在此阶段可以加强线上推广促销，如限时抢购、团购、站外网络广告的投放，与地方性网站的合作，等等。在此阶段，网络营销方案除第一阶段的方案外，可以增加传统媒体广告、网络知识性营销、BBS 营销、链接营销、软文营销等，需要支付一定的成本，覆盖范围也较广。

第三阶段，企业公司的网络营销体系已非常完善，农户也对线上购买农资产品非常熟悉和广泛接受，在此阶段可以开始做大范围的搜索引擎营销如投放百度关键词、竞价排名等。同时，在此阶段公司可考虑增加网上销售渠道，除自有企业农资商城网站外，可以考虑在淘宝、京东等平台电商开展网上销售。

特别说明，以上时间和方案并不固定，只是根据目前现有情况进行的初步推测，企业公司在具体实施过程中，可以根据实际发展情况灵活调整。

6. 部分相关网站推荐（排名不分先后）

中国农业信息网　　http://www.agri.gov.cn/
中国农资网　　http://www.ampcn.com/
火爆农资招商网　　http://www.3456.tv/
91 农资网　　http://www.91nongzi.com/
新农业农资网　　http://www.xnynews.com/
中国农资网　　http://www.zhongnong.com/
好农资招商网　　http://www.haonongzi.com/
中国 365 农资网　　http://www.365nongzi.com/

五、直销商管理

1. 直销商选择

（1）直销商有较好的资金实力：农资产品是一个消费量很大，需要流动资金较多的行业。因此，在选择经销商时应考虑其是否具有足够的资金实力。

（2）有良好的库存能力：农资产品由于体积较大，还有怕晒、怕雨等条件的制约，对库房有严格的要求，选择一个合格的直销商，应考虑其是否能够提供完善的库存设施。

（3）有完善的销售网络：一个优秀的直销商，拥有很强的网络优势，并以此来获得销售利润，而且较强的网络优势，会使得消费者能够方便快捷地购买到公司的产品，从而提高公司所拥有的市场份额。

（4）有现代化的营销意识：理念决定发展空间，一致的经营理念，更有利于相互间的合作，同时能更好地推进品牌建设。选择一个有良好经营理念的经销商，将会给企业节约更多的时间、精力、物力和财力。

（5）有良好的合作意愿：良好的合作意愿及良好的合作过程，能够加强双方的沟通，同时也能增进品牌的推广。

2. 直销商激励

（1）对直销商的供货及库存管理，保证供货及时，确保各经销商货源充足、不引发断货；加强对经销商广告、促销的支持，以减少商品流通阻力，切实提高商品的销售力，促进销售，使经销商迅速获取利润；加强售后服务，对经销商提供产品服务支持，妥善处理销售过程中出现的产品损坏变质、退货及顾客投诉等问题；加强经销商的订货结算管理，规避结算风险，减少应收账款，确保公司资金安全；对经销商经营理念进行培训，同时处理价格下调、冲货等突发事件。

（2）定期免费为大的经销商安排一些培训课程。培训内容有市场营销、财务知识、仓储物流知识、人力资源知识、法律知识等。大的培训为一年一次，培训时间选择在市场的淡季3月和8月进行。

（3）给直销商以较高的毛利空间，可在一定的利润空间上向上浮动，同时根据季节的不同给予适当的特殊优惠。如第一次进货奖励、返利、合作性广告补贴、超额销售奖励等优惠政策。

（4）各级业务人员对直销商进行定期的走访，并将其纳入对业务人员的考核范围，业务人员要定期对直销商进行走访，基层业务员要对辖区内的直销商每月不少于两次的走访，业务主管和业务经理也要进行定期走访，目的是发现和帮助直销商解决问题，把公司的最新精神传达给直销商，同直销商建立良好的客情关系。

第三节 特色农产品网上运营实例

一、中国农业网站分类

目前我国农业网站主要有中国农业网、中国农业信息网、新农村商网、三农在线、农村中国、农业会展网、农业人才网、中国农业部、中国猪E网、中国蔬菜网、中国兴农网等。

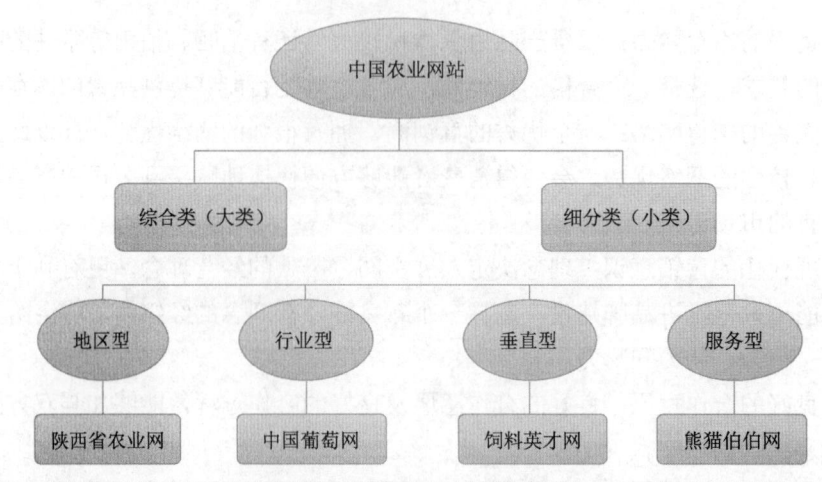

```
                    中国农业网站
                   /           \
            综合类（大类）      细分类（小类）
                                /    |    |    \
                           地区型  行业型  垂直型  服务型
                              |     |      |      |
                          陕西省  中国葡  饲料英  熊猫伯
                          农业网  萄网    才网    伯网
```

类型	分类依据	发展特点
综合性	覆盖全国，服务所有农业子行业，提供一条龙服务	覆盖地域广，用户基数大，服务内容多，资本雄厚，有较强的竞争力
地区型	服务特定地区	专注地方市场，提供特定区域的农业服务，网站数目多、分布广
行业型	服务特定农业子行业	提供更加具有针对性和专业化的服务
垂直型	服务特定用户群	服务特定用户群，以该用户群需求为向导提供服务，网站黏性强
服务型	网站性质	只提供供求信息

  分析目前我国现有的农业类网站，信息提供类网站占据着绝大多数，在农业信息网站中，信息内容虽然基本上已经涉及农业的多个主要方面。而多数网站的内容无法吸引访客。因此迫切需要找到一个适合传统行业模式的电子商务之路，而农产品在网络上的运行势必会与其他新兴行业有着很多差别。在全球经济下我国农产品市场遇到前所未有的机遇和挑战，如果农民仍旧个体销售及对农产品市场信息不能完全了解，造成信息不对称，势必会导致产销不平衡、收益难保证。

  解决信息不对称的问题，应该利用行业网的强大发布功能，对用户和果农产品在平台上进行信息发布，让求购者及时了解农产品的信息动态。同时，发布农产品行业内的相关时下行业新闻和产品的历史价格指数，了解农产品行情，彻底解决因信息闭塞给产品带来损失的问题。另外，将各个农业市场上的商户的农产品价格进行统一，所有商户的产品在网上都有其单品和批发量的报价，在农业交易平台的在线服务帮助下，买卖双方可以寻找相互需要的信息，并提供他们的价格。

  在整个过程中不但网上客户对需购品一目了然，同时也可帮助业内经营商做出更好、更周全的决定。最后，收集注册用户的销售数据，统计每日平台上的用户的销售业绩，并将其在平台上展示，以吸引更多的用户注册，从而为当地商户和注册会员进一步拓展了采购渠道，并成功降低了各类商品的采购成本，缩短农产品交易时间，积极推动农业交易的快速发展，农产品批发市场信息化，促进农业经济发展，提高人民生活水平。

  网络推广方案：微信商城主要是基于网络开展的农产品交易及信息查询网站，提高服务质量和增加流量，做好自身的用户体验即口碑，把扩大商城知名度和注册量作为商城存活下去的动力。因此，我们需要联合大学生、新农人，与社区居委会进行联系，组织社区居民组团购买利用好网络平台，针对广大农户和企业部门及社区进行网络推广，推荐大家社区团购，获得供应商与消费者的共赢。

二、特色农业产品进行网上交易的优势分析

下面以陕西省为例，从产品优势、文化优势、渠道优势三个方面分析特色农产品进行网上交易所具备的优势。

1. 产品优势

特色农产品对特定的自然条件有着较强的依赖性，有着很强的区域特征。陕西省自然资源丰富，农耕历史悠久、经验丰富。陕西的特色农产品品种丰富，绝大多数历史悠久，享誉盛名。随着政府推出"一村一品"的政策后，各地区的特色农产品如雨后春笋般涌现出来，而且农产品产业集群现象明显加强；享誉古今中外的洛川苹果，临潼石榴、素有"果王"美称的猕猴桃、世界苹果生产基地，宝鸡大红袍辣椒，陕北土豆、大枣等数十种特色农产品。

2. 文化优势

陕西历史文化丰富，革命文化影响深远，民俗文化特色鲜明，现代文化前景广阔，华夏始祖——黄帝、大汉天子、隋唐盛世、古都西安、临潼兵马俑、华清池、延安红色革命根据地……陕北民歌、安塞舞、陕南民居风格杂陈：有氐羌风格、四合院、吊楼脚，更有沈从文笔下的湘西风情……

3. 渠道优势

随着经济的发展和人们生活水平的提高，消费需求呈现多样化的特征，对特色农产品需求增加；开展电子商务，特色农产品农户或企业通过电子商务网站或第三方电子商务交易平台，可以实现网上广告、订货、付款客户服务和货物递交等销售、销售前和销售后的服务，大力提高宣传力度，挖掘潜在客户。

三、基于微信平台的汉中农产品销售与推广案例

1. 概述

汉中市草木香电子商务有限公司下的"0916铺子"是一家基于电子商务下微信平台，运用"农村电子商务"新模式，响应国家"十二五"农业信息化发展规划，旨在中国广大乡镇和城镇之间建立农业电子商务平台，帮助农村农产品走向城镇市场，解决农民"卖菜难、菜价贱"及城市居民"买菜难、买菜贵"的问题，促进社会主义新农村建设，提高居民生活水平，实现中国村。

对于农业农产品市场来说，由于农民受教育程度、农村硬件设施等方面的制约，长久

以来,农业农产品的贸易都要通过层层渠道,从各村各户的农业农产品收集,再到联系商家出售,中间环节繁多,所以产品的收购价格与最终的销售价格存在着巨大的差异。我们团队针对这一现象,选择了利用电子商务平台,来完成收购与售出的贸易流程。为供需双方交易建立农业电子商务平台,增加农民的收入,也能有效降低农业农产品产品的价格,让利消费者。公司实行"农村电子商务"新模式,在农村通过大学生村官入股制,实现农村零散农户"抱团取暖";在城市通过居委会入股制,实现居民组团购买,同时在超市、大型餐馆、学校食堂等机构推广业务接受大宗订单。公司注重农产品贸易平台建设,短期目标以汉中市、渭南市区域目标市场为重心,逐步拓展服务平台业务,乃至形成覆盖全省的模式化经营,形成以农业电子商务平台为核心的发展公司。

2. 运营模式

(1) 农业电子商务平台构建方案的选择:最初,联合大学生村官和新农人,在农村创建基点,发动新农人与大学生村官通过网络平台将农业信息及时反映给微信团队。微信团队也将积极联手各大超市、酒店和居委会,积极推动农户与商家和普通消费者之间的合作。同时配合网络大力宣传,推广微商城,打响知名度,奠定群众基础。

(2) 农业电子商务下微信平台的功能设置:当前,不少涉农电子商务下微信平台只有静态的浏览信息,这显然是不够的,微信平台还应具备如下功能:产品信息发布、产品信息快速查看、在线客户咨询、定单查询、在线商务谈判、在线交易支付、物流配送、客户反馈、客户服务、投资机会、产品知识、常见问题解答(FAQ)、会员管理、分润系统、团购促销、商品管理、新闻中心、产品中心、人才中心等。只有功能完备的电子商务平台才能赢得更多的商业机会。

四、微信商城项目实施

1. 商城总体设计

(1) 商城设计:商城是针对农产品进行销售的,为了显示商城的诚信度和农民的朴实纯真,因此商城的装饰将从美观、朴实等方面着手,避免网业装饰的过于华丽,给人一种华而不实的感觉,降低商城的可信度。

(2) 站点导航:商城开设多项服务,主要由绿色产品板块、小商品导航、本地生活导航、吃货地带、招聘信息等几大板块组成,见下表。

名 称	功 能
绿色产品板块	展示各地方最新的农贸产品
小商品导航	吸引更多顾客,扩大销量
本地生活导航	为各个供应商和需求商提供展示产品和公司的平台
吃货地带	提供各地特色美食和优惠信息
招聘信息	寻求有志向的合作者一起合作,大学生、村官、新农人

2. 具体功能介绍

（1）绿色产品展区：展示最新产品、时令蔬果及种植的农产品，以及培育产品，让客户提前了解即将上市的产品，提前下订单，同时提供种植情况的视频，让客户了解种植的整个过程，为客户网上订购提供一些参考和保证，让他们能放心购买。

（2）小商品导航：吸引更多顾客，扩大销量，选择义乌小商品市场的商品、淘宝等大型网站上的小商品，作为商城的小惠，吸引更多的客户进入商城消费主要的农产品。

（3）本地生活导航：为各供应商和需求商提供展示产品和公司的平台。结合电子商务平台，将特色汉中农产品"推出去"，把外地的农产品"引进来"，给本地及外来旅游者提供集本地特色、购物、旅游、娱乐、商贸、农家风味、餐饮等综合性手机导购平台，致力于打造汉中市作为新型城市的对外"名片"。打造"智慧汉中"，让汉中等地农产品走出陕西。

（4）吃货地带：提供各地特色美食和优惠信息。

（5）招聘信息：寻求有志向的合作者一起合作，大学生、村官、新农人。

3. 售后服务

商品销售出去以后，商城将会重视售后服务，维护客户资源，打造知名品牌；根据客户反馈的信息及客户的留言和建议，加强和完善售后服务，提高微信商城竞争力，创造更好的社会和经济利益。

4. 微信商城营销

（1）营销定位

① 宣传企业形象：与传统营销相比，互联网提供了一个高效率的传播媒介，突破了传统媒体的受众限制，可以自由地、高速地传播到世界各地。通过网络传播信息，"0916铺子"可以随平台的发展不断地实时进行更新，应用虚拟现实等多媒体手段吸引受众与访问者实时双向交流，及时有效地进行传递，提升平台的知名度。

② 发布供求信息：进行营销最重要的就是拥有第一手资料，从而发现消费者的需求动向，从而为企业发展提供必要的条件。至今农贸产品在网上很少有商务活动的主要原因就是信息不畅通，所以导致菜贵伤民、菜贱伤农的局面。互联网是一个信息网，网上的信息交流为企业开展网上市场提供了条件，在高效且低成本的同时还能起到扩大网站和企业知名度的作用。

③ 网络交易：目前中国的农户多是散户，不像美国的大的农场那样，所以很多是自给自足，有小部分是通过小商小贩流入市场，即通过二级或三级以上的中间商，在这个过程中必然会导致农户信息不畅，自己的利益不断地被剥削，而消费者也必然要在购买时支付中间费，使得消费者也得不到实惠。而网络销售可以直接在网上从事销售活动，最大限度地免除中间商的盘剥，降低销售成本，也使企业在竞争中创造机遇，保持在竞争中的领先地位。

④ 网络服务：传统模式中，企业在销售前、销售中和销售后的大量服务牵制了企业的

大量时间、精力和财力。采取网络导航模式是节省企业和用户双方时间和精力的最好办法，同时也可使企业的营销目标得以达成，获得竞争主动。

⑤ 网络传播和沟通：网络促销有比传统促销具有意想不到的功能，而网络公共关系在沟通方面具有独特的功效。广告、公共关系、促销等传播活动是网络营销的重点。网络广告已经成为第五媒体，其作用是毋庸置疑的。

(2) 网络营销推广

① 搜索引擎营销（以谷歌为例）

第一步，关键词选择与竞争分析。通过 Google AdWords 工具的百度指数分别查询相关关键词搜索量，从而分析用户的搜索行为和需求。

第二步：搜索引擎广告系统选择。一是搜索引擎广告系统选择：考虑用户群体的特殊性，与谷歌推广的点击欺诈性的存在，以及参考业内网站的做法，如"新浪微博"；二是广告文案策划撰写，以按单个关键词而撰写广告文案。广告文案关键在于 title，Discription，还有着陆页。基中农产品信息包括 Title：想了解更多的农产品供求信息？联盟网站帮助您。Discription：获得农产品信息？了解更多农产品供求信息，免费注册，即可获得。农产品供求包括 Title：找农产品信息，就上联盟网。Discription：联盟网提供海量农产品信息，免费注册，机会难得。

② 效果监控与预估：通过 Google 提供的 Google analytics 流量统计分析工具与 AdWords 的数据统计对接。实现对网站在 Google 广告系统的流量统计、点击统计、转化统计等。

效果监控包括以下几点：一是基础数据统计，即通过统计跟踪特定关键词的搜索量、点击量、注册量，来评估关键词的转化率；二是用户行为分析，即通过 Google analytics 的网站覆盖图，统计分析访问者主要点击注册页面的哪些链接，从而帮助改善网站的功能布局，提高注册率；三是转化跟踪统计分析，即通过转化跟踪帮助测定网站的潜在客户、销售量或其他操作。借助这些信息来制定收益更高的广告决策。

预估：每天从 Google AdWords 来的 IP 平均有 220 个，那么 3 个月总共有 220×30×3= 19 800 个 IP，根据国内和国外的转化率来看，益众初步预估转化率 10%，得到注册人数 1980。

(3) 品牌推广：对于微信商城推广的手段有权威媒体、草根媒体、眼球推广三种方式。

① 权威媒体：比如华商报、汉中日报、渭南日报、陕西卫视等报纸杂志期刊和电视频道，拇指购商城将通过做一些广告，推出我们的平台，传递平台联系新农人、大学生村官，服务社区团购，让大家放心购买，安心食用。增加消费者对拇指购商城的了解，获得顾客的信任。

② 草根媒体：为一种交互性的"全媒体"或"超媒体"，通过简便的科技手段建构的公众能够参与的媒体。在草根媒体上，渭南拇指购商城发布自己的信息，用于探讨相关议题，交流彼此的观点，发出自己的声音，串联集体的力量展开行动。在草根媒体当中，人人都可参与，这一特性使得每个网民都可能成为网上信息的提供者和传播者。通过评论和

争论成为大家交谈的话题，扩大网站的传播影响力。

③ 眼球推广：通过知名网站上发布消息，或者是通过先进技术比如以 Deep Web 技术为基础向可搜索信息数据库或专用搜索引擎发出查询请求，提高网站的排列顺序，吸引消费者的目光，增加平台的流量。

5. 网络营销方式

（1）社区营销

① 论坛营销：对微信商城的宣传信息在一些相关论坛及贴吧进行发布和更新。对网站的社区团购进行大力发帖并进行转发，形成病毒式的帖子让大家转载。

② 博客营销：建立多个博客，加入同类的圈子，比如关于农业或关于团购等类型的博客上进行信息发布，对最近的交易额和最新的供求信息进行链接，让大家可以有机会了解网站，发现网站的优势。

③ 黄页和分类信息营销：作为纯信息发布的平台，三叶草农业网可以在上面发布本公司的高质量的农贸产品信息。

④ SEM 营销：通过购买百度推广和 Google AdWords 服务，投放广告，提高品牌效应，客户认知度和网站注册率。使用服务时必须关注关键字的选择，关键词竞价，广告语的文案策划与撰写，合理整合热门关键词与长尾关键词的选择，选用 AdWords 和百度推广的区域定位功能。

⑤ 社区团购：针对社区，提供优惠服务，深入挖掘社区团购服务，实现居民、商家和农户三方的互惠、共赢，也是平台以站养站的重要收益来源。平台会充分利用社区门户平台的独特优势，做活、做精、做大、做好、做强社区团购服务，开展社区服务。节省居民采购成本和时间，同时扩大了市场份额，实现农户和消费者的互惠、共利。

（2）社会化媒体营销：社会化媒体营销就是通过社会化网络，在线社区，贴吧，博客，百科或者其他互联网协作平台媒体来进行营销，销售，是公共关系和客户服务维护开拓的一种方式。一般社会化媒体营销工具包括 twitter、博客、linkedin,facebook、flickr 和 YouTube 等。

① 微博客推广：主要使用国内主要的主流新浪微博等微博平台，商城直接注册用户，同时商城主要负责人也注册用户账号，进行微博客推广。

② 博客推广：博客主要用来记录网站发展与面向用户的公告，主要达到企业化的传播、用户互动的目的。

③ 百科推广：分别在主流的百度百科、互动百科建立公司的百科资料，保护品牌。此外，还可以编辑行业的百科资料，同时可带来流量与用户。

④ ask 推广：通过使用百度知道、搜搜问问、雅虎知识堂、爱问只是人、天涯问答等进行问答推广，内容的撰写和问答方式都有适当的策划参与。

⑤ 视频营销：目前，网络视频用户覆盖率达到 78.5%，即每 5 个网民中就有近 4 个是网络视频用户；2016 年，中国网络视频用户规模超过 8 亿，成为网民应用最为广泛的网络服务之一。网络视频营销的视频的制作一般包括具备以下三个方面：一是故事性，一个原创视频短片的基础是故事，有了故事发展的引导和悬念的设置，才让观众肯花时间将视频

看完;二是娱乐性,娱乐性视频最大好处就是可以将网站的推广融入到消费者喜闻乐见的环境中,缔造良好的传播环境,展开了持续的传播效应,引发新闻事件,导致传播的连锁反应。这同时也是视频的引爆点;三是创意性,口碑传播的基础,也是提升品牌形象的关键。一个好的产品可以让网民自发地无数次传播。视频平台的选择上传并且用之推广的视频平台首选优酷、土豆、酷6等主流视频平台。视频拍摄工作于第三方合作形式。

（3）网络推广：网络推广涉及媒体的选择,一般来说合作媒体可以选择大门户、地方门户、农产品论坛等。出于成本的考虑,针对于主流大门户,比如网易、新浪、投放的广告方式主要是软文;而地方门户、农产品论坛,内容可以考虑为"软文+banner"。

（4）电子邮件营销：经过前期的推广,获得一定数量的注册用户,针对注册用户每周进行邮件营销,邮件主题可以是益众周报,给予用户更多价值信息。此外,作为电子书营销的渠道载体,免费给用户提供电子书,包括农产品行业报告、商业杂志等,以获得更多的用户,使之成为我们的许可用户。

第四章
农产品网上开店与运营

第一节　开店准备

随着生活信息化、互联网普及，网络购物已经改变了传统的购物模式，网上购物不受时间和空间的限制，以及商品多样化给予消费者更多的选择和便利，吸引了越来越多的消费者，因此，网上开店这一领域也充斥着巨大商业价值，在互联网日益成熟的今天，掌握网店运营及推广已经成为新型电子商务人才必备技能。

一、开店准备

1. 分析自身所具备的条件

（1）价格：消费者从网上购买的商品的价格是网上销售的商品价格加上物流费用，因此，网上销售的商品价格应该比实体店的商品价格低，这样才会对顾客有吸引力。这就需要解决网店经营时的货源问题，要有物美价廉的货源渠道，才能在网店经营过程中具有价格优势。

（2）售后服务：由于网上销售一般无法直接进行售后服务，因此，网上销售的产品应该是由厂家提供全国联保服务的产品，这样才能让消费者购物无后顾之忧。

（3）兴趣与专长：要对自己所经营的产品或经营网店这项工作感兴趣，这样你在整个开店过程中都能保持良好的心态。这就要求经营网店时，应当具备一定的专业知识，能够与消费者就产品问题进行良好的沟通，使消费者对你产生信赖，增加客户忠诚度。

2. 网上开店必备的硬件

除了计算机和互联网这两个网店必不可少的硬件条件之外，还需要配备数码相机、扫描仪、电话、传真机、打印机等设备。

（1）计算机和互联网：开网店对计算机的配置不需要太高，能够通畅上网，能够进行图形图像处理即可。计算机要有足够的硬盘空间，以便于保存商品和客户资料。拥有稳定可靠的电脑网络，原因是查询资料需要网络，收发客户电子邮件需要网络，与客户进行实时沟通也需要网络，所以网上开店时稳定、高速、可靠的网络是必不可少的。

（2）数码相机：较高分辨率的数码相机，至少要能清晰地反映产品的外观和品质，因为网上开店主要是通过图片给客户展示商品。因此要拥有高品质的数码相机，能够以尽可能快的速度将自己的产品多角度、更细致地反映在客户面前。数码相机是用来给网店陈列的商品拍照的。由于产品大多采用微距模式进行拍摄，要求数码相机的微距性能要好。再者，最好学一些常用的照相技巧。

（3）扫描仪：扫描仪主要用来扫描网店商品的宣传图片和资料，用扫描仪扫描的图片其效果要优于用数码相机拍摄的照片。

（4）联系方式：方便客户联系的手机和固定电话。有手机和固定电话可以方便客户联系到自己，提高自己售后服务的质量，且不致因为电话不畅而使潜在客户流失。

3. 开店必备的软件

（1）电子邮件：电子邮件是一种利用网络提供信息交换的通信方式，是互联网应用最广的服务手段之一。电子邮件具有使用简易、传递迅速、收费低廉、易于保存、全球畅通无阻等特点，使得电子邮件被广泛地应用，使人们传统的通信方式产生了极大的改变。在开设网店的过程中，电子邮件是必不可少的与客户进行沟通的工具。通过电子邮件，可以以极低的成本与客户进行文字、图像、声音等的传输，并可以方便地进行信息搜索。

（2）聊天软件：网上交易最重要的是与客户在线的沟通，与电子邮件相比，聊天软件更能满足于网店与顾客及时通讯的需要。熟练地使用聊天软件，一方面可以及时地回答客户的咨询，另一方面还可以用来传送图片、视频、音频。通过聊天软件，使客户能够获得更快更有效的帮助，让客户享受到更加便捷的服务，从而提高客户的满意度，增加其忠诚度。

（3）应用软件：使用电脑时，需要掌握一定的应用软件，学好应用软件后，就可以很方便地进行合同的编制、自己网站的宣传。网上开店，主要靠吸引客户的眼球增加网店的浏览量，而掌握好应用软件后，就可以将自己的宝贝描述做得更完美，使其吸引消费者的注意。因此，一个好的网页对产品的销售有着很大的影响。

（4）图片处理软件：除了要编写出好的文字外，还需要学会加工出精美的产品图片。原因是网上店铺的消费者主要来自于网络，他们对产品的了解主要来自于产品的介绍和产品的图片。如果能够制作出精美的图片，那么就会吸引更多的客户来点击店铺。因此，能否做出适合自己店铺的产品图片，是网上开店成功的至关重要的因素。

二、选择网上交易平台

这和开实体店铺的选地址一样重要，而选址是一门学问，你得权衡各种因素，如人流量、成本等因素，所以在选择开店平台时我们同样要考虑我们的目标客户群有多大，潜在客户有多少。同时需要考虑成本方面的问题，虽然目前大多数国内网上交易平台都是免费的，但网站收费是势在必行的，因为交易平台的目标也是利润的最大化。eBAY 一直是收费的，但同样吸引着很多人注册并在上面做得很好，淘宝网在国内有着良好的口碑，并且宣布 3 年不收费，由于拍拍网的免费战略使得淘宝网的收费推迟，其注册用户数逐年递增。所以，这一步很重要。大多数网站会要求用真实姓名和身份证等有效证件进行注册。在选择网站的时候，人气旺盛和是否收费及收费情况等都是很重要的指标。目前，国内居于前三位的网上开店平台为淘宝网、易趣网和拍拍网，仅此三家就占据了 95%以上的市场份额。除此三家之外，还有专门提供具有高技术、高知识含量的无形商品的销售平台——威客。

1. 淘宝网

淘宝网是亚太最大的网络零售商圈，致力于打造全球领先网络零售商圈，由阿里巴巴集团在 2003 年 5 月 10 日投资创立。淘宝网现在业务跨越 C2C、B2C 两大部分。截至 2008 年 12 月 31 日，淘宝网注册会员超 9800 万人，覆盖了中国绝大部分网购人群；2008 年交易额为 999.6 亿元，占中国网购市场 80%的市场份额。淘宝网拥有支付宝在线支付平台，可为用户提供安全的网上支付服务。淘宝网依靠免费模式在与 eBay 的竞争中取胜，成为目前 C2C 市场的领导者；其用户范围广泛，网上交易者年龄集中于 19~30 岁；基于用户交易需求发展起来的即时通讯工具淘宝旺旺，增强了网上交易的便捷性，提高了交易的成功率；开创了第三方支付工具支付宝，提高了网上交易的安全性。

2. 易趣网

易趣网成立于 2000 年 2 月 12 日，长期以来在 C2C 电子商务领域占有很大的市场份额。2002 年 3 月，eBay 向易趣投资 3000 万美元，易趣随之也更名为 eBay 易趣，成为 eBay 旗下的网站。易趣目前拥有 2000 多万注册用户，它沿用美国 eBay 的政策，开店、交易都要收取费用，开设网上店铺需要支付商品的底价设置费、物品登录费、交易服务费及广告增值服务费。但随着市场竞争的激烈，易趣也推出了免费的开店服务。易趣是国内最早的 C2C 网站，交易的人群集中于 40 岁以上的高学历用户，其旗下 Skype 能够增强网上交易的便捷性和成功率。

3. 拍拍网

拍拍网是中国知名的网络零售商圈，是腾讯旗下的电子商务交易平台。拍拍网依托于腾讯 QQ 的庞大用户群及 2.5 亿活跃用户的优势资源，客户年龄主要集中于 18 岁以下年轻群体，拥有即时沟通的优势和人气很高的粘性互动社区，从 QQ 客户端可进入拍拍网购物，方便快捷，自由在线支付平台财付通能够增加交易的安全性。

4. 威客平台

商品形态方面：与实物电子商务网站相比，在商品形态上传统电子商务网站主要进行实物商品的交易，而威客网站进行着智慧、经验、知识、技能的在线交易，多为无形商品交易。以 C 型威客网站淘智网为例，网站只出售智慧、经验、知识、技能等智慧产品和服务，不出售实物商品。

物流体系方面：电子商务平台的实物交易需要物流系统的支撑，C 型威客网站进行的虚拟商品交易无须物流体系，只要通过电话、邮箱、传真及 QQ、MSN 等互联网通讯工具即可完成商品的配送。

交易费用方面：与淘宝、易趣等 C2C 网站目前的免费策略不同，C 型威客网站的服务是免费发布、免费推广的，但是在完成交易后，网站一般会扣除一定金额作为中介费用，然后将剩下的金额支付到回答者账户。

综上所述，不同的商务平台在启动资金、目标顾客、产品类别、物流配送等各方面都有不同的特点。创业者可以结合自身条件和资源选择一个或多个平台尝试创业。很明显，淘宝网在 C2C 电子商务中占领了绝对的市场份额，所以选择对了好的平台对于您的创业之初具有关键性的作用。在国内唯一能和淘宝有竞争力的当属易趣（eBAY），因为其有国际背景，如果想做外贸不妨选择它。虽然拍拍网有 QQ 即时聊天工具的优势，但无论从任何方面来说，它都无法和淘宝相提并论。在此不对拍拍网进行分析。对于威客平台创业的模式，由于只适合于拥有一定技能、知识和创意的特定群体，因此很难作为符合我国大多数创业者实际条件的创业模式进行推广。

本书建议初创者选择第三方 C2C 电子商务网站，如淘宝网、易趣网为商务平台开店创业。一方面，这类平台的进入门槛低，运营程序和服务相对成熟；另一方面，建立在知名电子商务平台上的网上商店能够增加顾客的信任度。在专业网站开设网店的同时，要学会积极利用 BBS 论坛、博客等商务平台进行销售的宣传和引导，鼓励 BBS 和博客上的顾客通过网店进行交易，使创业者的信用评价相对集中和客观，为网店的规模化运营打下基础。

在已经确定了以淘宝网 C2C 的平台之后，接下来就需要企业确定网店销售商品的类型了，因为网上开店的目的就是为了提高自身商品的销售额及提升品牌的影响力。2010 年，淘宝网开始启动"特色中国"项目，积极与各省市政府紧密合作，精选全国各地的名优土特产以及名优企业，联手搭建以省级为单位的特色中国地方馆，共同推进各地农副商品的网上零售市场。

第二节　淘宝规则解读

一、淘宝网有关概念的界定

1. 淘宝，包括淘宝网，域名为 taobao.com；天猫，域名为 tmall.com。
2. 用户，指具有完全民事行为能力的淘宝各项服务的使用者。
3. 会员，指与淘宝签订《淘宝平台服务协议》和（或）《天猫服务协议》并完成注册流程的用户。一个会员可以拥有多个账户，每个账户对应唯一的会员名。
4. 买家，指在淘宝上浏览或购买商品的用户。
5. 卖家，指在淘宝上发布商品的会员。
6. 拍下，指买家在淘宝上点击并确认购买的行为。
7. 订单，指买家向单一卖家同一时间拍下单款或多款商品的合约。订单中针对任一款商品的内容构成独立的交易。
8. 绑定，指淘宝账户与支付宝账户一一对应。
9. 商品发布数量，指卖家在淘宝上在线出售中的商品款数总和。
10. 退货运费险，指保险公司为投保该险种的淘宝会员支付单次退货运费。
11. 分销商品，指供销平台分销商从其供应商获取并出售的商品。
12. 节点处理，指当会员违规扣分累计达到一定分值时而被执行处理的过程。
13. 店铺装修区，指店铺招牌、宝贝分类、公告栏、促销区、广告牌等店铺相关模块。
14. 成交，指买家在淘宝上拍下商品并成功付款到支付宝。货到付款交易中买家拍下商品即视为成交。
15. 下架，指将出售中的商品转移至线上仓库。
16. 包邮，指卖家对所售商品承诺在其指定的地区内向买家承担首次发货运费。

二、交易

1. 淘宝会员名、淘宝店铺名或域名时应遵守国家法律法规，不得包含违法、涉嫌侵犯他人权利、有违公序良俗或干扰淘宝运营秩序等相关信息；淘宝网会员的会员名、店铺名中不得包含旗舰、专卖等词语；会员名注册后无法自行修改；淘宝有权回收同时符合以下条件的不活跃账户：①绑定的支付宝账户未通过实名认证；②连续6个月未登录淘宝或阿里旺旺；③不存在未到期的有效业务，有效业务包括但不限于红包、淘金币、集分宝、天猫点券等虚拟资产及其他订购类增值服务等。

会员符合以下任一情形的，其淘宝账户不得更换其绑定的支付宝账户：①已通过支付宝实名认证且发布过商品或创建过店铺；②尚有未完结的交易或投诉举报；③支付宝账户尚未被激活或尚有不可用状态款项；④申请绑定的新支付宝账户与原支付宝账户的实名认证信息不一致；⑤其他不适合更换绑定支付宝账户的情形。

三、经营

1. 会员须符合以下条件，方可按照淘宝系统设置的流程创建店铺或变更店铺经营主体：①通过淘宝身份认证、提供本人（包括企业及企业店铺负责人等）真实有效的信息，且企业店铺负责人关联的企业店铺数不能超过5家；②符合淘宝对开店个人及企业店铺责任人的年龄要求；③将其淘宝账户与通过实名认证、信息完善的支付宝账户绑定；④经淘宝排查认定，该账户实际控制人的其他阿里平台账户未被阿里平台处以特定严重违规行为处罚或发生过严重危及交易安全的情形。

2. 已创建的店铺若连续5周出售中的商品数量均为零，淘宝有权将该店铺释放。一个淘宝网会员仅能拥有一个可出售商品的账户。

3. 会员应当按照淘宝系统设置的流程和要求发布商品。淘宝网会员账户已绑定通过实名认证的支付宝账户，即可发布闲置商品，但创建店铺后方可发布全新及二手商品。若会员创建店铺后发布商品，并使用支付宝服务情况下，将视为接受由支付宝（中国）网络技术有限公司提供各类支付服务，并遵守《支付服务协议》有关规定。需要注意的是发布商品的权益可能受到以下限制：一是淘宝网有权根据卖家所经营的类目、信用积分、本账户和账户实际控制人的其他账户的违规情形等维度调整其商品发布数量上限及可发布类目数量上限；二是淘宝网卖家发布闲置商品不得超过50件。

4. "商品如实描述"及对其所售商品质量承担保证责任是卖家的基本义务。"商品如实描述"是指卖家在商品描述页面、店铺页面、阿里旺旺等所有淘宝提供的渠道中，应当对商品的基本属性、成色、瑕疵等必须说明的信息进行真实、完整的描述。卖家应保证出售的商品在合理期限内可以正常使用，包括商品不存在危及人身财产安全的不合理危险、具备商品应当具备的使用性能、符合商品或其包装上注明采用的标准等。

5. 评价

淘宝网评价包括"交易评价"和"售后评价"两块内容。买卖双方应基于真实的交易进行相互评价。为了确保评价体系的公正性、客观性和真实性,淘宝将基于有限的技术手段,遵循《淘宝网评价规则》的规定,对违规交易评价、恶意评价、不当评价、异常评价等破坏淘宝信用评价体系、侵犯消费者知情权的行为予以坚决打击,包括但不限于屏蔽评论内容、删除评价、评价不计分、限制评价等市场管理措施。

买卖双方在支付宝交易成功后 15 天内可以进行评价。评价包括"信用评价"及"店铺评分";在信用评价中,评价人若给予好评,则被评价人信用积分增加 1 分;若给予差评,则信用积分减少 1 分;若给予中评或 15 天内双方均未评价,则信用积分不变。如评价人给予好评而对方未在 15 天内给其评价,则评价人信用积分增加 1 分;相同买、卖家任意 14 天内就同款商品的多笔支付宝交易,多个好评只加 1 分、多个差评只减 1 分。每个自然月,相同买家与非淘宝商城卖家之间交易,双方增加的信用积分均不得超过 6 分;相同买家与淘宝商城卖家之间交易,买家信用积分仅计取前三次;评价人可在作出中、差评后的 30 天内,对信用评价进行一次修改或删除。30 天后评价不得修改。淘宝有权删除评价内容中所包含的污言秽语。

店铺评分由买家对卖家作出,包括宝贝与描述相符、卖家服务态度、卖家发货速度、物流公司服务四项。每项店铺评分取连续 6 个月内所有买家给予评分的算术平均值。买家若完成对淘宝商城卖家店铺评分中宝贝与描述相符一项的评分,则其信用积分增加 1 分。

四、市场管理

1. 市场管理措施

为了提升消费者的购物体验,维护淘宝市场正常运营秩序,淘宝按照本规则规定的情形对会员及其经营行为采取以下临时性市场管控措施。

(1)警告:是指淘宝通过口头或书面的形式对会员的不当行为进行提醒和告诫。

(2)商品下架:是指将会员出售中商品转移至线上仓库。

(3)单个商品搜索降权:是指调整商品在搜索结果中的排序。

(4)全店商品搜索降权:是指调整会员店铺内所有商品在搜索结果中的排序。

(5)单个商品搜索屏蔽:是指商品在搜索结果中不展现。

(6)单个商品单一维度搜索默认不展示:是指商品信息在按价格、信用、销量等单一维度的搜索结果中默认不展现,但可经消费者主动选择后展现。

(7)全店商品单一维度搜索默认不展示:是指会员店铺内所有商品在按价格、信用、销量等单一维度的搜索结果中默认不展现,但可经消费者主动选择后展现。

(8)限制参加营销活动:是指限制卖家参加淘宝官方发起的营销活动。

(9)商品发布资质管控:是指会员在特定类目或属性下发布商品时,须按系统要求上传真实有效的资质信息。

(10)单个商品监管:是指在一定时间内商品信息无法通过搜索、商品链接等方式查看。

(11)店铺监管:是指在一定时间内会员店铺及店铺内所有商品信息无法通过搜索、店铺或商品链接等方式查看。

（12）支付违约金：是指根据协议约定或本规则规定由卖家向买家和（或）淘宝支付一定金额的违约金。

（13）卖家绑定的支付宝收款账户的强制措施：是指对与卖家的淘宝账户绑定的支付宝收款账户采取的限制措施，包括但不限于取消收款功能、取消提现功能、禁止余额支付、交易账期延长、交易暂停、停止支付宝服务等。

2. 市场管理情形

（1）会员须按照淘宝认证要求，提供本人（包含企业）真实有效的信息，提供的信息包括但不限于身份信息、有效联系方式、真实地址，支付宝相关信息等证明身份真实性、有效性、一致性的信息；对于信息不全、无效或虚假的，将无法通过认证。

（2）为保障会员认证信息的持续真实有效，维护消费者权益，对已经通过淘宝认证的会员，淘宝将视情况通过定期或不定期复核的方式，验证认证信息的真实有效性。如在复核过程中发现会员提供的认证信息不全、无效或虚假的，淘宝将依据情形严重程度，采取限制旺旺登录、限制发布商品、下架商品、店铺屏蔽、删除店铺、限制创建店铺等临时性的市场监管措施。

3. 卖家应妥善管理其所发布的商品信息。对近 90 天内未编辑、未经浏览且未成交的商品，淘宝网将定期进行商品下架。

4. 经新闻媒体曝光、国家质监部门等行政管理部门通报，系质量不合格的线下某一品牌、品类、批次的商品，或与阿里系平台抽检不合格商品相同的商品，或其他要求协查的商品及店铺，淘宝将依照其情形严重程度，采取限制发布商品、下架商品、删除商品、商品监管、店铺监管、店铺屏蔽等处理措施对其进行临时性的市场管控，直至查封账户。

5. 因会员行为引发其他会员或第三方诉讼至司法机关的，若会员存在提供的联系方式无效，或会员怠于处置、消极应对，或继续违规等情形，对平台造成或可能造成实际损失或不良影响的，淘宝网可根据产生或可能产生后果的严重程度采取店铺监管、限制发布商品、全店商品屏蔽等临时性市场管控措施。

6. 会员应遵照淘宝交易流程的各项要求进行交易，卖家应合理保障买家权益。

会员如发生或可能即将引发危及交易安全或淘宝账户安全的行为，淘宝将根据其行为并结合事件的紧急、严重程度采取支付宝账户强制措施、关闭店铺、店铺监管、关闭订单、限制发货、删除商品、限制网站登录、限制使用阿里旺旺、限制发送站内信、延长交易超时、限制买家行为、全店商品屏蔽及全店商品搜索降权等临时性市场管控措施，直至淘宝确认风险基本可控后予以部分或全部解除管控。

淘宝规则第三十八条 为保障消费者权益，淘宝网卖家均须提供消费者保障服务，按照淘宝网要求选择订单险、消保保证金或账户交易账期延长作为消费者权益保障工具。须投保订单险但未投保的卖家将被限制发布相应商品；须缴存消保保证金但未足额缴存且经淘宝网催缴后未在 5 日内缴足的卖家，淘宝网将对其采取店铺屏蔽等临时性市场管控措施。

五、通用违规行为及违规处理

1. 违规处理措施

为保障消费者、经营者或淘宝的正当权益,在会员违规处理期间淘宝按照本规则规定的情形对会员采取以下违规处理措施。

(1)店铺屏蔽:指在搜索、导航、营销等各项服务中对会员店铺及商品等信息进行屏蔽。

(2)屏蔽评论内容:指信用积分、店铺评分、退款售后评分等积分正常累计,但在商品详情页、信用评价页等页面对评论内容进行屏蔽。

(3)限制评价:指禁止评价人对交易进行评价。

(4)评价不累计:是指买卖双方交易后产生的信用积分和店铺评分不累计。

(5)删除评价:指信用积分、店铺评分、售后评分等删除不计分,并删除评论内容。

(6)销量不累计:是指买卖双方的交易不计入成交记录中,不在商品详情、搜索等结果中展示或引用。

(7)删除销量:是指删除该笔交易的成交记录,在删除后将不在商品详情、搜索等结果中展示或引用。

(8)限制发布商品:指禁止淘宝会员发布新商品。

(9)限制发布特定属性商品:指禁止淘宝会员发布如二手、代购、产地、型号等特定属性的商品。

(10)限制商品发布数量:指限制店铺内在线出售中的商品数量。

(11)限制发布类目数量:指限制店铺内在线出售中的商品类目数量。

(12)限制发布特定类目商品:指禁止淘宝会员发布特定类目的商品。

(13)限制使用商品发布的特定功能:指限制淘宝会员发布商品时使用图片的数量、视频、SKU自定义功能等。

(14)限制使用特定管理工具:指限制淘宝会员使用商品、订单及店铺相关特定管理工具。

(15)限制发送站内信:指禁止淘宝会员发送站内信。

(16)限制社区功能:指禁止淘宝会员使用淘江湖、论坛、帮派、打听等社区类服务。

(17)限制买家行为:指禁止淘宝会员收藏商品、添加购物车、购买商品。

(18)限制发货:指禁止淘宝会员操作处于"买家已付款,等待卖家发货"状态的交易。

(19)限制使用阿里旺旺:指禁止淘宝会员使用阿里旺旺。

(20)限制网站登录:指禁止淘宝会员登录淘宝网页。

(21)关闭店铺:指删除淘宝会员的店铺,下架店铺内所有出售中的商品,禁止发布商品,并禁止创建店铺。

(22)公示警告:指在淘宝会员的店铺页面、商品页面、阿里旺旺界面,对其正在被执行的处理进行公示。

(23) 查封账户：指永久禁止会员使用违规账户登录淘宝、使用阿里旺旺等工具。

2. 违规处理

(1) 违规行为根据严重程度分为严重违规行为及一般违规行为，两者分别扣分、分别累计、分别执行。卖家因出售假冒商品的严重违规行为扣分将单独累计，不与其他严重违规行为合并计分。其中严重违规行为，是指严重破坏淘宝经营秩序或涉嫌违反国家法律法规的行为；一般违规行为，是指除严重违规行为外的违规行为。

违规行为根据适用的范围分为通用违规行为及特殊市场违规行为，特殊市场违规行为也遵循前款规定的严重违规行为与一般违规行为划分。

(2) 会员发生违规行为的，其违规行为应当纠正，并扣以一定分值且公布 3 天。因分销商品引起的违规行为，若淘宝判定非分销商责任的，则分销商免于扣分，仅对违规行为进行纠正。

3. 违规处理方式

淘宝网对会员的严重违规行为（除出售假冒商品外）采取以下节点处理方式。

(1) 会员严重违规扣分（除出售假冒商品外）累计达 12 分的，给予店铺屏蔽、限制发布商品、限制创建店铺、限制发送站内信、限制社区功能及公示警告 7 天的处理。

(2) 会员严重违规扣分（除出售假冒商品外）累计达 24 分的，给予店铺屏蔽、下架店铺内所有商品、限制发布商品、限制创建店铺、限制发送站内信、限制社区功能及公示警告 14 天的处理。

(3) 会员严重违规扣分（除出售假冒商品外）累计达 36 分的，给予关闭店铺、限制发送站内信、限制社区功能及公示警告 21 天的处理。

(4) 会员严重违规扣分（除出售假冒商品外）累计达 48 分的，给予查封账户的处理。

(5) 会员因一般违规行为，每扣 12 分即被给予店铺屏蔽、限制发布商品及公示警告 7 天的节点处理。

(6) 被执行节点处理的会员，当其全部违规行为被纠正、违规处理期间届满、违规处理措施执行完毕且通过规则考试后，方可恢复正常状态。

4. 严重违规行为

(1) 不当注册：是指用户通过软件、程序等方式，批量注册淘宝账户的行为。不当注册的，淘宝对使用软件、程序方式批量注册而成的账户每次扣 48 分；对于淘宝排查到的涉嫌不当注册的会员，淘宝将视情节采取警告、身份验证、限制创建店铺、限制发送站内信、限制发布商品、限制网站登录、限制旺旺登录、限制买家行为等临时性管控措施。

(2) 发布违禁信息：是指会员发布国家禁止出售的商品或信息，即《淘宝禁售商品管理规范》中构成严重违规行为的商品或信息。发布违禁信息的，依据《淘宝禁售商品管理规范》的相关规定执行。

(3) 出售假冒商品：淘宝网针对出售假冒、盗版商品实行"三振出局"制，即卖家每次出售假冒、盗版商品的行为记为 1 次,若同一卖家出售假冒、盗版商品的次数累计达 3 次的,则将被永久查封账户。出售假冒商品的,淘宝删除会员所发布过的假冒、盗版商品或信息。同时,淘宝将视情节严重程度采取支付宝账户强制措施、查封账户、关闭店铺、店铺监管、限制发货、限制发布商品、限制网站登录、限制使用阿里旺旺、限制发送站内信、延长交易超时、店铺屏蔽及全店商品搜索降权、全店或单个商品监管、商品发布资质管控、限制发布特定属性商品、限制商品发布数量、限制发布类目数量、限制发布特定类目商品、限制使用商品发布的特定功能、限制使用特定管理工具等处理措施。

(4)假冒材质成分:是指卖家对商品全部材质或成份信息的描述与买家收到的商品完全不符。卖家首次假冒材质成分的,删除商品,扣 6 分;再次及以上假冒材质成分的,删除商品,每次扣 12 分。特定类目卖家假冒材质成分的,不论是否首次,删除商品,每次扣 12 分。

(5)盗用他人账户:是指盗用他人淘宝账户或支付宝账户,涉嫌侵犯他人财产权的行为。盗用他人账户的,淘宝收回被盗账户并使原所有人可以通过账户申诉流程重新取回账户,每次扣 48 分。

(6)泄露他人信息:是指未经允许发布、传递他人隐私信息,涉嫌侵犯他人隐私权的行为。泄露他人信息的,淘宝对会员所泄露的他人隐私资料的信息进行删除,每次扣 6 分;情节严重的,每次扣 48 分。

(7)骗取他人财物:是指以非法获利为目的,非法获取他人财物,涉嫌侵犯他人财产权的行为。骗取他人财物的,淘宝对用以骗取他人财物的商品或信息及因此产生的交易评价进行删除,每次扣 48 分,延长交易超时并对其绑定的支付宝收款账户采取强制措施。

(8)虚假交易:是指用户通过虚构或隐瞒交易事实、规避或恶意利用信用记录规则、干扰或妨害信用记录秩序等不正当方式获取虚假的商品销量、店铺评分、信用积分、商品评论或成交金额等不当利益的行为。卖家进行虚假交易的,淘宝将对卖家的违规行为进行纠正,包括删除虚假交易产生的商品销量、店铺评分、信用积分或商品评论等不当利益;情节严重的,淘宝还将下架卖家店铺内所有商品。

5. 违规的执行

(1)对描述不符、违背承诺、竞拍不买、恶意骚扰、假冒材质成分、骗取他人财物等违规行为的投诉,须在淘宝网规定的时间内进行;未在规定时间内投诉的,不予受理。

(2)对描述不符、违背承诺、竞拍不买、恶意骚扰、假冒材质成分、骗取他人财物等违规行为,被投诉人须在被投诉之日起 3 天内提交证据。逾期未提交证据的,淘宝有权根据当时所掌握的情况进行判断与处理。对其余违规行为的判断与处理,淘宝在收到投诉后立即进行。

(3)卖家自行作出的承诺或说明与本规则相悖的,淘宝不予采信。除证据有误或判断错误的情形外,对违规行为的处理不中止、不撤销。

第三节　开店流程

一、如何注册淘宝账户及激活支付宝

第一步：打开淘宝，点击卖家中心下拉菜单，点击免费开店。

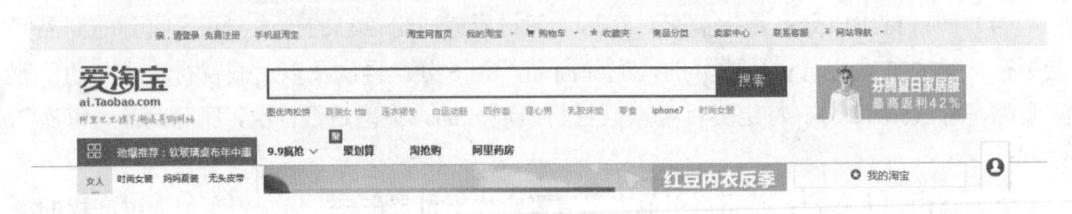

第二步：点击下图中免费注册，进入注册。

第三步：填写真实的用户信息后点击注册会员。会员注册时需要强调的是，会员名的构成和登录密码的设置。会员名的构成一般是由 5~20 个字符组成，包括小写字母、数字、下画线、中文。为了便于记忆，这里通常建议使用中文会员名注册。登录密码的设置也是由 6~16 个字符组成，其根据密码设置的简易程度分为弱、中、强三个级别，在这里要说的是登录密码的设置最好使用"英文字母+数字+符号"的组合，不宜使用自己的生日、手机号码、姓名等连续数字，以防账户被盗。

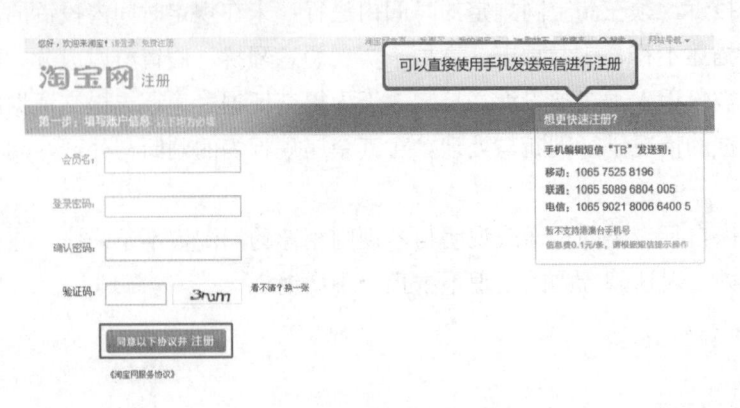

第四步：验证账户。在填写完会员名和登录密码之后，接下来需要填写国家/地区和激活验证会员账号。会员账号的激活验证有两种形式，一种是通过手机号码的输入来验证，另一种是通过邮箱来验证。手机号码的验证需要通过输入手机号码，之后淘宝网将会发送一条短信至您的手机，根据收到的短信验证码输入进去就可以完成验证。而邮箱验证则是通过邮箱地址的输入，淘宝网将向您的邮箱发送一封确认信，通过点击确认信的方式完成会员账号的激活验证。之所以需要验证是因为淘宝网希望通过以上两种方式来鉴别会员身份，其次也是为了以后对于会员申诉找回密码。

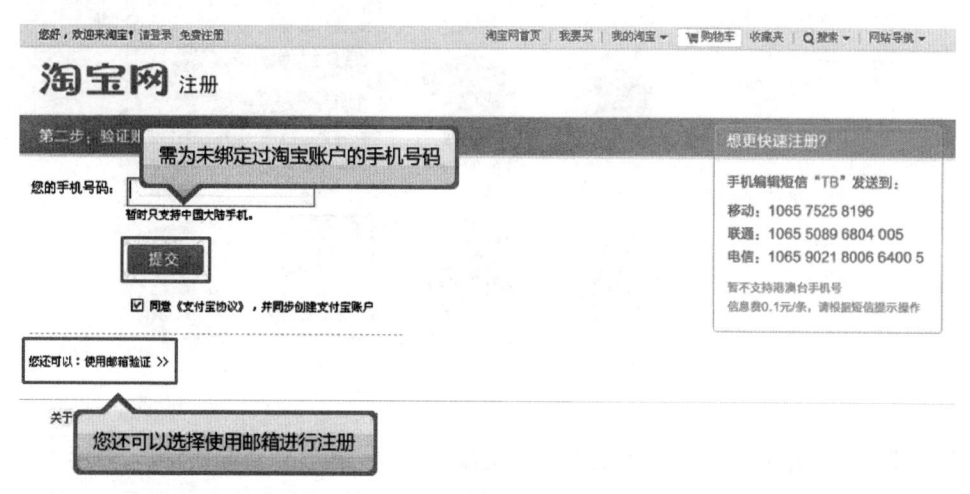

第五步：验证手机号码，输入手机短信发送的校验码，点击验证。

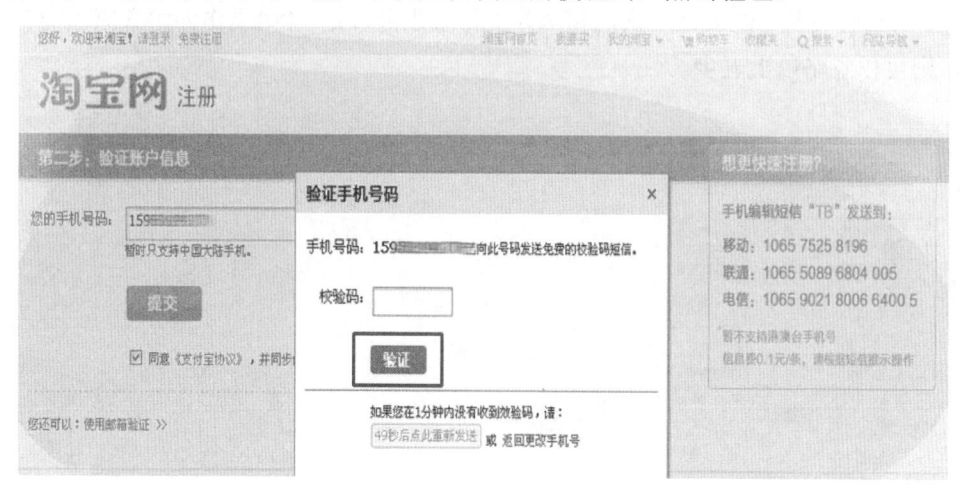

第六步：注册成功，以后使用用户名登录或使用手机号码进行登录。

第七步：进入账号管理页面，点击支付宝账户管理，点击"点此激活"，激活支付宝账户。在进入免费开店之后，可以看到创建店铺满足的条件及需要补充的资质，如支付宝实名认证、身份证校验、淘宝开店认证和个人支付宝账号绑定。（如果作为卖家原本拥有淘宝账户，则可以省略以上五步。）

第八步：补全账户信息，完成后点击确定。

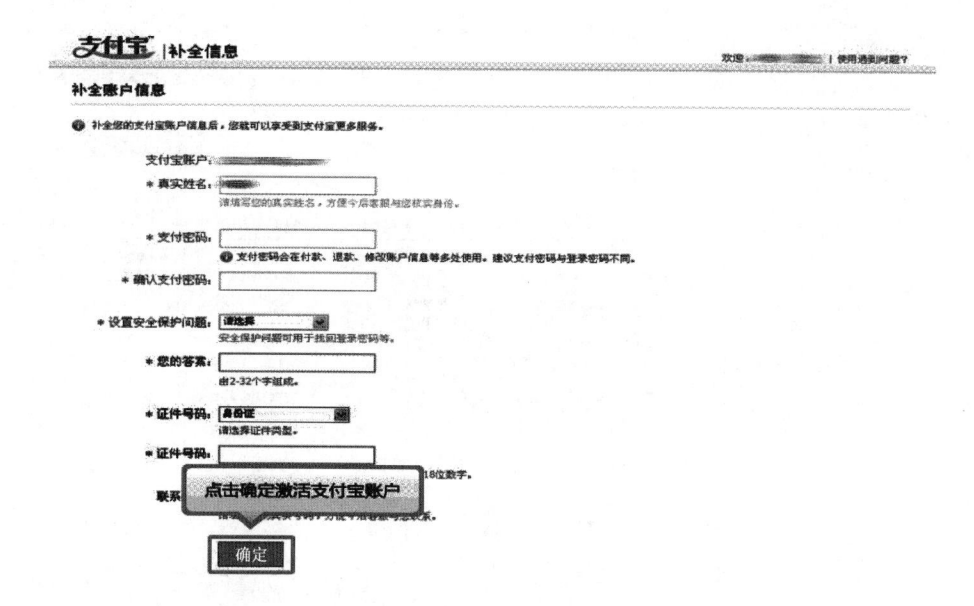

第九步：补全账户信息成功后，支付宝即可激活。

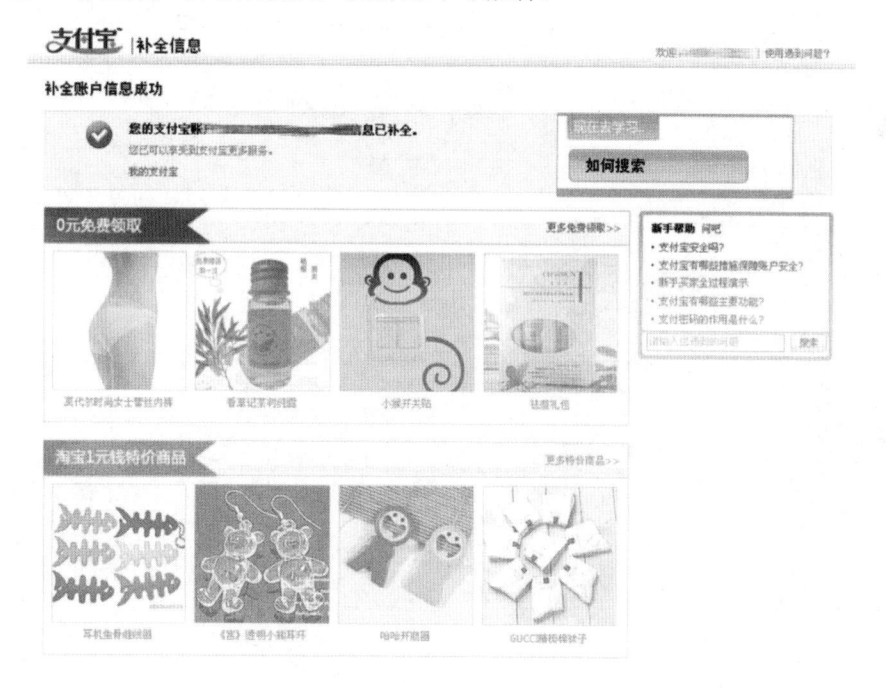

二、开店步骤

第一步：点击"卖家中心"，进入卖家中心页面。

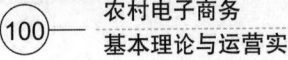

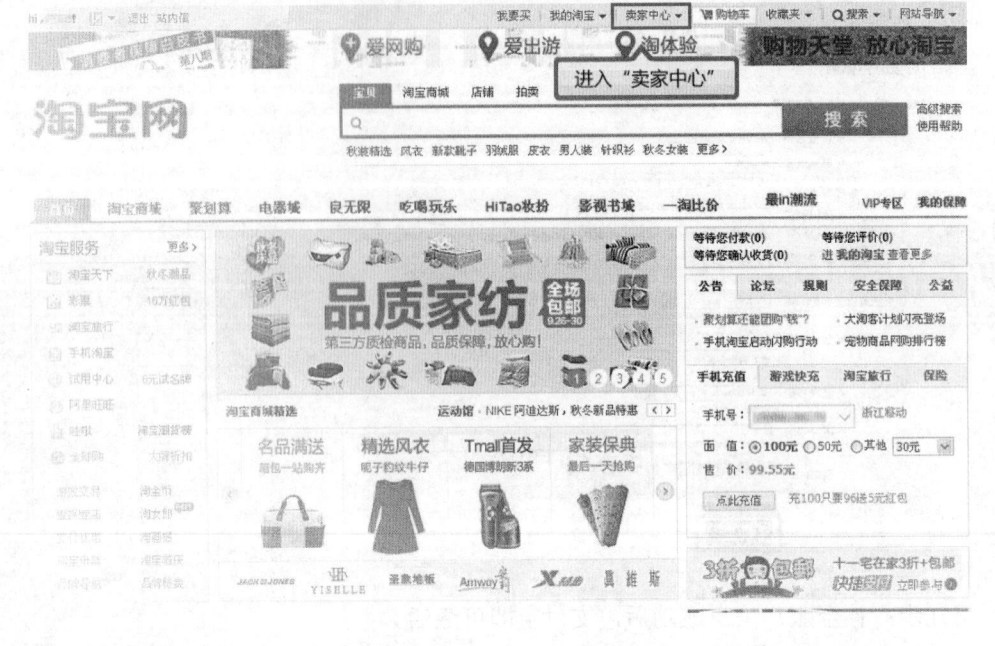

第二步：进入后，点击"我是卖家"后点击"免费开店"。

第三步：完成开店的三个任务（可同时进行），建议先完成"支付宝实名认证"和"淘宝身份信息认证"。

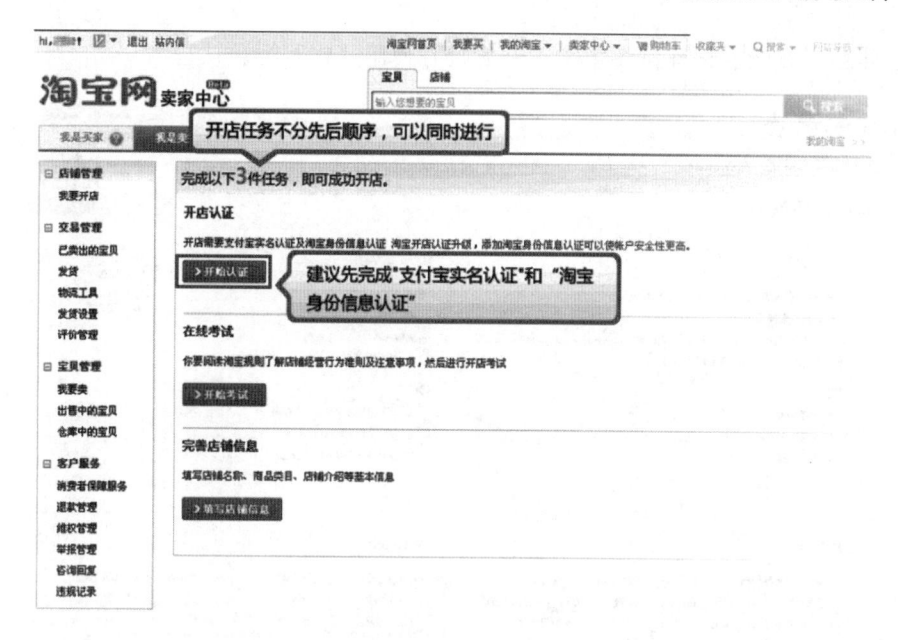

第四步：进行支付宝实名认证，并提交手持身份证头部照。正确填写并核对身份证件号码及真实姓名，其次设置支付宝密码，并确定无误后提交。这里需要说明是身份信息的验证，若提示身份信息已被占用，就需要点击申诉流程，通过客服的核实来完成身份的验证。确认身份和姓名的信息是不能修改的，因此，在认证过程中需要认真核实身份号码和姓名的准确无误。在通过身份信息验证，系统会提示是否上传身份证件图片，不上传证件在认证成功后获得的额度是 2 万元/月，收付款总额度 5 万元/月，而上传证件对于收款额度是没有限制的。因此，通常情况下都会选择上传身份证件的。证件图片的上传要求是彩色，支持 jpg、jpeg、bmp 格式，而且需要身份证的正面及背面来完善图片上传。

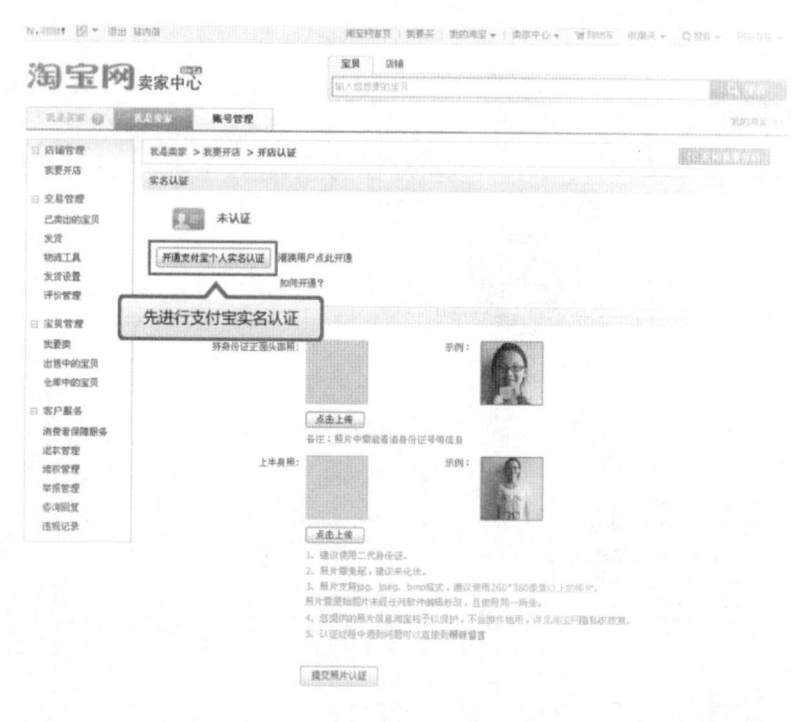

第五步：进行实名认证，淘宝卖家开店推荐使用"银行汇款认证"。

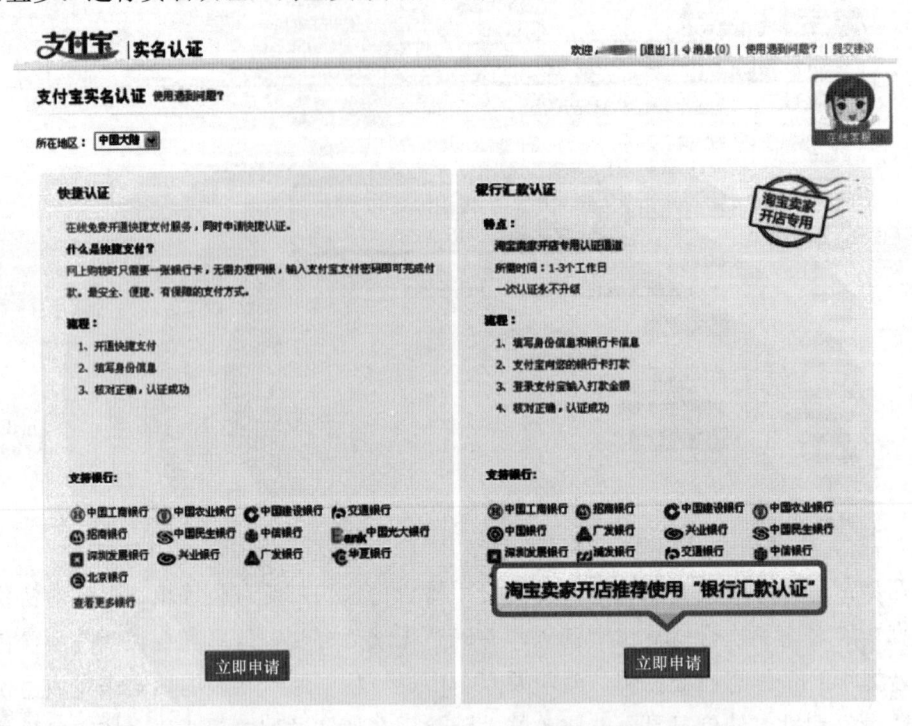

第六步：填写个人信息及上传身份证原件扫描或数码照片。

第七步：填写银行卡信息，输入银行卡号。设置支付方式校验银行卡：为了提供便捷完善的支付方式和环境，支付宝设置了让用户选择支付方式，这里所说的支付方式是指为了购物付款及后期开店资金流转保证的服务，因此，需要用户在设置之前，考虑好自身长期使用的银行卡和网银是否开通。

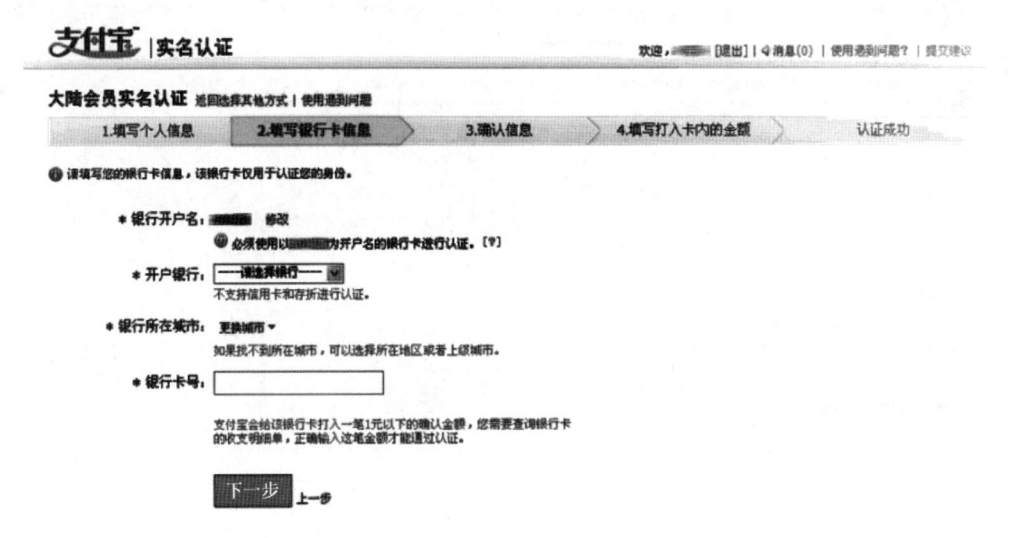

第八步：确认所有信息，保证无误后提交。

第九步：实名认证成功，注意支付宝在1~2天内会给所注册的银行卡号打入一笔1元以下的确认金额。在根据自身企业对于银行的服务及企业地理位置的需求，确定并注册了中国工商银行的网上银行。在填写银行卡相关信息之后，支付宝系统会向所填写的手机号码发送一条短信校验，接收并填写校验码完成校验，若银行卡银预留手机不一致，信息验证未成功，可以使用打款方式校验，点击"下一步"，系统会根据所填写的银行卡信息进行打款验证。或者还有其他银行卡，可点击更换银行卡的方式进行校验。

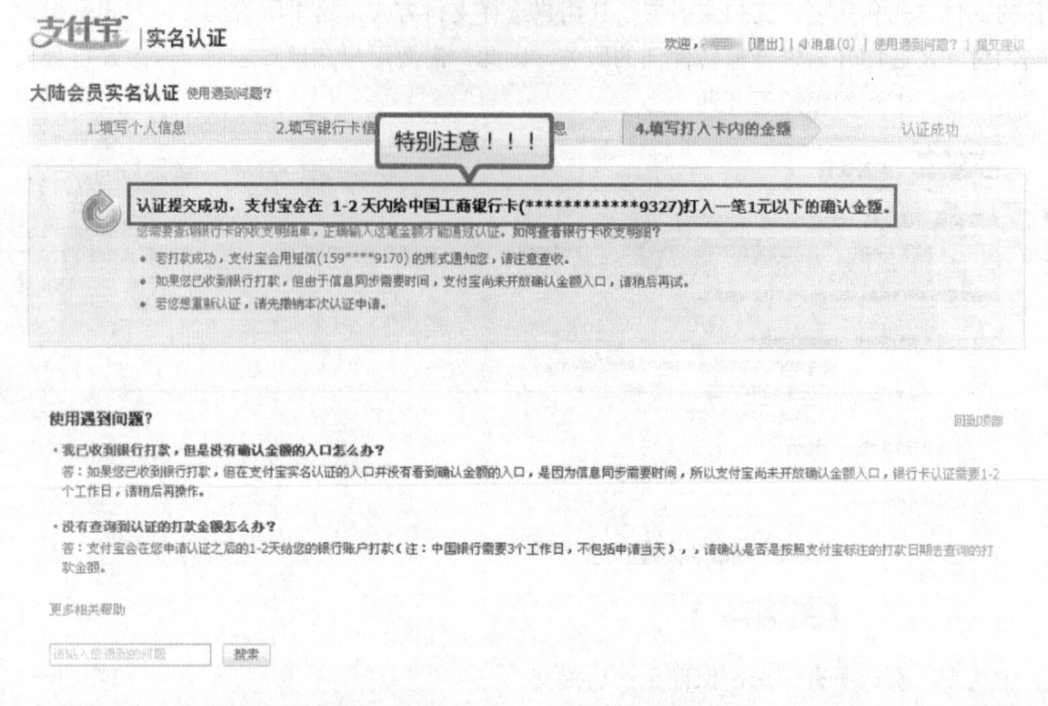

第十步：在收到打款且查询打款金额后，登录支付宝账号，进入认证页面，输入收到的打款金额，完成金额的确认。

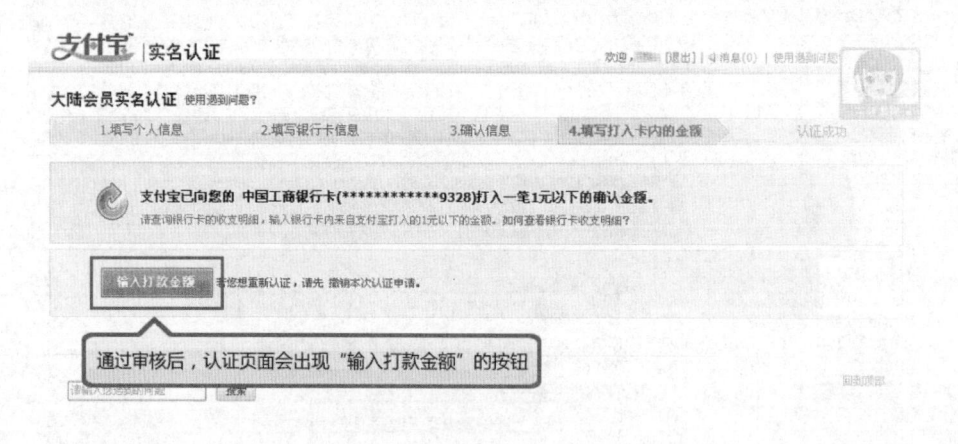

第十一步：输入打入卡内的金额，完成实名认证。

第十二步：完成大陆会员实名认证。

第十三步：点击查看详情继续完成"淘宝信息实名认证"。

第十四步：提交一张手持身份证正面头部照和一张上半身照，完成淘宝身份信息认证。淘宝开店认证是淘宝对于卖家提供的一项身份识别服务。淘宝开店认证需要卖家上传手持身份证与头部合影照、身份证反面照、本人半身照 3 张照片来完成。在这其中需要注意的是照片需原始照片，不能使用任何软件编辑修改，图片清晰，字体和头像可辨认，身份证证件号码完整、清晰。其次在拍摄过程中照片需要同一场景，着装与背景统一。在照片上传完成后，淘宝网会在 48 个小时之内给予通过邮件的形式通知审核结果。

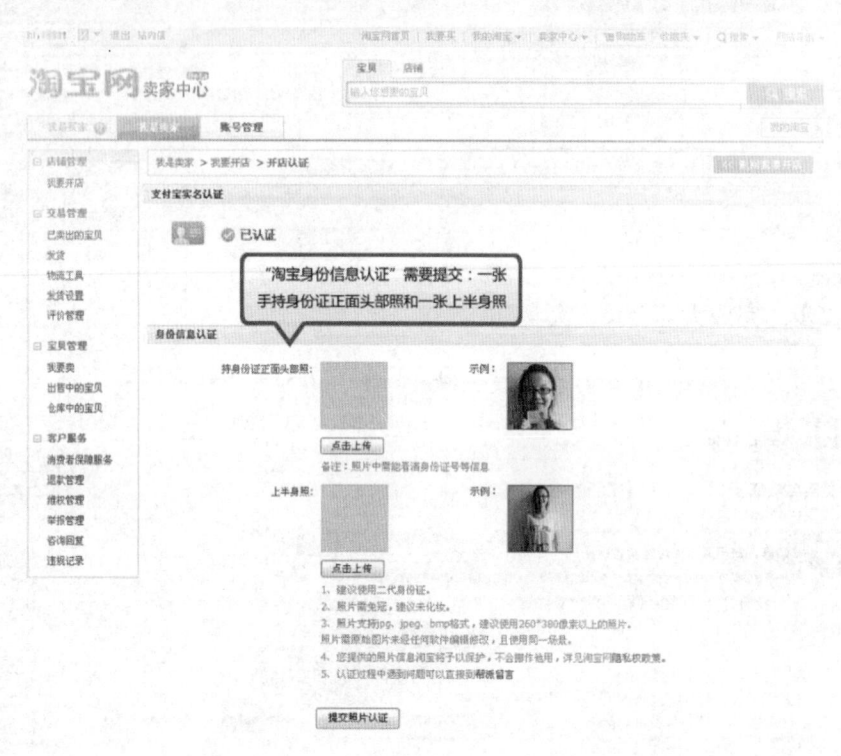

第十五步：提交成功后淘宝会在一个工作日内完成审核，审核通过后页面会显示"已认证"。

三、开店考试

第一步:认真阅读《淘宝规则》后,参加开店考试。

第二步:填写以下 20 个问题,填写完后点击提交,分数达到 60 分则可通过。

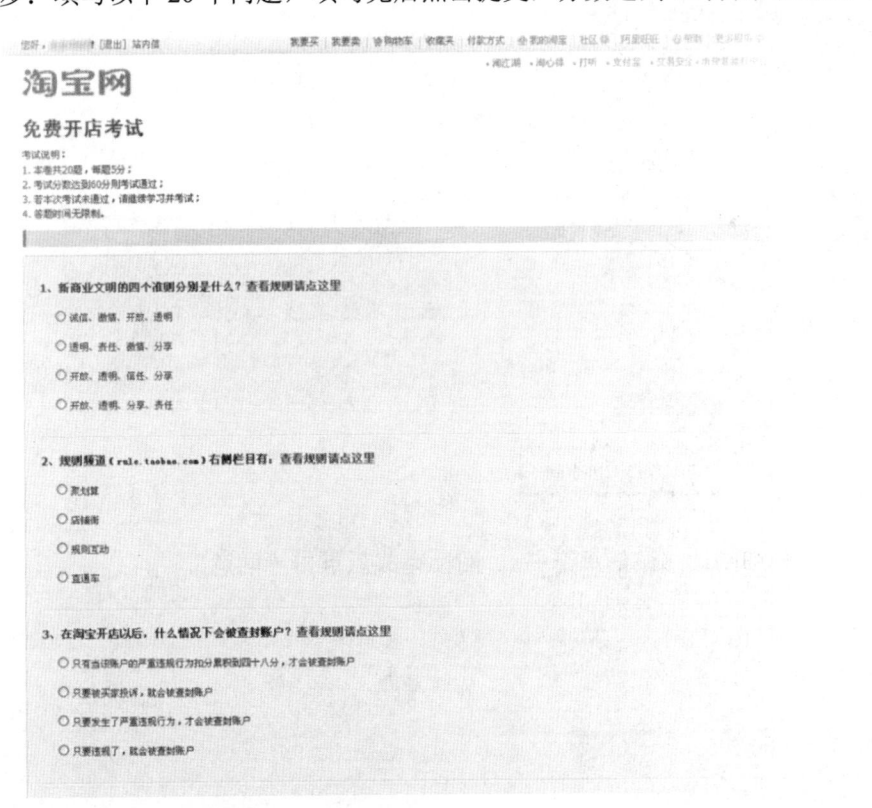

第三步：通过考试后，就可创建店铺。

第四步：完善店铺信息，填写店铺名称、商品类目、店铺介绍等基本信息。

第五步：仔细阅读《诚信承诺书》，阅读完成后点击"同意"。

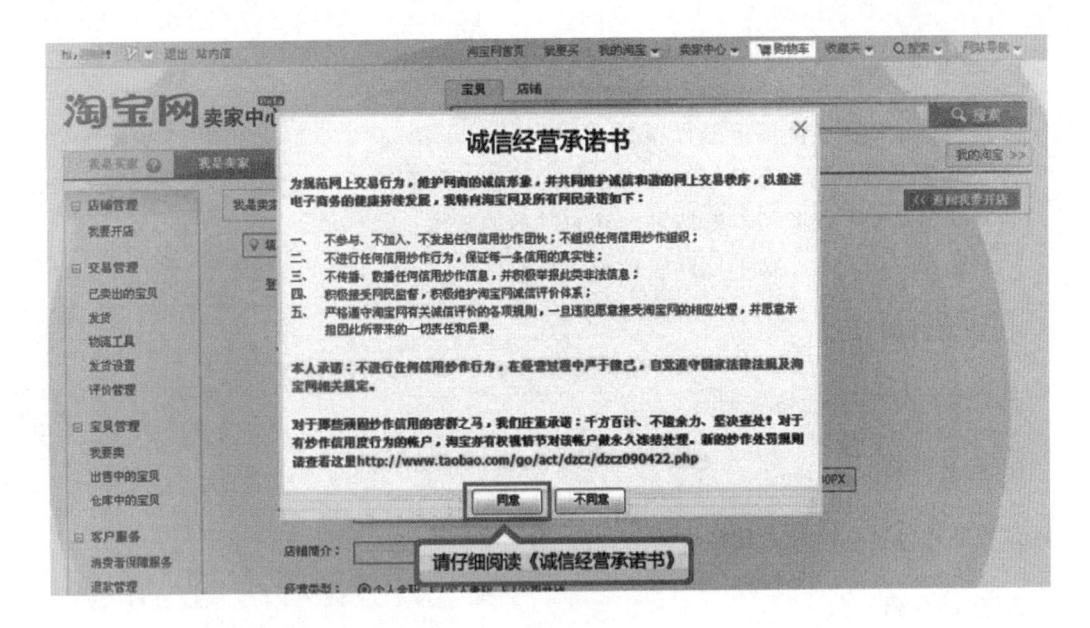

第六步：填写详细的信息及关于店铺的名称与简介

店铺名称与人的名字一样，虽然只是一个符号，但由于它的字形、意义、笔画数、字体等不同，会对店铺的生意产生一种不可言说的影响，这种影响有时可以决定一个店铺的兴衰。好的店铺名称朗朗上口，能给人留下深刻而美好的第一印象。因此，凡是有远见的开店者，总是费尽心思给店铺起一个既响亮又吉祥还能让人记住的名称。店铺名称的文字设计越来越被经营者重视，一些以标语口号、隶属关系和数目字组合而成的艺术化、立体化和广告化的店铺名称不断涌现。设计店铺名称时应注意以下几点：①名称言简意赅；②名称易于传播；③名称与产品特性相辅相成。店铺名称填好后，还应关注以下问题。

1. 店铺标志

店铺标志代表着店铺的形象，因此在店铺标志设计的过程中需要在图片中凸显企业的经营产品，而且要彰显企业的独特性。在上传图标时应注意，文件格式需为 gif、jpg、jpeg 和 png，文件大小在 80K 以内，建议尺寸为 80×80 像素。

2. 店铺类目

店铺类目是根据企业销售产品的定位，确定产品的类目。在设置完以后是可以进行修改的。

3. 店铺简介

店铺简介可以详细地说明店铺的起源、发展、定位等，使网友更好地了解店铺及企业。而且这里的内容直接影响店铺在淘宝搜索引擎中的搜索相关度，因此店铺在填写简介的时候内容一定要高度精密，彰显重点，言简意赅地说明店铺的经营特点，使网友更加明确地了解店铺的相关信息。

4. 经营类型

经营类型是根据实际情况进行填写。

（1）个体全职：指没有其他的工作，只经营自己的店铺。
（2）个体兼职：指除了经营店铺，还有其他的工作。
（3）公司开店：非个体的团队管理模式。

5. 联系地址

具体填写所在经营地的地址。

6. 邮政编码

填写所在经营地的邮政编码。

7. 店铺介绍

更多的是起到传播和宣传店铺的意义。因此在店铺介绍中，企业会采用用图片加文字的形式，这样既可以喜迎网友阅读和传播，也在一定程度上增加了网友对店铺的信任度。

8. 主要货源

主要填写的是企业产品的进货渠道。可供选择的有线下批发市场、实体店拿货、阿里巴巴批发、分销、代销、自己生产、代工生产、自由公司渠道及货源还未确定 9 种方式。

9. 是否有实体店

确定自身是否在现实生活中开有店铺，如果没有就单击"否"，反之单击"是"。

10. 是否有工厂或仓库

如果在现实生活中有自己的工厂或者仓库，然后在淘宝上销售，就在工厂或者仓库地址处填写具体地址，没有就单击否。

11. 填完后保存

填完以后单击"保存"即可完成网页店铺基本信息的填写。店铺的基本信息在店铺开设以后还能修改。

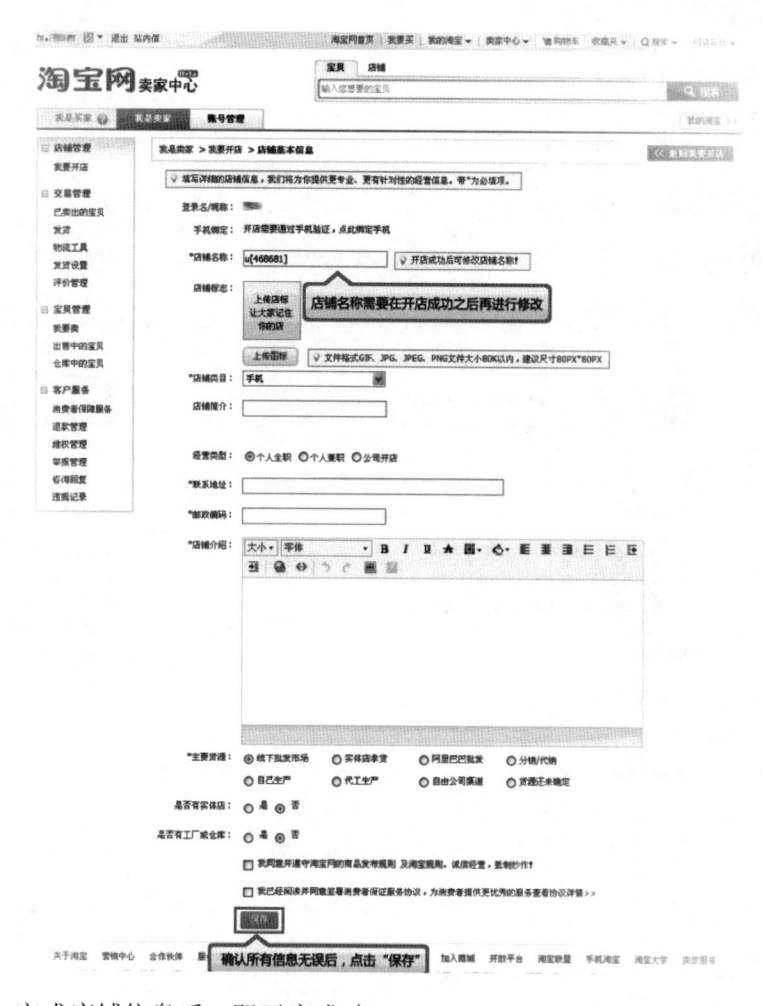

第七步：完成店铺信息后，即开店成功。

四、宝贝发布

第一步：点击"我要买"发布宝贝。

第二步：选择宝贝的发布方式，一口价或拍卖。

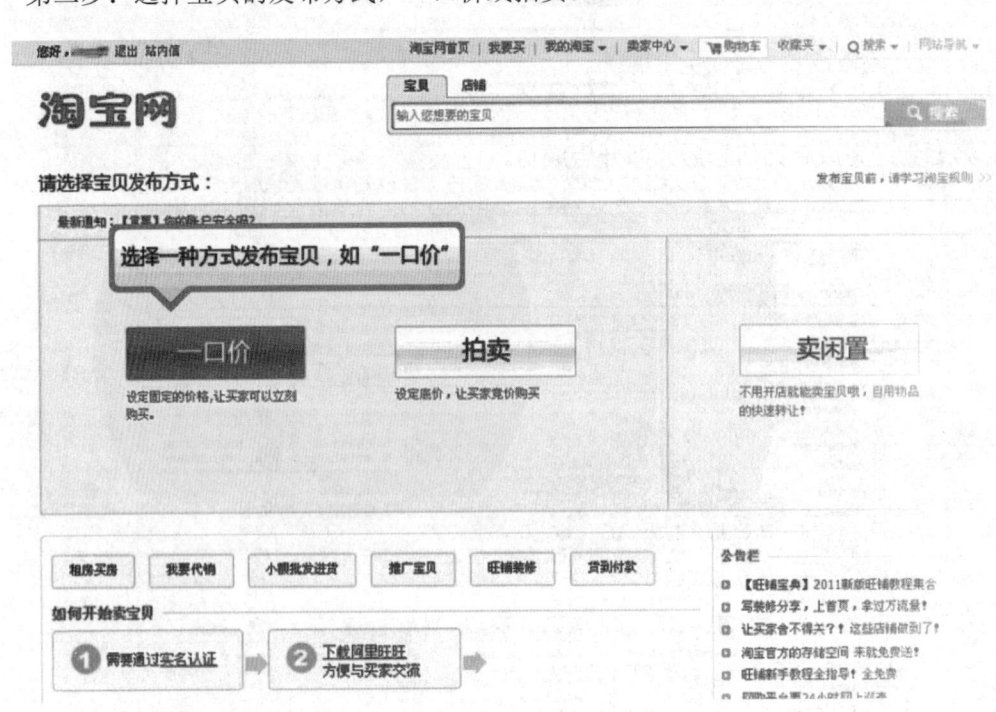

第三步：选择出售宝贝所属的类别后确认继续，点击"好了，去发布宝贝"。

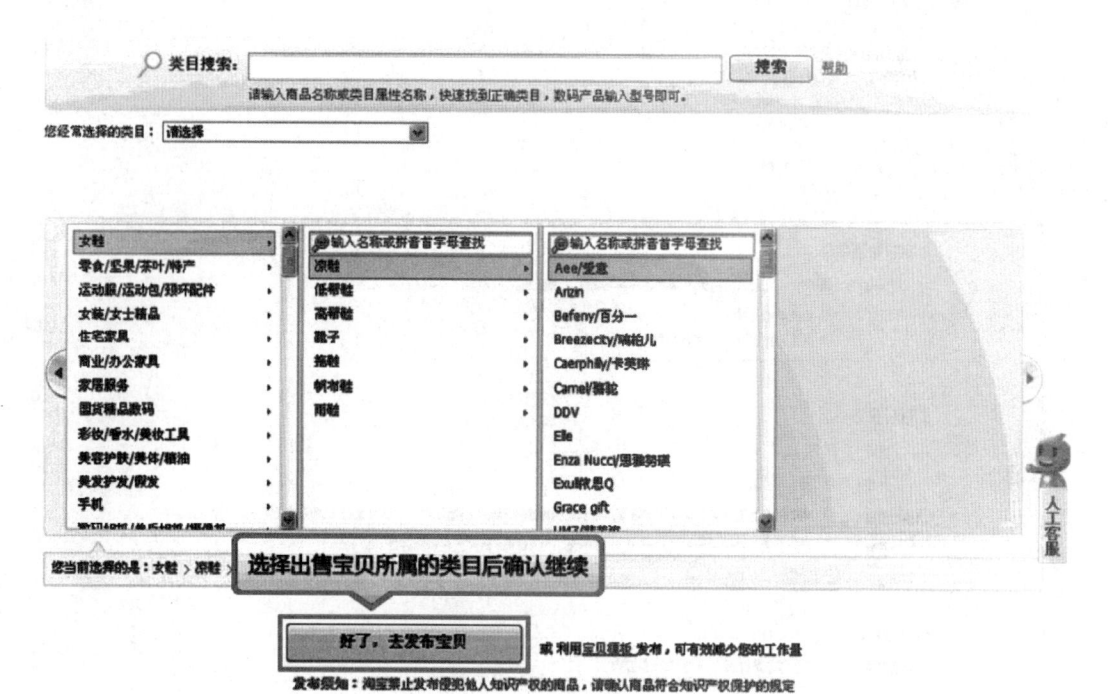

第四步：填写详细的宝贝信息，以便买家可以更快地找到你的商品。

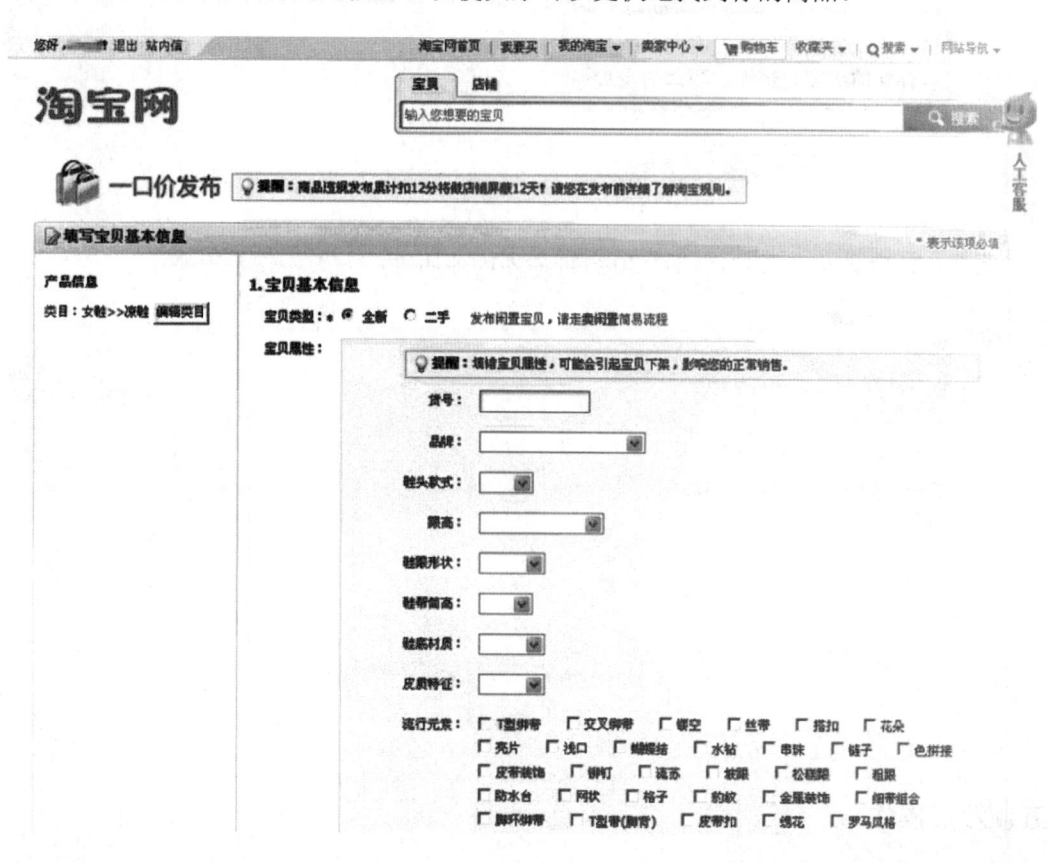

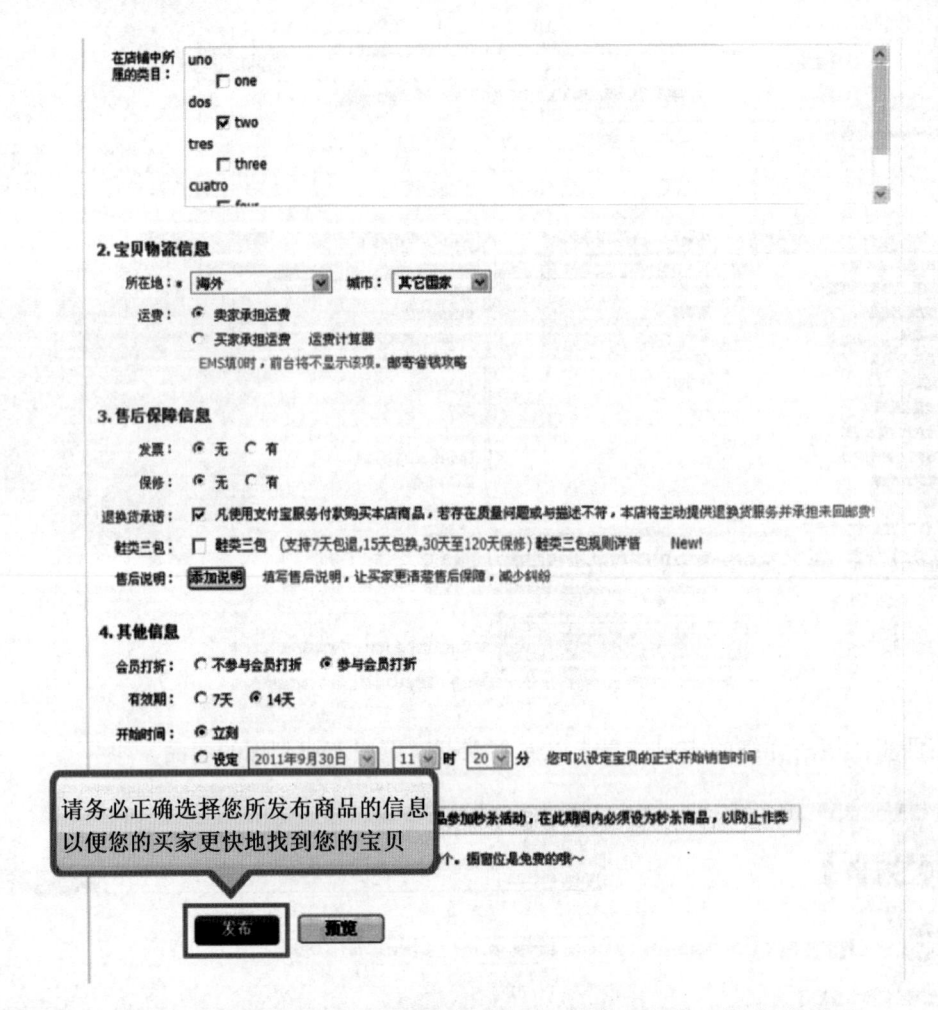

第五步：宝贝发布成功，通常30分钟后才能在店铺、分类、搜索中显示。

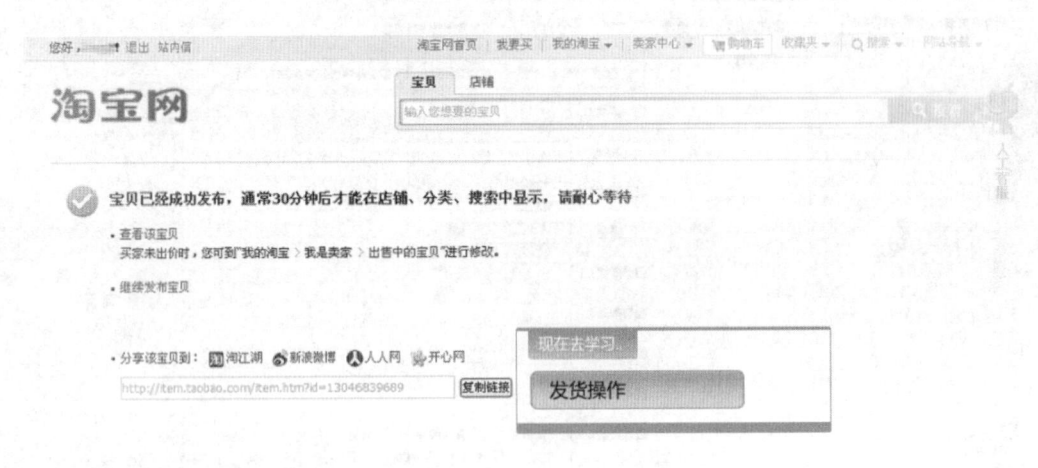

五、发货操作

第一步：登录我的淘宝，点击"已卖出的宝贝"。

第二步：找到需要发货的订单，点击"发货"。

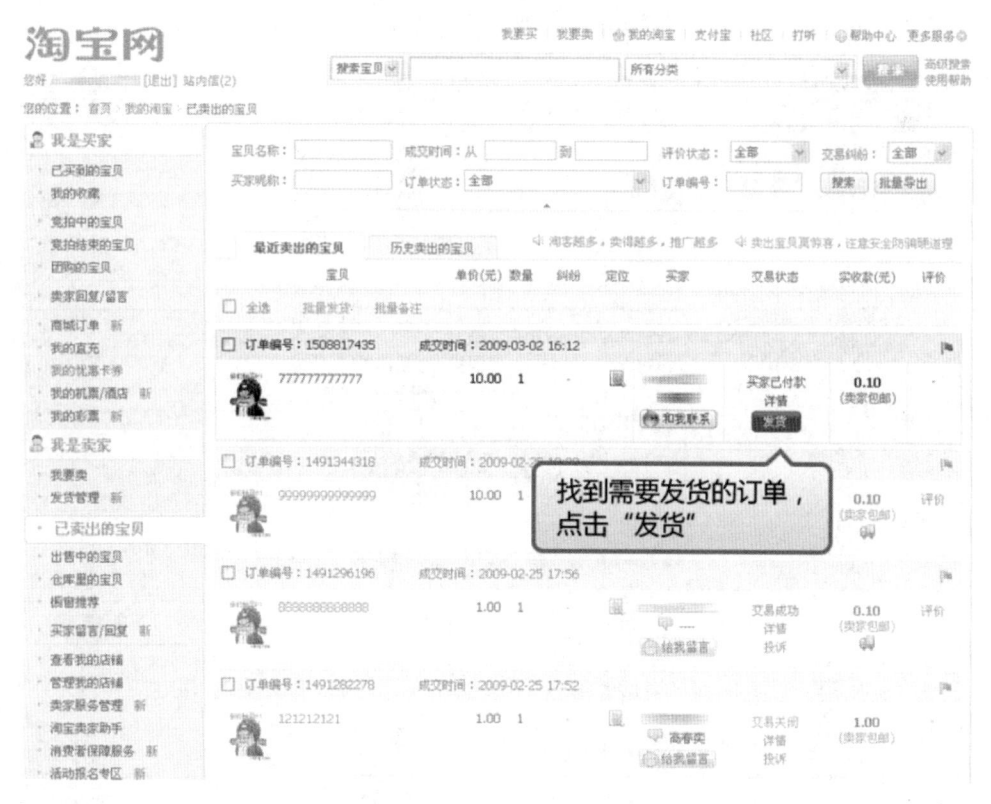

第三步：选择物流公司后，点击"确认"完成下单操作。

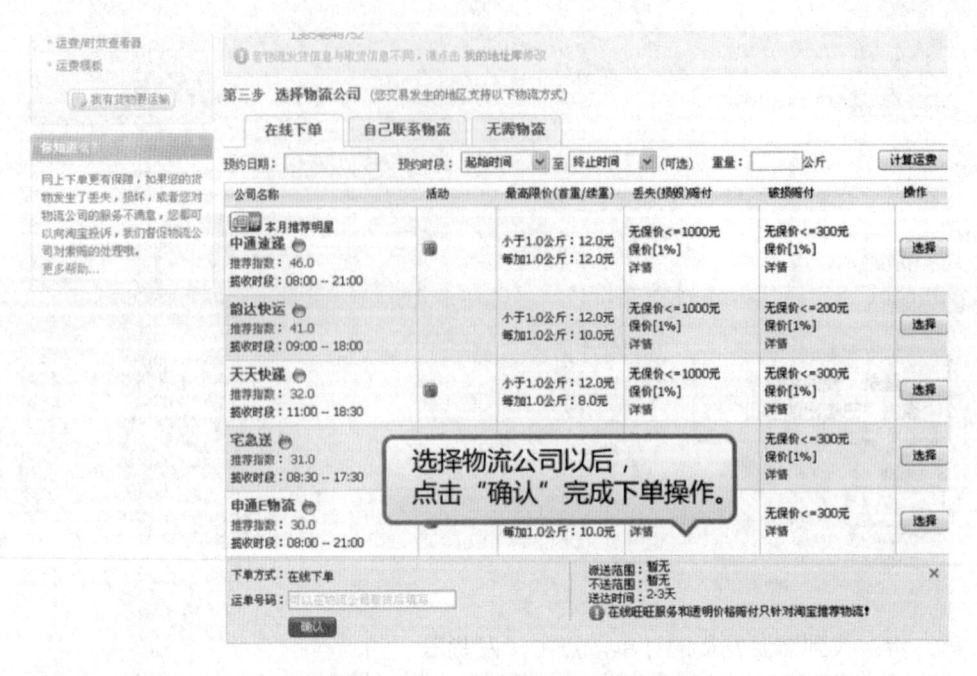

第四步：在物流公司揽收货物以后，填写物流单号点击确认完成发货操作。

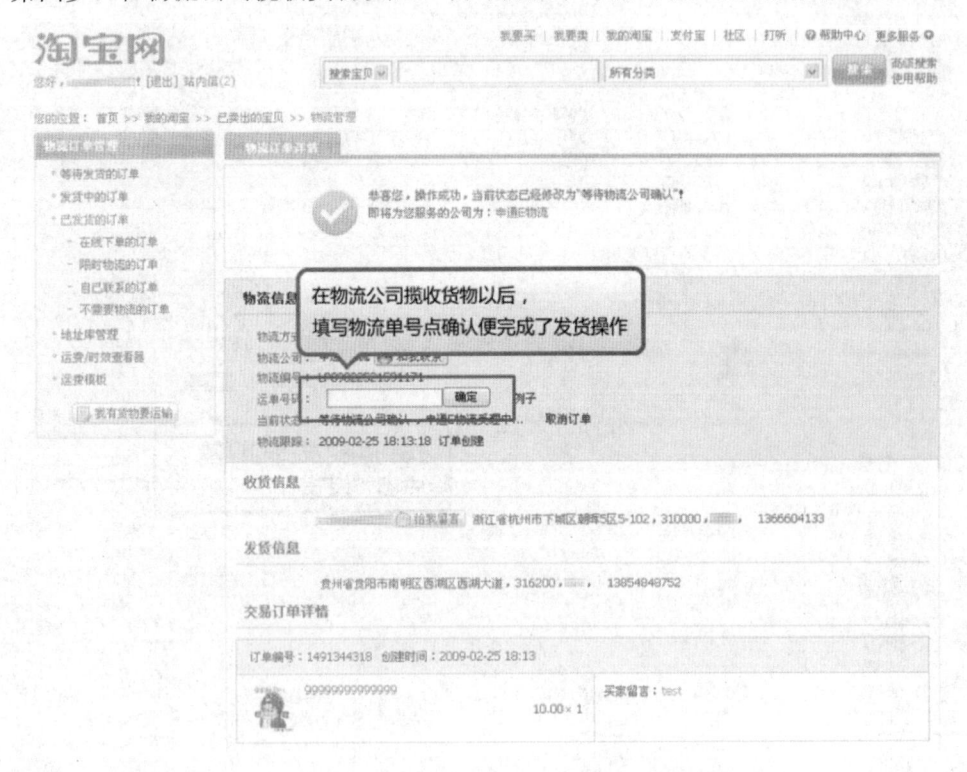

第五步：当交易状态为"交易成功"后，便可针对交易进行评价。

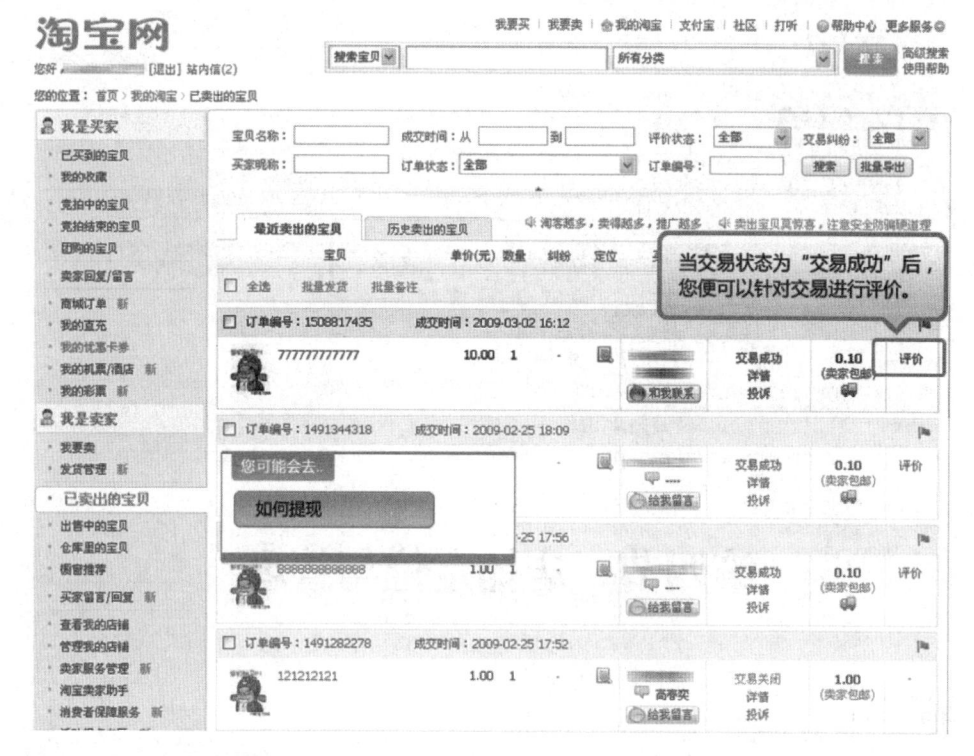

第六步：填写完评价以后，点击"确认提交"。

第七步：评价操作即可完成。

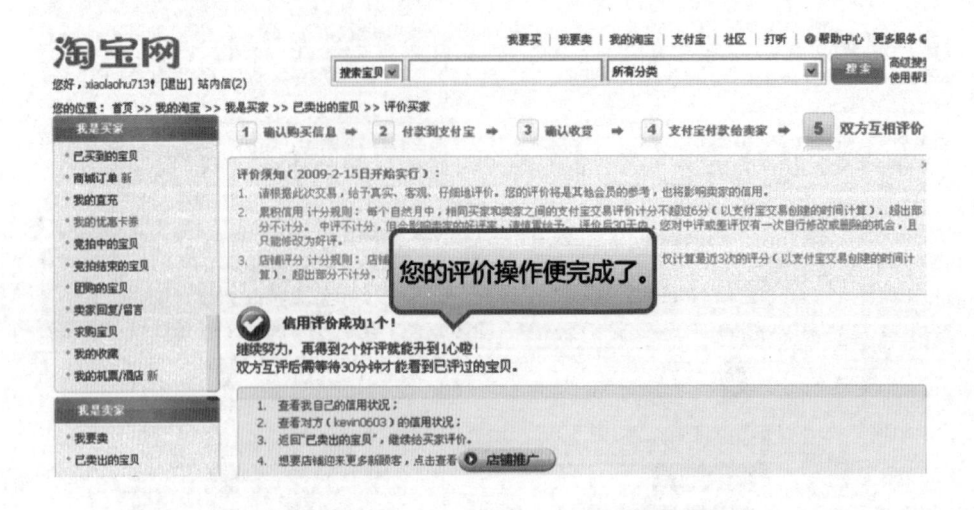

第四节 店铺定位与管理

一、店铺定位

根据现代营销理论，市场定位涉及三个层次的定位：产品定位、品牌定位和公司定位。但是，对一位刚刚涉足网上交易的卖家来说，开始品牌定位和公司定位为时尚早，需要急迫解决的是网店定位问题。对网店进行市场定位的过程就是寻找网店差别化的过程，即通过产品选择对比、定价对比及货源对比等方面的对比来定位店铺的市场。

1. 产品选择

对于一家店铺而言，产品选择的成功与否决定店铺的发展方向和用户群体。在产品选择中，对于卖家应选择对于自身有兴趣的产品。兴趣是做一件事的基本动力。在把握兴趣爱好的前提下，分析产品的特点、产品的优势、产品的消费群体等核心点，可以通过对行业的调研进一步的确定其在市场中的占有率和消费群体。选择好的产品，不仅有利于前期的市场开拓，而且对于品牌的建立也是十分重要的，因此卖家在产品选择时，应针对自身的兴趣、地域资源、产品特性及优势、市场调研分析等要素进行综合评估。如网店作为一家基于农产品供求信息为主的电商平台，其在淘宝网店产品选择时，凭借该平台拥有大量的农产品供求信息，涉及绿色生态产品和地区特产品占有相当大的比重，其次结合市场调研和分析对都市生活的需求把握，因此，卖家在产品定位上选择绿色、纯天然的食品作为其官网淘宝店主营产品。店铺定位就是对店铺经营的商品、目标消费者、潜在消费者、店铺的流量、自身店铺在市场中的竞争地位等进行定位。

2. 店铺定位的原则

（1）以卖家为导向：准备开店时，最重要的一件事就是从你喜欢的商品和服务着手。

经营一家店，并不只是进货、与顾客周旋，或是陈列商品这些事务，而是要涉及物流（收货、点货、出货）、定价、库存管理、支付与结算等，这些都是开店的必要工作。因此，在对店铺进行定位时，首先要从自己的兴趣入手，考虑自己喜欢什么，究竟对哪些商品感兴趣，如果我们自己都不喜欢，那么就不能使自己对商品投入太多的感情，也就不能让买家喜欢我们的商品。同时，也要挖掘一下自己擅长什么，做自己擅长的事无疑就是一种竞争优势，也就是以卖家为导向进行定位。

（2）以商品为导向：即在店铺定位时要看一下和自己兴趣相关的商品，因为开设网店的目的是出售商品。这是定位的第二的阶段。

（3）以消费者为导向：开设网店出售商品一定要有目标消费者，要将消费市场进行细分，如果没有市场需求，就会造成库存的成本。这是网店定位最重要的一个步骤，也就是店铺经营者依据所选定的目标市场的竞争状况和自身条件，从各方面为店铺和商品创造一定的特色，塑造并树立一定的市场形象，确定店铺和商品在目标市场上的特色、形象和位置，以求在目标客户中形成一种特殊的偏爱。这种特色和形象可以通过店铺体现出来，如店铺的装修、支付安全、物流配送的及时、交易过程的安全等，也可以从消费者心理上反映出来，如舒服、典雅、朴素、时尚等，或者由两个方面共同作用而表现出来，如物美价廉、优质、服务周到等。

综上所述，在进行网店定位时要对消费者进行细分，找出自己的目标顾客，再寻找目标顾客的物质需要：从衣、食、住、行等方面开始挖掘。为了更好地定位，不仅要满足消费者的物质需求，而且要关注他们的心理需求，消费者网上购物的心理需求有求实惠、求方便、求新奇、求安慰等。网店经营者需要注意他们的这些需求，并把这些需求融入店铺的商品中。对求实惠的，一定要有特价。对求方便的，商品的使用和保养一定要尽量简单。对求新奇的，一定要挖掘出商品内在的新的用途。而针对求安慰的，我们更多的是关注买家的情绪，从服务上入手。

3. 店铺定位方法

（1）低价：许多消费者进行网络购物，追求的便是物美价廉。因此在对店铺进行定位时，就要从价格方面进行定位，以低价吸引消费者。因此，在经营网店的时候就要以价格为出击点进行定位，靠价格来打动、吸引顾客。一方面，可以经营平价店，就是店内所有商品都是特价的；另一方面，店铺也可以用低价拉动高价。

如淘宝网上的一些平价店，从店铺的名字就可以看出这是平价店铺，而平价店给消费者的印象首先是利润很低，能够吸引店铺的浏览量。

在淘宝店铺中，有些打出特价商品，在店铺中出售一些低价、特价商品，并且将店铺中利润较高的商品和低价商品放置在一起。如一些店铺中出售服装，将价值低的服装配饰与价值较高的服装放置在一起，服装配饰一般不会给卖家带来高的利润，但是按照消费者的一般性思维感觉，服装配饰这么便宜，那么这款服装肯定也是相当优惠的，就一起买了吧。如果消费者仅买价值过低的服装配饰，那么加上物流费用对于消费者来说并不划算，因此买家会顺便买上其他的商品。这就是用低价商品拉动整体销售，从而实现以低价带动高价。

（2）专业：就是以优质专业的服务为出击点进行定位，通过自己的专业和耐心来留住顾客，用店铺的自定义页面及个人空间充分展示自己的专业水平。如淘宝大卖家"岚姐姐"的店铺"秀石头"中，就通过获奖证书、与马云的合影、参与淘宝网课程体系建设等荣誉来展示自己的专业，以获取消费者的信任。

除了通过店铺荣誉展示店铺的专业性外，还需要在店铺中展示自己的专业知识，尤其是一些价值较高的商品及数码产品，卖家通过展示自己的专业知识来赢得买家的信任。

（3）特色：现在进行网购的大多数是年轻人，他们追求时尚，追求个性。因此，为他们提供的商品应该是具有特色的，要满足他们求新、求时尚的心理。具有特色的商品所处的市场结构一般为垄断或是垄断竞争的市场结构，在这类市场结构中商品的特点是具有一定的独特性，店铺通过自己的垄断地位，可以获取高额的垄断利润。以特色来定位店铺时，就是要寻找出商品的特色来对店铺进行定位，从而激发顾客的购买兴趣。店铺进行特色定位时，可以定位为自身所拥有的专业特色及产品所具有的地域特色。

（4）附加值：就是通过提供商品以外的服务来打动顾客的定位。网店可以通过两种途径来提高店铺的附加值：一是提供服务或附加商品来提高商品的价值，二是通过强调品牌服务来提高商品的价值。

二、店铺管理

1. 基本设置

有了店铺以后，我们要对店铺进行一些设置，让它看起来更接近一个完美的店铺。首先是基本设置，第一个要做的就是起一个响亮的店名，根据销售的商品选择店铺所属的类别，填写店铺的主营项目，让别人一看就知道我们店铺是销售什么商品的，店铺的公告也是在这里进行修改，店标也是在这里上传。

店铺名称就是卖家为自己店铺所取的名字，是借用语言文字对店铺的主要特性概括反映的称号，是对店铺所代表文化的一种凝练。由于网络上店铺繁多，所出售的商品也是千差万别，因此，店铺的名称也各不相同。在网络中，消费者往往会通过店铺名称来判断店铺所出售的商品，一个好的店铺名称，可以吸引消费者的注意，从而增加店铺的流量。在给店铺命名的过程中，应遵循以下几个原则。

（1）名实相符：店铺的名称应该与所出售的商品相符，消费者通过店铺名称便可以推断出店铺所出售的商品。例如，著名的网络店铺"秀石头"，让消费者看到便知是与钻石、珠宝、首饰有关的店铺。

（2）便于记忆：店铺的名称主要用来吸引消费者，加深消费者对店铺的印象，所以店铺的名称应简洁易懂、易读易记，切忌使用生僻的字词，以便减轻消费者的记忆难度，增加店铺的点击率。

（3）引人注意：这是店铺命名最主要的目标，也是消费者最重要的需求。为此，店铺名称应生动形象、新颖别致，并考虑不同目标消费者的特点、爱好。

（4）激发联想：通过名称的文字使消费者产生恰当、良好的联想，引发消费者良好的心理感受，引起消费者的兴趣。同时，店铺名称应该反映出该店铺所代表的文化，如有名的店铺"公主小屋"，该店铺名称便符合了每一位少女均想成为高贵的公主这一想象，使消费者看到后便可以产生联想，激发起消费者的购买欲望。

（5）避免禁忌：由于消费者所生活的背景、所处的民族及其社会文化传统不同，使得消费者的习惯、偏好、禁忌也有所不同。此外，语言文字的差异也会造成店铺名称的差异。

2. 宝贝分类

再来看看宝贝分类，点击"我的淘宝"左边的"管理我的店铺"，在"店铺管理"里面选择"宝贝分类"，在宝贝分类里面可以给分类起名，也可以随意调节分类的前后顺序，还可以把一件商品放入多个相关分类里面，如果要增加新分类的话，就在页面的下面添加，同时可以选择这个新分类所在的前后位置。

宝贝分类有一些小技巧，我们可以按商品种类来分，比如一个销售邮政用品的卖家就是按打折邮票、包裹单、打包辅料等商品的种类来分的，出售包袋的卖家也是按钱包和手袋等不同的种类来分的。区别在于一个使用文字来分类，一个使用图片来分类。也可以根据商品的规格尺寸来分，比如内衣、鞋子、容器等商品就可以按规格尺寸来分。销售时尚类热卖商品话可以根据新货上架的时间来分类，特别是服装类的卖家，顾客一般都很喜欢关注店铺最近有什么新款，使用这种方式来分类可以有效地吸引顾客。还可以根据商品的品牌来分，特别是销售化妆品或相机、手机这类品牌意识比较强的商品，使用这种分类方式可以有效地引导顾客。

店铺要根据商品的具体情况来分类，这里我们还要给大家一些商品分类的技巧。新品和特价商品的分类要尽量靠前，这样更容易引起别人的注意；特价商品除了要放进特价分类里以外，还应该放进这件商品本身所属的分类里，比如，一个特价的钻戒，除了在特价分类里出现以外，还应该在钻戒分类里出现，这样可以争取更多被浏览的机会；根据新货上架时间来分的话，要记得及时更新分类的名称；商品的名称要一目了然，不要使用匪夷所思的词汇来给分类命名，因为顾客是来购物的，不是来玩猜谜游戏的。最后，提醒大家一下，如果有必要，可以使用符号分隔来做二级类目，就像我们刚才说的按品牌分类，下面就很有必要根据种类或规格等来进行更细化的二级、甚至三级分类。

在淘宝网中的具体操作如下：

第一步：进入"我是卖家"—"店铺管理"—"宝贝分类管理"页面进行宝贝分类；也可以在店铺可视化编辑页面，找到"店铺分类"模块，点击编辑就可以对宝贝进行分类管理了。类目设置后需要24小时生效。

已有宝贝的分类下，不能创建子分类。因此，我们以新建一个分类"虚拟物品"和两个子分类"游戏卡1""游戏卡2"，再将宝贝转移进去为例，讲解整个分类的使用过程。

第二步：添加主分类，点击编辑按钮后，在弹出层中点击"添加新分类"。

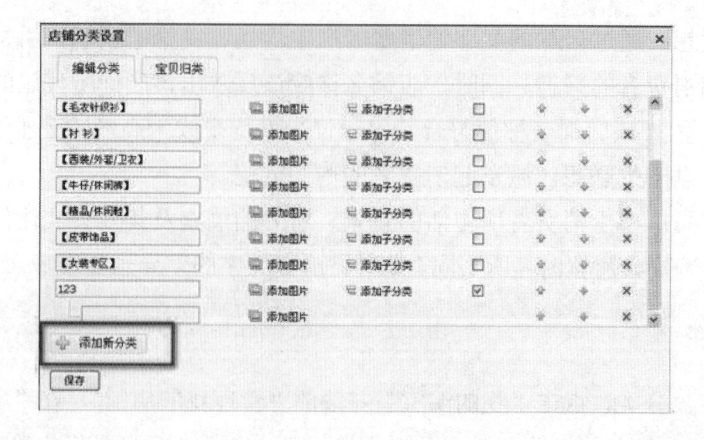

第三步：添加子分类，在没有添加宝贝的主分类"123"中，点击"添加子分类"即可。

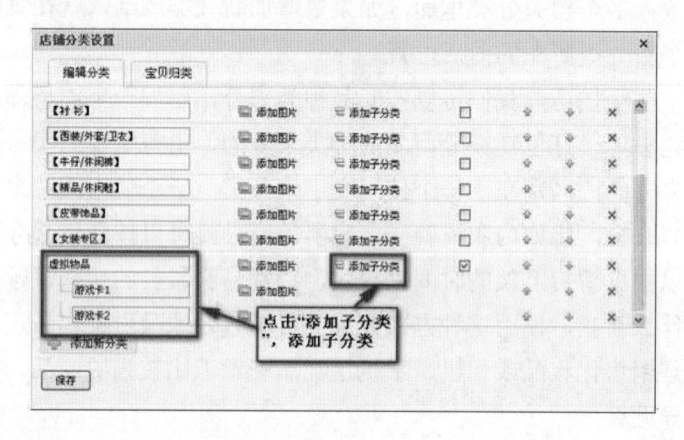

第四步：归类宝贝，点击"店铺分类设置"中的"宝贝归类"对宝贝进行分类即可。

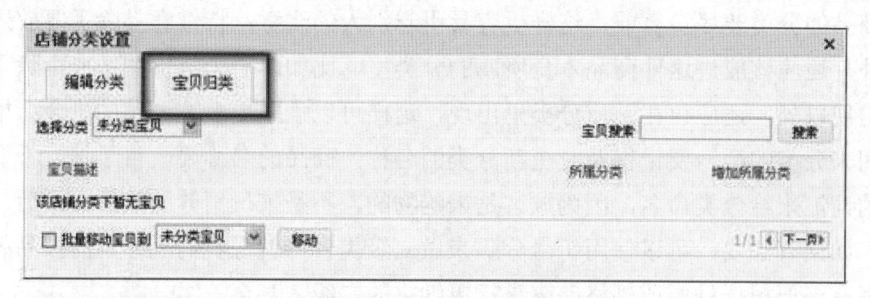

3. 推荐商品

发布后的宝贝要通过推荐才能使更多的买家看到，获得更多的成交机会，淘宝共有两种推荐方式，一种是店铺推荐位，数量是 16 个，每个开店的卖家都有；另一种是橱窗推荐位，是按信用级别和支付宝交易量来确定推荐位的数量。

店铺推荐位会显示在店铺首页上端最醒目的位置，默认的显示数量是 6 个，除了在店铺里显示以外，它还会出现在我们每件商品页面里，商品描述的下面。店铺推荐位的设置入口是从"管理我的店铺"进去，点击"推荐宝贝"，勾选需要推荐的商品，点击确定就行了，虽然店铺推荐位只显示 6 件商品，但是我们可以选择 16 个宝贝进行推荐，这样的话就不会因为某些商品下架而使推荐位空置，浪费了宝贵的资源。

如果我们店铺的商品种类很丰富，那么可以每个种类选取一件新款、折扣最低或者最特别的商品来进行推荐。如果品种单一的话就可以把特价、新款或库存数量最多、需要做促销的商品拿来推荐。店铺推荐位最好每两天更新一次，这样会给人店铺一直有新品在更新的感觉。

和店铺推荐位不同，橱窗推荐位并不显示在店铺里，而是显示在商品类目里，当顾客寻找某种商品的时候，系统默认进入橱窗推荐的栏目，被推荐的此类商品都会出现在这里，没有使用橱窗推荐位的商品则不会在这里出现，而是出现在所有宝贝，所以，合理利用橱窗推荐位可以大大提高商品的点击率。

"我的淘宝"左边有一个"橱窗推荐"的入口，我们可以在这里对宝贝进行推荐，建议大家先去了解一下推荐规则，这样才能更好地使用这个功能。比如，橱窗推荐位都是按商品结束顺序排列的，越接近结束时间的商品就排在越前面，知道这个我们就明白应该选择什么商品进行推荐了。

商品上架周期尽量选择7天，推荐位留给即将结束的商品使用，这样商品就会有更多的机会排在前面几页。上架时间应该选择目标消费群体可能上网购物的时间段，要是商品在晚上12点上架的话，7天或14天后也就会在同一时间下架，如果我们的目标消费群体都是上班族，我们就不能老是在半夜发布宝贝，因为这个时间上班族都在睡觉。当浏览量出现高峰的时段也就是成交机会最多的时段，这时一定要保持旺旺在线，才能及时回答顾客的提问，尽快促成交易。商品数量多的卖家，建议把商品错开上架，这样可以更好地利用推荐位。

橱窗推荐位是指橱窗推荐宝贝会集中在宝贝列表页面的橱窗推荐中显示，每个卖家可以根据信用级别与销售情况获得不同数量的橱窗推荐位。橱窗推荐宝贝会集中在宝贝列表页面的橱窗推荐中显示，每个卖家可以根据信用级别与销售情况获得不同数量的橱窗推荐位。为规范淘宝网橱窗推荐位的分配与管理，2009年3月15日至2009年12月31日，淘宝商城商家的所有在售宝贝都可获得橱窗推荐位。

橱窗推荐（即人气宝贝）设置路径：在"我的淘宝"—"我是卖家"—"出售中的宝贝"中选中需要橱窗推荐的宝贝，然后点击下方的"橱窗推荐"即可。

推荐成功的宝贝会在出售中的宝贝前面红字显示"推荐"两字，或点击"橱窗推荐宝贝"标签进行查看。

4. 友情链接

友情链接是一个互相推广的机会，我们每个店铺都可以添加35个友情链接，在店铺管理中，选择"友情链接"，直接填写对方的淘宝会员名，点击"增加"，这个店铺就成功地添加到我们的友情链接中了。

交换友情链接也应该有所取舍，最好是选择有共同的目标消费群、但是相互间的生意又不冲突的店。比如这家杂货店，他有一个分类叫宠物牌，显而易见，这是给宠物挂的一种身份牌，他的友情链接里有好几家宠物用品店，这样就可以起到互相推荐、资源再生利用的作用。

设置友情链接是增加店铺浏览率的好方法，目前淘宝对每家店铺提供最多35个友情链接位，由会员自己添加、更改。

设置的基本步骤：登录"我的淘宝"—"管理我的店铺"—"店铺装修"—"友情链接"在这里输入您想要添加的会员名，完成设置；目前友情链接采取随机排序方式，不能自行排序。

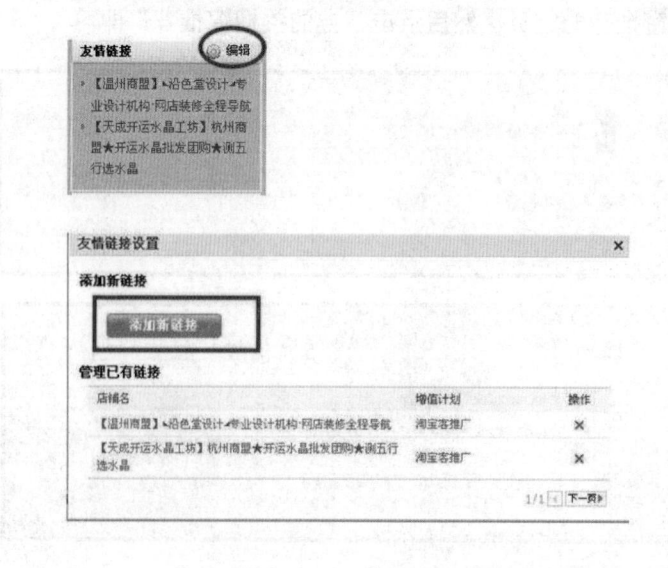

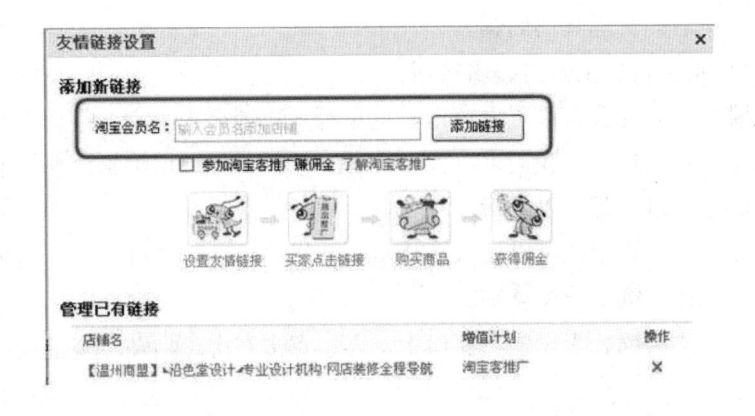

5. 店铺留言

店铺留言也是一个重要的功能，从"管理我的店铺"里进入"店铺管理"，里面有一个"店铺留言"，在这里能看到有谁给我们留言了，然后根据情况来回复这些留言，我们也可以从店铺最下面的留言板里进去，通常店铺留言有下面几种。

第一种是顾客来询问商品的，比如什么商品还有没有货，购买的商品发货没有，购买什么尺码、颜色的商品，等等。

第二种是买过宝贝的买家来表扬，比如顾客对商品很满意，发个帖秀一下，到店里来留个言，一来告诉店主自己对交易很满意，二来可以吸引一些流量到帖子里去，一举两得。没有通过支付宝交易的顾客没有评价权，他们有时候也会到店里来留言，把自己对交易的真实感受写下来，给店主一个变相的好评。

第三种是别人来要求交换友情链接，应该如何选择友情链接我们刚才已经说过了，大家可以根据自己的情况去决定是答应还是拒绝。

第四种是把店铺留言当作第二个公告栏，我们可以把店铺最近的活动和通知都公布在这里，还有像实体店开张、工作时间调整等，都可以在店铺里留言。

还有一种就是到店里来打广告的，一般大家看到这样的留言都是直接删除，不大会有人去回复的。

店铺留言可以作为临时公告、简略提示，还可以发布促销活动信息；店铺有留言了要及时回复，注意礼貌用语，虽然在这里不能使用旺旺的表情图标，但是我们一样可以用网络上常见的表情符号来活跃气氛；经常在留言里和老顾客互动一下，可以营造良好的交易氛围；还可以把发货的情况公布在留言里，便于顾客随时查询。

6. 店铺公告

店铺公告位于普通店铺首页的右上角，店主可以随时发布滚动的文字信息，也可以通过网页代码发布图文配合的公告信息，让公告栏更清晰、美观，并且可以加入动画让效果更加醒目。这是宣传推广最新发布的新产品，公告店铺最新促销信息，发布重要通知的好工具。

第一步：点击右侧管理我的店铺。

第二步："店铺公告"上点击编辑按钮。

第三步：跳出"店铺公告设置"窗口，这里写入店铺公告文字、最新商品发布信息，发布后都是滚动文字的样式；我们可以像 WORD 软件一样自由编辑，非常的简单方便，字体、字号、颜色、格式都可以编辑。

第四步：在店铺公告中还可以插入图片，方法很简单，随便打开一个网页，在你想调用的图片上点击鼠标右键，选择复制。

第五步：返回"店铺公告设置"窗口中，再次点击右键"粘贴"就把我们挑选的图片拷贝到公告区了。

第六步：点击上方查看我的店铺。

第七步：首页右侧上方就看到从下向上滚动的公告了，当然还有漂亮的图片。

7. 店铺风格

我们都希望自己的店铺漂亮得体，为此淘宝准备了 8 种不同风格的模板给大家选择。在"店铺风格"里，我们可以根据需要，为自己的店铺挑选一个合适的模板。粉红女郎温馨浪漫，适合销售化妆品、时尚服饰和儿童用品的店铺；骇客天地简介理性，适合销售男式用品、手机音响、数码产品的店铺。

如果我们购买了淘宝的旺铺功能，店铺的风格可以更加个性化，店招是横向拉通的，看起来更漂亮、更气派，还有 5 个自定义页面，我们可以在这里做一些推广和介绍，首页上还有一个醒目的促销活动区，比普通店铺的公告栏更实用，出此以外，旺铺还可以在店铺首页上设置 3 个宝贝推广区，店铺推荐位可以显示更多的宝贝。

三、商品定价

店主通过各种渠道把商品找到之后，下一步就面临如何制定商品的价格的问题，总体来讲，网上开店的商品定价主要可以遵循以下几条原则。

第一，商品销售价格首先要保证店家自己的基本利润点，不要轻易降价，也不要定价太高，定好的价格就不要轻易去改。

第二，包括运费后的价格应该低于市面上商品的价格。

第三，网下买不到的商品的价格可以适当高一些，低了反而会影响顾客对商品的印象。

第四，店内经营的商品可以拉开档次，有高价位的，也有低价位的，有时为了促销甚至需要将一两款商品按成本价出售，主要是吸引眼球，增加人气。

第五，如果不确定某件商品的网上定价情况，可以利用比较购物网站，在上面输入自己要经营的商品名称，在查询结果中你就可以知道同类商品在网上的报价，然后确定出自己的报价。如果自己愿意接受的价格远远低于市场售价，直接用一口价就可以了。

第六，如果实在不确定市场定价或者想要吸引更多买家，可以采用竞价的方式。

第七，定价一定要清楚明白，定价是不是包括运费，一定在交待清楚，否则可能引起麻烦，影响到自己的声誉，模糊的定价甚至会使有消费意向的客户放弃购买。卖家在商品定价上沿用了传统实体店的定价标准,其遵循了成本与价格相匹配的原则。商品围绕它的成本,加上费用,加上预期利润等项,构成商品的价格。应该是商品定价的总原则。同时,卖家还应遵循以下具体因素。

首先是成本费用因素。

生产成本:是企业生产过程中所支出的全部生产费用。当企业具有适当的规模时,商品的成本最低。但不同的商品在不同的条件下,各有自己理想的批量限度,若超过了这个规模和限度,成本反而要增加。

机会成本:卖家在商品成交后所获得的收入用于其他投资可能会获得的额外收益。机会成本越大,卖家的收益就越高。

销售成本:是商品流通领域中的广告、推销费用。在市场经济体制下,广告、推销等都是商品实现其价值的重要手段,用于广告、推销的费用在商品成本中所占的比重也日益增加。因此,在确定商品的营销价格时必须考虑销售成本这一因素。

储运成本:商品从生产者手中到卖家手中所必须的运输和储存费用。商品畅销时,储运成本较少,商品滞销时,储运成本增加。不管发货的物流费用由谁负担,最终都包含在商品的综合总价里面。

在遵循以上基本商品定价原则后,卖家并结合企业官网等诸多因素,最终在企业商品定价上,采用了如商品组合定价、阶段性定价、薄利多销和折扣定价、分析买家心理定价等策略,本着大力推广商品销售平台等,不断调整策略,使得卖家获取最大的商业利益。

1. 商品组合定价

把店铺里一组相互关联的商品组合起来一起定价,而组合中的商品都是属于同一个商品大类别。比如南北干货,就是一个大类别,每一大类别都有许多品类群。比如南北干货可能有香菇、银耳和花椒等几个品类群,可以把这些商品品类群组合在一起定价。这些品类群商品的成本差异及顾客对这些商品的不同评价再加上竞争者的商品价格等一系列因素,决定这些商品的组合定价。

商品组合定价可以细化分为以下几个方面。

(1)不同等级的同种商品构成的商品组合定价策略:这类商品的组合,可以以这些不同等级的商品之间的成本差异为依据,顾客对这些商品不同外观的评价及竞争者的商品价格,来决定各个相关商品之间的价格。例如,蜂蜜专区的九寨沟无污染正宗野生土蜂蜜、江西特产宜春革命山区铜鼓纯天然树参蜂蜜、自制花粉蜜茶花粉椴树蜜就可以组合起来制定价格。

(2)连带商品定价策略:这类商品定价,要有意识地降低连带商品中购买次数少、顾客对降价比较敏感的商品价格。提高连带商品中消耗较大、需要多次重复购买、顾客对它的价格提高反应不太敏感的商品价格。

(3)系列商品定价策略:这是对于既可以单个购买,又能配套购买的系列商品,可实行成套购买价格优惠的做法。由于成套销售可以节省流通费用,而减价优惠又可以扩大销售,这样流通速度和资金周转大大加快,有利于提高店铺的经济效益。很多成功卖家都是采取这种定价方法。把同种商品,根据质量和外观上的差别,分成不同的等级,分别定价。这种定价方法一般都是选其中一种商品作为标准品,其他分为低、中、高三档,再分别作价。对于低档商品,可以把它的价格逼近商品成本;对于高档商品,可使其价格较大幅度地超过商品成本。但要注意一定要和顾客说清楚这些级别的质量是不同的。

2. 阶段性定价

阶段性定价就是要根据商品所处市场周期的不同阶段来定价,可以分为以下几种情况。

(1)新上市商品定价:这时由于商品刚刚投入市场,许多消费者还不熟悉这个商品,因此销量低,也没有竞争者。为了打开新商品的销路,在定价方面,可以根据不同的情况采用高价定价方法、渗透定价方法和中价定价方法。对于一些市场寿命周期短的商品,一般可以采用高价定价。例如,绿色生态新鲜果蔬等。

对于一些有较大潜力的市场,能够从多销中获得利润的商品,可以采用渗透定价方法。这种方法是有意把新商品的价格定得很低,必要时甚至可以亏本出售,以多销商品达到渗透市场、迅速扩大市场占有率的目的。对一些经营较稳定的大卖家可以选择中价定价。这种办法是以价格稳定和预期销售额的稳定增长为目标,力求将价格定在一个适中的水平上。一般不适合中小卖家。

(2)商品成长期定价:商品进入成长期后,店铺生产能力和销售能力不断扩大,表现在销售量迅速增长,利润也随之大大增加。这时候的定价策略应该是选择合适的竞争条件,能保证店铺实现目标利润或目标回报率的目标定价策略。

(3)商品成熟期定价:商品进入成熟期后,市场需求已经日趋饱和,销售量也达到顶点,并有开始下降的趋势,表现在市场上就是竞争日趋尖锐激烈,仿制品和替代品日益增多,利润达到顶点。在这个阶段,一般采用将商品价格定得低于同类商品的策略,以排斥竞争者,维持销售额的稳定或进一步增大。这时,正确掌握降价的依据和降价幅度是非常重要的。一般应该根据具体情况来慎重考虑。如果你的商品有明显的特色,有一批忠诚的顾客,这时就可以维持原价;如果你的商品没有什么特色,就要用降价方法保持竞争力。

(4)商品衰退期定价:在商品衰退期,商品的市场需求和销售量开始大幅度下降,市场已发现了新的替代品,利润也日益缩减。这个时期常采用的定价方法有维持价格和驱逐价格方法。如果卖家希望处于衰退期的商品继续在顾客心中留下好的印象,或是希望能继续获得利润,就要选择维持价格。维持性定价策略能否成功,关键要看新的替代品的供给状况。如果替代品供应充足,顾客肯定会转向替代品,这样一定会加速老商品退出市场的速度,这时即使卖家想维持,市场也不会买这个账。对于一些非必需的奢侈品,它们虽然已经处于衰退期,但其需求弹性大,这时可以把价格降低到无利可图的水平,将其他竞争者驱逐出市场,尽量扩大商品的市场占有率,以保证销量、回收投资。

3. 薄利多销和折扣定价

网上顾客一般都在各个购物网站查验过同样商品的价格,所以价格是否便宜是顾客下单的重要因素。如何定出既有利可图,又有竞争力的价格,这就需要卖家选择薄利多销的折扣定价策略。

（1）薄利多销定价：对于一些社会需求量大、资源有保证的商品，适合采用薄利多销的定价方法。这时你要有意识地压低单位利润水平，以相对低廉的价格，增大和提高市场占有率，争取长时间内实现利润目标。

（2）数量折扣定价：数量折扣是对购买商品数量达到一定数额的顾客给予折扣，购买的数量越大，折扣也就越多。采用数量折扣定价可以降低商品的单位成本，加速资金周转。数量折扣有累积数量折扣和一次性数量折扣两种形式。累积数量折扣是指在一定时期内购买的累计总额达到一定数量时，按总量给予的一定折扣，比如我们常说的会员价格；一次性折扣是指按一次购买数量的多少而给予的折扣。

（3）心理性折扣定价：当某类商品的相关信息不为顾客所了解，商品市场接受程度较低的时候，或者商品库存增加、销路又不太好的时候，采用心理性折扣，一般都会收到较好的效果。因为消费者都有喜欢折价、优惠价和处理价的心理，你只要采取降价促销手段，这些商品就有可能在众多的商品中脱颖而出，吸引住消费者的眼球，大大提高成交的机会。当然这种心理性折扣，必须要制定合理的折扣率，才能达到销售的目的。

第五节　货源组织

一、从批发市场进货

立足于本地特色农产品，可以从批发市场收购本地区种植的农产品。从批发市场进货，商品价格一般较低，有利于薄利多销。而且批发市场的商品品种多、数量足，便于网店挑选，进货的时间和进货量也相对自由。所以，批发市场往往是经营者选择最多的货源地。

影响与批发商之间议价能力的因素有进货金额与进货频率。如果进货金额过少，那么在与批发商进行价格谈判时就会处于劣势，批发商要么认为你没有实力，要么认为你对他的产品的市场信心不足。补货的频率也会影响与批发商之间的关系，如果补货频率较高的话，批发商会认为你的货物周转速度较快，能够为他带来长期的收益，因此，他愿意与你建立长期的供货关系。如果批发商有了新货就会及时地通知你并且会在价格上给予一定的优惠。如果与批发商建立起合作伙伴关系，批发商就会向你透露近期哪类商品热销、哪类商品滞销的建议。

二、通过淘宝寻找货源

淘宝分布着众多的大型批发商，无论是淘宝卖家还是线下实体店的商品都可以通过淘宝寻找优良货源，而且比通过阿里巴巴的批发平台或者1688上寻找的效果更好，因为在淘宝可以更清晰地看到买家对于商品和价格及卖家信誉的评价，比阿里巴巴批发平台仅有数条评语的反馈要更加系统。所以通过淘宝寻找货源有得天独厚的优势。下面就介绍一下如何通过淘宝平台寻找货源。在淘宝上寻找货源最便利的方法就是通过淘宝分销平台申请成为分销商，这样可以不用任何费用就可以代销供应商的商品，还可以赚取商品售价与定价之间的差价，从某种程度讲，这是一条零成本、零风险的进货渠道。

通过淘宝分销平台进货的具体步骤：

第一步，从阿里旺旺上点击"淘"，出现的列表中，再点击"分销平台"，就可以进入分销的页面了。在里面搜索想找的商品，如农商品。在搜索结果上面有个"排序方式"，选择按照"销量"进行排序。这里注意多找几家不一样的，最好能根据同样种类的进行价格对比，淘汰那些价格虚高的货源，销量高的自然是比较有优势的商品了，点击"相关的供货商"，进入"查看"。进入所选择的供应商的商品列表页面，一切货源优质与否就在库存里面了。

第二步，进行地址的核对。进行商品发货地查询，正常情况下真正的供货商的仓库是在一起的，也就是一个发货地址。如果存在多个，要么是其中有别人的商品，要么干脆全都是别人的商品了。

第三步，通过旺旺联系进行货品信息咨询，具体询问发货时间、发货地址、退货地址、发货快递，如果回复出现商品默认发货快递、地址、时间不一的，那么肯定是整合者。再次就是询问库存是否准确，是不是直接分销平台下单就能发货，如果对方说要求卖前先确认是否有货，八成就又是零时调货了。

这三步基本就能判断一个供应商是否优质。做淘宝分销一定要找到优质的供应商和货源，否则，卖出的商品却没有货，或者发货不及时，对于一个新开网店来说，影响还是巨大的。

三、在采购网站上寻找货源

阿里巴巴也是全球最大的网上贸易市场，拥有近千万的用户群体，其中大多是生产厂家或批发商，既有来自世界各地的采购商，也有全国各地厂家和贸易商。通过阿里巴巴这样的专业采购网站寻找货源，可以省去很多不必要的中间环节，从而大大降低进货成本。淘宝卖家也可以用阿里旺旺通过阿里巴巴中的货源渠道进行联系。当然还有一些其他的比较好的批发网站，如中国物流与采购网、政府采购信息网、慧聪网等，都具有各自的特点，但是在规模和影响力方面还是与阿里巴巴相距甚远。

无论是从"量小、次多"这个特点上讲，还是从效率和速度上来讲，通过网上进货已经成为越来越多网店店主的首要选择，虽然选择网上进货存在一定的风险，但是与传统进货渠道相比，还是占有非常明显的优势。

四、买入品牌积压库存和换季清仓商品

品牌商品在网上具有良好的销售业绩，是备受关注的分类之一。一般地，进行网络购物的消费者都是通过搜索的方式直接寻找自己心仪的品牌商品。由于销售战略和销售方法的原因，或是由于成本、季节及地域方面的原因，使得品牌商品的供给大于市场需求而导致库存的产生。如果能够经常淘到积压的名牌商品，那么在网上销售后就可以赚取可观的利润。这主要是因为品牌商品有以下几个特点：一是品牌商品质量好，市场竞争力强；二是品牌商品需求量大，市场前景好；三是利用网络的地域性差异可以在网上提高品牌商品的价格，原因是在某一地域滞销的商品，由于网络超越空间的特性，使得品牌商品可以在

其他地域成为畅销品。

五、地域特色商品

民族工艺品艺术价值很高，某些民族工艺品更是数量有限，民族工艺品的特点有以下几点：一是民族工艺品具有丰富的文化底蕴，这是其他商品无法模仿、复制和取代的；二是富有地域特色，民族工艺品表现了的内涵，而且还有很强的地域性，因为每个民族都有自己特有的语言、风俗、服饰和文化习惯。民族工艺品的这些特点都是其他商品无法取代的，喜爱民族工艺品的消费者可以用这些商品装扮出一间独具特色的房间；追逐个性的消费者可以将这些商品作为随身携带的物品；有收藏偏好的消费者可以将其收藏。

六、展销会和交易会

展销会是指由一个或若干个单位举办，具有相应资格的若干经营者参加，在固定场所和一定期限内，用展销的形式，以现货或者订货的方式销售商品的集中交易活动。产品展销会和交易会常在短期内集中展示企业的产品品种、质量、款式等，便于与客户达成交易协议。展销会或交易会中的商品价格竞争力强、商品的质量稳定、售后服务也有相应的保障。但是缺点是展销会或交易会的商品一般不能代销，需要有一定的经营和选货经验，资金的投入大风险也相应较大。

最后，需要注意的是，进货的时候最好批进。原因是零散进货价格必然较高，加上销售利润，最终出售给消费者的价格就很高，无法吸引消费者。同时，零散进货渠道不稳定，不能及时满足消费者的需要，从而导致客户的流失，造成缺货成本。

七、淘宝网分销平台

加入分销平台，必须已在淘宝开店（非商城）用户。如果满足以上条件，即可加入分销平台成为分销商，但是如果卖家的条件不满足供应商设定的分销商条件，则申请无法提交成功。

操作步骤如下：

第一步：进入"我的淘宝"—"我是卖家"—"软件/产品服务"点击"我要订购"。

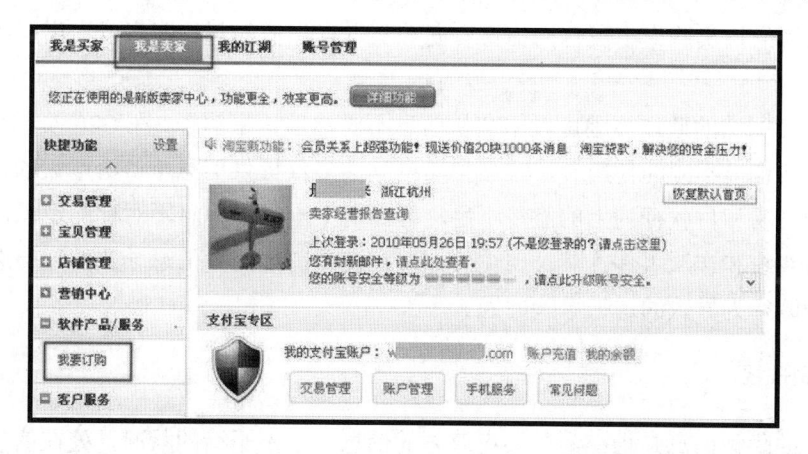

第二步：选择页面下方"货源管理"选项，点击"分销服务：成为分销商"。

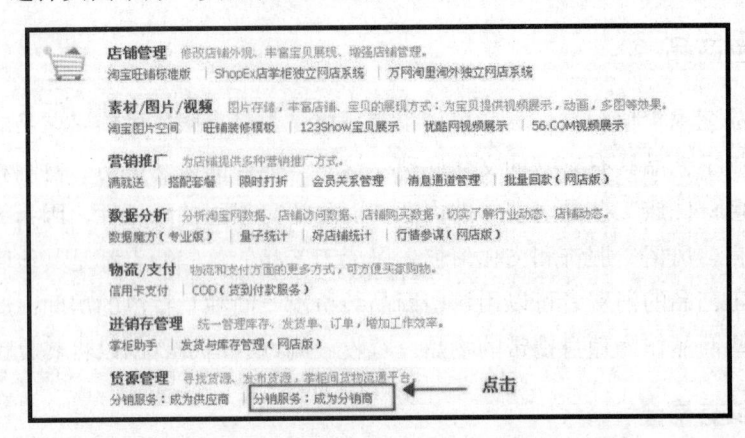

第三步：进入淘宝分销页面后，点击申请"成为分销商"即可。

第六节　店铺交易安全

在网店经营的过程中，不可避免地会出现交易安全的问题，而交易是否安全是赢得消费者信任的一个非常关键的内容，而获取消费者信任是获取消费者的前提。

一、店铺交易安全产生的原因

据有关统计资料研究表明，在 C2C 网络交易中用户对未送交所购货物的投诉占投诉总量的 19%，而最常见的网络拍卖欺诈活动包括身份盗窃，主要是买卖双方假冒他人身份；另外，新出现的拍卖欺诈手段包括拍卖者向购买者提供假的契约账户以诈出购买者的银行账户密码等。

C2C 拍卖网站的欺诈原因可以用交易信息不对称理论来解释，在 C2C 交易模式下，卖方从企业变成许多不同的使用者，C2C 拍卖网站大多仅提供信息平台给广大的使用者，对于使用者的交易和付款行为上的监督不足，因而衍生出很多信息不对称的现象，进而产生出许多交易纠纷和诈欺事件。其表现主要体现在交易前的隐藏信息导致的逆向选择问题和交易后的隐藏行为导致的道德风险问题。

1. 逆向选择

交易前的隐藏信息是指交易前买卖双方的信息处于不平衡的状况，处在信息劣势的无法判断商品质量及对方的交易动机,导致处于商品优势的一方可能利用隐藏信息蓄意欺骗对方,此时可能会产生以下几种现象:首先,由于网络产品信息泛滥,消费者必须面对如何有效率地搜寻对自己有用的信息,导致信息搜寻过程同时存在信息不足及信息泛滥的难题;其次,产生网络产品质量不确定性、交易过程的不确定性及卖方诚信等问题。

2. 道德风险

交易后之隐藏行为是指交易后由于监督成本过高或无法监督,交易的一方无法监督另一方的行为,导致损害其他人的利益。例如,消费者在购买后的套利行为及购买后损坏商品再毁谤卖方商品有问题,等等。

二、店铺交易安全的防范

第三方支付是交易的信用中介,在防范网络欺诈方面发挥了非常重要的作用。下面以支付宝为例讲述如何保证支付方面的安全问题。

第一步:牢记支付宝官方网址,警惕欺诈网站。

支付宝的官方网址是 https://www.alipay.com,不要点击来历不明的链接来访问支付宝。可以在打开后,点击浏览器上的收藏,以便下次访问方便。

支付宝的官方网址:https://www.alipay.com

淘宝的官方网址:http://www.taobao.com

第二步:注册支付宝账号。

可以用一个常用的电子邮箱或是手机号码来注册一个支付宝账号。

第三步:安装密码安全控件。

首次访问支付宝网站时,支付宝网站会提示安装控件,以便交易者的账户密码能得到保护。安装支付宝安全的目的是控件保护交易者的账户安全,对交易者的密码进行加密,可以有效防止木马程序截取键盘记录。但是,安装支付宝安全控件后还需要对电脑进行定期杀毒,原因是虽然支付宝会根据新出现的木马病毒实时更新安全控件,以使它在密码保护方面功能更强大,但是交易者还是需要提高警惕,平时多对电脑杀毒,更好地降低被木马攻击密码的机会。

安装安全控件时，首先要打开支付宝首页，如果还没安装，页面上会有提示，只需点击"安装"即可，支付宝会根据交易者的电脑环境，自动推荐对应的版本。

第四步：设置高强度的"登录密码"和"支付密码"。

支付宝有两个密码，分别是"登录密码"和"支付密码"，登录密码是在登录支付宝时所需要的密码，支付密码是用支付宝支付或是修改账户信息时输入。这两个密码需要分别设置，不能为了方便设置成同样一个密码，两个密码最好设置成不一样的，以保证账户安全。缺一不可的双重密码，使交易者在不慎泄露某一项密码之后，账户资金安全能够得到有效保护。

在设置安全度较高的密码时，最好使用数字和字母混合，不要使用纯数字或纯字母。这样可以大大增强密码的安全性。

第五步：电脑经常杀毒。

及时更新操作系统补丁，升级新版浏览器，安装反病毒软件和防火墙并保持更新；避免在网吧等公共场所使用网上银行，不要打开来历不明的电子邮件等；遇到问题可使用支付宝助手进行浏览器修复。

1. 使用支付宝担保交易

支付宝首创的担保交易服务，为买卖双方提供一个担保账户，有效解决网购过程中的诚信问题，保障购物安全。支付宝担保交易是支付宝交易的一种，遵循买家付款—卖家发货—买家收货确认付款的流程。选择支付宝担保交易服务。保障买卖双方货款安全，防范欺诈。

支付宝交易收款受《支付宝服务协议》交易保护条款的保障，请遵守支付宝交易规则，按支付宝交易正常操作流程来完成交易。付款后，有3～30天时间来根据收到的货是否有问题，来确认要不要付钱。

支付宝担保交易流程：

如果买家在暂时不支持支付宝服务的购物网站上看中某商品，请联系卖家，让卖家通过支付宝网站发起"担保交易收款"，然后您可以在交易管理中查看到进行付款。

1 选择商品 → **2** 付款到支付宝 → **3** 收货确认无误 → **4** 支付宝付款给卖家 → **5** 交易成功

↓ 货不对板 → **4** 支付宝退款给买家 → **5** 交易结束

2. 安全认证

缺乏具有公信力的认证机构是中国 C2C 电子商务面临的一个难题。美国就有很多著名的认证机构，如 TRUSTe、BBB Online 和 VeriSign 等。认证成功后，商家会有一个认证图标，这样有助于商家获得消费者的信任。2007年9月14日,《北京市信息化促进条例》颁布，其中第二十六条明确规定"利用互联网从事经营活动的单位和个人应当依法取得营业执照"。规定于2007年12月1日开始施行，这个条例的颁布拉开了网上经营者需注册的序幕。2008年3月6日北京市工商局的《电子商务监管征求意见稿》（以下简称"意见稿"）开始在网上发布，意见稿对网店需要办理工商营业执照的范围给予了细化，凡以盈利为目的的网店都需要办理执照。网上商店办理工商营业执照后在工商局就有备案，发生欺诈案件后就能进行身份的认定和追索，保障了消费者的权益。

以下介绍淘宝网的数字证书及第三方证书。

数字证书：数字证书是由权威公正的第三方机构（即CA中心）签发的证书。它的加密技术可以对网络上传输的信息进行加密和解密、数字签名和签名验证，确保网上传递信息的机密性、完整性。支付宝的数字证书是完全免费的。

通过手机短信校验进行申请，申请数字证书前需要先绑定手机（免费）。

申请证书步骤如下：

第一步：登录支付宝账户，点击"安全中心"—"安全产品"—"申请"，也可以点此链接直接进入申请证书页面。

第二步：点击"立即申请"。

第三步：填写身份证号码和校验码，选择使用地点，点击"提交"。

第四步：填写手机上收到的校验码。

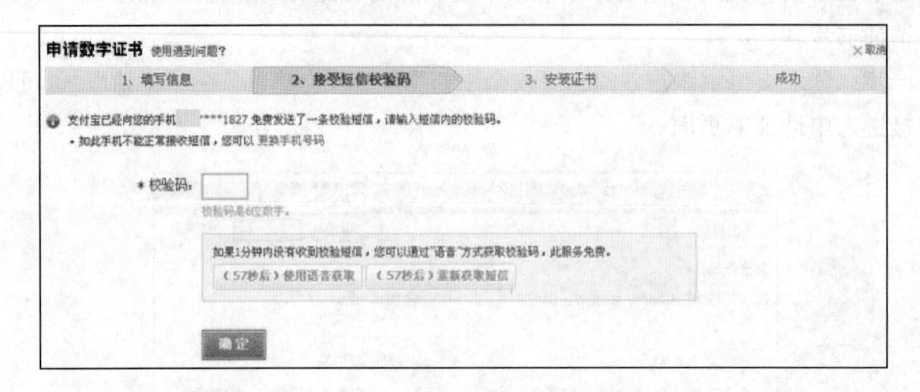

第五步：证书申请成功。

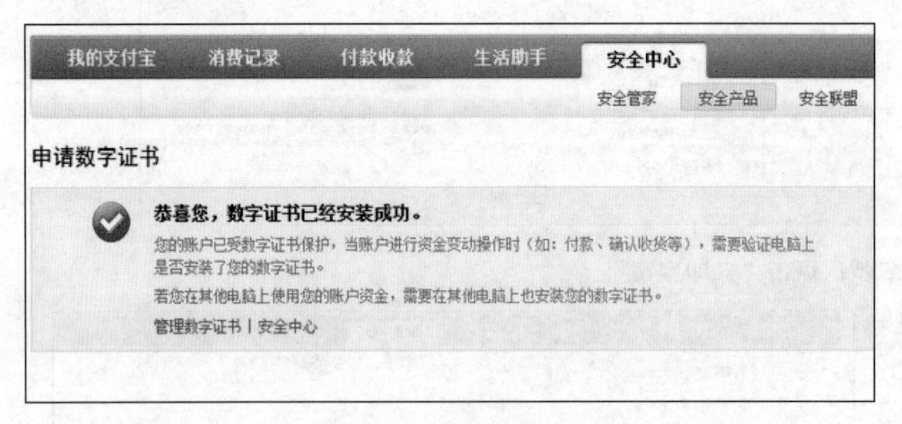

第三方证书：如果交易者已经拥有了一张银行数字证书（文件或 USB Key），可申请绑定使用该证书进行支付宝系统登录，方便管理。申请成功后，如果想改用支付宝数字证书，需要先取消证书。现在支付宝只支持中国工商银行的 U 盾。

使用第三方证书的三大特点。一是安全性：在支付宝网站处理任何资金业务时，不需要担心木马、钓鱼网站、黑客等各种安全风险，绑定第三方证书将可以保障您在网上交易资金和支付宝账户安全。二是唯一性：绑定第三方证书后，它和支付宝账户就成了对应绑定的关系，从而保障了支付宝账户资金安全。绑定后，如果在没有插入/安装第三方证书的情况下登录支付宝，只能进行查询账户操作，而不能进行其他任何对于资金变动的操作。

三是方便性：用网上银行和支付宝都使用同一个证书，付款一气呵成，不需要再分多个证书造成管理困难。

为了保证账户安全，支付宝需要交易者首先绑定手机（免费）。

输入手机上收到的短信校验码和支付密码，确认绑定。

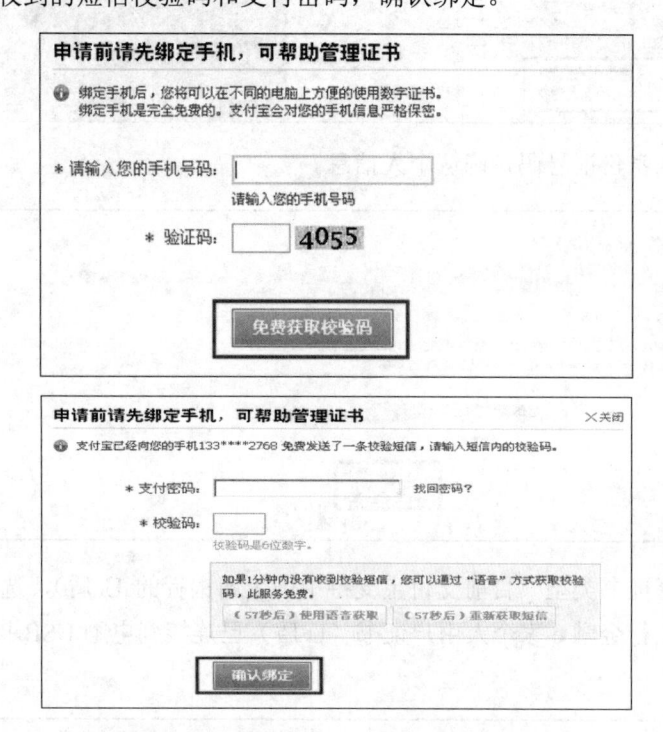

在绑定手机后再来申请支付宝数字证书，具体操作步骤如下。

第一步：打开 www.alipay.com，登录支付宝账户—安全中心—安全产品，点击"第三方证书"。

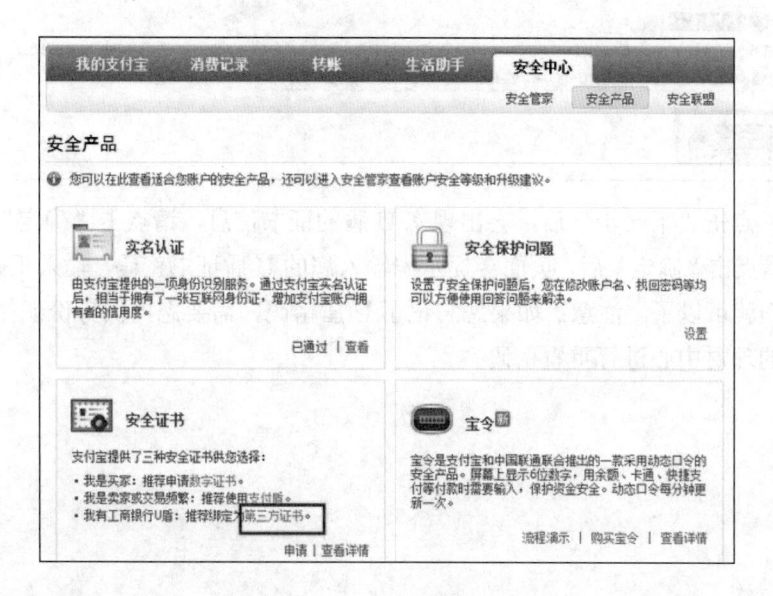

第二步：点击"绑定第三方证书"。

第三步：输入身份证号码，确认个人信息。

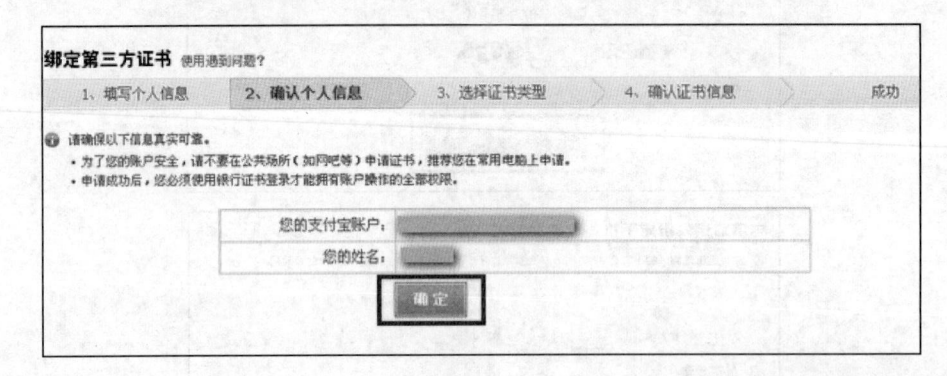

第四步：选择证书类型（目前支付宝支持中国工商银行的 U 盾），选择中国工商银行的证书，请确保工行金融 e 家个人用户证书（U 盾）已连接到电脑 USB 接口上驱动正常。请点击"下一步"。

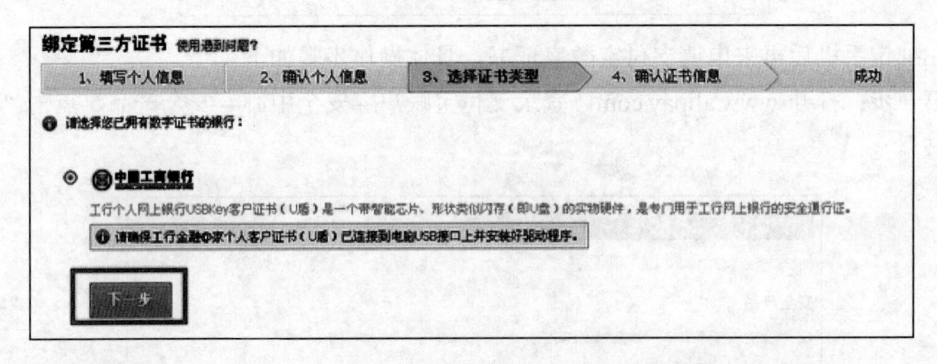

第五步：点击"下一步"后，会出现您 U 盾的证书信息，请点击"确定"。

第六步：点击"确定"后，页面会提示您输入您的 U 盾证书密码，输入正确的密码后，点击"确认"就可以了。注意：如果您忘记了 U 盾密码，需要您提供身份证件、U 盾、注册卡到工行的理财中心进行重置密码。

第五章
网店运营

第一节　网络消费者行为心理学基础

电子商务构造一个全球化的虚拟大市场，在这个市场中，最先进的产品和最时髦的商品都会以最快的速度供应给消费者，而具有超前意识的网上消费者必然会很快地接受这些新商品，从而带动其周围消费者的消费热潮。对于从事电子商务的企业与个人，应该采取多种方式推广自己的网店与产品，吸引消费者，刺激他们的消费需求，将网上消费的流量转化为现实的销量。

一、对商品的感知与消费者选择行为

面对网络中的海量商品，不同的消费者往往表现出不同的倾向性，这种倾向性不仅与刺激的特性有关，更与消费者的偏好、期望及以往的购买经验有关。国外资料表明，消费者每天遇到的广告虽然平均多达1500项，但是被感知到的广告却只有76项，真正诱发购买行为的则仅12项。这是因为大量的刺激使消费者的感知出现负担，导致不能对所有的刺激都做出反应，人们只是对那些对自己有价值的刺激表现出优先感知的趋向，并对那些恐惧或有威胁的刺激避而不见，表现出防御的趋向。例如，想购买手机的消费者，对有关手机的广告会表现出极大的兴趣并且对该刺激比较敏感。但是如果消费者对使用某种品牌的手机而受到伤害或有过不愉快的购买经历后，则会对该品牌的手机产生厌恶心理，并会向其周围的消费者诉说这种购买经历。

二、记忆对消费者行为的影响

记忆是人脑对所经历事物的反应，也就是说，凡是经历过的任何经验，都能被人脑所保存，一旦需要这种经验时，就能及时地呈现出来。消费者在决定购买时，并不仅仅依靠当时所出现的信息刺激，他们会将过去长期积累下来的有关信息由记忆中提取出来，加以综合整理，获得对商品的进一步认识，做出购买选择。

消费者对于感兴趣的东西，通常会保持良好的记忆。记忆主要从以下几方面影响消费者的行为。

1. 记忆影响购买决策

消费者实现购买决策时，要依靠各种信息，其中一部分信息是从记忆中搜索。因此记忆的强弱，可以影响消费者对信息源的使用。而如何能够使那些本没有什么联系的东西，诸如店铺名称、产品商标、店铺公告等变得言简意赅，形象生动，又能在很大程度上影响消费者的记忆呢？

根据有意义的材料比无意义的材料容易记忆这一规律，在给自己店铺命名时，应尽量避免冷僻艰涩的词汇，少用费解的字句，尽量使自己的店铺名称朗朗上口，给消费者带来深刻的记忆。

2. 记忆影响消费者对商品记忆的序列

心理学的实验证明，材料的开头与结尾容易记住，而中间部分最容易遗忘。正如人们总会记住最好的事情与最坏的事情，而对日常发生的一些普通事情容易遗忘一样。根据这种系列位置效果，在布置网店时，可将需要促销的商品放在店铺的最上方，或进行广告宣传时，将自己网店最热门的商品放在第一条广告或最后一条广告进行播放，因为消费者对最初和最后反映出的商品或广告容易记住。

3. 重复会加深消费者对商品的印象

实践证明，记忆的保持和重复是同时增加的。因此，在进行网店管理时，尽量将商品重复摆放。例如，可以在热卖商品、掌柜推荐、厨窗推荐等重复将商品进行展示，对消费者进行累积性信息传递，提高消费者对商品的记忆效率。同样，在对网店进行推广的过程中，要利用适度的重复来加强消费者对有关商品信息的记忆。因此，在对商品信息进行多次重复广告时，不仅在空间上和时间上应有一定的距离，还应采取多种广告媒体或表现方式。同时，还应在原有的商品信息基础之上增添新的商品信息，使商品原有的内容以新的角度重现，加深消费者的理解和记忆。但是，应该注意的是如果广告重复的时间过短，次数过于频繁，会引起消费者的疲劳，导致消费者产生对商品的抗拒甚至反感，从而削弱记忆效果。

4. 强化记忆可以促使消费者增强对网店品牌的记忆

强化可分为正强化与负强化。正强化对应正向激励，即奖励；负强化对应反向激励，即惩罚。对于消费者来说，强化的因素是获得更大、更多的满足，增加消费者的消费剩余。例如，物美价廉的商品是对消费者最强有力的强化因素。消费者通过这种强化作用，对商品的名称、商标或其他记号建立起条件联系，有利于保持记忆。在开设网店的过程中，就需要充分利用消费者的这种品牌记忆，来树立自己良好的品牌形象。如果消费者在你网店中购买到非常满意的商品后，当其再次进行购买时，消费者多半还会认准该品牌网店，这就是人们所熟知的认牌购物。这一点对于了解创网店品牌及对网店品牌的保有是十分重要的，如果网店经过推广成为品牌，那么众多的消费者会很快熟知该网店品牌，并对其产生强烈的好感。但是，如果由于某种原因，网店品牌失去了原有的特点，对消费者不再有强化作用，这时消费者的购买活动便会减少，这时网店就需要重塑品牌形象，继续加强强化作用，直到重新在消费者心目中树立起良好的品牌形象。

三、想象与联想对消费者行为的影响

任何一种想象都不是无中生有、凭空捏造的，想象是在过去感知的基础上，对记忆中的表象进行加工、改造、创造出新的形象来。想象对消费者的行为会产生一定的影响，因此，网店在进行商品陈列和进行厨窗推荐时，需要充分利用消费者的想象与联想。可以在网店商品中加入一些形象代言，通过将形象代言人的性格和气质联系到品牌中，使品牌拥有人性化的一面，如果出售的是高档化妆品，那么就需要符合消费者的品牌想象，引起消费者的品牌共鸣，当消费者使用该品牌时，就会将品牌形象与自己联系起来，使消费者的形象与品牌形象达到一致。除了形象代言人之外，在店铺的装修方面也要突出表现品牌的形象和性格。例如，面向具有青春活力的年轻女性的化妆品，就需要将青春联系到品牌上，在进行店铺装修时就要避免古板的装修风格，产品的包装也要避免沉闷，这样才会有效地建立品牌人格。

案例分析：DHC 的品牌人格化的典型案例。

DHC 是一个日本的美容品牌，产品种类繁多，DHC 在日本、韩国、中国台湾、中国香港十分畅销，该公司在品牌人格化方面有其独到的做法。2005 年，DHC 将韩国的人气歌手 Rain 作为自己的形象代言人，而 Rain 在韩国、日本、中国具有很高的人气，他具有高大、帅气的外表，并且打扮时尚，是年轻女孩心目中的"白马王子"。Rain 为 DHC 拍的一辑广告是一种以简约自然的背景配以柔和的颜色及灯光，再配以 DHC 的主题曲，创造了一种轻松和谐的格调，突出了一种追求简单自然的人格，使消费者最终联系到品牌的人格。Rain 在广告中为女模特做面膜，表现得格外专心和呵护备至，而女模特的笑容则给人一种幸福的感觉。而末尾则表明了"宠我，懂我"的主题，其目的在于将一种被宠爱及幸福的女人的人格联系到品牌上。而在配套措施方面，全线的 DHC 店铺均是以蓝白色作为布置的主色，目的是希望塑造出简约自然的感觉，而且在店内及网站上，会不时播放周杰伦作曲的广告歌，轻松的气氛洋溢在店内及网站上。同时，DHC 运用了不同的颜色搭配作为产品的包装，营造了不同的视觉效果，也刺激了人人潮流的触觉。（来源：郎咸平《化妆品行业的本质》）

1. 联想与网店推广

在进行网店推广时，需要利用商品与其他事物之间的内在联系，激发消费者有益的想象。要发挥消费者想象的心理功能，充分研究其面向的消费者的消费习惯、消费水平和消费趋势，了解消费者希望什么、顾虑什么、欢迎什么、反对什么，有针对性地利用各种易于创造激发联想的网店推广因素，使网店所传递的信息效果适应消费对象的知识经验和美好欲求，令其信服、向往、愉快，刺激产生有益的共鸣和感情冲动，最终将店铺的流量转化为现实的销量。

2. 联想与商品包装

联想具有类似律与对比律。类似律是将形似、义近的事物加以类比而产生的联想。这是由于当人对某一事物感知时，会引起对和它在性质上、形态上或其他方面相似的事物的回忆，这是暂时神经联系泛化与概括化的表现。泛化即对相似的事物不能分辨而作出相同的反应。概括化指对不同事物的共同特性作出的反应。而对比律指对于性质和特点相反的事物产生联想。如黑与白、冰与火等。有些事物在某一种同特性中具有较大的差异。

由此差异容易引起联想。这种鲜明的对比是引人注目，因而在广告中应用较多。例如，人在沙漠中的干渴状态与喝了消暑饮料的状态对比，使人倍感饮料的诱惑。某些药品、牙膏和化妆品等商品广告为了强调本商品的作用功能，常以用了此商品的前后状态作对比。为了突出特点和引人注目，运用属性相反的两个刺激在一起或相继出现，在感觉上都倾向于加大差异。例如，白色对象在黑色背景中要比在白色背景中容易分出，红色对象置于绿色背景中则显得更红。因此，在广告或商品陈列中应用最多的是颜色对比，利用亮中取暗、淡中有浓、动中有静等方法有效利用对比效应，有助于吸引消费者的注意力。

利用联想的类似律与对比律可以使商品的包装更加艺术化，利用包装的颜色使消费者的购买欲望加强。诱发消费者美好的联想是商品包装艺术化的一大功能，富有艺术感染力的商品包装能促进潜在消费者变为实际购买者，甚至会增加消费者的购买欲望。商品包装的色泽必须与物品本身相吻合，如果店铺出售的是女姓内衣，通常采用的是粉红色的包装，因为粉红色使人联想到女性的温柔美丽，并富于浪漫的情调。

3. 想象与购买行为

在出售商品的过程中，通过在线与消费者进行交流时，应该向消费者介绍和展示商品，使消费者对商品的属性、特点有直观、全面、具体的了解，诱发其产生美好的想象和联想，促使交易的完成。如果店铺出售的是服装类，假如消费者原本有一条裙子，那么就可以利用消费者的想象，在店铺中选中一条可以与裙子相配的衬衣，然后再促使其选择能够与衬衣与裙子相配的其他诸如丝巾、腰带等饰品。

四、注意对消费者行为的影响

心理学指出，人的心理活动有指向性和集中性，即人在同一时间内不能感知周围的一切对象，而只是感知其中的少数对象。这就是指心理学上所说的"注意"。网络经济是一种吸引眼球的经济，也就是注意力经济，如果一个店铺能够吸引更多消费者的眼球，那么店铺的流量就会增加，从而最终引起店铺销量的增加。但是如何在店铺的设计及推广过程中有效吸引消费者的注意力，是众多网商应该研究的问题。

1. 注意的选择功能

当消费者在购买商品时，首先是对商品的感知，但是并非所有的商品所带来的刺激均能引起消费者的注意，引起其注意的刺激只占感知到的商品的很小的一部分。注意的选择性可以使人丢弃一些信息，而把注意力集中于少量的事物，这便是注意的选择功能。利用该功能，在进行交易的过程中，必须尽力吸引消费者的注意，因为网商所要传递的信息不会被与其产品市场无关的大多数消费者所注意。所以要根据不同的消费者进行不同的宣传手段，例如，在销售手机的过程中，对一些追求时尚的消费者就要对其宣传手机的新功能，而对于追求价格的消费者，则要对其进行价格方面的宣传，从而引起消费者的注意，促使其完成交易行为。

2. 注意的保持功能

心理学研究发现，刺激的广度、强度、重复、色彩、新奇等各种特征的变化，都会影响注意的保持功能。众所周知，新颖独特的网店装修及商品包装均能引起消费者对某商品的注意，并且容易在头脑中长期保持。因此在进行网店装修及商品包装时，要新颖别致、艺术化，具有更强的吸引力、号召力和推动力，当消费者在浏览网店的过程中，就会引起他们的注意，进一步激发其购买兴趣。

五、需要与消费者行为

依据马斯洛的需求层次理论，能够解释特定阶段人们受到特定需要驱使的原因。马斯洛将人的需求按其重要程度，分别划分为生理需要、安全需要、社会需要、尊重需要和自我实现需要。人们总是首先寻求对最重要的需要的满足。在满足了重要的需要后，这种需要就不再是目前的激励因素，人们即转身满足下一种重要的需要。马斯洛的动机理论是研究消费者消费动机的重要理论依据，原因是它将人的需要分为高低不同的层次，这种划分符合人们的需要特点，当一些低层次的需求满足后，消费者会转向更高层次的需求，这对于预测消费者行为的动态过程具有一定的参考价值。需要决定消费，有效掌握消费者的心理需要，对于准确预测市场需求、占有市场份额，从而获取较高的收益对于网店经营者来说是至关重要的。

1. 需要的层次性

消费者购买某种商品，是为满足某种需要。例如，衣服能够满足消费者对于保暖的需要及对美的需要。由于消费者的生活背景、经济条件、职业等条件的不同，具有不同的需要，这就是需要的层次性。依据马斯洛的上述五种需要层次，低层次的需要满足之后，人们会追求更高层次的需要。马斯洛的需要层次理论对于研究消费者的购买动机及购买行为，尽而激发消费者的动机具有十分重要的意义。

2. 需要的无限性

人们的低层次需要满足之后，会产生更高层次的需要，消费者对商品的需要逐步呈现出由少到多、由低级到高级的不断发展变化之中。因此，网店经营的商品应尽量地涵盖高、中、低档商品，以满足不同消费者不同消费层次的需要。

3. 影响需要的因素

消费者偏好：消费者对心理需要追求具有一定的层次性，也就是说不同偏好的消费者对同一种商品具有不同的需要。例如，消费者在购买高档化妆品时，有的是为了显示其经济能力或是为了满足自身的心理需要，有的消费者是为了达到美容的需要，而有的消费者则是二者兼而有之。

（1）消费者收入：仅仅有了对于某种商品的偏好或欲望不能形成对于商品的需求，因为收入是影响消费者消费商品的一个重要因素,人们购买商品的数量及品种,常常随着收入和支出的增减而变化。

（2）消费者情绪：消费者不同的情绪,会使其对现实生活的看法发生改变,或是对现实生活充满憧憬,或是变得消极悲观,但是无论出现哪种情况,均能反映到消费者的消费行为中。如果人们在现实生活中普遍感到幸福,也就是一个社会的幸福指数较高的情况下,人们就会比较愿意参加文化精神生活方面的消费,并将此种消费引向兴旺阶段,以满足自己心情的需要。

（3）商品的价格：商品的价格是影响消费者需求的一个重要因素,依据需求定理,人们对商品的需求与商品的价格呈反方向变动。如果商品的价格上升,则消费者的需求减少,商品的价格下降,消费者的需求增加。除了商品本身的价格对于消费需求的影响之外,还有相关商品的价格也影响着消费者的需求,相关商品是指替代品或互补品,替代品的价格上升,则商品的需求增加,而互补品的价格上升,则商品的需求减少。

（4）不同的商品：不同的商品具有不同的需求弹性,对于消费者需要的影响也就不同,日常生活中的必需品等的需求弹性较小,那么对于消费者需要的影响不大,而对于一些需求弹性较高的奢侈品,对消费者的需要影响较大。

六、情感与消费者行为

1. 情感与购买行为

情感是消费者购买行为中心理活动的一种特殊反映形式,对消费者行为产生重要影响。情感表达了消费者的内心世界,也反映了消费者对客观事物的基本态度,情感没有具体的形象,但可以通过表情、语气、体态、行为等表现出来。

消费者的各种情感中,都有两个可以分化并极端对立的方面,包括情感的肯定性和否定性。当消费者产生满足、快乐的情感时,是心理活动肯定性的表现；不满意、悲哀是否定性的心理体验；情感的积极性和消极性,积极情感能促使消费者主动去认识商品,发现商品的优点,增强其购买欲望；消极情感则会阻碍或改变消费者的行动,放弃购买打算。

2. 影响消费者情感的因素

（1）购物环境：在购买过程中,消费者情感变化首先受购物环境的影响。如果购买环境舒适,会使消费者产生愉快、舒畅、喜爱的积极情感；反之,则会引起厌烦、失望的消极情感。因此,在进行店铺装修时,需要对网店整体的装修风格、色彩的运用、商品陈列等物理条件进行设计,引起消费者的积极情感,促使其购买行为的实现。

（2）商品：消费者购物的主要目的是获得商品,商品的好坏是影响消费者情感最主要的因素,商品的包装、信息传达、质量、数量、价格及消费者对商品的感觉程度都会引起消费者情感的变化。

（3）消费者个人因素：个性特征不同的消费者会影响消费者购物过程中的情感。生性多疑的消费者比活泼开朗的消费者的情感更容易受到影响。消费者生活背景也是影响消费者情感的主要因素，如社会地位、道德观念、职业、家庭状况等方面的差异构成消费者不同的情绪状态，在购买过程中就会表现出相应的情感倾向。

（4）服务：客服及售后服务的好坏，直接影响着消费者的情感。如果服务中主动热情、服务周到，消费者就会产生亲切、满意的积极情感；反之，则会引起消费者的消极情感，阻碍其购买活动的实现。

七、消费动机与网络消费者行为

1. 消费者动机的形成过程

动机是一种基于需要而由各种刺激引起的心理冲动，它的形成要具备一定的条件。人们的行为都是由一定的动机引起的。动机是推动和维持一个人进行活动的动因和动力。动机的实质是需求，是在需求基础上产生的。消费者动机的形成如下图所示。

消费动机是指在消费的活动中，消费者消费和购买行为的直接出发点，它是为了满足消费者需要而驱使或引导消费者向着一定的目标去实行实际的购买行为的动力。购买动机的基础是需要，网络消费者的购买动机是指在网络购买活动中，驱使网络消费者产生购买行为的某些内在驱动力。由于人有多种多样的需要，所以购买动机也是多种多样的。但无论哪一种购买动机，从根本上来说是受消费者本人所处的文化背景的制约。年龄、性别、民族的差异，职业、教育程度、社会地位、家庭结构、风俗习惯的不同，都会影响到消费者的购买动机。

2. 消费者网络消费的动机

（1）求实动机：这些买家在购买商品时，注重商品的质量，他们追求的是性能和使用方法方面的实质效用，不过分强调商品的品牌、款式、造型、颜色等非使用价值的因素。这类买家是中低档和大众化商品的主要购买者。

（2）求廉动机：消费者的一般心理需要是物美价廉、经济实惠。价格是人们选择商品的重要因素，它在一定程度上能左右人们的购买行为。对于求廉的消费者在购物时注重商品的价格，对购物环境和商品的质量、外观、流行性、款式、颜色等方面要求不高。这类消费者多为经济收入或收入较高但有节俭习惯的人群，他们喜欢选购处理、特价、折价的商品，通常是中低档商品、促销品、残次品、积压处理品的主要购买者。

（3）求便动机：网络购物最大的特点是购物的方便性，不出家门通过网络就可以搜寻、购买到自己满意的商品。追求方便的消费者希望购买过程简便、省时。这类消费者的时间、效率观念较强。

（4）求安动机：这类消费者追求"安全""健康"为主要目的。将使用安全、卫生、无副作用，对人体无不适感、耐久的、可靠的、牢固的、可免费安装等方面的要求排在首位。高品质的商品、良好的售后服务保证，以及好的名牌商品是这类买家作出购买决策的主要因素。这类消费者还追求"优质"，对商品的品牌、质量、产地和售后服务是否完善等问题十分重视，为经济条件好或素质较高的买家。

（5）求美动机：消费者对商品美感的追求，是普遍的消费需求。随着经济社会的不断发展，消费者对商品美感的追求越来越普遍。不但要求商品经久耐用，还要求商品的包装精美，具有一定的艺术性。这类消费者以追求美感为主要购买动机，注重"款式""造型""颜色""装饰效果"，次之是实际使用价值。其购买目的主要在于对身份、环境的显示作用。多为青年男女和文艺界人士，是流行产品、高级化妆品、时装、饰品和家庭装饰用品的主要购买者。

（6）求名动机：对名牌商品的信任与追求，关心名牌商品的变化，追求"名牌"（商品、厂商、商店），几乎不考虑商品的价格、质量和售后服务，只是想通过购买和使用名牌商品来显示自己的身份、地位，得到别人对自己的尊重，从中获得一种心理上的满足。为具有一定经济实力和社会地位的买家，以及表现欲和炫耀心理极强但经济条件一般的消费者，是国内外名牌商品和高档名贵商品的主要购买者。

（7）求新动机：追求和使用新产品是消费者带有普遍性的心理需求。追求"新颖""流行"和"前卫""奇特"，特别是注重商品的款式、颜色、功能等是否新颖和流行，而不注重商品的品质、实用性和价格。为经济条件下较好的青少年和青年消费者，时代感非常强、需求变化快、反应敏感，容易受外界环境和社会时尚的影响，是新款式、新功能商品的主要购买者。

（8）偏好动机：一些消费者由于受习惯爱好、学识修养、职业特点、生活环境等的影响，会产生对某类特殊商品的稳定、持续的追求与偏爱。

第二节　店铺推广与营销

一、网站营销策略

1. 吸引客户策略

"吸引客户策略"即如何让顾客在众多商品中发现自己想要的商品，并被吸引进入网店仔细浏览，那就设法在消费者能够接触到网店信息的地方，放置能够吸引消费者的信息。重复会加深消费者对商品的印象。实践证明，记忆的保持和重复是同时增加的。因此，在进行网店管理时，尽量将商品重复摆放，如可以在热卖商品、掌柜推荐、橱窗推荐等重复将商品进行展示，对消费者进行累积性信息传递，增加消费者对商品的记忆效率。因此，网店的信息接触点要多，即利用多手段来展示商品信息，如论坛、友情链接、QQ群、搜索引擎、博客等都是有效的网上推广工具。尤其是论坛，当把商品图片和文字巧妙设置成签名档时，它就成了一则流动的广告，在我们发、回帖时，商品信息就自然得到了宣传。此外，每个电子商务平台内的站内搜索，是顾客在购买商品时用得最多的工具，顾客通常会通过关键字来搜索相关的商品，为增加被顾客搜索到的概率，商品标题善用关键字组合是重点，一般采用"店铺信用等级+英中文品牌+商品关键字+容量+商品特性"等多样关键字组合方式,因此被客户搜索到的概率就较大。

2. 信任建立策略

"信任建立策略"是当顾客因为一个商品的吸引来到了店铺,卖家通过各方面展示使客户对虚拟的店铺建立信任,并愿意选购商品,甚至对店里的其他商品产生兴趣的策略。与实体店相比,网店最大特点就是虚拟性,对实体类商品,看不见,摸不着,只能通过图片和文字来了解,这容易使顾客产生不信任感,从而影响做出是否购买的决定。因此信任建立策略就是充分给予顾客想要的,使其在需求得到满足的同时建立起对商品或店铺的信任。因此,首先要分析顾客心理,挖掘其需求,当顾客第一次光临店铺时,其关注的通常是商品的图片、相关说明、价格、卖家信誉、店铺的专业性与整体感觉等,因此,卖家就要针对这些需求提供专业信息,如显示清晰、主体突出并具美感的商品图片;详尽的文字说明,如若是图书类商品,应写明出版社、作者、简介、目录、书评等,以体现出专业性;合理的价格,可采用成本导向、竞争导向、需求导向等多种方法来对商品定价。总之,我们应从多方面专业地展示店铺形象,以帮助消除顾客因商品虚拟性而产生的疑虑或不信任感,这是促成下一环节顾客下单购买的关键。

3. 销售促成策略

"销售促成策略"是在顾客对店铺建立起信任的基础上,当他对某个商品产生兴趣,具有购买欲望却又拿捏不定时,卖家如何促进其由"打算买"向"打算现在就买"转化。消费者通常都具有贪图便宜的心理,我们在实体店里经常会发现,卖家的一些打折、减价、优惠、赠送等促销手段容易激发顾客的购买动机,使其做出立即购买的决定,在网店,往往也同样有效。顾客的消费动机一旦被激起,其内心便出现一种不平衡现象,表现出一种紧张的心理状态,这时心理活动便自然地指向能够满足需要的具体目标,当具体目标出现后,机体的紧张状态便转化为活动的动机,产生指向目标的购买行为。当目的达到后,需要得到满足,紧张状态也会随之消失。现在许多网上店铺都有"买就赠……""限时抢购"等促销活动,就是利用了顾客的消费心理,促使其尽快做出购买的决定。

4. 情感投资策略

"情感投资策略"是在顾客一次购买商品后,卖家通过感情营销,增加黏性,使其下次再来光顾,成为老顾客。许多实例表明,网店维系老顾客比争取新顾客更重要,据调查,保留一个老顾客所需的费用仅占发展一个新顾客费用的 1/5。销售学里有著名的"8:2"法则,即企业80%的业务是由20%的顾客带来的,对网店来说,同样如此。因此,网店在发展新顾客的同时,不可忽视老顾客的流失。维系老顾客的重要措施之一就是心系顾客,充分利用感情投资,方法有很多。例如,发货时放点小惊喜——礼品、贺卡(手写,给人亲切感)、商品小样(对护肤类、食品类商品尤其适用)等。笔者在网上购物时就遇到过一位很有心的卖家,当时买了一件衬衣,收到货时发现多了一条丝巾,刚好跟衬衣相配,还有一张温馨的贺卡,这些小细节有时会成为客户日后再光顾的重要因素。此外,经常性的电话、短信或邮件回访，通过表达对客户的关爱，来加深双方联系，培养顾客对网店的特殊感情和忠诚度。

二、网店推广手段与产品宣传文案写作

1. BBS 推广

网店论坛推广（BBS 推广）：论坛 BBS 所聚集的目标客户群体是一个经过精确细分的市场，而且 BBS 是一个依托在强大的互联网形式所开展的目标群体互动平台，由一群个性鲜明的人对某个品牌、某件商品、某个事件或某种生活方式有着共同兴趣和爱好聚集在了一起，并进行彼此之间无阻碍的沟通与交流。从某种意义上说，论坛 BBS 的参与者其实就是具有某些共同兴趣和爱好的群体特征，是经过精确细分的市场，认识了论坛 BBS 的群体是什么样的，商家就可以确认商品是否适合在此推广。

（1）选择论坛：在选择论坛时首先需要考虑到商品的受众人群是哪些，在选择论坛时进行以下步骤。

首先，在寻找论坛时要求和商品相关、人流量大，可以在搜索引擎中搜索和农作物有关的论坛。

可以看到有金锄头农作物论坛、和讯网的农商品论坛、阿里巴巴的新型农商品论坛等，作为淘宝店铺不得不说淘宝论坛和后期衍生出的蘑菇街、美丽说等。

这些都是需要考虑的论坛，在论坛筛选时注意以下几点：第一，论坛是否有特殊的板块；第二，论坛是不是提供了免费答疑服务；第三，论坛是否有娱乐板块；第四，论坛是否活跃，比如有没有活动，送礼品或者荣誉会员（VIP会员）等；第五，论坛的管理怎么样，如果在该论坛第一天发一个帖子，第二天没有回帖，就放弃该论坛；如果已经注册，管理员很迅速地打招呼，这样的论坛就有发展的前景。最终淘宝店铺以淘宝论坛为主，其他几个为辅的方式注册并发帖。

（2）内容策划：论坛找好后，接下来就应该准备发帖，帖子的质量直接决定销量。帖子也分为很多种，有软文帖、问答帖、活动帖、心理帖、广告帖、特价帖等。这里就以软文贴为例进行分析。

一篇好的软文，不需要华丽的文章和丰富的内容，简单明了对准各位看客的胃口为最佳，如在淘宝论坛中，查看帖子的都是刚出道不久在这里结交好友学习开店经验的新人，这一点也可以从淘宝论坛的精华特种得以验证，精华帖大部分都是以卖家分享的开店经验、开店技巧等为主。

每篇经验贴对于初学者来说都是非常受用的,从而主动联系发帖的卖家,浏览卖家的网店。

以下是抒写经验贴需要注意的几个方面。

① 个人经验:每位前辈下笔,都写出自己的店铺心得,营销手法。这些都是不可抄袭的,一个没有经验的人,是写不出让人感同深受的文字。所以,只要与切身经验有关,才能思绪入流、下笔如神,就算没有华丽的文字,也有感觉传达给所有人。

② 排版清晰:高质量的软文排版应该是严谨有条不紊的,试想一下,一篇连排版都比较凌乱的文章,不但会令读者阅读困难、思路混乱,而且会给人一种不权威的感觉。所以为了达到软文营销的目的,文章的排版不可马虎,需要做到最基本的上下连贯,最好在每一段话题上标注小标题,从而吐出文章的重点,让人看起来一目了然。如下图中所示,这篇帖子从排版上很清晰,层次分明,需要强调的部分使用不同的字体或颜色标出。

③ 图文并茂:现在所有论坛中高手的帖子,都会有图片出现。图文并茂,吸引看客眼球,尤其是经验、数据类的帖子,需要给人真实的感觉,能够带动人心的图片,能让帖子增色不少。在淘宝论坛中有很多卖家在分享经验时都会贴上自己的几张照片,不管是数据分析、店铺截图、工作环境照、库房照还是其他好看的图片,都会给这个帖子带来很好的效果。

④ 切勿广告：一篇好的帖子，是不需要加任何广告内容的，原因在于这个帖子本身就是一个广告，而且是最好的广告。就算很好的帖子，一旦添加了商业色彩，那么，它已经偏离了本意，而且还增加板块管理员的工作，也让看客烦心。

⑤ 关于精华帖：一个网店如果在论坛中出现多精华帖，那么这个网店的流量也是相当可观的。对于一个精华帖来说标题新颖、内容原创是非常必要的，标题是一个帖子的灵魂，帖子的核心所在。要紧抓看客的心态，形成对比差，但是要真实，不能偏离帖子内容。普通帖子，都要求真实，更何况是精华，在生活中会有许多人发生很多事，每天都有灵感产生，要抓住这个灵感。随之结合以往的经验，将其记录下来，务求让别人有所共鸣。真实的东西，是做不了假的。其实，无论什么帖子，其内容，都有所相同。但是同一个内容，想要把它去写好，就必须加入自己的感情、经验。内容是可以抄袭的，或者用灵感更贴切，但是感情和经验，是不能抄袭的。一篇好的帖子，无论言词是否华丽，内容是否老生常谈，但是只要注入原创人的灵魂，就能发光。

（3）论坛信息发布：在淘宝论坛中发布软文（也可以说是一篇经验贴）首先要设置个人信息，一般都是以网店名或品牌名作为账户名，农享网在设置时以"城市对接农村"为全新农商品电子商务概念，所以账户名使用了"城市对接农村"。根据内容策划中所提到的要求使用"城市对接农村"在淘宝论坛中发表一篇经验贴。

帖子内容主要围绕商品命名位置：首先是标题，为吸引眼球可以将标题设为"教你如何利用商品命名提升网店流量"或"卖家必读，利用商品名称提升网店流量"；其次是内容，根据自己经验抒写一篇原创文章，也可以利用网上一些资料进行二次修改；再次，在自己的店铺中找到几张商品命名的图片加入文章中，最后对写好的文章进行清晰地排版。内容抒写完成后就可以在论坛中发帖了，使用账户进入淘宝论坛，在右下角有"发表"按钮，下拉菜单中有帖子、投票、图集三个选项。

点击帖子选项，进入发帖界面。

将事先写好的经验贴粘贴到文本框内，注意发表板块中也有很多选项，根据所写内容

选择实战分享或经典干货都可以。

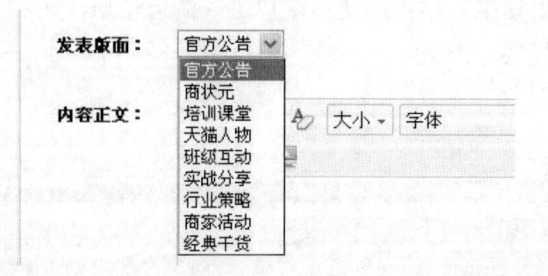

文本框中的正文部分的文字大小设置为 16px 或 18px，字体设置为宋体，小标题可以加粗字体变大，如下图所示，然后在适当位置加入事先截好的图片，点击。

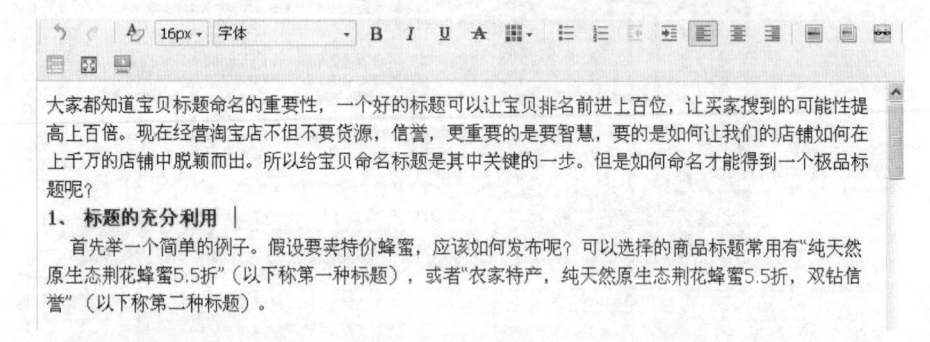

插入图片会出现下列对话框，选择存放图片的路径，在对话框中。

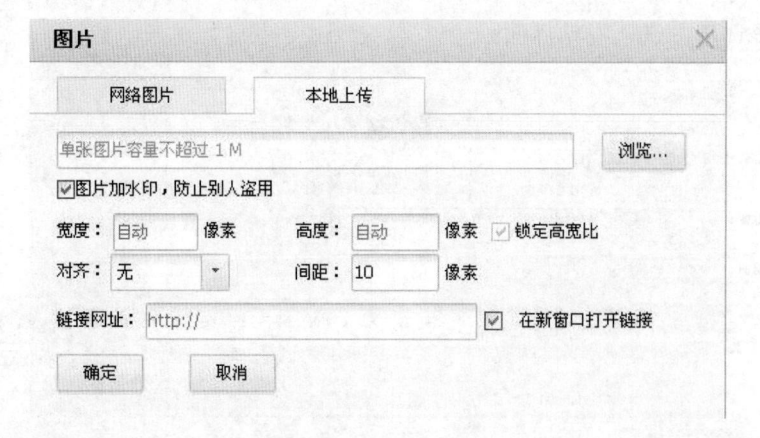

可以添加图片水印、设置图片的像素等，添加成功后对整个文章进行预览，点击预览按钮，会在一个静态页面中查看自己的文章，仔细阅读，及时发现错误的地方进行修改，修改完后就可以正式发表。

大家都知道宝贝标题命名的重要性，一个好的标题可以让宝贝排名前进上百位，让买家搜索到的可能性提高上百倍。现在经营淘宝店不但不要货源，信誉，更重要的是要智慧，要的是如何让我们的店铺如何在上千万的店铺中脱颖而出。所以给宝贝命名标题是其中关键的一步。但是如何命名才能得到一个极品标题呢？

1. 标题的充分利用

首先举一个简单的例子。假设要卖特价蜂蜜，应该如何发布呢？可以选择的商品标题常用有"纯天然原生态荆花蜂蜜5.5折"（以下称第一种标题），或者"农家特产，纯天然原生态荆花蜂蜜5.5折，双钻信誉"（以下称第二种标题）。

买家一般会在首页的搜索栏里搜索"特价蜂蜜"或"特产 蜂蜜"，且以无空格的前者居多。而根据上述紧密排列规则，用不带空格的"特价蜂蜜"（紧密排列）作为关键字时，搜索结果将不含拆分，于是第一种标题被漏掉了，我们的宝贝没有被搜索出来，这是个失败的标题。再来看"特产 蜂蜜"的搜索，根据顺序无关规律，搜索的结果中将包含拆分，并且拆分以后的关键字顺序不影响排名，第二种标题仍然能够被搜索到。所以应该选择第二种标题。等效搜索词规律告诉我们，在宝贝有多种属性的时候，应该把联系最紧密的属性和宝贝的名称写全

（4）加入网商联盟：在网商联盟中可以结交更多的网店店长，共同达成互惠互利互帮互助网盟，可以加入淘宝商盟，淘宝商盟是一群具有很高信誉度和共同背景的淘宝店家。淘宝有两种形式的商盟，一种是区域性的，一种是行业习性的，这两种联盟能店铺带来很多好处，尤其是作为新卖家来说。加入不同的淘宝商盟就有不同的条件，如下图是上海商盟的入盟条件，入盟的审核时间比较长。

在淘宝论坛中点击商盟，在商盟界面中可以看到，"入盟申请、组盟须知、商盟频道、商盟展示"，按照自己的领域或者行业加入商盟。

（5）建立店铺友情链接：友情链接是店铺的功能模块之一，添加此模块后，店家可以链接其他店铺地址放置到自己店铺内，如果买家通过自己店铺提供的链接成功购买商品，

您还可以获得佣金。每家网店都可以建立 35 个友情连接，很多新手卖家的友情链接空荡荡，资源严重浪费。对于新手来说，找链接时最好找和自己网店同等级或较高的，大的店铺卖家链接有很多，但对于新手不是一个好的选择。

找链接可以进入淘宝论坛，在帖子搜索框内搜索关键词 "友情链接"，如下图所示，就有很多卖家愿意和大家交换链接的帖子，在这里做选择性交换。

网页内容都是以超文本（hypertext）的方式来互相链接的，网站之间也是如此。除了搜索引擎以外，人们也每天通过不同网站之间的链接来 surfing（"冲浪"）。网站的链接越多，获得的访问量就越多。更重要的是，网站的外部链接数越多，会被搜索引擎认为它的重要性越大，从而获得更高的排名。所以，得花很多精力去做推广，与别人做交换链接。

2. 邮件群发及微博推广（新浪淘宝商户）

（1）邮件群发：邮件群发不但能主动推广你的网店，且费用低，你唯一需要支付的，就是购买邮件群发软件和售后服务器的费用，当然也可以在网上使用免费的电子邮件群发系统，可以百度搜索一下"邮件群发"，然后选用一个电子邮件群发工具使用。使用邮件群发信息，有两个前提条件：一个是有一个庞大有效的邮件列表，列表可分为内部列表和外部列表。内部列表也就是通常所说的邮件列表，是利用网站的注册用户资料开展 Email 营销的方式，常见的形式如新闻邮件、会员通讯、电子刊物等。外部列表 Email 营销则是利用专业服务商的用户电子邮件地址来开展 Email 营销，也就是电子邮件广告的形式向服务商的用户发送信息。二个是要准备几封邮件内容，最好是一个系列的邮件内容，内容的表现也有多种形式，如电子刊物、会员通讯、专业服务商的电子邮件广告等。

利用邮件群发这种方法来推广网店的关键之处在于要留心收集用户的电子邮件地址，拥有的电子邮件地址数量越多，就意味着主页蕴藏着越大的访问量。农享网淘宝店铺在做 QQ 邮箱群发时，首先在 QQ 可以查找关于饮食健康的 QQ 群并加入该群，加入群后 QQ 邮箱中发送群邮件。

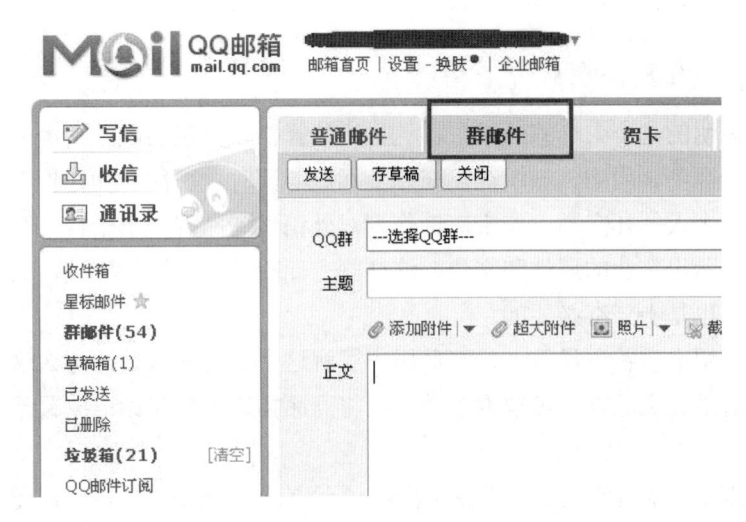

店铺运营者可以在订单列表中找到以前客户的电子邮箱并进行收集，使用购买的群发软件发送邮件。邮件内容要注意标题要简单明了、吸引人；内容采用 HTML 格式比较好，另外排版一定要清晰。

邮件群发是一件需要时间和耐心去做的事情。目前主流的邮件发送服务器，不管是收费还是免费，都限制了每天最大的发送量；而自己搭建一个服务器成功率低，而且进入垃圾邮件的几率高。所以掉头来，还是要用这些免费的服务器去做邮件群发。

（2）微博推广

① 平台的选择：微博推广首先需要选择一个用于营销推广的 SNS 平台，国外企业无疑会省心不少，只要选择 twitter 或 facebook 就可以了，对于国内企业来说，SNS 平台还不甚明朗，新浪微博、开心网、人人网、嘀咕网等都是非常流行的 SNS 沟通平台，企业可以

选择一个流量大、覆盖率高、关注度较多的平台进行推广营销。

尽量避免选择那种小众的平台，否则以"传播"为基础的营销推广就是空谈了。不同平台的用户，关注度各有不同，与之对应的推广策略也不相同。例如，新浪微博的用户主要关注状态更新更多，而开心网的用户则更关注游戏动态，在做微博推广时主要使用新浪微博。

② 开通微博：在选择好的平台上注册微博时，与一般流程相同，需要强调的是微博名称和个性域名的选择。对于企业微博可在填写昵称和微博名称时，可将企业名称或需要推广的商品品牌注明；个性域名可选择为品牌名称的全拼。这样的操作一方面从用户角度考虑，可让来访者一目了然地看到品牌名称；另一方面，从搜索引擎角度考虑，对于搜索引擎友好，搜索品牌关键词排名靠前。

a. 微博设置：微博设置是注册微博重要的一个环节，比如在新浪微博中，需要设置个人资料、个性设置等。

其中需要说明的是个人标签的设置，这里可选择描述自己的职业、个人兴趣爱好方面的词语，如电子商务、团购、旅游等。在贴上标签的同时，微博会为你推荐贴同样标签的用户，以此增加个人的社交圈。淘宝店铺作为对外销售商品的一个平台，在标签的使用上更多的是需要展示出企业的属性和文化，这样既方便粉丝的记忆和查找，而且对于彰显企业的特点和形象也是十分有必要的。

由于微博介绍会在首页显示，是帮助用户了解这个微博的入口，那么这里的文字就显得弥足珍贵。若是做商品推广可视为营销点，将商品描述以精简话语放置于此或直接放置有效链接。

b. 微博认证：从营销的角度出发做微博，不论是个人还是企业，一定需要将微博进行实名认证，不仅能够提升微博的权威性和知名度，还能够带来意想不到的"粉丝收益"，便于更好地与名人产生互动。新浪微博认证提供针对个人、企业、媒体、网站等多种认证方式，可按照要求完成认证过程。

在个人认证时需要只要满足认证要求即可,如有清晰的头像、绑定手机、关注数 30 等,满足它所要求的条件,很快,城市对接农村的新浪微博认证就获得批准,如下图所示认证的微博会在名称后面出现一个黄色的,认证后的微博较之未认证的微博,运营提升速度相对很快。

c. 微博淘宝版：现在新浪微博也联合淘宝开设出微博淘宝版,新浪微博与淘宝合作主要体现在三方面：一是账号互通和店铺官微服务；二是更好的商品分享和用户沟通体验；三是更好的商家营销和促销功能。

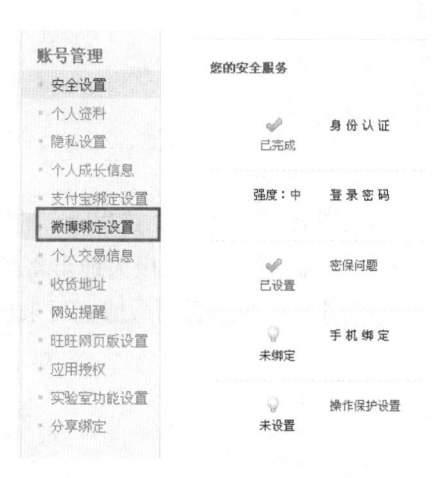

由于双方平台都已开通,所以淘宝卖家可以在微博用户端的信息流展现中发布的商品信息将利用名片卡、链接解析和微博标示的方式直接呈现,上面可直观显示商品价格、销量及受关注程度。用户点击后,将会进入淘宝页面来完成最终的交易。

③ 内容编辑：微博内容的编辑要求简短精练,语言高度浓缩,字数限制在 140 字以内。这就要求微博内容编辑者在书写内容时惜字如金,简明扼要,在一定程度上对大家文笔的提升有所帮助。微博的内容可归为两类：原创类和转发类。

a. 原创类：作为淘宝店铺推广方式之一的微博推广,农享网的城市对接农村在原创主要是以店铺宝贝为主,抒写关于商品的描述。例如,现在需要介绍××水晶盐,开始我们会在抒写中介绍到它的成分、产地、功效等,字数一定要控制在 140 字以内,在发表时将抒写好的文字粘贴到文本框内,句末加上商品相应的地址,如下图所示,发表成功后会在页面出现淘宝的字样。

××水晶盐来自2亿5千万年前的地壳运动,含有80几种天然矿物质,无污染,无添加,含有人体需要的74种的天然矿物质。具有清热凉血,明目润燥、排毒等功用,是养生的人士的首选。百年来,世世代代都采集着山里的水晶盐,将这大自然最珍贵的宝物,作为皇室专用。水晶粉盐购买链接:淘 ××水晶岩盐...

3月17日 15:04　来自新浪微博　　　　　　　　　👍 ｜ 转发 ｜ 收藏 ｜ 评论

b. 转发类:城市对接农村的微博转发,将关于农业所有的微博相互转发,相互联系、互动。通过评论+转发的形式产生"新内容"不仅极大地丰富了微博的内容,同时也与微博参与评论的用户形成交互,使得用户真切感受到微博背后来自运营团队的认真与用心。

三、淘宝网店推广技巧

1. 商品的推广

商品的推广包括两个方面:一个是商品的照片,另一个是商品的描述。

(1)商品照片:在网上购物买家是看不到商品实物的,只能看到商品照片。商品照片一定要具有真实、清晰、突出主体、漂亮的优点。一张完美的商品是很能吸引买家眼球的。商品照片千万不要弄虚作假,一定要是商品的真实拍照,让买家投诉你照片跟实物不符就不好了,失去了一个顾客也带来了一个不好的评价。照片一定要清晰,不能模糊不清,可以使用摄影棚、摄影灯等设施,拍照后用 PS 简单处理一下就可以。商品照片要突出商品的主题,不要跟配饰物品分不开,显得主次部分就不好了。

(2)宝贝商品描述:商品描述更是主要。可以在描述里面多放上几张不同角度拍摄的商品照片或者一些商品细节地方的照片,让买家能更多地了解你所出售的商品。商品的材质、尺寸、颜色等都要明确地标明。把物流信息、售后服务、支付方式、联系方式等也都详细说明一下。可以采用一个漂亮的、多功能、符合你的商品风格的模板,在商品描述模板里可以多推荐几个店铺内的商品,这就相当于增加了店铺推荐位一样。模板可以自己动手做,也可以在淘宝上购买。

(3)巧控宝贝亮相时间:宝贝发布的时间是大有讲究的。买家在搜索商品时,淘宝默认的结果是按照商品下架的剩余时间,由少至多来排列。卖家把宝贝上架的时间都错开,每隔半小时发布几件商品(可以借助淘宝助理发布,淘宝助理有定时上架的功能),并且留出一些店铺推荐位,推荐一下即将下架的宝贝商品。所有宝贝都到期下架后,隔两周,再循环发布,让宝贝商品随时都排在最前面。

2. 店铺推广小贴士

（1）让买家知道店铺是专业做这个的网店

解释：例如，在编辑宝贝商品描述的时候把商品的有关小知识等放进去。店家可以印制一些漂亮的店铺名片，把店铺的经营项目、ID、店铺地址和联系方式都印制在名片上。在给买家发货的时候，在包装里面多放上几张店铺的名片。

（2）专业值得信赖

解释：店家可以把商品有关的合格证书、鉴定证书等拍照后放在店铺显眼的地方，让买家能相信你的专业，相信你的商品。

（3）促销活动

解释：店家可以在店名、公告、商品名称里添加促销活动的信息。为店铺制定一个推广的主题，比如快到了某个节日的时候，店家就可以以这个节日的名字为主题，还有冲心、冲钻、冲皇冠、还有店庆。这些都是很好的主题，都能起到促销的作用。促销的手段也很多，一元拍（拍卖就不要怕赔本，就当作是广告投资了。一元拍能快速提高你店铺的流量，说不定拍下你这件商品的时候还会购买其他的商品呢！）、包邮费（为了促销可以免去邮费或者满多少包邮）、换购（设置店铺会员制度，利用会员积分加多少钱就可以换购另一个超值商品）、打折（促销期间商品打折）、送赠品（购买本店商品及送精美礼品）等。注意：促销信息要及时更新，别到了圣诞节了还打着中秋节的促销旗号哦！

3. 关系推广

把关系推广看成卖家、买家、淘宝网发生互动作用过程。比如，卖家可以在淘宝的个人空间和博客里面讲述一下自己的亲身故事，开店心得和对一些事物的评价，从而提高自己的形象和知名度。通过淘宝旺旺、站内信、店铺留言等也可以进行关系推广。给淘友给买家发消息，问候一下，聊聊天，发一个祝福的邮件站内信，促进人与人之间的关系，从而达到关系推广的效果。

4. 关键字

什么是关键字呢？关键字是能够引人注目，能让买家搜索到的醒目字或词语。关键字的作用也就是能引人注目，方便买家能搜索到你的商品。现在很多买家在选购商品时，都是用关键词来检索的。因此，我们在发布宝贝商品的时候，给宝贝的名称多设置几个关键词是很有必要的。这样你店里宝贝被搜索到的概率就会大大增加了。但是有一点要切记，就是不要滥用关键词，否则会被淘宝小二下架的。

（1）符合真实信息

解释：关键字不能乱用，一定要符合你商品的真实信息。

（2）换位思考，从买家的角度来挖掘关键字

解释：店家不要乱加关键字，要学会换位思考，从买家的角度找到合适的关键字。看看买家喜欢搜索什么样的字和词，你是买家会用什么样的关键字来搜索商品。切记要符合

真实信息，不然会受到处罚的。

(3) 不要一味地堆砌关键字，注意和其他信息的结合

解释：店家不要随便找一大堆关键字摆在上面，要与这个商品有密切的结合。

5. 站内信

站内信是一个很好的推广和沟通的工具，店家通过站内信可以给买家发信息。卖家发货后给买家的通知，告诉买家物流信息、包装情况、到货时间等。节日的问候：到了某个节日，可以给淘友和买家一份温馨的祝福。新款到货：有些买家光顾你的店铺后会说，以后有新款到后记得通知我，这时候店家就可以通过站内信告诉买家。促销信息：当店铺有促销活动或者打折的时候，可以发给买家跟淘友，告诉店铺在搞活动。（注意：格式要正式，注意称呼、问候语）站内信的内容要真诚，内容长短适当，不要废话连篇。信件的结尾要表达自己的心意。

6. 淘宝旺旺

淘宝旺旺是买卖双方在淘宝的即时通信工具。旺旺同样具有强大的推广作用。

(1) 旺旺的在线状态：一般旺旺的在线状态分为"我有空""隐身""忙碌""不在计算机旁""听电话中""外出就餐""稍后"……，店家可以不用这些在线状态，自己来多设置几个在线状态，设置为你店铺的推广信息比如你店铺商品的折扣信息、店铺促销活动信息、新款到货信息等，让这些信息滚动显示，从而达到推广的作用。

(2) 旺旺群发：旺旺群发要慎重，不要随意乱发广告。

(3) 自动回复：店家不在电脑前的时候，一定要设置旺旺的自动回复功能。说明一下店铺掌柜不在的原因，表示出掌柜对买家的尊重和礼貌。如果店家离开的时间过长，就需要说明一下回来的时间，不要让买家空等。在自动回复中，店家可以委婉地推广一下你的商品。

(4) 快捷短语：快捷短语是淘宝旺旺上的一个快捷回复的功能。店家可以在快捷短语中编辑一些店铺商品的推广信息，在跟买家淘友聊天的时候适当发出去。省去了店家打字的麻烦，又快速地推广了信息。在使用旺旺和买家沟通时可以充分利用旺旺的这个功能。推广的信息要长短适中，不要废话太多，便于买家的阅读和理解。在使用快捷短语的时候，店家不要过于频繁地使用。避免让买家以为他在跟一部机器说话，不受到尊重也很不礼貌。建议使用快捷短语和旺旺的表情结合使用，让买家更容易接受。

(5) 旺旺头像：旺旺头像也是很有讲究的。选择一张具有亲和力的图片作为旺旺头像。头像的图片最好是做成动态的，用你店铺内的商品照片来做。动画要适当不要闪动太快，让人看着迷糊还显得杂乱。

(6) 旺旺大本营-旺遍天下：在淘宝社区的旺旺大本营-旺遍天下中生成在线状态。选择好样式，获取代码。在社区发帖回帖，在编辑宝贝描述的时候都可以放上。让淘友和买家都能随时联系到你。

旺旺是淘宝交易平台必不可少的通信工具。无论买家还是卖家，都是通过旺旺来联系

沟通，完成交易的。在这里提醒各位淘友一定要注意自己的文明用语，但不要过于呆板过于职业化。要用既礼貌而又有趣的语言来招呼你的顾客。语言是很巧妙的，有时一句话就能创造出良好的沟通气氛，把顾客当作自己朋友，很轻松地就搞定一单生意。

7. 店铺功能

店铺的功能很多，有很多可以为自己宣传推广的地方，不要放过任何一个。

（1）店名：起一个响亮、好记、独特的店名很重要。一个比较好的店名能给买家留下深刻的印象。一个符合自己的好名雅号，能给人心理上以暗示和引导，获得自信与成功。

（2）店标：一个漂亮的动态店标，就好比是店铺的左眼。店标可以是文字的也可以是商品照片。不管是什么，只要做得生动、漂亮，就会给买家留下一个深刻的印象。建议店标做成动态的，最好与店铺经营的商品有关。

（3）店铺公告：店标是店铺的左眼，那么店铺公告就是右眼，同样不可忽视。在公告栏里，可以把店铺的最新动态、最新商品和店里的一些优惠促销活动写在上面。语言要精练简短，不要废话连篇，否则买家不会有耐心看完的。公告栏最好做一个漂亮的图片，效果很不错，再放上一个计数器，方便店主自己统计每天店铺的浏览量。

（4）店铺推荐：每个店铺都有六个店铺推荐位，买家进到网店最先看到的就是店内的店铺推荐商品。可以把店铺最好、最优秀、价格最低、数量多、快要下架的商品设置在上面。吸引住顾客的眼球才能让买家继续往下看。店铺推荐最好两三天就更换，让买家感觉到卖家是一个用心的店主，让买家有一种新鲜的感觉。

（5）店铺介绍：在网店的店铺介绍里面，内容不用过于拘谨。可以介绍一下店铺经营方式、商品特征属性、与其他店铺相比有哪些优势，等等。

（6）评价解释：评价解释就是在卖家和买家交易成功、互相评价后，有一个解释，可以以幽默的话语来解释，可以简单地推广一下自己的商品，给自己做一个小广告。

第三节　店铺装修

店铺的首页体现了店铺的形象，起着非常重要的作用。店铺的设计应该在考虑经营商品和所接触顾客特点的基础上，力求新颖，显示个性，尽量与相应顾客群的审美需求相吻合，吸引顾客的眼球，让买家从视觉和心理上感受到店主对店铺的用心，并且能够最大限度地提升店铺在买家心中的形象，有利于网店品牌的形成，提高浏览量。与此同时，店铺的装修还可以更好地延长顾客在店铺的停顿时间，从而增加店铺的点击量。

在进行店铺装修前，首先应全面了解店铺销售的商品种类、规模和特点，以便使之尽量与店铺的外部形式相结合。在设计构思上，要体现店铺的内涵及文化、体现店主一定的艺术修养和空间造型创新意识，还要有一定的营销功能，保证店铺设计的高质量。总之，一个好的店铺设计的最终目标是促销商品，顺利获得利润；引导顾客方便出入、安全选购；成功展示商品、提升店铺形象。

一、店铺布局

店铺装修并不是简单地美化，而是要做好全局规划，从各种视觉元素入手，去打造一个整体的形象。合理的布局才能指引整个店铺营销过程，并做到有的放矢。

1. 整体布局

在店铺布局的时候，一定要以店铺定位为中心，统一风格，注意突出店铺主题、公共提醒、促销信息、风格体现等。

2. 店招

店招是店铺品牌的宣告，通过店招可以告诉买家店铺销售的产品类型。其次，在店铺招牌上有一个非常重要的区域，那就是首页导航。首页导航一般有三种类型：第一种是根据店铺的主营产品在导航上分类，第二种是根据购物规则、购物流程等在上导航上分类，第三种是根据特别产品在导航上分类。首页导航不仅可以减少沟通，引导购物，还可以推荐产品，可见首页导航的布局非常重要。

3. 店铺公告促销

店铺公告的重要性是显而易见的，好的店铺公告促销，可以调动买家情绪。店铺公告可以是风格体现、单品秀、店铺宣传，也可以是突出的广告信息或促销信息，店铺公告的布局最好仅次于店招，以便于抓住买家的第一眼。

4. 掌柜推荐

掌柜推荐的产品最好是选择店铺最有竞争力的宝贝，应尽量满足需求量高、性价比高、宝贝图片清晰且详细的条件。建议陈列出与品牌的优势、卖点相关的商品，使店铺商品种类众多，让消费者感觉很热闹，亮出价格优势，展示热门商品。

5. 宝贝分类

宝贝分类是为了方便买家查找而形成的，在制作宝贝分类的时候一定突出重点，提升核心商品的曝光。其次在宝贝分类上一定要考虑到买家的搜索习惯，新品和特价促销商品的分类尽量放在靠前的位置。分类方式可自由选择、自由搭配，如一级分类按照属性划分，二级分类按照产品风格划分。商品分类的名称要方便顾客挑选商品，尽量不要出现无宝贝的分类，主要做到清晰明了，一目了然。

6. 自定义区

自定义区可以添加品牌介绍、物流介绍或邮费介绍、售后服务和退换要求、促销信息、活动资讯等。店铺可设置为五个自定义页面完善店铺的服务条款，减少客服工作量，提高工作效率。宣传店铺品牌、成长历史、店铺故事、品牌故事等，让消费者认可。建议所有的自定义页面包括品牌介绍、购物须知等页面与首页的风格相统一，推广活动页面主题要明确，与热门字眼等内容相结合，选取的商品需要代表性。

二、店铺装修案例

以下以 http://shop65536299.taobao.com/ 的店铺装修为例，讲述店铺装修的步骤。

1. 店铺基本设置

首先进入我的淘宝——我是卖家，对店铺进行基本设置。

包括店铺名称、店铺类别、店铺介绍等内容。根据自身情况将相关完成。

其中，店铺介绍部分可插入多种格式的内容，包括文字、图片、flash，也可对相应的内容添加超链接和使用 html 编辑器进行编辑等。

注意：若要插入图片，则图片需要先传入图片空间中。编辑完成后点击"保存"按钮。

2. 图片空间

图片空间主要是用来存放店铺装修及宝贝描述中要使用到的图片并获取图片地址的。

从我的淘宝中点击"图片空间"。

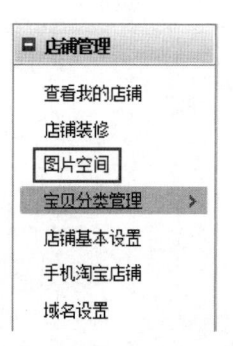

进入图片空间页面。

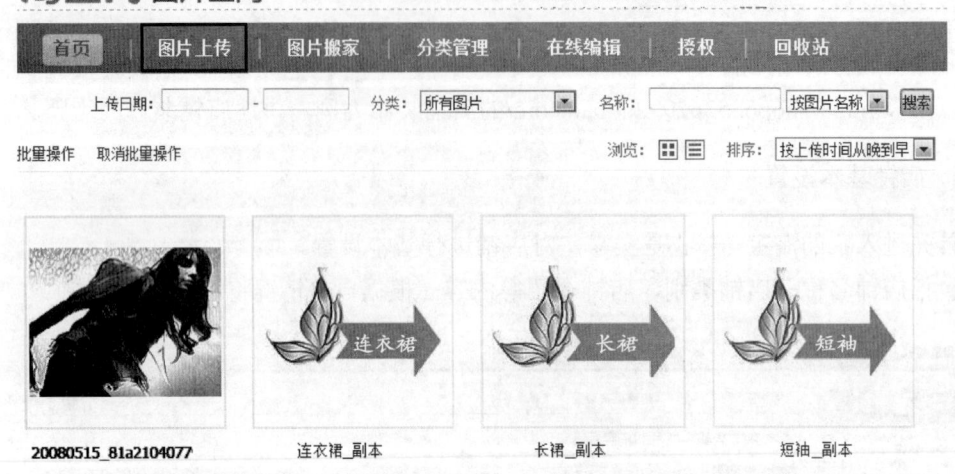

首先要上传需要用的图片。具体做法：在图片空间页面点击图片上传。

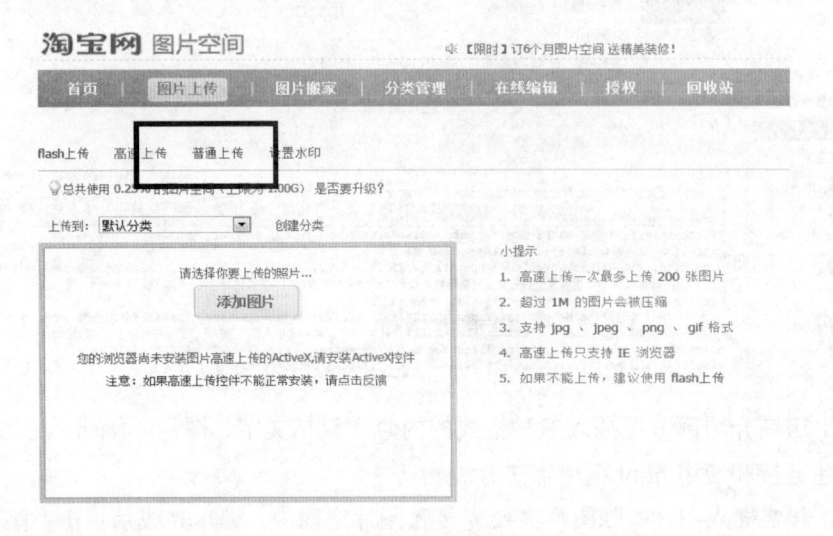

选择"普通上传"。

点击"浏览"开始添加。完成后点击"开始上传"。

要获取图片地址只需点击该图。就跳转到图片页面，选择"复制链接"。就将图片的地址获取了。也可在此页面对图片进行在线编辑。

三、店铺装修

进入装修页面有两种方式：一种是从我的淘宝—我是卖家进，另一种是通过阿里旺旺卖家版界面进。

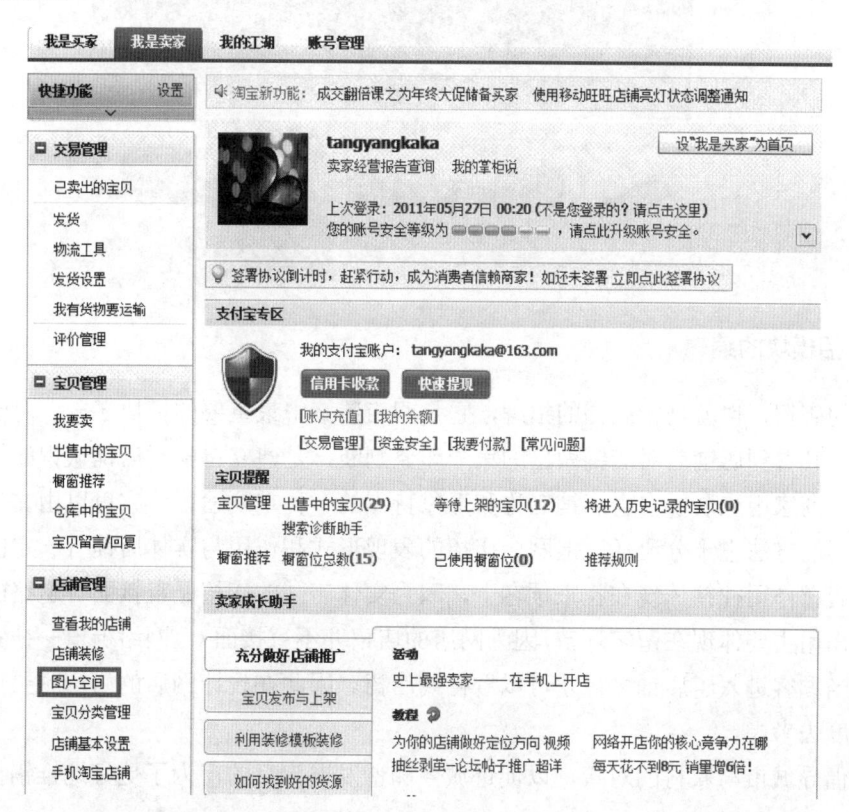

点击"店铺装修"进入装修页面。

在此可以对店招、宝贝分类等模块的内容进行编辑。

1. 店招模块的编辑

  店铺的店招，也就是指店铺的招牌，它是网店装修中最重要的模块之一。对于顾客来说，店招是其看到店铺后对店铺做出的第一印象判断，是建立自身对店铺认识的第一步，所以店招是商家用来展示自身店铺名称和形象特点的一种重要途径，它可以由文字和图案组成，表现的方法也十分灵活。但网店店招的表现形式和作用与实体店铺有一定区别，实体店铺的店招作用往往体现在拉来顾客上，因为实体店铺的店招是直接面对道路的。而网店店招的作用主要体现在留客环节，因为网店的店招并不直接面对"网络街道—搜索页面"，而是只有当顾客进入了店铺之后才可以看得到店招。因此在设计网店的店招时要更多地从留客的角度去考虑。

  为了倡导城市与农村的对接，以促进城乡和谐发展为目的，为了更好地推销自身的农产品，作为农户应积极在淘宝网上建立平台。对于网店来说，店招的形式大致可分为两种：一种是动态图片，另一种是静态图片。目前动态的店招图片使用的基本是 gif 动画，表现手法生动活泼。静态图片的格式比较多，制作也相对简单，能满足大部分卖家对店铺装修的要求。卖家可以采取了静态的店招制作。不同的装修展示形式具有不同的制作效果，如静态图片，其展示的形式比较自主和简单，可以使用简单的图片设计制作而成，也可以通过代码等形式展示店招内容，而后者（编写代码的形式）可以使得店招更加丰富和多样化，如可以在店招中添加爆款商品、购物车等快捷窗口。

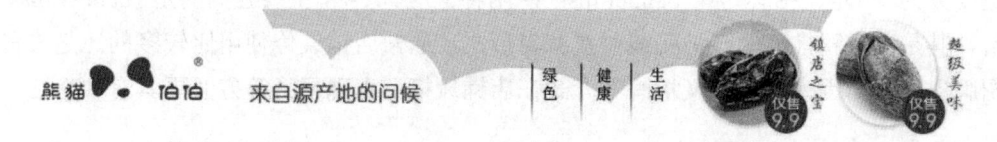

动态店招主要使用的是图像互换格式（graphics interchange format，gif）动画，其表现手法生动活泼，也可以通过 flash 动画形式来展示。

针对店招，一般默认的表现形式为"背景图片 + 店铺名称"，这种设置非常简单，其中的背景图片不但可以更换，还可以使用店铺默认的招牌背景图片。因此很多卖家会选择简单的店招形式来表现店铺的第一吸引力。另外，店招顶部模块基本默认为 950×150px，顶部模块包括店铺招牌和导航条。如果设置店招高度超过 150 px，店招就会被挤压或变形，因此对于卖家来说在设计店招过程中一定要注意店招的高度标准。

（1）静态店招制作：在进行静态店招制作前的第一步，首先要明确两个问题，淘宝店铺的店招部分的装修该从哪里下手，怎样去下手。

① 明确店招装修步骤：首先进入淘宝页面，点击"我是卖家"就会在出现的页面左栏"店铺管理项"中看到"店铺装修"一项。

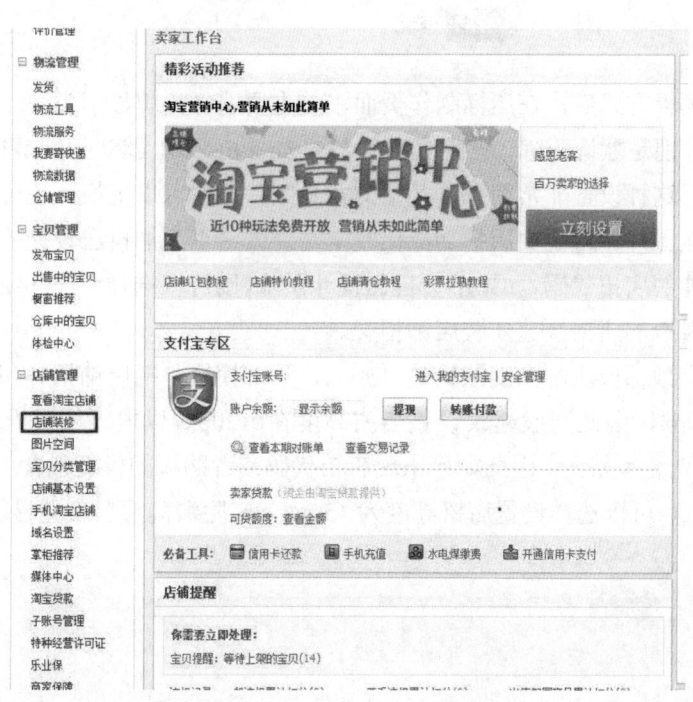

这时点击"店铺装修"项，页面将会跳转至店招编辑页面，在这个页面栏的右上角会出现编辑的图标。

在点击"编辑"后，就可以进入店招编辑模块，开始对店招进行编辑。其中，店招编辑主要分为"自定义招牌"和"banner msker"两种方法。其中，主要强调的是"banner msker"编辑，其是淘宝网推出的一种在线付费编辑形式，通常店铺装修使用比较多的还是"自定义招牌"编辑，因为"自定义招牌"方式在店铺风格、表现形式等方面更具有独特性。

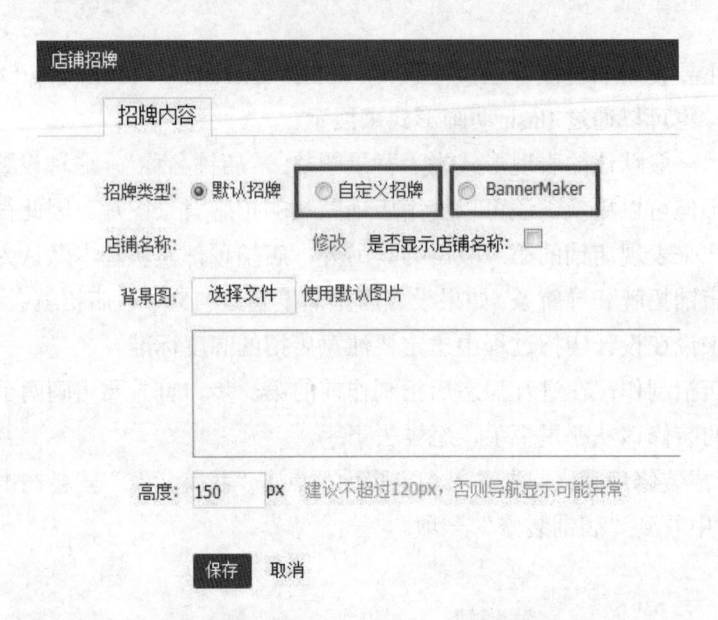

在选择好编辑方式后，在店标制作页面，首先要选择招牌显示类型。常见的招牌显示类型有三类，分别是默认招牌、自定义招牌与 banner maker。默认招牌是指"背景图片+店铺名称"显示，这种设置非常简单，其中的背景图片不但可以更换，还可以使用淘宝店铺默认的招牌背景图片。自定义店招功能比较丰富，既可以添加自己设计的店招图片，也可以安装更多功能的店招代码，如果不会自己设计图片，则可以选择考虑 banner maker 显示，通过购买淘宝付费的店招快速安装店铺招牌。

另外，淘宝顶部模块的高度默认是 150px，顶部模块包括店铺招牌和导航条，其中导航条高度为 30px，因此一般建议设置店招高度在 120px 以内。如果设置店招高度超过 120px，导航条就会被挤压，因此如果出现店招代码或者购买的模板包含了导航条，即店招本身高为 150px，可以选择设置店招高度为 150px，来隐藏淘宝自带的导航条。

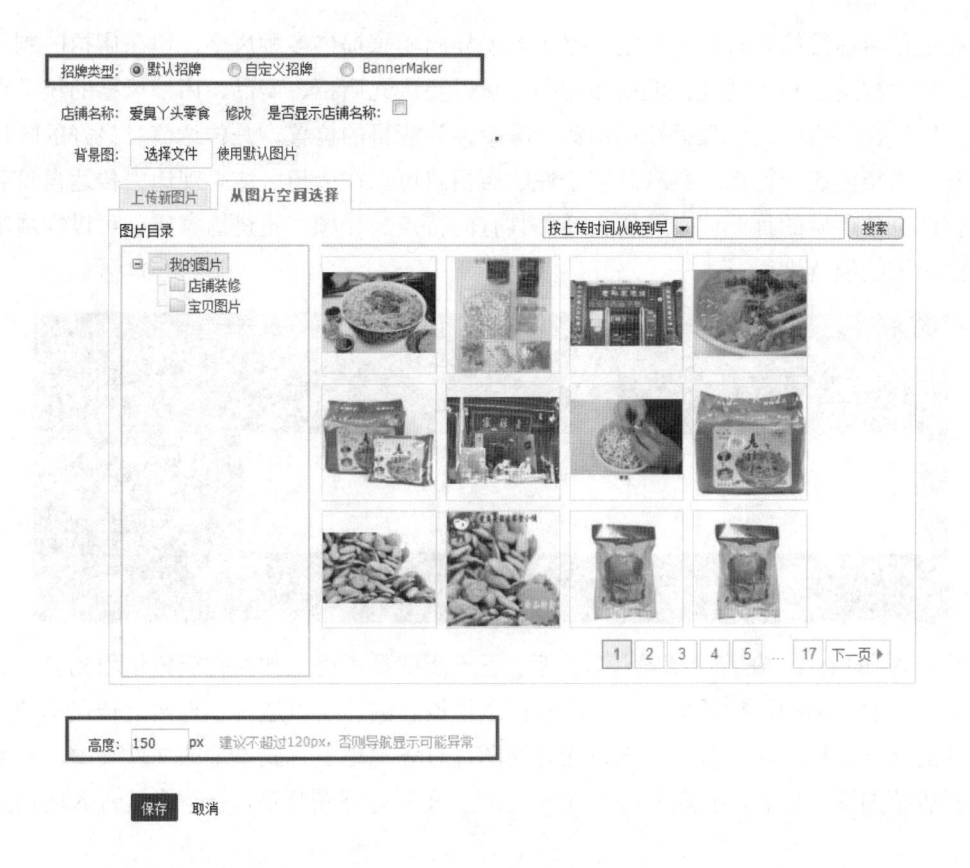

② 店招的设计与制作：随着店招的重要性日益被卖家重视，为了更好地突出自身的特点，利用好店招这一"利器"，一般情况下，店家都会考虑以自定义店招的方式来创造自身品牌的独特性。农享网的店招就遵循了店招设计的基本原则，不但直观明确的告诉客户自己的店铺的商品定位，还突出了店铺的卖点、自身的优势及与其他店铺的差异化。而在淘宝装修中，店铺招牌的设计尺寸一般为"960×150px"，格式为 jpg 格式或者 gif 动态格式，图片的大小不能超过 80KB。如何在 950×150px 的小小面积上向客户传达更有价值的信息，是店招设计的技巧。利用 PS 软件就可以很好地得出精确的图片尺寸设置。

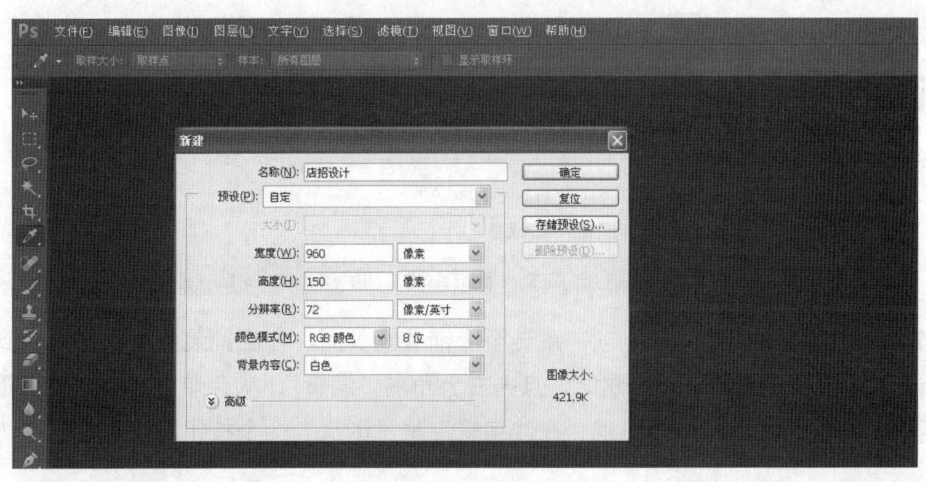

在进行店铺装修的时候，淘宝根据个人差异向卖家提供多种风格，但在店招的制作风格上，很大程度上和店铺经营的商品相关，所以要讲究店招、商品、店铺风格的统一性。并且，店招在网店中，一直处在店铺第一屏中最为醒目的位置，是传达信息最好的阵地，因此利用店招的这一特点，具有鲜明个性的店招就可以在店招区域直观地去传达自身店铺的经营信息、所属的行业信息及所卖商品具有的特点。让顾客走进这家店就可以很清晰地了解到店铺的经营性质。

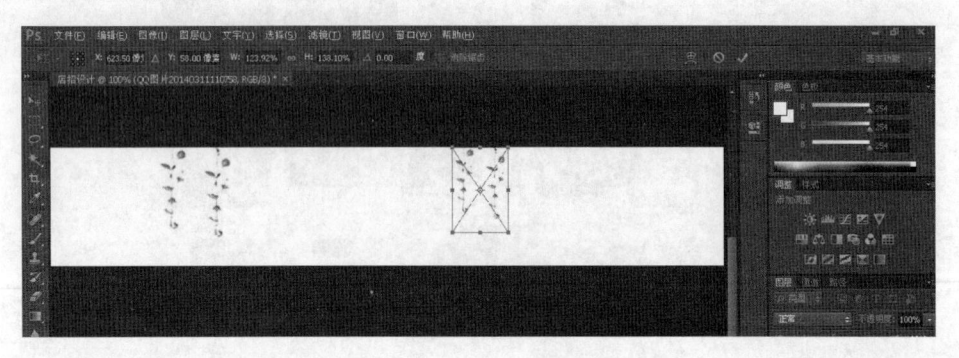

③ 店招的上传：在将店招设计好之后，下一步就要考虑该如何把店招运用到自己的淘宝店上去。农享网的店招是根据自身特点在本地设计的，所以选择了直接上传在本地制作的图片的方式上传店招。首先，把设计好的图片有条理地整理到本地的文件夹中，并要注意选择店招的图片格式，一般默认为 jpg 格式。在保存好图片后，接下来就进入店招上传的步骤了。

第一步，先登录淘宝网，登录成功后，进入"我的淘宝"点击"我是卖家"项，跳转至卖家页面。在卖家页面，可以看到左栏"店铺管理项"中的细分列表里有"店铺装修"一项。

第二步，点击"店铺装修"项，跳转至店铺装修页面，在店铺装修页面可以看到在其的右上角，会有"编辑"一项。这时，点击右上角的"编辑"，就会弹出一个上传店招图片的对话框，在这个对话框中会出现"在线编辑"与"浏览"两个按钮，由于是要上传本地

店招图片，所以点击"浏览"按钮，浏览已保存好的店招图片，确定好图片的选择后，点击"保存"按钮，这样就可以将默认的店招替换成本地的店招图片了。

第三步，也是最后一步。点击页面右上角的"发布"键，只有点击了发布键后，才可以确保替换的店招最终成功的被运用到淘宝店中。

（2）动态店招制作：相比静态店招的制作，动态店招需要提前准备好相关设计素材，如制作动画的素材图片等。打开收集好的素材。

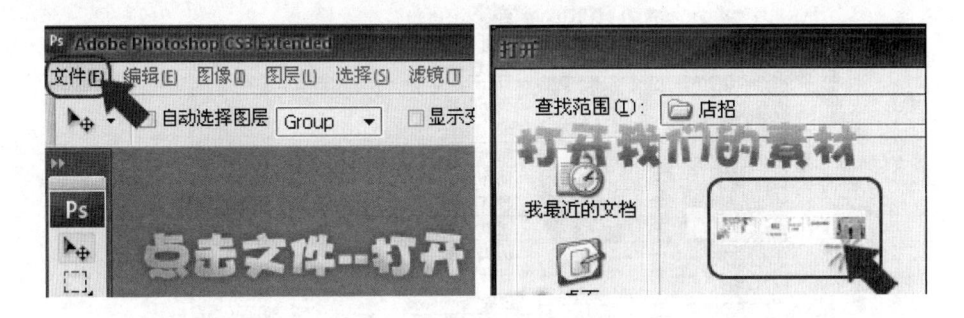

打开两个素材后，将它们放到同一个文档内，将素材 1 拖拽至素材 2 中，其中需要注意的是，如果图层被上锁或者模式被设置成了"索引"就无法完成，所以需要注意图层状态。完成拖拽后，打开图像选项，选择"模式"，然后在模式中选择修改"RGB 颜色模式"。

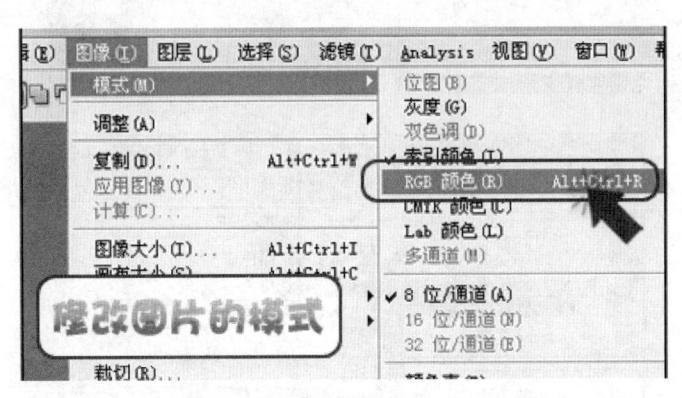

修改好两个素材的模式后，将其中一个素材图层拖拽到另外一个素材内，并且将两个素材位置设置好。

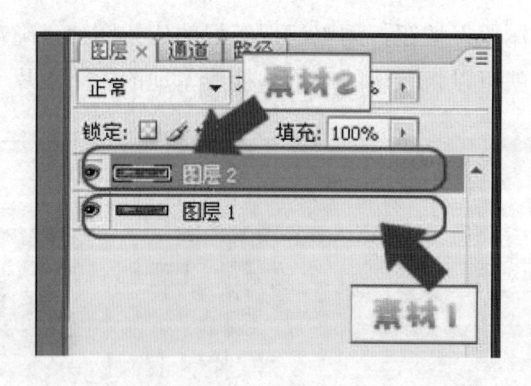

接下来，就可以转到 ImageReady 软件中工作了。首先要把文件保存，将其命名为"动态.psd"。之后打开 ImageReady 软件，执行"文件"→"打开"命令打开"动态.psd"。制作动画需要打开的面板有"动画""图层"及"优化"面板，如下图所示。单击"窗口"，选择需要打开的面板，依次完成操作。

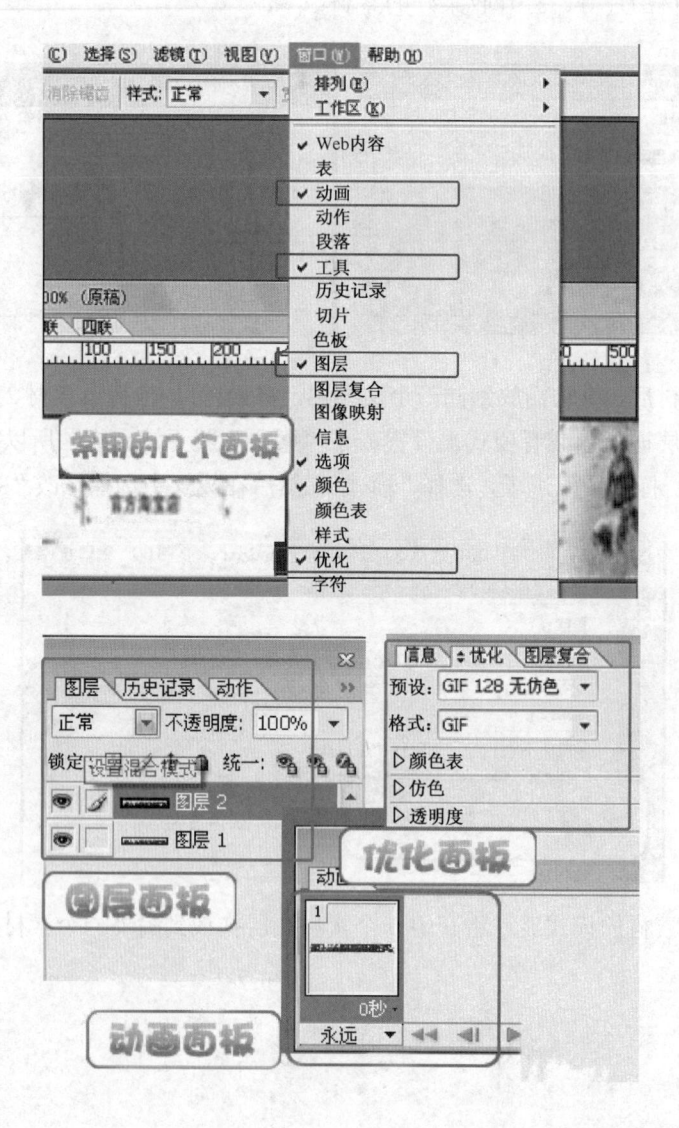

打开面板后，就可以开始制作动画了。先新建一帧，设置每一帧的延迟时间，选择的是 0.2 秒/帧。

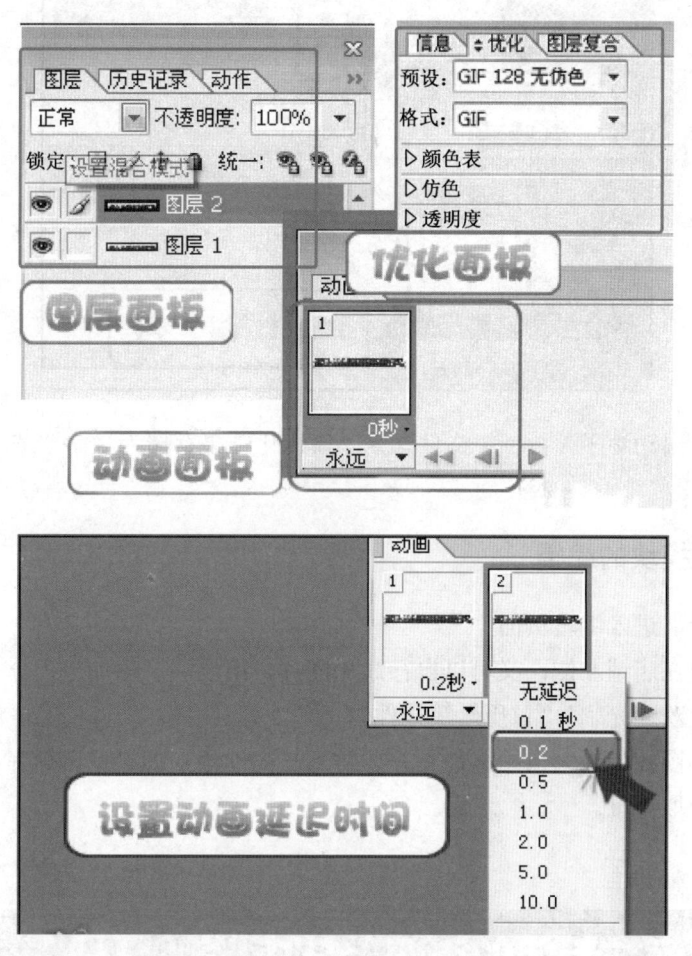

接着开始设置每一帧的显示。新建一帧，设置第一帧显示第一层的图片，第二帧显示第二层的图片，依次将每一帧设置好。

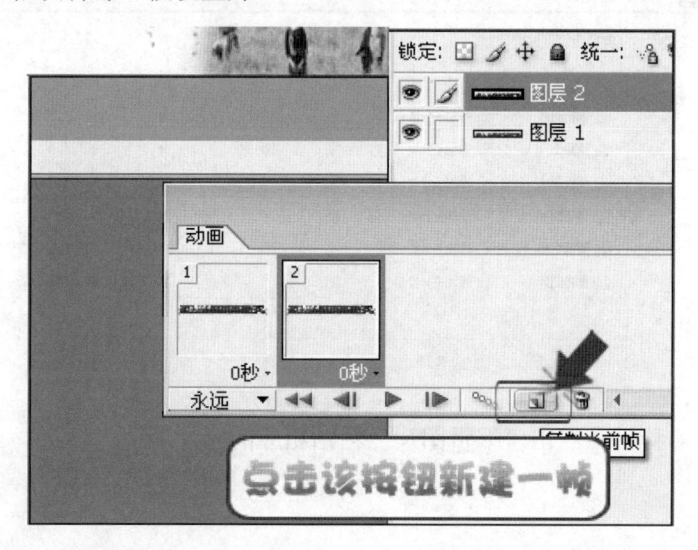

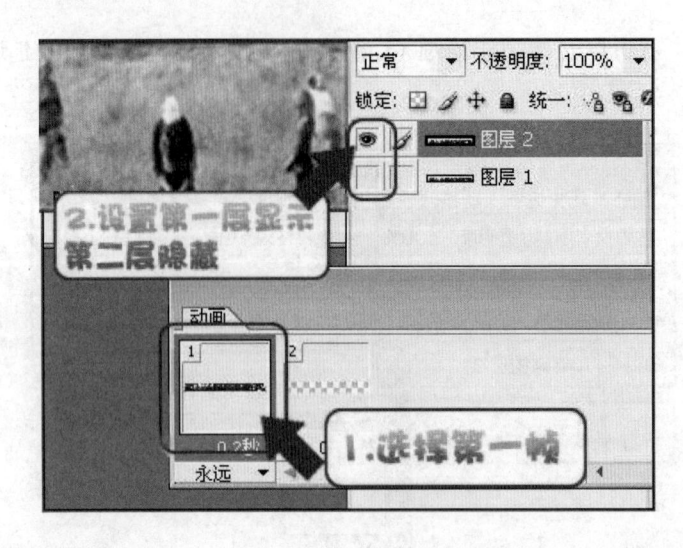

接着可以导出动画了，执行"文件"→"将优化结果存储为"命令，在"格式"中选择"gif"即可。

四、宝贝分类模块的编辑

点击"编辑"进入编辑页面

由于此模块在店铺左侧，又可以自行添加图片，所以除了添加宝贝分类图片外在此模块中可以添加"欢迎光临""日历"等挂件。

宝贝分类的图片如果来自网络，首先要得到它的地址，如果是自行制作的要先传到图片空间，然后获取地址。

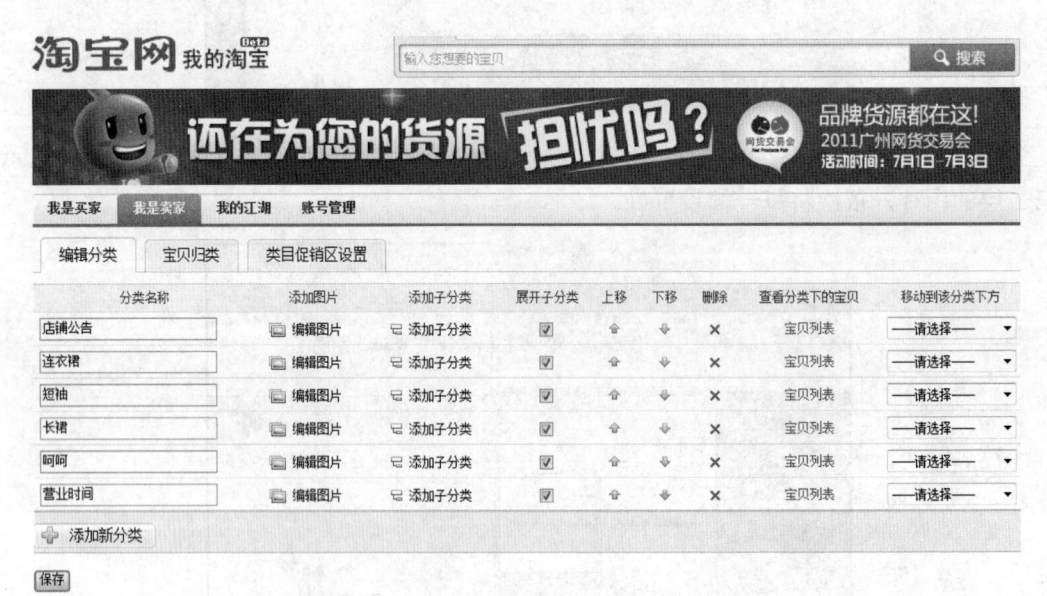

选择好分类名称，在点击"编辑图片"粘贴相应的图片地址。

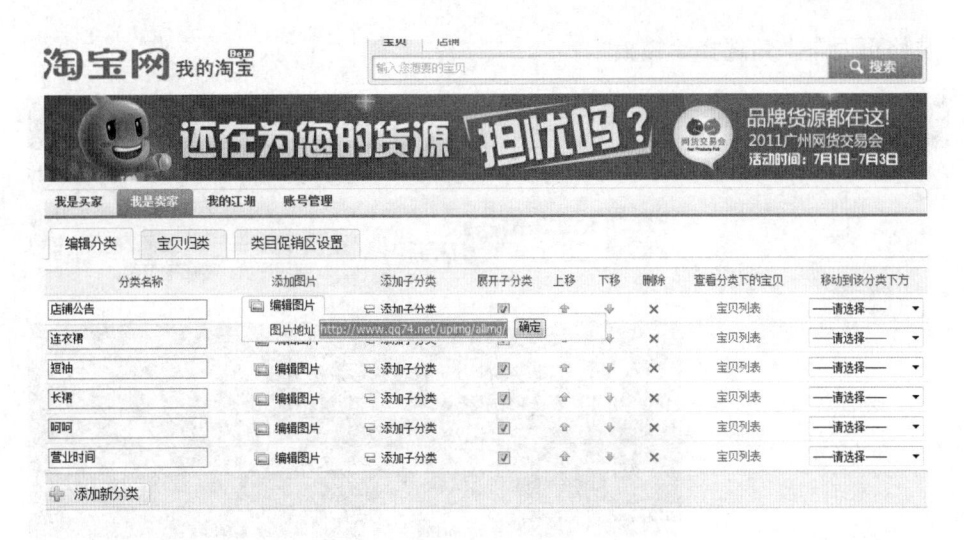

完成好宝贝分类就可对店铺中的宝贝进行归类了。

点击"宝贝归类"

进入"宝贝归类"页面，点击"添加所属分类"，将该宝贝归入先前已分好的类别。

1. 店铺模板编辑

店铺模板是店铺每个模块矩形条框的颜色。

在装修页面左上角选择"模板"。

选择适合店铺风格的模板颜色。点击相应的颜色即可。

2. 布局管理

在装修页面的右上角,选择"布局管理"。

在此可对首页的布局进行管理。

例如，可将自定义模块移至店招下方的位置，因为在自定义模块中我们可以添加图片等内容。这样可以让店铺更丰富。

自定义模块的编辑与店铺介绍的编辑类似。

热卖宝贝等宝贝展示模块的编辑，选择编辑可对宝贝显示方式等内容进行设置。

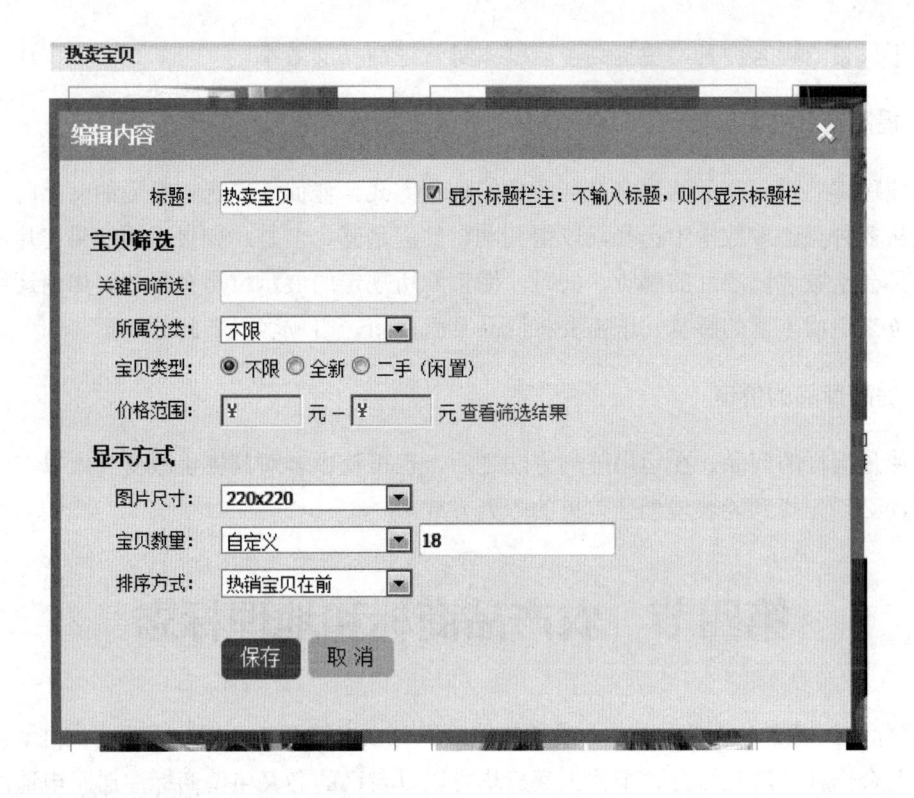

五、店铺商品陈列

值得注意的是店铺商品的陈列,店铺商品的陈列是店面广告的一个重要形式,卖家的工作效率、服务质量与商品的陈列也有密切的联系,因此,商品的陈列在一定程度上决定着店铺的销售情况。

店铺商品的陈列应注意以下原则。

1. 显眼

所谓显眼即店铺为使"最想卖的商品"容易卖出,尽量将它设置于显眼的位置,也可称为有效陈列。

在进行有效陈列时,必须先考虑商品的特点及其购买频率,对于想要售出的商品,尽量选择陈列在能引人注目的场所。即使在同样的场所中,这些被称为黄金线上的商品,在有效陈列范围中也要集中展示于最显眼的位置上,同时将畅销商品及想要尽快卖出的商品适当地陈列在高效率的位置上。

2. 合理分类

在商品陈列时还应考虑商品的分类情况,在分类时首先要考虑商品的关联性然后再进行分类。各个店铺的规模及所涉及的行业不同,具有不同的分类。具体进行时,首先应以大分类方式将商品进行分类;其次将它以用途、制造商的分类方式来进行分类;最后则是以价格、设计的小分类方式进行分类。像这样将商品明确地分类之后,再集合展示的陈列方法，不只带给顾客便利，更提高了店铺本身管理商品的效率。

3. 提高商品的新鲜度

是使顾客感觉到商品的丰富及活泼性的陈列方式。任何人在选择喜爱的商品时，当然都喜欢从多种类、多数量中选择，以得到购物的满足感。但是，如果店铺如果充斥着大量的商品又会给顾客以凌乱的感觉，同时，淘宝网所规定的展示位是有限的。如何运用有限的展示位来造成丰富的感觉，就需要将商品及时更新，给顾客以新鲜的感觉。

4. 提高商品的价值

即使是同样的商品，在运用陈列方法之后，也可使顾客对其评价改变。所以在进行陈列之前，必须先找到能表现最佳效果的陈列方式。

第四节　农产品商标和地理标志

《商标法》规定，自然人、法人或者其他组织可以申请商标注册。因此，农村承包经营户、农业合作社、产业协会、个体工商户均可以以自己的名义申请商标注册。申请注册的商标应当具有显著性，不得违反《商标法》的规定，并不得与他人在先的权利相冲突。办理商标注册申请需要提交《商标注册申请书》、证明申请人身份的有效证件的复印件及其他文件。申请人可以委托商标代理机构办理商标注册申请手续，也可以直接到国家工商行政管理总局商标局办理商标注册申请手续。

一、农产品商标

1. 普通商标

商标是商品的生产者、经营者在其生产、制造、加工、拣选或者经销的商品上或者服务的提供者在其提供的服务上采用的，用于区别商品或服务来源的，由文字、图形、字母、数字、三维标志、声音、颜色组合，或上述要素的组合，具有显著特征的标志，是现代经济的产物。在商业领域而言，商标包括文字、图形、字母、数字、三维标志和颜色组合，以及上述要素的组合，均可作为商标申请注册。

农产品商标是商品商标的一种，是农业生产经营者在农产品上使用的，用以区别农产品来源的标记。农产品作为农业生产中出产的产品，既包括植物类、畜牧类和渔业类等食用类农产品，又包括干草、香精油、动物皮毛等非食用类农产品。从农副产品商标所涉及的商品范围来看，依据2017版商标分类表，涉及"国际分类"中的第29～33类。

第29类：肉、鱼、家禽和野味；肉汁；腌渍、冷冻、干制及煮熟的水果和蔬菜；果冻、果酱、蜜饯；蛋；奶和奶制品；食用油和油脂。

第30类：咖啡、茶、可可和咖啡代用品；米；食用淀粉和西米；面粉和谷类制品；面包、糕点和甜食；食用冰；糖、蜂蜜、糖浆；鲜酵母、发酵粉；食盐；芥末；醋，沙司（调味品）；辛香料；冰。

第 31 类：未加工的农业、水产养殖业、园艺、林业产品；未加工的谷物和种子；新鲜水果和蔬菜、新鲜芳香草本植物；草木和花卉；种植用球茎、幼苗和种子；活动物；动物的饮食；麦芽。

第 32 类：啤酒；矿泉水和汽水及其他不含酒精的饮料；水果饮料及果汁；糖浆及其他制饮料用的制剂。

第 33 类：含酒精的饮料（啤酒除外）。

此外，第 20 类的木、软木、苇、藤、柳条等家俱及其部件在某种意义上也算农副产品商标。

综上所述，农产品通过农业生产或者简单的初级加工形成，它的性质和特点主要受到当地的土壤、气候、环境和加工工艺的影响，消费者被特定农产品的特点所吸引，农产品商标便起到指引消费者进行选择的作用。

2. 证明商标

证明商标是指由对某种商品或者服务具有监督能力的组织所控制，而由该组织以外的单位或者个人使用于其商品或者服务，用以证明该商品或者服务的原产地、原料、制造方法、质量或者其他特定品质的标志（特定品质包括特定质量、信誉或者其他特征）。证明商标应由某个具有监督能力的组织注册，由其以外的其他人使用，注册人不能使用。它是用以证明商品或服务本身出自某原产地，或具有某种特定品质的标志。只要当事人提供的商品或服务符合这一特定的品质并与注册人履行规定的手续，就可以使用该证明商标，注册人不得拒绝。证明商标是由多个人共同使用的商标，因此其注册、使用及管理需制定统一的管理规则并将之公诸于众，让社会各界共同监督，以保护商品或服务的特定品质，保障消费者的利益。

证明商标有效期为 10 年，专用权自核准注册之日起计算。

（1）证明农产品具有特定质量，如绿色食品、无公害食品或者有机食品。农业部门称其为三品，在三品上分别使用标志被人们称为绿标。三品或绿标均涉及农产品质量安全，是农产品质量安全策略中重要组成部分。

（2）证明特定品质与原料之间关系。如纯羊毛标志、真皮标志、纯棉标志，用于白酒上的纯粮固态发酵标志。

（3）证明特定品质与产地之间关系。如洛川苹果、涪陵榨菜、金华火腿等，这类商标被称为地理标志。

3. 集体商标

集体商标是指以团体、协会或者其他组织名义注册，供该组织成员在商事活动中使用，以表明使用者在该组织中的成员资格的标志。集体商标不是个别企业的商标，而是多个企业组成的某一组织的商标。集体商标可以使用于商品，也可以使用于服务。集体商标由该组织的成员共同使用，不是该组织的成员不能使用，也不得转让。为适应集体商标"共有"和"共用"的特点，它的注册、使用及管理均应制定统一的规则，并将之公诸于众，由集体成员在公众的监督下共同遵守。目前我国种植业、养殖业、纺织业、加工业已经发展到非常适用集体商标的时代。

集体商标与证明商标相同，其有效期为10年，专用权自核准注册之日起计算。

二、农产品地理标志

农产品的生产与气候、土壤和特定的加工技巧紧密联系，自然因素对于农产品特色的形成起着决定性作用，除了有较强的环境因素外，一个区域的农产品还具有较强的人文性。特色农产品作为商品在市场上的竞争力取决于产地的环境因素和人文因素，农产品尤其是特色农产品的名称前面多冠以地名，所以在农产品商标中含地理标志最为常见。

所谓农产品地理标志证明商标具有证明商品中的原产地、原料、制造方法、质量或者其他特定品质的特殊功能，使地理标志证明商标成为名优特农产品独特品质的载体。它能够给消费者提供该农产品具有的特定质量、独特品质，发挥着沟通生产者与消费者的桥梁与纽带作用。

农产品地理标志是一种特殊的农产品商标，在农产品商标中占有很大比重。我国是一个有着悠久历史和丰富传统文化的国家，许多地方都培育了自身的特色农产品，比如洛川苹果、宁夏枸杞、蒲城酥梨、西湖龙井等，这些特色农产品在商标制度在我国建立之前就已经家喻户晓了。在缺乏商标制度保护的情况下，这些特色农产品在生产销售者在商品名前冠以地名将本地特产与其他地区的同类产品区分开来，随着时间的推移，这一行为产生品牌效应，于是就出现了农产品大量使用地理标志作为商标的情况。

三、农产品商标注册

1. 途径

（1）委托在商标局备案的商标代理机构办理。

（2）申请人直接到商标局的商标注册大厅办理。

2. 办理步骤

（1）委托商标代理机构办理证明商标或集体商标注册申请的，申请人可以自愿选择任何一家在商标局备案的商标代理机构办理。所有在商标局备案的商标代理机构都公布在"代理机构"一栏中。

（2）申请人直接到商标局的商标注册大厅来办理证明商标或集体商标注册申请的，申请人可以按照以下步骤办理：

申请前查询（非必须程序）→ 准备申请书件 → 在商标注册大厅受理窗口提交申请书件 → 在打码窗口确认提交注册申请→ 在交费窗口缴纳商标注册规费 →领取规费收据。

申请人领取收据后，提交商标注册申请工作就已完成。商标局会以邮寄方式向申请人发放各种文件,《商标注册申请受理通知书》3个月左右可以收到。

3. 申请前的查询（非必须程序）

一件证明商标或集体商标从申请到核准注册至少需要6个月。申请后如果被驳回,一方面损失商标注册费,另一方面重新申请注册还需要时间,而且再次申请能否被核准注册仍然处于未知状态。因此,申请人在申请注册前最好进行商标查询,以便确认是否存在在先商标权。委托商标代理机构办理注册申请的,由商标代理机构负责查询。

4. 申请书件的准备

（1）证明商标需要提交的申请书件

① 加盖申请人公章的商标注册申请书。

② 证明商标申请人主体资格证明文件及复印件,或者加盖申请人印章的有效复印件,并应当详细说明其所具有的或者其委托的机构具有的专业技术人员、专业检测设备等情况,以表明其具有监督该证明商标所证明的特定商品品质的能力。

③ 证明商标使用管理规则。

④ 商标图样6张（申请书背面贴1张,交5张）,要求图样清晰,规格为长和宽大于5厘米小于10厘米。若指定颜色,贴着色图样1张,交着色图样5张,附黑白图样1张。

⑤ 直接来商标注册大厅办理注册申请的,须提交经办人的身份证及复印件（原件经比对后退还）；委托商标代理机构办理注册申请的,须提交商标代理委托书。

⑥ 如申请注册的证明商标是人物肖像,应附送经过公证的肖像权人同意将此肖像作为商标注册的声明。

（2）集体商标需要提交的申请书件

① 加盖申请人公章的商标注册申请书一份。

② 集体商标申请人主体资格证明文件及复印件,或者加盖申请人印章的有效复印件。

③ 集体商标使用管理规则。

④ 集体成员名单。

⑤ 商标图样6张（申请书背面贴1张,交5张）,要求图样清晰、规格为长和宽大于5厘米小于10厘米。若指定颜色,贴着色图样1张,交着色图样5张,附黑白图样1张。

⑥ 直接来商标注册大厅办理注册申请的,须提交经办人的身份证及复印件；委托商标代理机构办理注册申请的,须提交商标代理委托书。

⑦ 如申请注册的集体商标是人物肖像,应附送经过公证的肖像权人同意将此肖像作为商标注册的声明文件。

（3）地理标志作为集体商标、证明商标申请注册的,除提交商标注册申请书、申请人主体资格证明文件或者加盖申请人印章的有效复印件、商标使用管理规则、商标图样等书件外,还应提交以下书件：

① 地理标志所标示地区的人民政府或者行业主管部门授权申请人申请注册并监督管理该地理标志的文件。

② 地理标志所标示的商品的特定质量、信誉或者其他特征与该地理标志所标示的地区的地域环境或人文因素决定的说明。

③ 地理标志产品客观存在及信誉情况的证明材料（包括县志、农业志、产品志等）并加盖出具证明材料部门的公章。

④ 地理标志所标示的地域范围划分的相关文件、材料。相关文件包括县志、农业志、产品志中所表述的地域范围或者是省级以上主管部门出具的地域范围证明文件。

⑤ 地理标志申请人具备监督检测该地理标志能力的证明材料。申请人具备检验检测能力的，提交检验设备清单及检验人员名单，并加盖申请人的公章。申请人委托他人检验检测的，应当附送申请人与具有检验检测资格的机构签署的委托检验检测合同原件，并提交该检验检测机构资格证书的复印件及检验设备清单、检验人员名单，并加盖其公章。

⑥ 外国人或者外国企业申请地理标志集体商标、证明商标注册的，应当提供该地理标志以其名义在其原属国受法律保护的证明。

5. 有关书件的具体要求

（1）根据《商标法实施条例》第十五条规定，商标注册申请等有关文件，应当打字或印刷。对于手写的证明商标或集体商标申请书件，商标局不予受理。

（2）填写商标注册申请书时，申请人的名义、章戳应与核准注册或者登记的名义完全一致。商品或服务项目应当按照《类似商品和服务区分表》填写规范名称，一份申请书只能填写一个类别的商品或服务。商品或服务名称未列入《类似商品和服务区分表》的，应当附送相应的说明。

（3）如果申请注册的是证明商标，应在商标注册申请书的"商标种类"一栏中注明是证明商标；如果申请注册的是集体商标，应在商标注册申请书的"商标种类"一栏中注明是集体商标。

（4）证明申请人主体资格证明文件可以是企业的营业执照，或者事业单位、群众团体经登记成立的批准文件。集体商标注册申请人，应为某一组织，可以是工业或商业的团体，也可以是协会、行业或其他集体组织，而不是某个单一企业或个体经营者。

（5）证明商标使用管理规则应包括以下内容：使用证明商标的宗旨、意义或目的；该证明商标证明的商品的特定品质；使用该商标的条件；使用证明商标的权利、义务和违反规则应当承担的责任；注册人对使用该证明商标商品的检验监督制度。

（6）集体商标使用管理规则应包括以下内容：使用集体商标的宗旨；使用集体商标的集体成员的名称、地址、法定代表人等；集体商标指定使用的商品的品质；使用集体商标的手续；集体成员的权利、义务和违反规则应当承担的责任；注册人对使用该集体商标商品的检验监督制度。

（7）所有申请书件应当使用中文。向中国申请领土延伸的证明商标或集体商标应交送中文文本；如申请书件使用中文以外文字的，应附送中文译本，并以中文译本为准。

第五节　农产品认证

目前，我国农产品认证包括无公害农产品、绿色食品、有机农产品的认证。我国农产品认证借鉴和引入了工业产品的认证认可的经验和做法，统一认可制度、统一认可机构、统一认可标准和认可程序，保证了认可工作的公正、公开、公平。

一、绿色食品认证

1. 绿色食品

绿色食品是遵循可持续发展原则，按照特定生产方式生产，经专门机构认定，许可使用绿色食品标志商标的无污染、安全、优质、营养类食品。它具有一般食品所有具备的特征，即"安全和营养"的双重保证，"环境和经济"的双重效益。它是在生产加工过程中通过严密监测、控制、防范或减少化学物质（农药残留、兽药残留、重金属、硝酸盐、亚硝酸盐等）污染、生物性（真菌、细菌、病毒、寄生虫等）污染及环境污染而生产出来的。绿色食品在突出其出自良好生态环境的前提下融入了环境保护与资源可持续利用的意识，融入对产品实施全过程质量控制的意识和依法对产品被告标志管理的知识产权保护意识。

2. 绿色食品的特点

绿色食品与普通食品相比有以下三个特点：一是强调产品出自良好生态环境；二是对产品实行"从土地到餐桌"全程质量控制；三是对产品依法实行统一的标志与管理。

3. 绿色食品认证

绿色食品认证是指由权威的第三方机构，对食品按照有关绿色食品的标准进行检测，并出具检验报告，对符合标准的食品授予绿色标志的过程。

4. 绿色食品认证所需材料

申请人填写并向所在省绿办递交《绿色食品标志使用申请书》《企业及生产情况调查表》及以下材料：

（1）保证执行绿色食品标准和规范的声明。
（2）生产操作规程（种植规程、养殖规程、加工规程）。
（3）公司对"基地+农户"的质量控制体系（包括合同、基地图、基地和农户清单、管理制度）。
（4）产品执行标准。
（5）产品注册商标文本（复印件）。
（6）企业营业执照（复印件）。

（7）企业质量管理手册。

（8）要求提供的其他材料（通过体系认证的，附证书复印件）。

二、无公害农产品认证

1. 无公害农产品

无公害农产品指的是在无污染的环境中，采用安全的生产技术生产（如不使用高毒、高残留农药等），不影响人体健康和生态环境的农产品（或初级加工品）。无公害农产品的产地环境要符合无公害产地环境标准的要求，生产过程要符合无公害操作技术规程，合理使用农药化肥，加工环境和过程符合有关标准要求。

2. 无公害农产品产地要求

无公害农产品产地环境必须经过有资质的检测机构检测，灌溉用水(畜禽饮用、加工用水)、土壤、大气等符合国家无公害农产品生产环境质量要求，产地周围3公里范围内没有污染企业，蔬菜、茶叶、果品等产地应远离交通主干道100米以上；无公害农产品产地应集中连片、产品相对稳定，并具有一定规模。

3. 无公害农产品发展方向

坚持无公害农产品、绿色食品、有机农产品"三位一体、整体推进"的发展思路，加快发展进程，树立品牌形象。无公害农产品作为市场准入的基本条件，坚持政府推动为主导，在中快产地认定和强化产品认证的基础上，依法实施标志管理，逐步推进从阶段性认证向强制性要求转变，全面实现农产品的无公害生产和安全消费。

4. 无公害农产品认证

（1）认证性质：无公害农产品认证执行的是无公害食品标准，认证的对象主要是百姓日常生活中离不开的"菜篮子"和"米袋子"产品。也就是说，无公害农产品认证的目的是保障基本安全，满足大众消费，是政府推动的公益性认证。

（2）认证方式：无公害农产品认证采取产地认定与产品认证相结合的模式，运用了从"农田到餐桌"全过程管理的指导思想，打破了过去农产品质量安全管理分行业、分环节管理的理念，强调以生产过程控制为重点，以产品管理为主线，以市场准入为切入点，以保证最终产品消费安全为基本目标。产地认定主要解决生产环节的质量安全控制问题；产品认证主要解决产品安全和市场准入问题。无公害农产品认证的过程是一个自上而下的农产品质量安全监督管理行为；产地认定是对农业生产过程的检查监督行为，产品认证是对管理成效的确认，包括监督产地环境、投入品使用、生产过程的检查及产品的准入检测等方面。

（3）技术制度：无公害农产品认证推行"标准化生产、投入品监管、关键点控制、安全性保障"的技术制度。从产地环境、生产过程和产品质量三个重点环节控制危害因素含量，保障农产品的质量安全。

5. 无公害农产品认证所需材料

申请人可以直接向所在县级农产品质量安全工作机构提出无公害农产品产地认定和产品认证一体化申请，并提交以下材料。

（1）《无公害农产品产地认定与产品认证申请书》。

（2）国家法律法规规定申请者必须具备的资质证明文件（复印件）（如营业执照、注册商标、卫生许可证等）。

（3）《无公害农产品内检员证书》（复印件）。

（4）无公害农产品生产质量控制措施。

（5）无公害农产品生产操作规程。

（6）符合规定要求的《产地环境检验报告》和《产地环境现状评价报告》或者符合无公害农产品产地要求的《产地环境调查报告》。

（7）符合规定要求的《产品检验报告》。

（8）以农民专业合作经济组织作为主体和"公司+农户"形式申报的，提交与合作农户签署的含有产品质量安全管理措施的合作协议和农户名册（包括农户名单、地址、种养殖规模）；如果合作社申报材料中填写的是"自产自销型、集中生产管理"，请提供书面证明说明原因，并附上合作社章程以示证明。

（9）大米、茶叶、咸鸭蛋、鲜牛奶等初级加工产品还需提供以下材料。

① 加工技术操作规程。

② 加工卫生许可证复印件或全国工业产品生产许可证复印件；如果是委托加工的，需提供委托加工协议和受委托方的加工卫生许可证复印件或全国工业产品生产许可证复印件。

（10）水产类需要提供产地环境现状说明、区域分布图和所使用的渔药外包装标签。

（11）无公害农产品产地认定与产品认证现场检查报告。

（12）无公害农产品产地认定与产品认证报告。

（13）规定提交的其他相应材料。

三、有机农产品认证

1. 有机农业与有机农产品

有机农业是指遵照有机农业生产标准，在生产中不采用转基因工程或获得的生物及其产物，不使用化学合成的杀菌剂、杀虫剂、除草剂、农药、化肥、植物生长调节剂、饲料添加剂等物质，而是遵循自然规律和生态学原理，协调种植业和养殖业的平衡。

有机农产品是指来自于有机农业生产要求和相应的标准生产加工的，并通过独立的有机农产品认证机构认证的一切农副产品，包括粮食、蔬菜、水果、奶制品、畜禽产品、水产品、调料等。

2. 有机农产品生产的基本要求

有机生产基地远离城区、工矿区、交通主干线、工业污染源、生活垃圾场等。生产基地在最近 3 年内未使用过农药、化肥等物质，种子或种苗来自自然界，未经基因工程技术改造过。生产基地无水土流失及其他环境问题。生产单位需建立长期的土地培肥、植物保护、作物轮作和畜禽养殖计划。原料必须来自已经建立或正在建立的有机生产体系，或采用有机方式采集的野生天然产品；产品在整个生产过程中必须严格遵循有机产品的加工、包装、贮藏、运输等要求；生产者者在有机产品的生产和流通过程中，有完整的跟踪审查体系和完整的生产和销售的档案记录；必须通过合法的有机产品认证机构的认证。

3. 有机农产品的加工要求

原料必须是自己获得有机认证的产品或野生无污染的天然产品；已获得有机认证的原料在最终产品中所占的比例不少于 95%；加工过程中不使用人工合成的添加剂；有机农产品在加工过程中应避免化学物质的污染；加工过程必须有完整的档案记录，包括相应的票据。

4. 我国有机农产品发展现状

我国有机农业起步于 20 世纪 90 年代。目前，中国通过认证的有机产品主要有粮食、蔬菜、水果、奶制品、畜禽产品、蜂蜜、水产品、调料、中草药等 100 个品种。主要以植物类产品为主，动物性产品相当缺乏，野生采集产品增长较快。植物类产品中，茶叶、豆类和粮食作物比重很大；有机茶、有机大豆和有机大米等已经成为中国有机产品的主要出口品种。而作为日常消费量很大的果蔬类有机产品的发展则跟不上国内外的需求。2003 年后，随着《认证认可条例》的颁布实施，有机食品认证工作划归认监委统一管理及有机认证工作的市场化，极大地促进了有机食品的发展。截至 2014 年 12 月，我国有机生产面积已达 272.2 万公顷，有机产品认证证书 1 万多张，有机产品生产和加工获证企业 6000 多家，有机产品总产值达 800 多亿元，有机产品销售额为 200 亿~300 亿元。我国已成为全球第 4 大有机产品生产消费国。

有机农产品的认证及所需资料与绿色食品和无公害农产品的类似。

第六章
网店客户关系管理

第一节　网店客户关系管理理论综述

一、客户关系管理理论的起源

1. 传统经济中的客户购买行为

在传统的市场环境下，竞争策略和市场主动权掌握在企业手中，客户购买行为可分为三个阶段。

（1）理性消费阶段：客户的消费行为十分理智，价格和产品质量是决定这一阶段人们消费行为的主要因素。这一阶段人们的价值选择标准是"好"与"差"。

（2）感性消费阶段：产品和企业的形象，以及产品能够为客户提供的便利都是决定客户购买行为的主要因素。这一阶段人们的价值选择标准是"喜欢"与"不喜欢"。

（3）情感消费阶段：企业产品所提供的附加利益，如售后服务、推销员的态度，以及企业在长期的交易活动中同客户之间建立起来的相互信任和企业对客户个性化需求的满足程度等都成为影响客户购买决策的主要因素。这一阶段人们的价值选择标准是"满意"与"不满意"。

2. 网络经济环境下的客户购买行为

网络降低了经济的摩擦性，基于网络的交易成本低廉，买家可以在众多卖家之间进行自由选择。同时，网络促使信息匮乏时代向信息民主转变，经济主体之间信息不对称的程度显著降低，甚至可以在一定程度上阻止"柠檬市场"的产生，这使得在电子商务市场环境下市场结构更接近于完全竞争市场，为网络中的卖家带来激烈的价格竞争与微薄的获利空间。

但是在网络时代信息对称性使消费者的力量空前增大，客户和厂商的权利平衡随时间的推移逐渐向客户方向转移，而互联网的产生则使曲线产生了加速度的突变。在网络环境下，消费者可以自由地发布和控制信息，可以与众多网络销售商及其他消费者进行接触交流，其结果是传统供需力量对比中企业的强势地位趋向弱化，企业基于网络建立持续竞争优势更加困难，消费者可以以最少的时间和最小精力付出来充分比较各竞争商家的产品和服务，从而导致了激烈的价格竞争和客户忠诚的难以建立和维系。正如 Reichheld 和 Schefter 于 2000 年所提出的一个理论，即消费者能够毫不费力地转换于各网络商店之间，在网络上经营的商家若无法提供给客户最优越的购物体验，那么网店经营者仅能吸引到那些永远追求低价、对商家获利毫无帮助的消费者。

客户是企业利润的源泉。在现代市场经济条件下，客户是企业生存和发展的基础。企业只有更好地满足客户需求，才能赢得竞争优势，并带给企业长期的价值回报。今天，企业之间的界限越来越模糊，市场竞争无论在广度还是深度上都进一步扩大化，产品同质化使企业与企业之间已无明显差异与优势。企业竞争的观念逐渐由以利润为导向发展到以客户为导向、保持持续竞争力为导向。企业间的竞争已不仅是技术、设备和产品的竞争，低成本、质量优的产品已无法保证企业立于不败之地，而是如何有效强化企业与客户的关系，是对"客户"的竞争。因此，企业应建立"以客户为中心"的理念，通过与客户的良好沟通，识别目标客户的需要与偏好，设计、生产并提供能满足其需求的产品或服务，在客户满意的基础上，与客户建立一种相互信赖、相互依存的关系，培养忠诚客户，在客户价值实现的同时实现企业价值。

企业只有吸引客户、保持并发展与客户的长期关系才能获得成功。满意与忠诚的客户是企业利润的源泉。根据对那些成功地实现客户关系管理的企业的调查表明，每个销售员的销售额增加51%，顾客的满意度增加20%，销售和服务的成本降低21%，销售周期减少1/3，利润增加20%。也就是说，企业争取一个新客户的成本是保留一个老客户的5~10倍。但是许多企业在经营中却常常忽视"以客户为中心"的经营理念，或只重视吸引新客户，忽视与现有客户建立长期友好的关系。在市场竞争日益激烈的今天，客户对企业产品与服务的态度与行为直接影响着企业的生存与发展。因此，企业只有积极开展客户战略，加强对客户关系的有效管理，才能保持企业长期竞争优势。

客户关系管理是企业为提高核心竞争力，达到竞争制胜、快速成长的目的，树立以客户为中心的发展战略，并在此基础上开展的包括判断、选择、争取、发展和保持客户所需实施的全部商业过程；是企业以客户关系为重点，通过开展系统化的客户研究，通过优化企业组织体系和业务流程，提高客户满意度和忠诚度，提高企业效率和利润水平的工作实践；也是企业在不断改进与客户关系相关的全部业务流程，最终实现电子化、自动化运营目标的过程中，所创造并使用的先进信息技术、软硬件和优化的管理方法、解决方案的总和。

二、客户

1. 客户的概念

客户的英文为customer，是指通过购买产品或服务满足其个体或家庭需求的个人或家庭。对企业而言，客户是对本企业产品和服务有特定需求的群体，它是企业生产经营活动得以维持的根本保证。企业对客户的看法发生了根本性的转变。企业越来越认识到客户不仅是企业的营销对象，而且也是企业的重要资源，其重要性已远远超出企业内部的各种生产资源。将客户视为企业的主要资源。

关于客户概念描述主要有三类。一是从交换的角度来描述客户，其代表人物是美国营销专家菲利普·科特勒，他认为客户是"指具有特定的需要或欲望，而且愿意通过交易来满足这种需要或欲望的人"。他强调的是客户是有欲望及能力进行交易的人。

二是从购买力角度来描述客户，其代表人物是中国的学者屈云波，他强调"客户是指那些会登门购买的人们"或者"具有消费能力或消费潜力的人"，他认为既不能把没有具体购买力的人当作客户，也没有必要把用户与客户区分开来。

三是从最终使用者的角度来理解客户，代表人物是英国学者泰德·琼斯，他提出"客户是使用并偿付我们产品或服务的人"。他将用户与客户严格地区分开来。

韦伯斯特和温德则认为客户是所有本着共同的决策目标参与决策制定并共同承担决策风险的个人和团体，包括使用者、影响者、决策者、批准者、购买者和把关者。他们关注的客户既包括最终使用者，也包括那些潜在的使用者，也就是关注企业产品与服务的人群。

定义中的使用者是指那些将要使用产品或服务的人员，在多数情况下，由他们首先提出购买建议并协助决定产品价格。影响者是指那些能够影响购买决策制定的人员，由他们提供营销活动所需要的评价信息。决策者是指那些有权决定产品需求和供应商的人员，由他们提出采购方案。批准者是指那些有权批准决策者或购买者所制订计划的人员，由他们最终决定是否购买。购买者是指那些选择供应商并进行谈判的人员，由他们具体安排采购事项。把关者是指有权阻止卖方及其信息到达采购中心那里的人员，如代理人、接待员、电话接线员都有可能阻止销售人员和采购方的联系。

2. 客户的分类

（1）按客户的重要性分类：按客户对于企业的重要性来进行分类，客户分为贵宾型客户、重要型客户、普通型客户。一般地，贵宾型客户占企业客户总数的 5%；但却可以为企业创造 50%的利润；重要型客户占客户数量的 15%，能为企业创造 30%的利润；普通型的数量最多，占到客户总数的 80%，但是仅为企业创造 20%的利润。这种划分体现了营销中的帕累托定律，也就是 2:8 定律，即 20%的客户为企业创造 80%的销售利润。

（2）按客户的忠诚度分类：按客户对企业的忠诚度进行划分，客户可以分为忠诚客户、老客户、常客户、新客户及潜在客户，如下图所示。这种分类是依据客户在持续购买的基础上所产生的对产品或品牌的忠诚度分类，这种分类已经成为比较常用的客户升级管理。

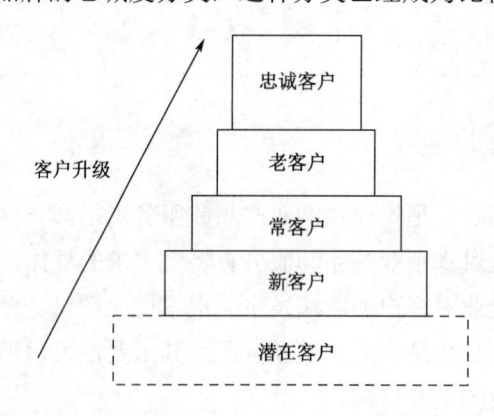

（3）按企业提供产品和服务的外部对象分类：从企业提供产品和服务的外部对象划分，可以分为消费客户、中间客户和公利客户三类。消费客户是企业的产品或服务的直接消费者，又称"终端客户"，它又可以分为"消费者"和"企业客户"；中间客户购买企业的产品和服务，但他们并不是直接的消费者，如经销商或零售商；公利客户代表公众利益，向企业提供资源，然后直接或间接从企业获利中收取一定比例费用的客户，如政府、行业协

会或媒体等。

三、客户满意

1. 客户满意的概念

大量相关学术论文与著作的发表，说明在市场经济活动中，商家营销的侧重点正在发生改变，不再盲目地通过降价、压缩成本等方式占领市场，提高利润空间。商家逐渐认识到客户是一项重要的资产。有研究表明，一个满意的客户会引发 8 笔潜在的生意，其中至少有一笔成交；一个不满意的客户会影响 25 个人的购买意向；争取一位新顾客的成本是保住一位老顾客的 5 倍。满足了客户的需求，使客户满意，从而能够获得客户的忠诚，占领更多的市场份额，在激烈的市场竞争中，拥有最多客户满意的商家将会获得持久的竞争优势。然而，每个消费者都是独立的个体，由于自身生活环境、教育背景等情况的不同，客户满意度也会受多种因素的影响，这其中既有内在因素，也有外在因素。能够使一个客户满意的商品未必会使另外一个客户满意，能使得客户在一种情况下满意的东西，在另一种情况下未必仍能使其感到满意。如何在复杂的表象中寻找到影响客户满意度的内在本质的规律，仍然需要学术界的不断探索。

客户满意是指客户对某种产品或服务可感知的实际体验与他们对产品或服务的期望之间的比较。当客户可感知的服务效果 Q_1 小于客户对服务的期望值 Q_0 时，这时服务质量便是客户难以接受的服务质量，此时客户就会感觉不满意。当客户感受不满意时，他会将这种不满意告诉 22 个人。如果两者相等，那么则是可以接受的服务质量，此时客户是一般满意，如果前者大于后者，则提供的是优良的服务质量，此时也是一般满意状态。如果客户满意，他会告诉周围的 8 个人。如果前者远远大于后者，那么提供的是优异的服务质量，此时客户是高度满意，当客户高度满意时他会告诉 10 个人以上，如下图所示。

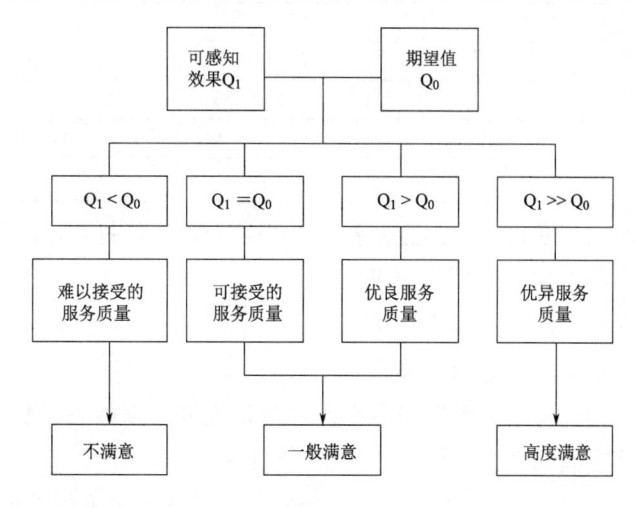

2. 影响客户满意的因素

影响客户满意的因素一般包括核心产品或服务、支持性服务、所承诺服务的表现、客户互动的要素、情感因素。核心产品或服务代表着企业所提供的基本的产品和服务,是提供给客户的最基本的东西,是影响客户满意的直接因素。

支持性服务包括了外围的和支持性的服务,这些服务有助于核心产品的提供。这就意味着即使客户对核心产品比较满意,也可能对企业的其他诸如价格、服务、沟通,以及分销等方面不满。在以较好的核心产品或者服务为基础取得竞争上的优势是很困难甚至是不可能的情况下,企业可以提供与分销和信息相关的支持性和辅助服务,并通过这些服务逐步将他们同竞争对手区别开来并为客户增加价值。

所承诺服务的表现主要与企业能否将核心产品和支持服务做好有关,重点在于向客户承诺的服务表现上。客户任何时候都期望交易进展顺利并且企业遵守承诺,如果企业做不到这一点,客户就会产生不满情绪,信守承诺是关系中一个非常重要的因素。

客户互动的要素强调的是企业与客户之间面对面的服务过程或者以技术为基础的接触方式进行的互动。在互动的过程中,客户更看重企业所提供的服务水平,对他们关注的程度及服务的速度和质量,也即客户很关注他们是如何被服务和接待的。如果企业在这些方面做得不好,即使企业提供了高质量的核心产品,客户仍然会感到失望,甚至会流失到竞争企业的产品或服务。

企业不仅要考虑到与客户互动中的基本因素,还要考虑企业传递给客户的细微信息,这些信息使他们对企业产生了正面或是负面的感情,自然会影响到客户对企业的满意度。

3. 客户满意度测评指标体系

(1)体系的建立:一般地,在进行客户满意指标体系建立时,主要分为以下几个步骤。

第一步是提出问题,通过分析影响客户满意的各种因素,提出问题设计出相应的调查问卷,如下表所示。

测评指数	满意	较满意	一般	较不满意	不满意
核心产品或服务	□	□	□	□	□
支持性服务	□	□	□	□	□
所承诺服务的表现	□	□	□	□	□
客户互动的要素	□	□	□	□	□
情感因素	□	□	□	□	□

第二步是采集数据,通过发放调查问卷来采集数据,并进行数据的分析与整理,从中挖掘出各种影响客户满意的因素所占的权重。

第三步是建立行业客户满意因素体系。

第四步是建立企业客户满意指标体系。

(2)客户满意度指标体系的功能:客户满意度是指客户满意的程度的度量。客户满意度指标体系具有下几方面的功能。

① 测定企业过去与目前经营管理水平的变化,分析竞争对手与本企业之间的差距。

② 了解客户的想法,发现客户的潜在要求,明确客户的需要、需求和期望。

③ 检查企业的期望,以达到客户满意和提高客户满意度,有利于制定新的质量或服务

改进措施，以及新的经营发展战略与目标。

④ 明确为达到客户满意，企业在今后应该做什么；是否应该转变经营战略或经营方向，从而紧随市场的变化而变化。

⑤ 增强企业的市场竞争能力和企业盈利能力。

（3）客户满意度战略的制定与实施：如下图所示，企业在选择客户满意度战略时，依据客户期望值与客户满意度主体将坐标平面分为四个区域。第一个区域为维持区域，在这个区域中，客户期望值与客户满意度评价均很低，企业所提供的产品与服务应该维持在一定的水平，尽量提高客户的满意度，使其进入到第二个区域——机会区域；在该区域内，客户期望值虽然很低，但是企业为客户提供了品质优良的产品及卓越的服务，使客户满意度提高，因此客户的评价自然也就很高。随着客户与企业关系的加深，客户对企业产品或服务的要求会越来越高，此时便进入第三个区域——重点保持区域；在该区域内客户对企业的期望与客户的评价都很高，此时客户与企业之间的关系更加紧密了。但是在坐标平面内，还存在着一个重点改进区域，因为在该区域内客户对企业的期望很高，但是企业却为客户提供了不好的产品或服务，导致客户的满意度评价很低，此时，企业就要大力改进自己的产品或服务，防止客户流失。

在选择了客户满意度战略后，便涉及客户满意度战略的实施，我们运用客户关系管理的 PDCA 循环来具体实施。PDCA 循环又叫戴明环，是美国质量管理专家戴明博士首先提出的，它是全面质量管理所应遵循的科学程序。全面质量管理活动的全部过程，就是质量计划的制订和组织实现的过程，这个过程就是按照 PDCA 循环，不停顿地周而复始地运转的。见下图。PDCA 是英语单词 plan（计划）、do（执行）、check（检查）和 Action（行动）的第一个字母，PDCA 循环就是按照这样的顺序进行质量管理，并且循环不止地进行下去的科学程序。PDCA 原是用于质量管理的，但是将其运用到客户关系管理中同样适用。

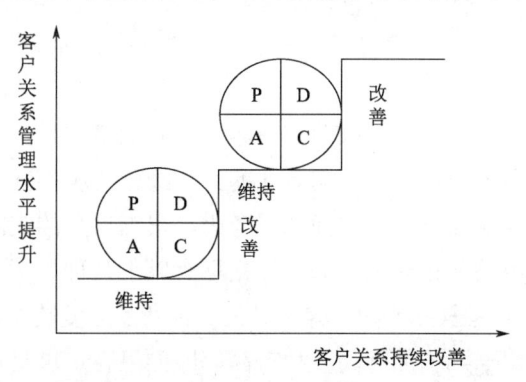

高的客户满意度，离不开客户关系改善循环的转动。这就是说，改进与解决客户满意

度问题，提高客户满意度，都要运用 PDCA 循环的科学程序。要改善客户关系，提高客户满意度，首先要先提出目标，即客户满意度提高到什么程度，就要有个计划；这个计划不仅包括目标，而且也包括实现这个目标需要采取的措施；计划制订之后，就要按照计划进行检查，看是否达实现了预期效果，有没有达到预期的目标；通过检查找出问题和原因；最后就要进行处理，将经验和教训制订成标准、形成制度。不同层次的客户满意度均有一个 PDCA 循环，形成一个大环套小环、一环扣一环、互相制约、互为补充的有机整体。在 PDCA 循环中，一般来说，上一级的循环是下一级循环的依据，下一级的循环是上一级循环的落实和具体化。每个 PDCA 循环，都不是在原地周而复始运转，而是像爬楼梯那样，每一循环都有新的目标和内容，这意味着客户关系的改善，经过一次循环，解决了一批问题，客户满意度得到了提高。

4. 客户忠诚

（1）概念：企业开展客户满意研究的动机是为了改善客户关系，但满意度只是客户的一种感觉状态，即使企业知道和了解客户对企业所提供产品或服务的满意度，也不能保证这种满意度一定会转化为最终的购买行为。只有增加客户对企业产品的信任和忠诚度，企业才有可能在市场竞争中处于不败地位。

客户忠诚度是指客户对某一特定产品或服务产生了好感，形成了偏好，进而重复购买的一种趋势，它是客户满意效果的直接体现。客户忠诚度所表现出来的是购买行为，并且是有目的性的、经过思考而决定的购买行为。产生客户忠诚的因素主要包括以下四点，一是能够避免购买风险，二是符合客户的心理因素，三是产品和服务的特性，四是能够降低客户的相关购买成本。

客户忠诚是企业发展、获益，并最终赢利的关键原因。一般地，客户忠诚能够为企业带来以下收益。

① 销售量上升：忠诚客户都是良性消费者，不会刻意追求价格上的折扣。

② 加强竞争地位：忠诚客户会排斥企业竞争对手的产品，则企业在市场上的地位会变得更加稳固。

③ 减少营销费用：忠诚客户常常会以口碑进行推荐，给企业带来新客户，从而降低吸引新客户的成本。

④ 有利于新产品的推广：忠诚客户会很乐意尝试企业的新业务并向周围的人介绍，有利于企业拓展新业务。

（2）企业客户忠诚度考核指标：很多实施客户中心战略的企业都把客户忠诚度作为市场营销工作的重要目标之一。但由于不同企业的具体经营情况不同，企业在设计客户忠诚度的量化考核标准时应该从自身各个方面加以考虑，根据自身的实际情况选择合适的考核因素。一般地，企业通用的和相对重要的考核指标有以下几种。

① 客户重复购买率：考核期间内，客户对某一种商品重复购买的次数越多，说明其忠诚度越高。该指标还适用于同一品牌的多种产品，即如果客户重复购买企业同一品牌的不同产品，也表明忠诚度较高。

② 客户需求满足率：指一定时间内客户购买某种商品的数量占其对该类产品或服务全部需求的比例，比例越大，表明客户的忠诚度越高。

③ 客户对本企业商品或品牌的关注程度：客户通过购买或非购买形式，对企业的商品和品牌予以关注的次数、渠道和信息越多，表明忠诚度越高。

④ 客户对竞争商品或品牌的关注程度：如果客户对竞争商品或品牌的关注程度提高，多数是因为客户对竞争产品的偏好有所增加的缘故，表明客户的忠诚度可能下降。

⑤ 客户对商品价格的敏感度：一般来说，对产品和服务价格的敏感程度越低，忠诚度越高。

⑥ 客户购买行为的选择时间：客户选择产品所用的时间越短，表明忠诚度越高。

⑦ 客户对产品质量事故的承受力：客户忠诚度越高，对出现的质量事故也就越宽容。

⑧ 客户对商品的认同度：如果客户经常通过口碑向他周围的人推荐企业的产品，或者在间接的评价中表示认同，则表明忠诚度越高。

（3）客户忠诚的类型：不同客户、不同行业的客户忠诚度差别很大。根据凯瑟琳·辛德尔的分析，客户忠诚有以下几种类型。

① 垄断忠诚：垄断忠诚指某一产品或服务为某一公司垄断，客户别无选择。例如，一个城市中的水、暖、电等公共事业部门的产品，客户不得不重复购买他们的产品和服务，原因是这些产品没有其他相似的替代品，这些产品和服务本身所处的市场结构就属于垄断性的市场结构，客户没有其他选择。

② 惰性忠诚：惰性忠诚是指客户由于惰性不愿意去寻找其他供应商。这些客户是低依恋、高重复的购买者，事实是客户对企业的产品和服务并不满意。如果其他企业能够让他们得到更多的实惠，这些客户就很容易流失到竞争对手企业中。拥有惰性忠诚客户的公司应该通过产品和服务的差异化来改变客户对公司的影象。

③ 潜在忠诚：潜在忠诚的客户是低依恋、低重复购买的客户。客户希望不断地购买产品和服务，但是公司的一些内部规定或是其他环境因素限制了他们。

④ 方便忠诚：方便忠诚是低依恋、高重复购买的客户。这种忠诚类似于惰性忠诚。同样，方便忠诚的客户很容易流失。例如，某个客户重复购买的原因是由于地理位置比较方便。

⑤ 价格忠诚：对于价格敏感的客户会忠诚于提供最低价格的零售商。这些低依恋、低重复购买的客户是不能发展成为忠诚客户的。例如，经常购买廉价商品的客户便是典型的价格忠诚。

⑥ 激励忠诚：公司通常会为经常光顾的客户提供一些忠诚奖励。激励忠诚与惰性忠诚相似，客户也是低依恋、高重复购买的类型。例如，一些客户选择重复购买的原因是企业给予他们一些积分，并在积分达到一定程度后，会自动升级为更高一级的客户，不同级别的客户给予不同的优惠。

⑦ 超值忠诚：这是一种典型的感情或品牌忠诚，超值忠诚的客户是高依恋、高重复购买的客户。这种忠诚对很多行业来说都是最有价值的。客户对于那些使其从中受益的产品和服务非常关注，并利用口碑向他人进行推荐。

而 Dick 与 Basu 则认为只有伴随积极态度的高频度的重复购买行为才是真正的客户忠

诚,他们主张从顾客的行为忠诚和态度忠诚两个维度对客户忠诚进行衡量,将客户忠诚细分为持续忠诚、虚假忠诚、潜在忠诚和不忠诚。

① 不忠诚:这种类型的客户态度忠诚度很低,几乎不会有重复购买行为,他们很少会和企业存在往来。

② 虚假忠诚:这种类型的客户态度忠诚度较低,但是会有较高频率的重复购买行为,原因可能是因为便利性、替代品的缺乏或者环境等因素的影响。

③ 潜在忠诚:这种类型的客户态度忠诚度较高,但是重复购买行为频率低甚至不会重复购买,原因可能是企业的店铺较少、产品脱销等。

④ 持续忠诚:这种类型的客户不仅态度忠诚度高,而其伴有高频率的重复购买行为,对企业有很高的依赖性,他们是企业很重要的资产。

四、客户关系理论

Peter Drucker 早在 20 世纪 60 年代就指出,企业的首要任务是创造客户。一个组织内部唯一真正的利润中心是能为企业提供收益的客户。Eric Almquist 于 2000 年指出,自从公司在 20 世纪 70 年代末期发现客户的重要性以来,营销研究领域就把业务战略同客户知识密切结合起来。

1. 客户关系

客户关系是指企业和客户为达到各自利益目标,在交换过程中主动建立起的某种联系。客户关系不仅可以为交易提供方便,节约交易成本,也可以帮助企业深入理解客户的需求,为双方信息交流提供更多机会。企业与客户的联系可能是单纯的交易关系,也可能是通信联系,也可能是为客户提供一种特殊的接触机会,还可能是为双方利益而形成某种买卖合同或联盟关系。客户关系不仅仅可以为交易提供方便、节约交易成本,也可以为企业深入理解客户的需求和交流双方信息提供需度机会。客户关系具有多样性、差异性、持续性、竞争性、双赢性的特征。

企业的客户群体由许多不同的客户关系构成,不同客户要求不同的关系策略,每一个客户关系在其生命周期内都能给企业带来一定价值,而企业与所有客户的关系价值总和形成了企业的利润。从客户关系管理的角度,可以超越产品或服务的概念,将企业看作客户关系的经营主体。因此,对客户关系整体框架的认识是企业开展客户管理工作的基础。

企业的客户关系从对应的主体来看,涉及企业的外延客户和内含客户。外延客户是指市场中广泛存在的、对企业产品或服务有不同需求的个体或群体消费者;内含客户是指企业的供应商、分销商等合作伙伴。

2. 客户生命周期

客户生命周期是客户关系生命周期的简称,是指客户关系水平随时间变化的发展轨迹,它直观地揭示了客户关系发展从一种状态向另一种状态运动的阶段性特征。

客户生命周期理论是从动态角度研究客户关系的重要理论工具,它将客户关系的发展过程划分为若干个典型的阶段，并对每一阶段的客户关系特征进行描述。企业与客户的关系发展划分为考察期、形成期、稳定期和退化期四个阶段。

考察期是客户关系的探索和试验阶段，在这一阶段，双方考察和测试目标的相容性，考察对方的诚意与绩效，并考虑如果建立长期关系，双方潜在的职责、权利和义务。双方相互了解不足、不确定性是考察期的基本特征，评估对方的潜在价值和降低不确定性是这一阶段的中心目标。

形成期是客户关系的快速发展阶段，这一阶段表明了考察双方相互满意，并建立了一定的相互信任和交互依赖。在这一阶段，双方从关系中获得的回报日趋增多，交互依赖的范围和深度也日益增加，逐渐认识到对方有能力提供令自己满意的价值和履行其在关系中担负的职责，因此愿意承诺一种长期关系。在这一阶段，随着双方了解和信任的不断加深，关系日趋成熟，双方的风险承受意愿增加，双方的交易不断增加。

稳定期是客户关系发展的最高阶段，在这一阶段，双方对持续长期持续关系做了保证。在这一阶段双方对对方提供的价值高度满意，而且为了能长期维持稳定的关系，双方都做了大量有形和无形的投入，进行了大量的交易。因此，在这一时期，双方的交互依赖水平达到整个关系发展过程中的最高点，双方关系处于一种相对稳定状态。

退化期是客户关系发展过程中关系水平逆转的阶段，关系的退化并不总是发生在稳定期后的第四阶段。任何一个阶段，关系都可能退化，有些关系可能永远越不过考察期，有些关系可能在形成期退化，有些关系则越过考察期、形成期而直接进入稳定期，并在稳定期维持较长时间后退化。引起关系退化的原因很多，如双方经历了一些不满意的事件，或是发现了更适合的关系伙伴或需求发生变化等。

如下图所示，企业通过品牌策略、价格优势、产品质量、方便使用或促销等手段，吸引新客户，这就是双方关系的考察期。需要对客户进行差异分析，在与新客户建立交易关系后，通过折扣优惠、优势服务及妥善处理抱怨等手段来加强与客户之间的关系，使客户关系进入客户满意阶段，这一阶段是客户关系的形成期。在这一阶段，要与客户保持良好的接触，最重要的是提高客户的满意，企业通过提高客户的满意度使客户关系进入客户忠诚阶段，是客户关系的稳定期。在这一阶段企业可以通过了解客户个性化的需求，调整产品或服务以满足每个客户的需要，加强新产品连带销售和增值销售等手段，为企业带来更大的价值。

3. 客户终生价值

客户终生价值是指企业在与某客户保持客户关系全过程中从该客户处所获得的全部利润现值。对现有客户来说，其终生价值可分成两个部分：一是当前利润，即到目前为止客户为企业创造的利润总现值；二是未来利润，即客户在将来可能为企业带来的利润总现值。由于客户的当前利润是一个定值，所以企业更加关注的是客户未来利润。

客户的未来利润包括以下几个方面：一是客户的重复购买，指的是客户增加已购买产品的交易额；二是客户的交叉购买，指的是客户购买已购产品的相关产品；三是客户向上购买，指的是客户购买已购产品的升级品、附属品；四是为企业推荐新客户，是指企业的忠诚客户把一些潜在客户推荐给本企业,也包括为企业进行的口碑宣传。可以根据客户历史利润与以往客户利润曲线安全的拟合情况,预测客户未来利润模式,进而预测客户未来的利润。

依据客户的当前利润和未来利润就可以在客户终生价值矩阵中定位客户,如下图。

Ⅲ	Ⅳ
Ⅰ	Ⅱ

Ⅰ类客户,是企业中的"铅质客户",是最没有吸引力的一类客户。该类客户的当前价值和增值潜力都很低,甚至对于企业来说是一个负担,原因是此类客户所创造的收益小于企业为其所花费的成本。例如,经常延期支付甚至不付款的高信用风险客户,对于这类客户企业要采取措施将其转向竞争对手。

Ⅱ类客户,是企业中的"铁质客户"。该类客户有很高的未来利润,但企业尚没有成功地获取他们的大部分价值,这类客户属于有潜力的客户。若是企业能够与这类客户保持稳定的关系,则这类客户将来极有可能转化为Ⅲ类客户或Ⅳ类客户。

Ⅲ类客户是企业的"黄金客户",这类客户有很高的当前价值和低的增值潜力。从客户生命周期的角度看,这类客户可能是客户关系已进入稳定期的高度忠诚客户。但是未来在增量销售、交叉销售、向上销售和新客户推荐等方面已没有更大的潜力或供进一步开发。对于这类客户,企业是花了很大的代价才使客户关系进入稳定期的,现在正是从他们身上获取回报的最佳时期。

Ⅳ类客户,是企业的"白金客户",这类客户既有很高的当前利润又有巨大的增值潜力,是企业最有价值的客户。这类客户是企业利润的基石,如果失去这类客户,企业将会遭受巨大的损失。因此,企业需要将主要资源投入到保持和发展与这些客户的关系上,对每位客户设计和实施一对一的客户保障策略,通过各种途径维护与他们的关系。

4. 客户识别

客户识别就是通过一系列技术手段,根据大量客户的特征、购买记录等可得数据,找出谁是企业的潜在客户、客户的需求是什么、哪类客户最有价值等,并把这些客户作为企业客户关系管理的实施对象,从而为企业成功实施 CRM 提供保障。

识别潜在客户的优点是识别潜在客户并对现有客户进行分类;了解客户对企业自身的竞争优势的认知;确定对竞争者的优势还需要做哪些研究,等等。应该注意的是在识别潜在客户时应该摒弃平均客户的观点;寻找那些关注未来,并对长期合作关系感兴趣的客户;搜索具有持续性特征的客户;对客户的评估态度具有适应性,并且能在与客户的合作问题上发挥作用;认真考虑合作关系的财务前景应该知道何时需要谨慎小心。

企业在识别有价值的客户的过程中,首先要对客户进行分析,判定出哪些客户是交易型客户,哪些是关系客户。要将交易型客户分离出来,以免他们干扰企业的销售计划。然后再对关系型客户进行分析,分析出哪些是企业的重要客户,有针对性地对他们进行一对一的营销。

5. 客户保持

客户的保持是指企业通过努力来巩固及进一步发展与客户长期、稳定关系的动态过程。企业要建立与客户长期、稳定的关系，首先要从产品的质量入手，为客户提供品质优良的产品；树立自己的品牌形象，使客户对自己的品牌产生依赖，创造出品牌黏性；通过价格优惠，使消费者剩余增加，从而增加消费者的福利水平；通过提供优质的服务，使客户的个性化需求得到满足；对客户进行感情投资，与客户建立超越交易关系之上的关系，使客户的尊重心理需求得到满足。要达到以上目标，就要建立、管理及充分利用企业的客户数据库，通过客户数据挖掘出有利于企业决策的客户信息，针对企业的不同客户，通过提供客户关怀提高客户的满意度与忠诚度，最终提高企业的竞争力。

不同的客户有不同的需求，客户购买行为要受到来自文化、社会环境、个人特性和心理等方面的影响，同时也影响着企业的客户保持。客户满意与客户维护有着非线性的正相关关系，因此，要巩固与客户之间的稳定关系，就必须要对客户进行维护，定期为客户提供客户关怀；客户在考虑是否转向其他供应商时必须要考虑转移的成败，如果客户转向竞争对手的成本大于目前成本时，他们可能就会保持与企业之间的稳定关系，所以企业需要做的就是为客户提供比竞争对手更好的产品和服务；客户关系具有明显的生命周期的特征，在不同的生命周期中，客户维护具有不同的任务，一般来说在考察期客户的转移成本较低，客户容易流失。

6. 客户流失

（1）概念：客户流失是指企业的客户由于种种原因不再忠诚，而转向购买其他企业的产品或服务的现象。客户流失一般包括两种情况：当客户主动选择转移到另外一个供应商，使用他们的产品或服务，我们称之为主动流失的客户。而那些由于恶意欠款等原因被企业解除服务合同的客户则是被动流失客户。

（2）客户流失的过程：客户在使用产品后，会对产品及售后服务做出评价，如果满意，则客户就会与企业建立进一步的关系，如果不满意，一部分客户会流失到竞争企业。一部分客户会向企业反馈自己的不满，厂家接到反馈后进行处理。处理结果客户如果满意，则会继续与企业进行交易。如果不满意，就会继续投诉，企业在处理投诉时客户如果满意，不会流失，如果不满意就会产生客户的流失。见下图。

（3）客户流失的原因

自然流失：有些客户属于自然流失，公司管理的不规范、长期与客户缺乏沟通，或者客户转向其他行业等。关键所在就是企业的市场营销和管理不到位形成的客户流失。

竞争流失：任何一个行业，客户毕竟是有限的，特别是优秀的客户，更是弥足珍贵的，20%的优质客户能够给一个企业带来80%的销售业绩，这是个恒定的法则。所以往往优秀的客户自然会成为各大厂家争夺的对象。任何一个品牌或者产品肯定都有自身的弱点，而商战中的竞争对手往往最容易攻击对方的弱点，一有机会，就会乘虚而入。竞争对手会用价格、产品、服务等来争夺企业的客户资源。

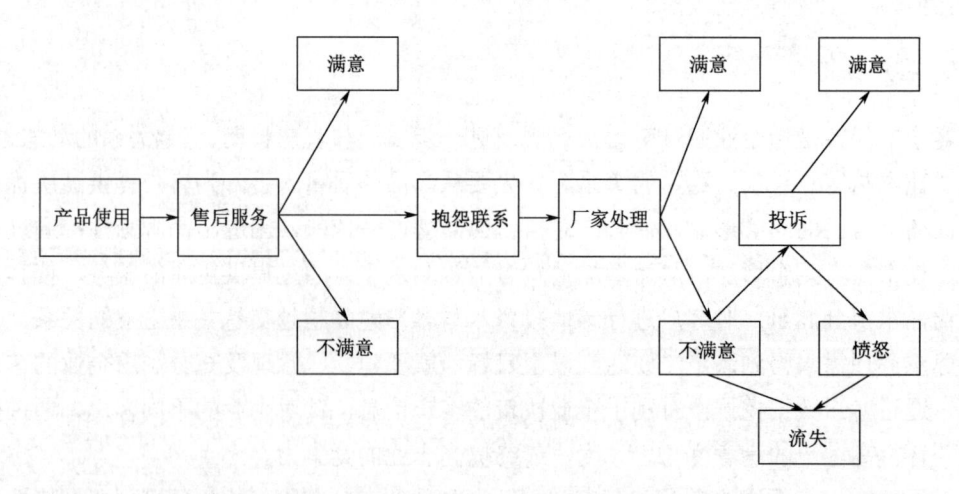

```
                              满意              满意      满意
                               ↑               ↑         ↑
产品使用 → 售后服务 → 抱怨联系 → 厂家处理 → 投诉
               ↓               ↓         ↓    ↑
              不满意           不满意     愤怒
                                 ↓        ↓
                                   流失
```

过失流失：细节的疏忽使客户离去，客户与厂家是利益关系纽带牵在一起的，但情感也是一条很重要的纽带，一些细节部门的疏忽，往往也会导致客户的流失。其实往往大事有的并不怎么计较，细节的忽略会造成一个非常不良的印象。

恶意流失：是指企业对没有价值的客户采取一些苛刻的市场政策，常常会使一些中小客户被迫流失。

防范客户流失的手段有实施全面的质量管理、重视客户抱怨管理、建立内部客户机制、提升员工满意度、建立以客户为中心的组织结构、建立客户关系评价体系。

7. 客户挽留

运用科学的方法对将要流失的有价值的客户采取措施，争取将其留下的营销活动即客户挽留，它将有效地延长客户生命周期，保持市场份额和运营效益。

客户挽留的手段有树立服务第一、客户为先的理念，加强客户关系的培育和积累，使客户关怀成为企业的核心竞争力，重视潜在的优质客户。客户挽留的流程为，首先要调查原因，缓解客户的不满情绪，对不同级别的客户的流失采取不同的态度，对症下药争取挽留，对企业没有价值的客户采取彻底放弃的态度，不对其进行挽留。

8. 客户关系类型及选择

（1）客户关系的类型：客户关系的类型企业是客户关系的经营主体，不同的客户群需要建立不同类型的客户关系。美国营销学大师菲利普·科特勒将企业建立的客户关系概括为五种类型，即基本型、被动型、负责型、能动型、伙伴型。

基本型客户关系是指销售人员把产品销售出去后就不再与客户接触。

被动型客户关系是指销售人员把产品销售出去，同意或鼓励客户在遇到问题或有意见时与企业联系。

负责型客户关系是指产品销售完成后，企业及时联系客户，检查产品是否符合客户的要求。向客户询问有关产品改进的各种建议，以及产品的缺陷与不足，以帮助企业不断改进产品，使之更加符合客户需求。

能动型客户关系是指产品销售完成后，企业不断联系客户，提供有关改进产品的建议和新产品的信息。

伙伴型客户关系是指企业不断地和客户共同努力，帮助客户解决问题，支持客户的成功，实现共同发展。

对于企业而言，这五种不同程度的客户关系类型之间并不存在好坏优劣的简单对比关系。不同企业甚至同一企业在面对不同客户时，都有可能建立不同的客户关系类型。

客户关系管理的对象：一般来说，企业的直接客户与间接客户都应纳入企业的客户关系管理系统。具体而言，客户关系管理的对象包括按时间顺序划分主要包括原有客户、新客户和未来客户。企业一般应以老客户和新客户为重点管理对象。按交易过程划分主要包括曾经有过业务交易业务的客户、正在进行交易的客户和即将进行交易的客户。对第一类客户，不能因为交易中断而放弃；对第二类客户，须逐步充实和完善其管理内容；对第三类客户，管理的重点是全面收集和整理客户资料，为即将展开的交易准备资料。按客户性质划分按客户性质划分，主要包括政府机构、特殊公司、普通公司、顾客和交易伙伴等。这些客户因其性质、需求特点、需求方式、需求量等不同，对其进行管理的方式也不尽相同。按交易数量和市场地位划分按交易数量和市场地位划分，主要包括主力客户、一般客户和零散客户。一般来说，企业客户关系管理的重点应放在交易时间长、交易量大的，主力客户身上。

（2）客户关系的选择：在实际的经营管理中，企业应该建立何种类型的客户关系取决于它的产品和客户特征。依据美国营销专家菲利普·科特勒的理论，企业可以根据其客户规模和产品的边际利润水平来选择合适的客户关系类型。如下图所示。

多数企业在客户规模很大但产品边际利润很小时，基本上会采用"基本型"客户关系，例如，一些生产日用品的企业，如果与每一位客户都建立负责型或者能动型或者伙伴型的客户关系时，相应付出的服务成本会十分高昂，远远大于产品销售所获得的收益。而如果企业面对的是少量客户，而且产品的边际利润很高时，那么企业会选择采用"伙伴型"的客户关系，支持客户的成功，同时获得丰厚的回报。

客户数量			
	基本型	被动型	负责型
	被动型	负责型	能动型
	负责型	能动型	伙伴型

边际利润水平

五、客户关系管理理论

1. 概念（customer relationship management，CRM）

CRM 是一种旨在改善企业与客户之间关系的新型管理机制，它实施于企业的市场营销、销售、服务与技术支持等与客户相关的领域。CRM 既是一种概念，也是一套管理软件和技术，利用 CRM 系统，企业能搜集、跟踪和分析每一个客户的信息，从而知道什么样的客户需要什么样的东西，真正做到1:1，同时还能观察和分析客户行为对企业收益的影响，使企业与客户的关系及企业利润得到最优化。

对于客户关系管理，不同的研究机构有不同的理解。

Gartner GrouP 认为，CRM 是企业的一项商业策略，它按照客户的分割情况有效地组织企业资源，培养以客户为中心的经营行为及实施以客户为中心的业务流程，并以此为手段来提高企业的获利能力、收入及客户满意度。

Huritz GrouP 认为，CRM 的焦点是自动化并改善与销售、市场营销、客户服务和支持等领域的客户关系有关的商业流程。CRM 既是一套原则制度，也是一套软件和技术。它的目的是缩减销售周期和销售成本、增加收入、寻找扩展业务所需的新的市场和渠道及提高客户的价值、满意度、赢利性和忠实度。

客户关系管理的发展：

客户关系管理借助先进的信息技术和管理思想，通过对企业业务流程重组来整合客户信息资源，并在企业内部实现客户信息和资源的共享，为客户提供一对一个性化服务，提升客户价值、提高客户满意度、增加企业赢利能力，以及保持客户的忠诚度，吸引更多的客户，最终实现企业利润最大化。

2. 客户关系管理内容

为赢得客户的高度满意，建立与客户的长期良好关系，在客户关系管理中，应做好如下几方面的工作。

（1）客户分析：客户分析是根据客户信息数据来分析客户特征，评估客户价值，从而为客户制订相应的营销策略与资源配置计划。通过分析客户的个性化需求、客户行为、有价值的信息，得出谁是企业的客户，客户的基本类型，个人购买者、中间商和制造商客户的不同需求特征和购买行为，并在此基础上分析客户差异对企业利润的影响等问题。

（2）企业对客户的承诺：承诺的目的在于明确企业提供什么样的产品和服务。在购买任何产品和服务时，客户总会面临各种各样的风险，包括经济利益、产品功能和质量及社会和心理方面的风险等，因此要求企业做出某种承诺，以尽可能降低客户的购买风险，获得最好的购买效果，企业对客户承诺的宗旨是客户满意。

（3）客户信息交流：它是指企业和客户之间的双向信息交流，其主要功能是实现双方的互相联系、互相影响。从实质上说，客户管理过程就是与客户交流信息的过程。实现有效的信息交流是建立、保持企业和客户良好关系的途径。

（4）以良好的关系留住客户：为建立与保持客户的长期稳定关系，首先要取得客户的信任，同时要区别不同的客户关系及其特征，并经常进行客户关系情况分析，评价关系的质量，采取有效措施，保持企业与客户的长期友好关系。

（5）客户反馈管理：客户反馈对于衡量企业承诺目标实现的程度、及时发现企业在为客户服务过程中的问题等方面具有重要作用。投诉是客户反馈的主要途径，如何正确处理客户的意见和投诉，对于消除客户不满，维护客户利益，赢得客户信任都是十分重要的。

3. 客户关系管理的作用

从客户角度来看，CRM 能够及时有效地反馈和解决来自外部客户的问题，从而不断地完善产品和提供更好的服务，达到提高客户满意度的目的。对企业来说，可以改善企业内部工作人员（如销售人员、市场人员及服务支持人员）的工作环境，使得原来一些重复性的工作减少，增加了很多具有增值性和创造性的工作，提高了知识工作者的劳动生产率。

CRM 通过提供从市场营销到客户服务与关怀的全程业务管理的同时，建立以客户为中心的企业市场营销模式，对客户购买行为和价值取向进行深入分析，为企业挖掘新的销售机会，并对未来产品发展方向提供科学、量化的指导依据，使企业在快速变化的市场环境中保持永续发展能力，提高客户忠诚和保有率，实现缩短销售周期、降低销售成本、增加收入、扩展市场，从而全面提升企业的盈利能力和竞争力。

4. 客户关系管理的目标

（1）提高效率：通过采用信息技术，可以提高业务处理流程的自动化程度，实现企业范围内的信息共享，提高企业员工的工作能力，并有效减少培训需求，使企业内部能更有效地运转。

（2）拓展市场：通过新的业务模型（电话、传真、Web）扩大企业经营活动范围，及时把握新的市场机会，占领更多的市场份额。

（3）选择客户：客户可以自己选择喜欢的方式同企业进行交流，方便地获得信息，得到更好的服务。客户满意度提高，可帮助企业保留更多的老客户，并更好地吸引新客户。

第二节　店铺客户关系管理实践

一、注重客户感知价值

在经营网店的过程中，首先应该注重客户的感知价值。通过许多专家的研究表明，客户感知价值对网店忠诚的两个维度都有非常显著的正向影响作用。因此对网上店铺而言，应该重视通过创造客户感知价值来提高客户忠诚。客户感知价值是客户感知利得与感知损失之差，所以电子商店可以通过提高自身的服务质量，为客户提供个性化服务，确保所售出产品的质量，提高操作页面的美感等让客户感知到最大的价值；同时网络店铺应该尽可能提供全面的信息，简化操作流程，提供更快的服务来减少客户感知的成本支出。

1. 提高服务质量

服务质量主要体现在卖家对客户特殊需求的关注和满足上，消费者在网上购物时不仅关注商品是否适用，同时也关注卖家的服务是否满足其需求。网上购物不同于线下购物，客户和商家之间的沟通主要通过网络即时通信工具，此沟通媒介对卖家向客户表达其关怀和服务热情提供了便利，但也出现了新的问题，网络用语不同于生活用语，卖家要用网络用语来表达其对客户个性需求的关注。

综上所述，在与客户进行沟通时，要善于运用表情，原因是在与客户沟通时，一般都采用网络即时通信的手段，而与客户进行网络沟通时的一个缺点是客户无法捕捉非语言方面的信息。这时就需要在旺旺交流时适当加入一些表情，让客户感受到你的热情与诚恳。在回答客户提出的对商品的疑问时，最重要的是要从客户的角度考虑，在回答时根据实际发问附带一些能让客户对你产生信任的表情，增进客户与你的关系。下图就是一个很好的例子，加入的这个可爱的表情，自然会拉近与客户之间的距离，使交易变得非常愉快。

2. 提升网店界面设计质量

服务质量的有形性主要体现在 C2C 电子商店界面设计的质量上，如网页的整体布局、色调搭配、商品的分类、商品的描述详细性和商品展示图片的丰富性。C2C 电子商务交易环境的虚拟性所决定了顾客不能亲眼看到商品，只能通过商品的描述加以判断，卖家提供详细的文字说明和图片展示，给顾客提供全视角、多方面的了解，有助于顾客对商品的评价，进而提高顾客对该网络店铺的评价。因此，在具体设计的时候要注意以下 3 点：网页的整体布局与色调搭配要合理、商品描述要详细、图片多角度展示。

3. 提高交易的可靠性

服务质量的可靠性涉及两方面，一是在线购物操作的简易性和交易的安全性，二是隐私的保护。首先，人们习惯于将在线购物与线下购物进行比较，在线购物的操作更多的是自助类型，缺乏面对面沟通时所具有的有效指导，因而顾客会要求购物过程尽量简单；同时随着黑客技术的发展，信息在网络中传输的安全性面临极大的挑战，而网上交易直接涉及消费者的个人财产安全。其次，消费者的个人隐私被滥用的现象非常严重，消费者为保护自身也越发关注个人隐私的保护，个人隐私的保护对服务质量的感知起到日益重要的作用。

因此在店铺中应该为消费者提供消费者保障，使消费者的安全感增加，进而增加其信任感。

4. 提供方便的交易流程

在线购物更多的时候是自助类型的，顾客在遇到无法解决的问题总是希望能尽快得到解决。随着网络即时通信技术的发展，客户可以比较方便地联系到卖家。卖家的快速回复能满足顾客在线购物时追求效率的心理。

例如，淘宝店铺秀石头中就设置了买家自助购物流程，方便了买家购物，使进店的买家感受到卖家的周到细致，增加其对店铺的满意度，使店铺的评价得到提高。

同时，卖家的快速回复也能增加客户的满意度，因此在经营网络店铺时应该设置自动回复。由于作为网店的卖家，不可能全天候在线，有时因为忙碌也不可能对客户的询问进行及时的回复，这时就需要设置自动回复。设置自动回复一是对客户的尊重。如果客户与你沟通，而你没有设置自动回复，会让客户感到受到了冷落，造成客户的不满意，从而导致客户的流失。二是可以借此宣传店铺，例如，对于初次点击店铺的客户可以设置一些店铺的促销活动内容或者是店铺文化，对于老客户可以设置一些针对老客户的优惠活动，在一些特殊节日期间，可以设置一些节日的促销活动。当然，每一种设置均需要对客户有个热情的问候。

5. 使用推荐物流

选定商品后，商品的递送速度也很重要，顾客在传统商店购物时能马上拿到商品，但在网络购物却要经过一段时间才能收到货物，这个时间的长短将影响顾客对商家服务能力的评价。顾客在网络购物和在传统商店购物一样需要感情上的关怀，需要卖家站在顾客的角度去了解顾客的需求。需要设置好运输条款及在物流方面需要为买家特别说明的问题。

二、增加客户的信任

客户信任对客户忠诚的两个维度同样有着不可忽视的作用，客户信任的增加对网络商店而言具有重大的意义。网络商店可以通过提升自身的信誉等级，保证客户网络交易的安全，保护客户的个人信息等方面来提升客户对电子商店的信任感，最终能够留住客户，使他们成为忠诚的客户。

1. 向客户展示自己的信用等级

客户信任直接作用于客户忠诚，并能通过提高客户满意来提高客户忠诚，因此客户信任的提高能有效的提高客户的忠诚。提高客户信任，卖家应该从诚信、能力、善意和可预测行为这4个方面着重加以努力。根据研究结果，卖家的诚信因素对客户忠诚的影响最大，由于网络空间的虚幻，客户更看重商家履行承诺的记录，这也是为什么各大C2C交易平台推出诚信评级的缘故。

通过不同专家大量的实证研究认为"商家声誉"和"商家沟通性"这两个与商家相关的因素对"消费者信任"均有显著正向影响，这说明在C2C电子商务交易中消费者很注重商家本身的特征，通过商家声誉和商家沟通性来判断商家是否值得信任。商家的声誉主要通过信用等级和反馈评价等方式体现。消费者了解商家的第一步就是查看网页上显示的商家信用等级和以往交易者的评价。商家的声誉越好，消费者对商家就越信任。

2. 具备相应的专业知识

能力是仅次于诚信的第二大影响因素，要培养客户信任，卖家应该对其所经营的商品有相当的知识和问题处理技能，以给客户提供咨询。卖家可以在其网页上开设常见问题解答，详细介绍如何处理商品可能出现的问题。卖家也可以在其网页上添加专门介绍其所经营的商品的网站。例如，在秀石头店铺中就有许多关于选择钻石的方法与技巧，还有关于戒指的佩戴与保养问题，通过自己的专业知识来增加客户对自己的信任。

3. 与客户进行良好的沟通

此外，卖家应该利用各种沟通方式与客户充分沟通，以提高客户对自身善意的感知。卖家可以在其电子商店里标明交易的过程，让客户清楚地知道自己是在如何交易，自己会如何处理交易时留下的客户信息。卖家可以根据客户的意愿建立客户的信息库，定期与客户沟通，了解其商品使用的情况及潜在的需求，及时给与帮助。同时商家描述的商品信息、服务态度等体现了商家的沟通能力。商家沟通性越强，消费者对商家就越信任。

三、将客户服务贯穿销售各环节

1. 消费者不同需求阶段

（1）售前：好奇的浏览需求。好奇的浏览需求即从未进行过网上购物的消费者的信息需求。网上购物是一种新兴的购物模式，它挑战了占据主导地位的传统购物方式，因此，有许多 C2C 消费者对购物网站及其网上购物感到好奇、新鲜。他们带着好奇的心态而浏览购物网站，浏览购物网站的目的是为了了解什么是购物网站、什么是网上购物等，希望对购物网站作进一步的了解。他们所具有的主要是对购物网站及网上购物等相关信息的需求，而并没有打算进行网上购物，没有产生购买某种商品的信息需求，更没有将其表达出来。在这一阶段是商品的售前阶段，应该从商品的介绍来做好客户服务，吸引买家对店铺的点击率，提高店铺的流量。

卖家的在线时间：在服务条款中一定要明确卖家的在线时间，以便消费者能够及时与卖家沟通。

卖家回复时间：如果不在线，需要设置自动回复，并说明如果店主不在线，买家可以通过页面、旺旺、站内信等方式向卖家留言，并说明向买家回复的时间，让买家感到卖家的周到细致。

交易须知：在店铺中应该为买家提前说明交易中有可能出现的各种问题，原因是买家与卖家是不能面对面交易的，所以通过网络需要将一些问题提前告知买家。我们的卖家可以要求自己做到尽可能的专业，但是我们不可能要求每个买家也都要做一个专业的买家，有很多我们在交易中已经或者可能会遇到的问题，我们应该提前给客户提个醒，既可以给客户在购买前有一个降低心理想象的高度，也能让我们的买家体会到我们的专业性，避免有些冲动型购买最后却给卖家带来众多棘手的售后问题。同时我们也要认识到，我们的商品说明是一个小型的合同和承诺,对于卖家我们要做实物和说明相附,而对于买家来说拍下商品也就代表他们同意商品说明中的所有条款,尽可能地把问题考虑周全,也是我们以后避免产生交易纠纷的一个重要手段。

以卖服装为例,需要为买家提前说明的交易须知有以下几个。第一,向买家确认是否有现货。如果没有告知的情况下,买家拍下商品,而店铺中又没有存货,就不能向买家及时发货,买家就会产生时间成本,这是导致买家给卖家中评和差评的一个非常重要的因素。第二,要向买家说明店铺的支付与物流方面条款,告知消费者需要用哪种支付手段,如果消费者使用其他支付手段所造成的损失需要消费者承担。物流方面需要告知的是根据消费者所处的区域不同,物流送达的时间会有不同,需要向消费者说明其所在区域物流送达的时间及商品签收的注意事项等。第三,是有关服装的色差与尺寸,因为店铺在为商品拍照的过程中,会为商品做一些美化,使商品显得更加吸引消费者,因此会出现一定的色差,在此需要向消费者说明;还有尺寸问题,因为每个消费者的身材条件各不相同,在标注商品尺寸时要考虑到更加细化,同时还需要向消费者特别说明店铺服装的一些尺寸规定。第四,价格与优惠,在店铺设置中应该设置好商品的价格及优惠的条款,因为这是消费者特别关注的问题。第五,设置好店铺的退换货的条件,如有关质量方面的条款,规定在几天之内需要消费者反馈,还有色差问题、服装与想象的不同、尺寸方面等也需要设立一定的条款。以上仅以服装类商品为例,如果店铺在销售其他商品时,依据商品特性进行设置,尽量做到使消费者满意。

优惠:在店铺中可以把一些服务条款增加到商品说明中来,刺激客户的购买欲望,原来买家可能只是想购买一件产品,由于店铺优厚的折扣条件,一步步增加购买需求,最后往往可能比他的实际预算高了两三倍。同样,折扣优惠也是增加客户黏性,吸引回头客或者互相介绍朋友一起来购买的重要条件。

支付与物流:汇款方式和发货的方式也是有必要提及的,邮费是网络购买行为中一个相对比较敏感的话题,要求包邮往往也是买家要求优惠的手段之一,那么不管卖家是不是可以做到包邮,明码标价是必需要做到的。另外还有关于运送时间等等,事先的说明要好过买家产生疑惑以后再反复劝说。同时为了加快我们支付宝中货款的现金流动率,方便发出货物的查询和接收,我们也可以用这样的方式来暗示客户快递才是你最价廉物美的选择。

(2)售中:模糊的购买需求。模糊的购买需求即消费者游览购物网站时,其购买需求并不明确,并不清楚要买什么,如果有合适的就会网上购买。在这里有可以细分为两种:一是没有 C2C 网上购物经历,但是了解具体网站,能得到更多有关的网上购物的信息,如哪些产品可以在网上购买,如何购买以及可以在哪些购物网站购买等;二是有 C2C 网上购物经历的消费者,他们希望能再次在网上购物,但是要购买什么产品还没有明确的目标,他们可能经常地浏览购物网站,希望通过浏览购物网站,寻找某些购买机会,以便将潜在信息需求明确化。例如,遇到网站中有打折的商品信息,那么对价格敏感的消费者可能就会将其信息需求明确化,并表达出来,从而做出购买决定。因此,这类消费者他们的购买需求并不明确,所以也没有表达出来。

这一阶段,是售中阶段,这一阶段消费者的行为有收集有关商品的信息,进行比较判断,然后决定是否购买。在这一阶段需要做的客户服务就是与进入店铺的买家进行良好的沟通。这一点在前面已经讲述,但是还是需要强调的是在沟通的过程中一定要认同顾客所处立场,分析顾客疑虑的原因,针对顾客的疑虑,表明我们的观点,最后说服顾客接受我们的观点。

在沟通的时候要区分不同的消费群体:通过大量的实证分析,发现有着丰富网络购物经验的客户容易产生忠诚。对网络店铺而言,就应该抓住这些有着丰富网络购物经验的消费者,争取让他们成为网络店铺的忠诚客户。因此,在与不同的消费者进行沟通时,需要掌握不同的技巧。例如,针对初次进行网络购物的消费者,他们的特点是好奇心重、知识缺乏、疑问多、依赖性强,对于这类消费者应该掌握大量的信息,对他们进行耐心地服务、全程辅导,使他们对卖家产生信任,将消费者的流量转化现实的销量。切忌对他们简单粗暴,使他们对网购产生怀疑。而对于有着丰富的网购经验的专家型客户,他们的特点是知识面广、自主性强,对他们服务时应该积极配合,切忌班门弄斧。

客户咨询:买家在进行网上购物的时候,不能直接接触到商品,也不能进行实际的体验,此时,买家就会向卖家进行有关商品各个方面的咨询。

买家通过网络咨询,可以方便快捷地询问、购买到自己感兴趣的商品。作为网店的经营者,应该对不同的买家采取不同的态度。

影响买家对网店信任的咨询处理:

① 良好的态度:买家根据卖家处理咨询的良好态度,建立起相应的信任感和真实感,才能更有效地留住买家。因此,在处理买家咨询时应该慎重地给予及时、高质量的回复,同时在进行回复时,应该注意要宣传网店的文化及经营理念,让买家感觉到卖家的用心及专业。

② 足够的耐心:网上销售是跨越时空的商品销售,面对的竞争来自于全球,因此是否能够耐心、合理地处理买家的咨询,能够更好地树立网店的口碑与形象。

③ 重视潜在客户:在经营网店的过程中,应该注重挖掘潜在客户。在买家进行咨询时,从其咨询的信息中判断出哪些是潜在客户,尽而从众多的潜在客户中挖掘出最有可能进行实际交易的客户,紧紧把握住,将店铺的流量转化为现实的销量。

④ 了解市场现状:买家咨询的信息多种多样,卖家可以从海量的咨询信息中了解客户及市场现状,从而分析出客户的兴趣点,捕捉市场信息。使自己的网店能够快速响应市场需求,从而占领更大的市场份额。

保持客户忠诚:客户忠诚分为行为忠诚和态度忠诚两个维度,都应该引起重视。行为忠诚的客户是网络店铺所欢迎的,因为他们常常会重复购买;态度忠诚的客户同样应受到重视,虽然可能他们并没有重复购买行为,他们还是会利用口碑宣传对身边的人描述网络店铺的优点,为网络店铺带来更多的客户。一般来说,争取一个新客户的成本是留住一个老客户成本的3~5倍,因此,保持客户的忠诚就至关重要了。在开网店的过程中要留住老客户,就要注意一些细节,如果遇到熟悉的账号,一定要勤快点,查购买记录和聊天记录。这样一来,你可以了解客户的购买习惯,客户点击你的网店,你就能叫出名字,客户会有一种亲切感。留住老客户,比找一个新客户要容易多了。该给优惠的时候就给优惠,该包邮的就包邮。同样是优惠，卖家提出来的效果跟需要客户去要求的效果是完全不一样的。

主动与进网店浏览的客户沟通：客户点击浏览网店，表示他对产品有兴趣，可有些客户发了"你好"过来，就不再主动跟你说话了，这种情况有三个方面的原因，一是他还在浏览产品信息，暂时还没看好某种产品，也可能他想了解更多的产品信息、价格信息或是物流及支付方面的信息。这时，你需要耐心等待，等他了解完成后你再与其进行沟通。二是客户浏览你网店的产品后不感兴趣，不想与你沟通，这时你就要主动与其交谈，了解其不感兴趣的原因是产品本身方面还是有关价格、物流与支付方面的问题，针对不同的问题进行有针对性地沟通。三是客户在浏览你的网店的同时还浏览了其他网店，发现了更加适合与更加廉价的产品，这时你就要在沟通过程中，突出你店铺比其他店铺优势的地方，比如从售后、产品质量、服务方面体现你网店的优势，尽量留住客户。

做好客户的顾问：在经营网店的过程中，首先你自己一定要专业，需要对自己所出售的商品非常熟悉，能够为客户提供周到的、专业化的服务。假如你是经营照相器材的店铺，那么你就需要对所经营的器材有很深的了解，可以为不同的客户提供有价值的建议。例如，可以为初入门的摄影爱好者提供一些拍照的技巧，并为他们挑选出适合他们的照相器材，可以为一些资深的摄影爱好者提供更加专业的器材，并向他们推荐网店最新的产品，为他们做好全程的服务等。通过以上这些措施，可以使客户留下一种印象，那就是你不仅仅是在做生意，更是在为客户解决问题。这样网店的层次就会明显比其他店铺高一个层次，容易与客户建立良好的关系，保持他们的忠诚。

吸引新客户：网店的成长离不开新客户的扩大，引进新客户其实就是推广，方法有很多。一是在一些论坛上发精华贴，吸引一些新客户的点击。二是参加淘宝网的一些促销活动，借用淘宝网的名气来扩大店铺的浏览量。三是利用老客户的口碑宣传来吸引新客户，这一点十分重要。在现在这个媒体泛滥的时代里，客户对于广告，甚至新闻都具有极强的免疫能力，但是对于自己身边的人的消费体验则会产生一定的信任，因此，在吸引新客户时一定不要忘记让老客户成为你网店的免费营销人员。

（3）售后：明确的购买需求。这一类信息需求主要是指经常使用 C2C 的购物方式、且已经明确了所需购物的商品的消费者的信息需求，这时他们的信息需求已经认识到并且表达出来，此时即为现实需求。

这一阶段是售后服务，在这一阶段需要为客户提供良好的售后服务，来增加客户购买的黏性。

客户投诉：客户投诉是客户关系管理中的重要内容，提高客户关系管理水平，已经成为每个经营者提高市场份额、赢得竞争优势的重要手段，因此有效处理客户投诉也变得日益关键。

处理好客户投诉，是增加客户信任、增加购买黏性、建立良好的客户关系的有效途径，也是提升网店品牌的最佳机会。如果不能有效处理客户投诉，就会影响到买卖双方之间的关系，经过买家坏的口碑宣传后，会影响甚至损坏网店的形象，从而造成恶劣的影响。

在处理客户投诉问题时，应该采用辩证思维。客户投诉对于网店经营者来说，是一件不好的事情，但是从另一方面来说，也是网店经营的一个机会，关键是如何去处理。俗话说，不打不相识，通过正确有效地处理客户投诉，投诉就会变成提高网店服务水平的工具，甚至会使投诉网店的客户成为网店的长期忠诚客户。因为通过客户投诉，可以暴露出网店经营的缺点，从而使网店的各项指标得以更好地改进。投诉可以使网店的经营者能够继续为投诉客户提供服务，从而增进客户与网店经营者的关系。与此同时，客户投诉也可以提高网店经营者处理投诉的能力。处理客户投诉的步骤如下。

客户投诉的原因：最根本的原因是客户没有得到预期的产品和服务，即客户实际享受到的产品和服务与客户所期望的有所差距。即使网店在经营过程中产品和服务已达到良好的水平，但是只要与客户的期望有差距，投诉就有可能产生。

在交易过程中，有歧视客户的情况发生，或是没有聆听客户的申诉都会导致客户投诉的结果发生。

在交易进行时或交易完成后，对于客户所招致的损失不愿意承担错误与责任，使客户的心理失衡，引起客户的投诉。

由于产品方面和服务、付款及物流等环节中，客户所遇到的问题或是需求没有得到解决，网店经营者对相关问题也没有做出相应解释的时候，投诉就会产生。

从客户角度来说，客户认为自己是上帝，网店经营者应该无条件地为其提供相应的产品和服务并处理交易过程中所出现的问题。

说明退换货的条件：退换货条件也是在服务条款中要特别说明的一个问题，因为网络购物本来就存在着不能实际观看和接触商品的缺陷，买家难免会根据自己的想象来美化商品造成拿到实物以后不满意，或者因为不清楚自己的尺码买到不合适的产品。这个时候良好的退换商服务也是我们提高客户满意度，增加客户黏性的良好手段，绝对不能怕麻烦。有很多时候，店铺的中差评就是来自于这些因为种种卖家所不能控制的原因，但是害怕不能退换货所以中差评了之的客户，做好了退换货服务是可以直接影响到我们的好评率的。但是服务好客户绝对不能等同于无原则地迁就客户，所以在事先就提出是否能退换，退换的基本条件和时间限制是什么，就至关重要。

四、建立店铺客户金字塔

美国著名营销学者隋塞莫尔（Valarie A. Zeithaml）、勒斯特（Roland T. Rust）和兰蒙（Katherine N. Lemon）认为：管理人员可以根据企业从不同的客户那里获得的经济收益，把客户划分为几个不同的类别，理解不同类别客户的需要，为不同类别的客户提供不同的服务，可明显地提高本企业的经济收益。据此，他们于2002年提出了"客户金字塔"模型。

客户金字塔模型就是根据客户盈利能力的差异为企业寻找、服务和创造能盈利的客户，以便企业把资源配置到盈利能力产出最好的客户身上，也就是说细分出客户层级（铂层客户、金层客户、铁层客户、铅层客户）。这种方法比以往根据使用次数来细分市场更好一些，因为它跟踪分析客户细分市场的成本和收入，从而得到细分市场对企业的财务价值。界定出盈利能力不同的细分市场之后，企业向不同的细分市场提供不同的服务。设想客户按盈利能力不同而一层一层地排列起来，盈利能力最强的客户层级位于客户金字塔模型的顶部，盈利能力最差的客户层级位于客户金字塔模型的底部。将客户金字塔模型运用到店铺经营中，应该从以下几个方面入手。

1. 建立完善的客户档案

建立客户档案，将客户划分为不同层级,80/20 分布的客户金字塔模型是最常用的层级划分的客户金字塔模型。所有企业都或多或少地知道客户的盈利能力不尽相同，尤其是小部分客户带来大部分销售或利润的企业。这通常被称为"80/20 法则"，即 20％的客户产生 80％的销售或利润，称之为"80/20 分布的客户金字塔模型"，见下图所示。在网络店铺经营的过程中，也需要绘制出相应的客户金字塔，依据交易额或交易频率将客户划分为黄金层级、钢铁层级，针对不同的客户提供不同的服务，并设置不同的优惠标准，增加不同层级的客户满意度。

在具体店铺经营过程中，需要为每个客户建立客户档案，并设置不同的等级，并为不同的等级设置不同的优惠标准，提高每个等级客户对店铺的满意度，从而提高店铺的销售量，获取更大的市场份额。

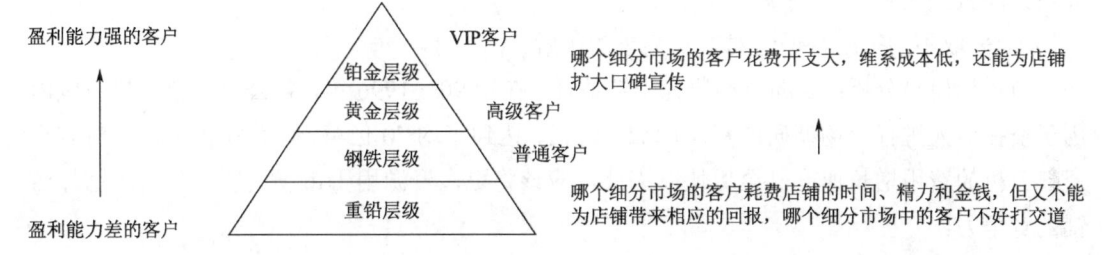

盈利能力强的客户 ↑

铂金层级 —— VIP客户

哪个细分市场的客户花费开支大，维系成本低，还能为店铺扩大口碑宣传

黄金层级 —— 高级客户

钢铁层级 —— 普通客户

重铅层级

哪个细分市场的客户耗费店铺的时间、精力和金钱，但又不能为店铺带来相应的回报，哪个细分市场中的客户不好打交道

盈利能力差的客户

（1）铂金层级：铂金层级客户代表那些盈利能力最强的客户，是典型的重要用户。他们对价格并不十分敏感，愿意花钱购买，愿意试用新产品，对店铺比较忠诚。

（2）黄金层级：黄金层级与铂金层级不同，这个层级的客户希望价格折扣，没有铂金层级客户那么忠诚，所以他们的盈利能力没有铂金层级客户那么高。他们也可能是重要用户，他们往往与多家店铺而不是一家店铺进行交易，以降低他们自身的风险。

（3）钢铁层级：钢铁层级包含的客户数量很大，但他们的消费支出水平、忠诚度、盈利能力不值得店铺去特殊对待。

（4）重铅层级：重铅层级客户不能给店铺带来盈利。他们的要求很多，超过了他们的消费支出水平和盈利能力对应的要求，有时他们是问题客户，向他人抱怨，损害了店铺的信誉。

客户金字塔模型的运用

2. 运用客户金字塔模型对客户分类管理

客户管理的宗旨是使客户对店铺的忠诚、满意与店铺在客户中的信誉转化为现实的店铺利润、财富及实现增值。而在客户管理过程中，遵循以下步骤：发现正当需求——满足需求并保证客户满意——营造客户忠诚。

依据客户金字塔模型，客户并不需要同等地对待所有的客户。店铺和一些客户进行交易的成本太高,这些客户中没有多少能为店铺带来盈利,即使长期来看也是这样。虽然店铺想向所有客户提供统一、一流的服务,但他们发现要使所有客户都满意的愿望既不现实,也不经济。另外,在大多数情况下店铺应该疏远甚至"远离"一些客户,原因是就盈利能力来说,并不是所有客户对店铺都具有吸引力,店铺需要根据盈利能力的不同来进行客户分类管理,进而发现不同的需求——满足不同需求并保证客户满意——营造客户忠诚。

按照客户终生价值相同客户划分为一组"客户群"或交易渠道。建立一个客户等级很有用,可以看到哪些客户或客户群排在前面,哪些排在后面,这些将产生一些显而易见的机会。客户主要分为 VIP 客户与高级客户(铂金层级、黄金层级客户——盈利性客户,20%)和普通客户(钢铁层级、重铅层级客户——非盈利性客户,80%),针对这两种客户分别采取相应的管理。

(1)核心客户的管理:铂金层级、黄金层级客户的管理。核心客户不断壮大,与店铺关系更加密切,他们将要求更好的服务和更低的价格。此时,店铺如果把销售资源都用在非核心客户身上,那么就无法有足够的资源去管理核心客户,要解决这个问题,应在客户关系方面做些调整。

① 采取不同措施,增进对客户需求的了解。

市场调研与分析:欧洲市场研究学会估计,在1990—1996年,各公司在全世界范围内用于委托他人进行市场调研的费用增加了一倍,达到年均70亿英镑。公司内部用于对客户资料分析的费用增长速度甚至更快。因此,应该将更多资源用于市场调研与分析,增加店铺的竞争力。

店铺高级管理人员同客户客户接触的计划:店铺的高级经理人员花时间与核心客户接触,并听取他们对店铺和竞争对手经营状况看法。

密切关注竞争对手的动向,将对竞争对手的监视分为三类:跟踪记录并用图表描述、解释原因和进行预测。

② 制订客户满意战略(customer satisfaction,CS):CS 以"客户中心论"为出发点和战略重点,客户满意是一种期望(或者说预期)与可感知效果比较的结果,它是一种客户心理反应,而不是一种行为。

CS 把客户满意、不满意作为衡量各项经营活动和管理活动的唯一尺度,围绕客户进行产品开发、生产、销售、服务。这种立足于客户的营销策略,追求的结果是贡献,反映的是客户价值,通过为客户创造价值,实现店铺价值。尤其是 CS 把客户进行科学分层,即分为忠诚层客户、游离层客户和潜在层客户,把重点放在巩固老客户(忠诚层客户)上,不断吸引游离层和潜在层客户,在经营中不是毫无目标地去扩大市场,这就保证了企业对客户研究的细分和服务的针对性。

同时,CS 对"客户满意"也强调全过程和差异性,追求客户在购买了店铺的产品与服务之后的满足状态,追求在客户总体满意基础上,因人而异,提供差异服务。另外,CS 也强调在满足客户全方位需求的同时,满足社会需要,即一方面要满足客户物质需要和精神需要,另一方面还要强调维护社会利益、社会道德价值、政治价值和生态价值。这些理念都是与具有高文化属性的市场经济相适应的,反映的是一种积极企业营销文化。

③ 提高客户忠诚：客户忠诚来自客户信任，而客户信任主要包括质量信任、品格信任、能力信任和前景信任。客户相信你的质量而怀疑你的品格，不会对你忠诚。只相信质量、品格，但不相信你的能力，也不会产生忠诚。相信了质量、品格、能力，但不相信你的前景，仍然无法形成忠诚。建立客户忠诚的模式和途径是相对固定的，即通过客户满意建立客户忠诚，通过客户忠诚获取利润并实现企业长久的发展。

积极建立与老客户的情感联系渠道。老客户之所以忠诚于店铺及产品，是因为他们不仅对特定的产品有一种理性的偏爱，而且更有一种情感上的依恋。因此，店铺在为客户提供优质产品和服务的过程中，还要做到心系客户，把客户当作自己一生的朋友来对待，并利用感情投资向其注入亲人般的情感和关怀，以努力建立"自己人效应"。从而使客户对自己店铺产生一种情感上的偏爱。最后，基于"信任""喜欢"的心理去长期购买享用店铺的产品和服务。

感情联系的方式、方法很多，如通过经常性的电话问候、特殊关心、邮寄销售意见卡和生意贺卡、节日卡或生日贺卡、赠送纪念品、举行联谊会等来表达对老客户的关爱，加深双方的情感联系。美国汽车商吉拉德经销汽车 10 多年，每年卖出的新车比其他经销商都多。他在谈到成功的秘诀时说："我决不会在客户买了车之后，就把他们抛到九霄云外，我每月要寄出 1.3 万多张卡片，使客户每个月都会收到一张不同款式的像工艺品一样精美的卡片，并长期保存。"他记住了客户，客户也牢记了他。吉拉德的小小卡片成了联系买卖双方情谊的"纽带"，良好的人际关系，使许多客户乐意和他长期打交道。

（2）非核心客户的管理：钢铁层级、重铅层级客户的管理：根据对客户分类，店铺可审核后 20%的客户的特点，分析非核心客户不能给店铺带来利润的原因，以确定是否投入努力使客户转变。否则，店铺应通过友好的第三方服务于客户。如果这些途径都不行，店铺就应放弃客户。

① 使客户转变为核心客户：有的客户可能与竞争对手的店铺也存在交易，因此与自己的店铺的交易规模较小，才构不成核心客户。店铺应考虑通过多种途径使非核心客户转变为核心客户：可以通过调整价格结构刺激额外销售额，将众多小客户联系在一起给他们一定的折扣优惠，降低销售和管理费用等方法将非核心客户转为核心客户。

② 放弃客户：如果客户不可能创造利润，店铺应该评估是否终止关系。因为向有盈利能力的客户投资比继续向没有盈利能力客户提供超值服务更好。

如果客户关系即将终止，店铺应谨慎处理。不满意的客户可能向其他潜在客户表达他们的不满，或者可能拖延付款。终止客户关系只能作为一种最后的手段，应稳定地、专业地处理。店铺应向客户解释为何没有利润，说明盈利的选择（例如，增加销售额或从其他渠道获得服务），使双方达成一致意见。

考虑到吸引和发展客户的成本和麻烦，店铺决定终止客户关系是困难的。但是如果客户正在消耗店铺的利润，而且没有产生利润的可能性（通过对客户及其盈利能力的分析得出），店铺必须开拓性地探索以处理客户关系。

总之，经营网络店铺时，一定要站在客户的立场，树立客户是上帝的理念，按照网站及店铺制度操作，适当个人发挥，关键性的问题建议一定要在使用旺旺保存聊天记录。尽量清晰准确地回答客户问题，网上交流不畅时建议电话沟通。应该换位思考，站在客户角度考虑，理解客户的需求，在求同存异的基础上达成交易，实现买卖双方的共赢。

淘宝网推出的阿里软件的客户关系管理软件（网店版），在里面可以设置客户管理、客户关怀、买家级别设置，在交易过程中，软件可以依据卖家的设置自动进行优惠的设定和客户级别的管理。

五、店铺客户关系管理实例

以下以 http://shop65536299.taobao.com/ 为例。

1. 旺旺设置

卖家需要下载旺旺卖家版。卖家版的下载一般是在开店的时候下载的。

在旺旺界面我们可以根据需要对其进行设置。

点击旺旺图像可对自己的资料进行设置。

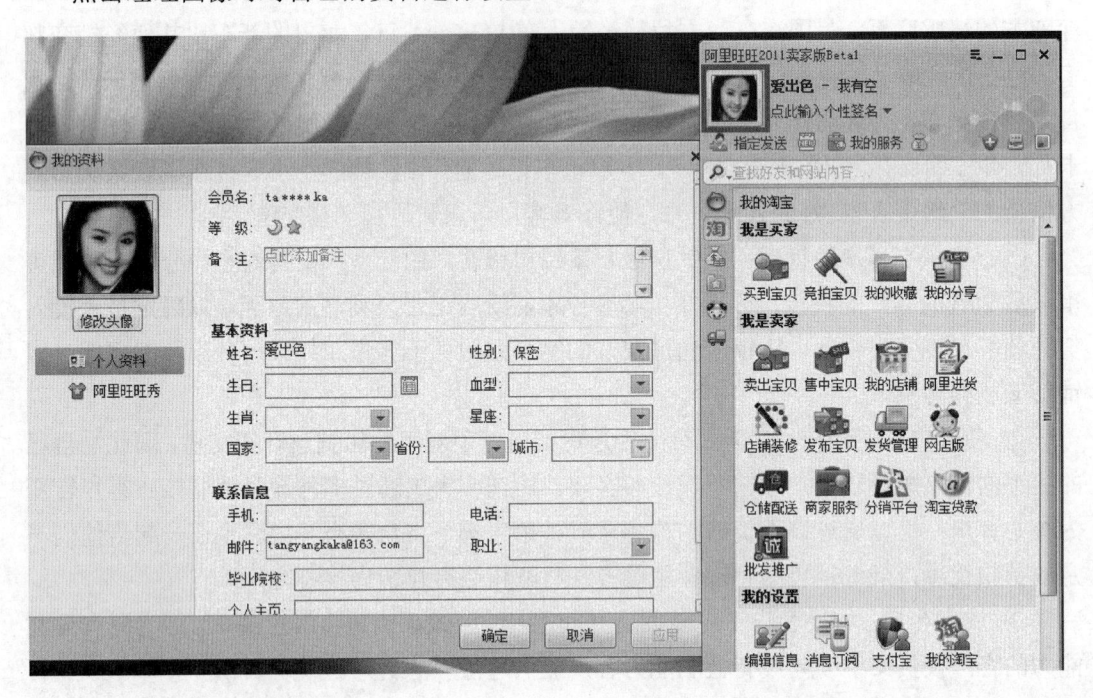

点击进入安全中心。

设置完后，点击左下角的"进入系统设置"，进行系统设置。

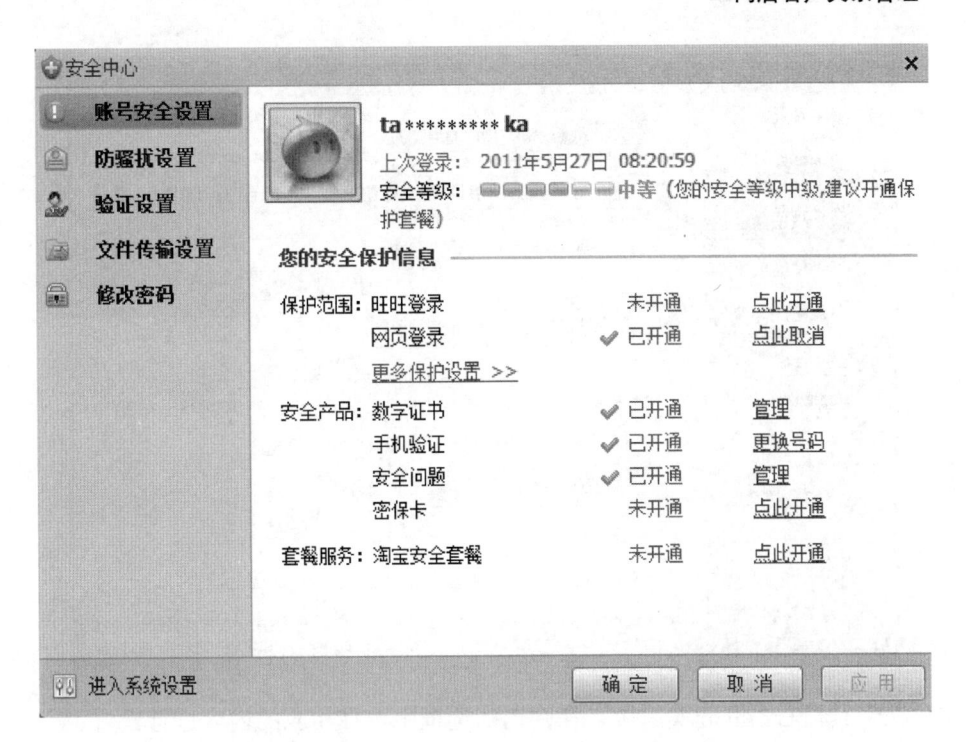

在系统设置中包括以下几个类别，可分别进行设置。

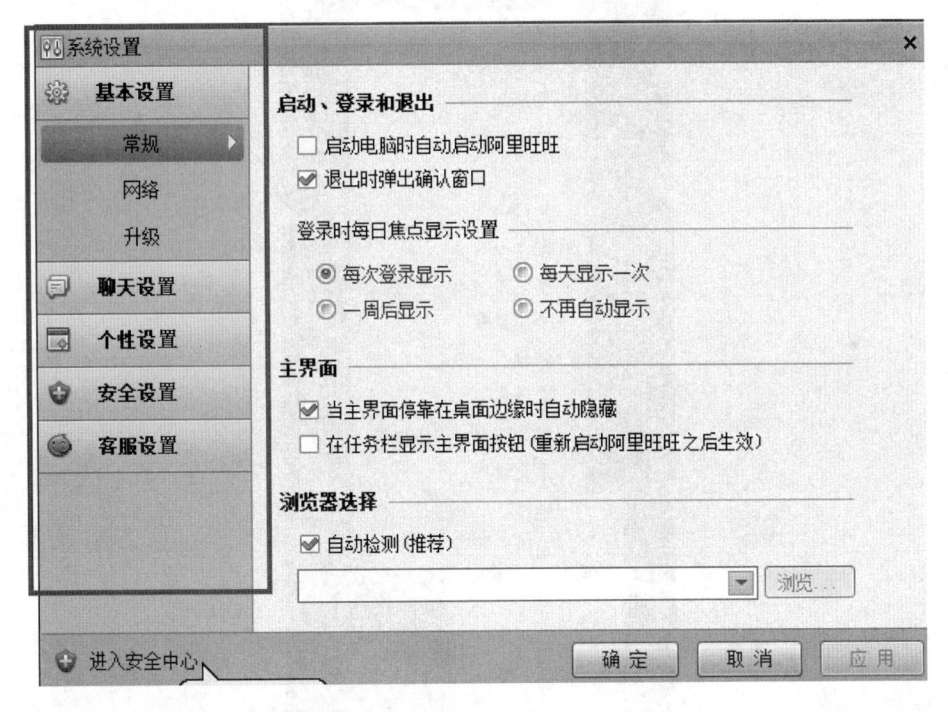

其中在客服设置中可设置自动回复内容。

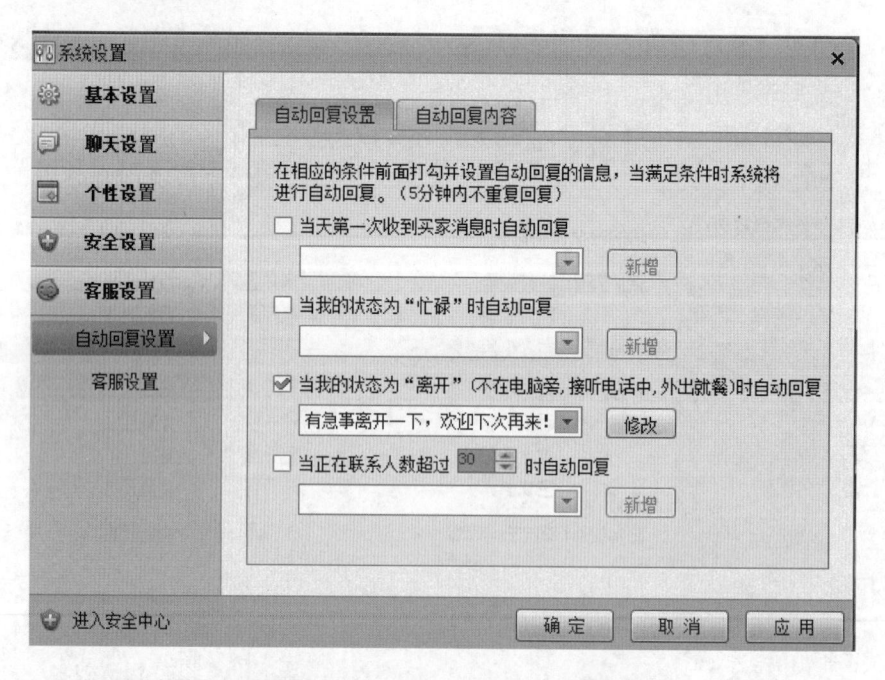

也可在工具栏右击旺旺卖家版，在弹出的选框中选择相应的内容进行设置。

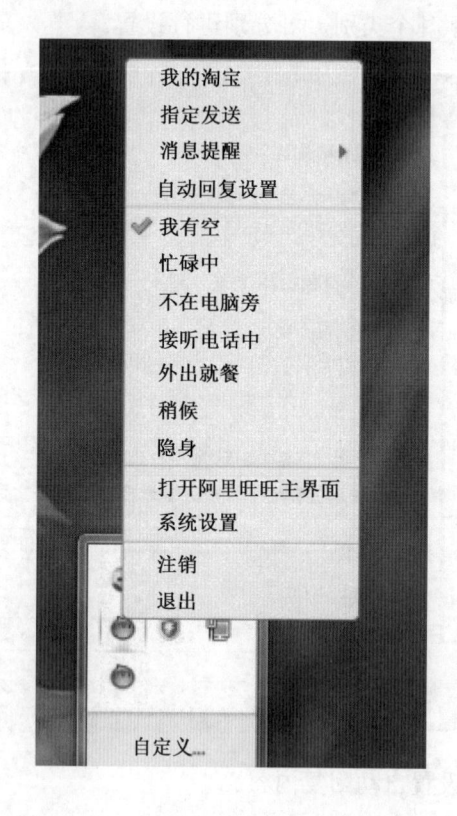

2. 留言回复

进入我的淘宝——我是卖家，可选择"评价管理"和"宝贝留言/回复"对相应的内容进行管理。

如果有未回复的留言，进入我的淘宝——我是卖家，中心就会提醒卖家进行回复。

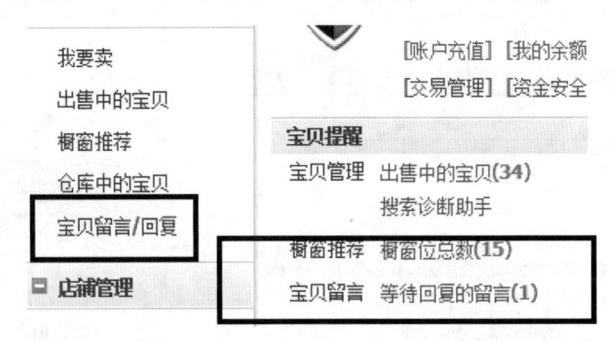

点击"等待回复的留言"

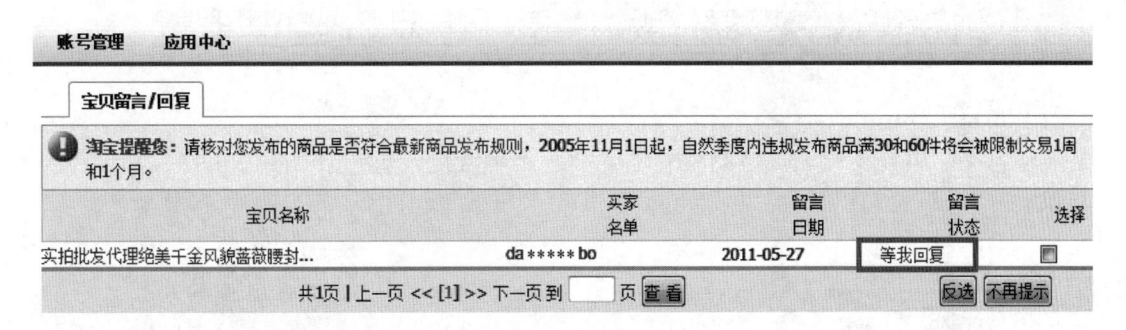

点击"等我回复"，进行宝贝留言回复。

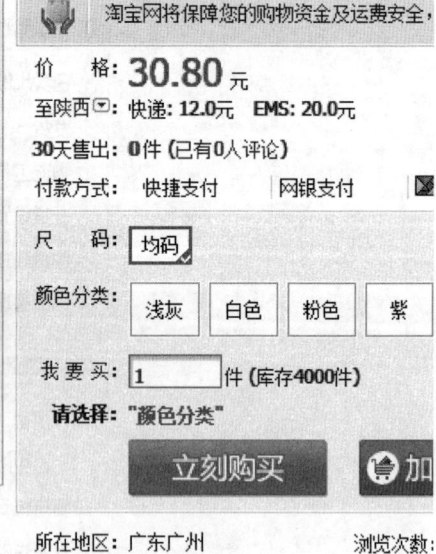

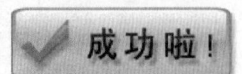

农村电子商务
基本理论与运营实践

3. 交易流程

一般买家若看中店中的商品，会先就自己想了解的问题和卖家进行沟通，沟通顺利后会拍下宝贝。这时旺旺会提醒卖家。

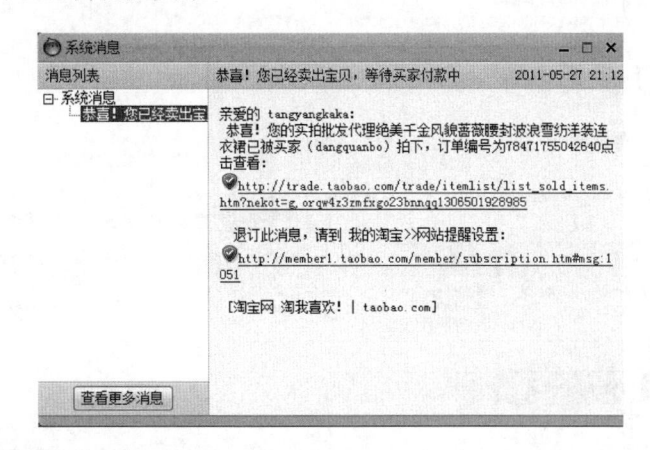

在淘宝中心，就可以看到订单信息。

等买家付款后就可以发货了。

也可查询订单详情。

最后选择发货。

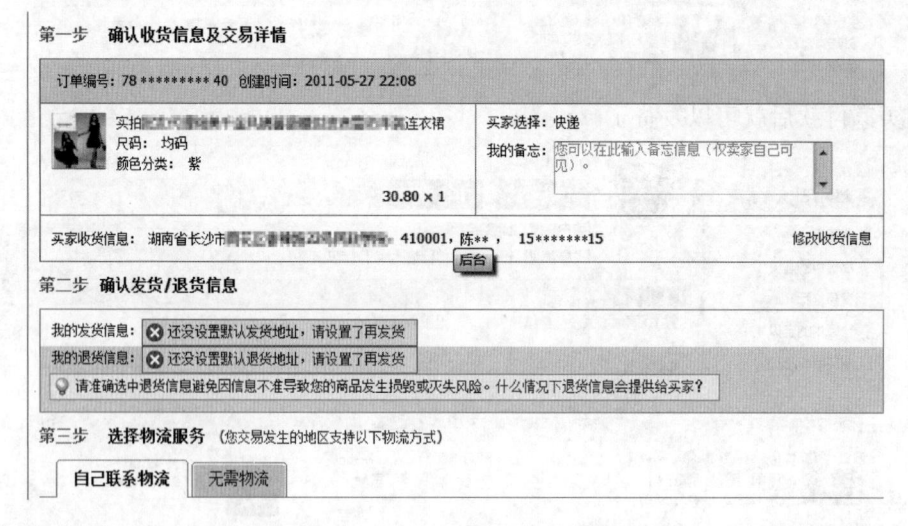

最后一步就是等待买家收到宝贝，满意后确认支付宝付款了，以及买家对卖家的评价了。

第七章
农产品电子商务支付与农产品物流

第一节　网店的电子支付

一、电子支付的概念及特点

1. 电子支付的概念

电子支付是指交易双方通过电子终端，直接或间接地向金融机构发出支付指令，实现支付与资金转移的一种支付方式，它是以电子方式处理交易的各种支付方式的总称。电子支付是电子交易活动中最核心、最关键的环节，是交易双方实现各自交易目的的重要一步，也是电子交易得以进行的基础条件。

2. 电子支付的特点

（1）与传统的现金、票据的流转与银行汇款的支付方式相比，电子支付是以电子形式来实现款项的支付，采用先进的技术完成信息传输。

（2）电子支付的工作环境基于一个开放的系统平台，而传统的支付则是在较为封闭的系统中运作。

（3）电子支付是通过网络进行的，采用先进的技术手段，因此对支付系统的软硬件要求较高，传统的支付系统对此要求不高。

（4）电子支付具有方便、快捷、高效、低成本的优势，交易双方通过网络就可以实现交易所涉及的支付流程，完成支付过程。

二、第三方支付

1. 概念

淘宝店铺的交易属于 C2C 电子商务，所采用的支付方式主要为第三方支付，第三方支付系统作为一种复合的中介机构，在交易者之间起到一种桥梁的作用，同时它也担当起网络交易的监督者和主要的支付渠道。除了给交易者提供快捷的支付工具之外，它在一定程度上还增强了交易者之间的信任，让越来越多的人愿意在购物平台上进行交易，实现商品的流通。

可以说，第三方支付平台的出现，很好地解决了 C2C 交易中的很多不确定因素，平台的接入很好地解决了买卖双方之间的信用问题，也提供了更为安全的支付技术，支付时需要申请个人认证，并下载安装证书、软件。目前第三方支付公司、银行、买家、卖家已经形成了一个复杂的电子支付产业链，第三方支付处于整个产业链的中间位置，是在线支付产业链的重要纽带，一方面连接银行，处理资金结算、客户服务、差错处理等一系列工作，另一方面又连接着众多的客户，使客户的支付交易能顺利接入。

基于 C2C 的第三方支付模式是专门针对交易信用现状而提出的安全付款服务，其运作的实质是以第三方支付平台为信用中介，在买家确认收到符合合同的商品前，由第三方平台替买卖双方暂时保管货款。第三方支付服务通过建立保证金专用账户，对于客户投诉问题建立先行赔付机制。用户得到承诺，通过第三方平台的支票如果被卖家欺骗，买家可获赔付。

本书中所指的第三方支付是指具备一定实力和信誉保障的独立机构，采用与各大银行签约的方式，提供与银行支付结算系统接口的交易支持平台的网络支付模式。相应地，这种服务模式的网络平台在本文中称为第三方支付平台，平台的运营机构称为第三方支付企业。

2. 运营模式

信用担保型第三方支付平台实行"代收代付"和"信用担保"，保证资金流和货物流的顺利对接，建立网上交易双方的信任关系。即通过改造支付流程，起到交易保证和货物安全保障的作用。淘宝网的支付模式属于担保型平台。

信用担保型第三方支付平台的支付流程如下图所示。具体交易步骤如下。

（1）买家浏览卖家的网上店铺检索商品。

（2）买家在卖家所在的 C2C 交易网站下单购物。

（3）C2C 网站将买家的应付账款信息传给第三方支付平台，同时为买家打开至第三方支付界面的链接。

（4）买家在第三方支付界面完成支付信息的确认：确认购物付款信息，选择付款方式，选择付款银行。

（5）第三方支付平台为买家搭建与所选银行的接口，买家在银行的网银系统完成账号输入，密码或者数字证书等的录入，确认付款。

（6）银行检查买家的户头是否有足够的余额支付货款，本次支付是否超出支付限额。如果正常，银行将货款划入第三方支付平台的账户中。

（7）第三方支付平台向 C2C 交易网站返回信息：买家已付款。

（8）交易网站通知卖家发货。

（9）卖家向第三方支付平台求证买家的付款详情，第三方支付平台予以确认。同时，第三方支付平台要求卖家发货，卖家也予以确认。

（10）卖家向买家发货。

（11）买家收货，验收合格后通知网站此次交易成功，同意放款。

（12）网站将买家成功收货的信息告知第三方支付平台。

（13）买家向第三方支付平台确认收货情况。同时，第三方支付平台要求买家同意划款给卖家，买家确认。

（14）第三方支付平台将货款划给卖家设在平台的虚拟账户。

（15）卖家要求将货款从平台的账户转走，存至真实的银行账户。

（16）第三方支付同意放款，通知银行进行相关操作。

（17）银行将货款从支付平台的银行账户划至卖家在银行的真实账户中。

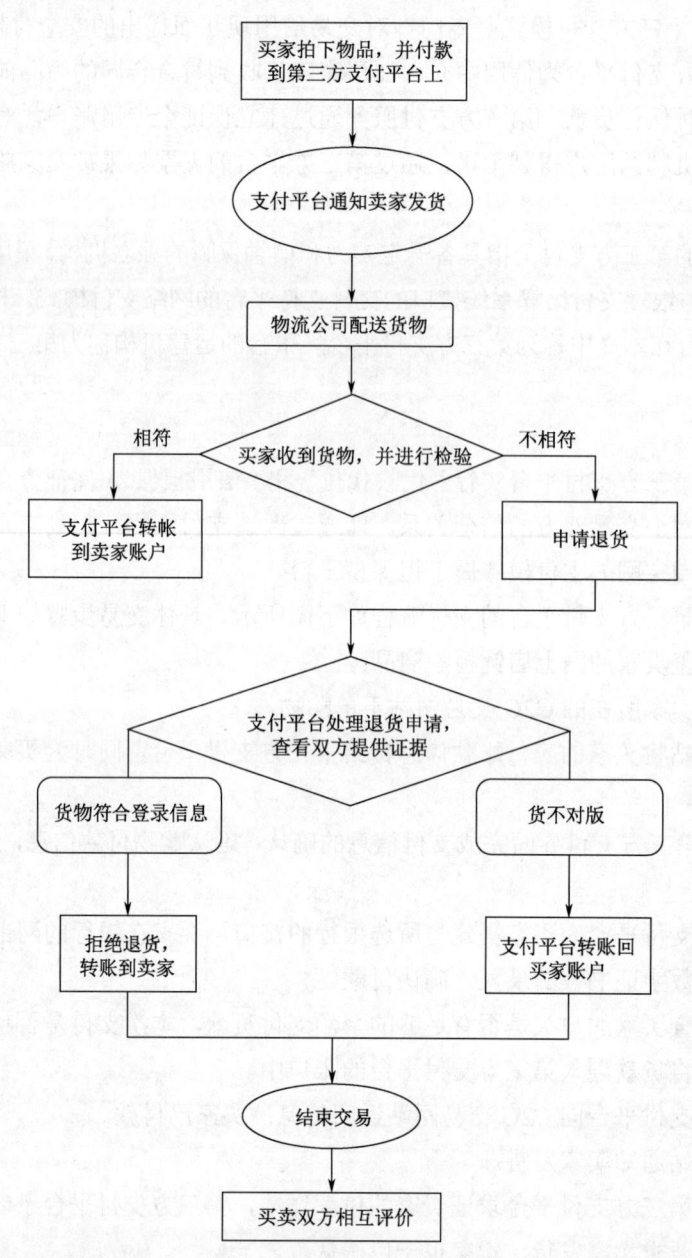

```
         ┌─────────────────┐
         │ 买家拍下物品，并付款 │
         │  到第三方支付平台上  │
         └─────────┬───────┘
                   ↓
          ╱─────────────╲
         ╱ 支付平台通知卖家发货 ╲
          ╲─────────────╱
                   ↓
          ┌─────────────┐
          │ 物流公司配送货物 │
          └──────┬──────┘
                 ↓
   相符    ╱─────────────╲    不相符
    ┌────╱ 买家收到货物，并进行检验 ╲────┐
    ↓     ╲─────────────╱      ↓
┌────────┐                 ┌────────┐
│支付平台转帐│                │ 申请退货 │
│到卖家账户 │                 └────┬───┘
└────────┘                      ↓
                      ╱─────────────────╲
                     ╱ 支付平台处理退货申请，╲
             ┌─────╱   查看双方提供证据    ╲─────┐
             ↓     ╲─────────────────╱      ↓
       ┌──────────┐                    ┌────────┐
       │货物符合登录信息│                    │ 货不对版 │
       └─────┬────┘                    └────┬───┘
             ↓                              ↓
       ┌──────────┐                   ┌──────────┐
       │ 拒绝退货，  │                   │支付平台转账回│
       │ 转账到卖家  │                   │  买家账户  │
       └──────────┘                   └─────┬────┘
                                            ↓
                                     ╱──────────╲
                                    ╱  结束交易   ╲
                                     ╲──────────╱
                                           ↓
                                    ┌──────────┐
                                    │买卖双方相互评价│
                                    └──────────┘
```

实际操作中，某些第三方支付平台提供虚拟账户预先充值的服务，买家预先向自己在第三方支付平台的虚拟账户充值。付款时，平台直接从买家的虚拟账户扣款，从而无须与银行校验信息。

由支付流程可见，信用担保型第三方支付平台的优势主要体现在两方面。

（1）除了带来支付网关的便利之外，由于担当了支付中介，使得交易的安全性也大为增强。一些C2C交易网站还配合推出了一系列特色服务，加强交易安全以增强市场信心。以淘宝和支付宝的合作模式为例，淘宝C2C平台出台了一系列消费者保障规则，如"先行赔付""7天无理由退换货"等。

（2）如果在交易过程中出现纠纷，第三方支付平台将配合交易网站进行调解。

信用担保型第三方支付平台在凸显其在安全，信任保障等方面的优势时，也存在一些漏洞：

（1）虚拟账户的存在使得平台存在吸收储蓄资金的法律风险。

（2）交易担保功能的强制力有限。一般情况下，若发生纠纷，第三方支付机构倾向于对买卖双方进行调解，让双方协商解决；若双方谈判无果，则由第三方支付机构依据当事人提供的证据进行仲裁，并将货款划转至胜诉方或进行相关赔偿;当仲裁也不能解决问题时，则只能提起司法诉讼，过程如下图。

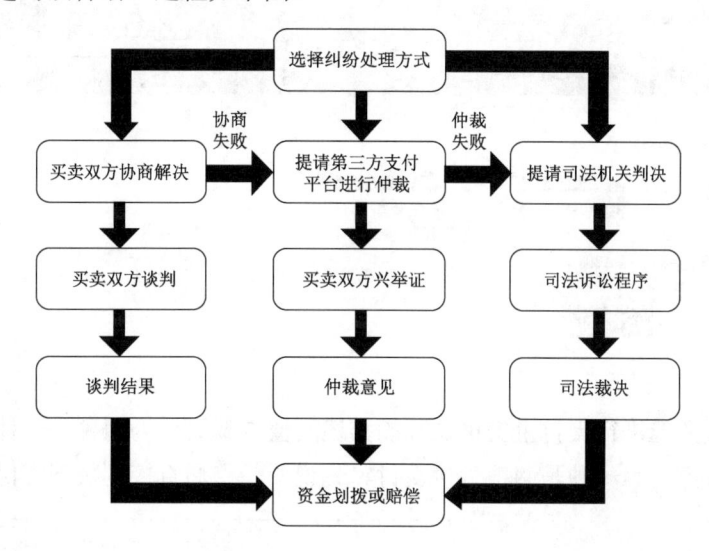

三、淘宝网支付实践

淘宝网支付大体分为两种：一种是第三方支付，另一种支付方式就是网银直接支付。于此，第三方支付我们就以支付宝为例，其又分为支付宝支付和支付宝卡通支付。

这里我们以交话费的过程来演示支付宝支付的过程。

1. 进入淘宝网主页，选择"手机充值"

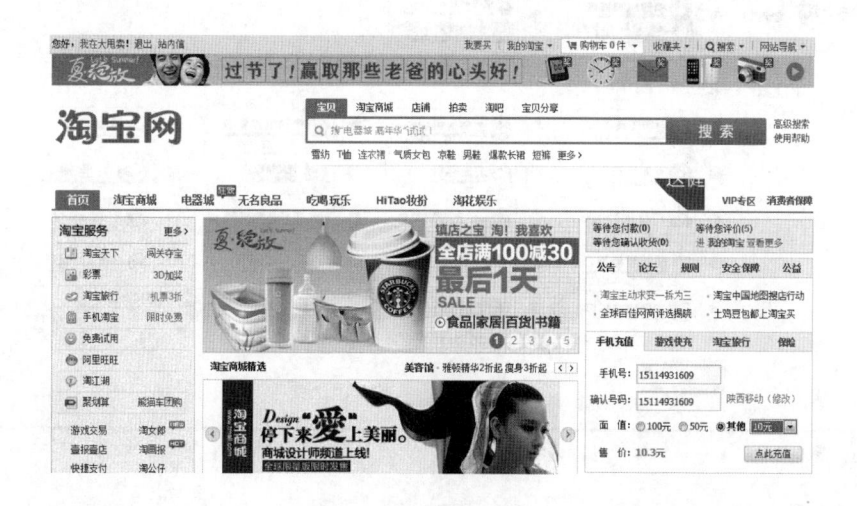

2. 进入付款页面

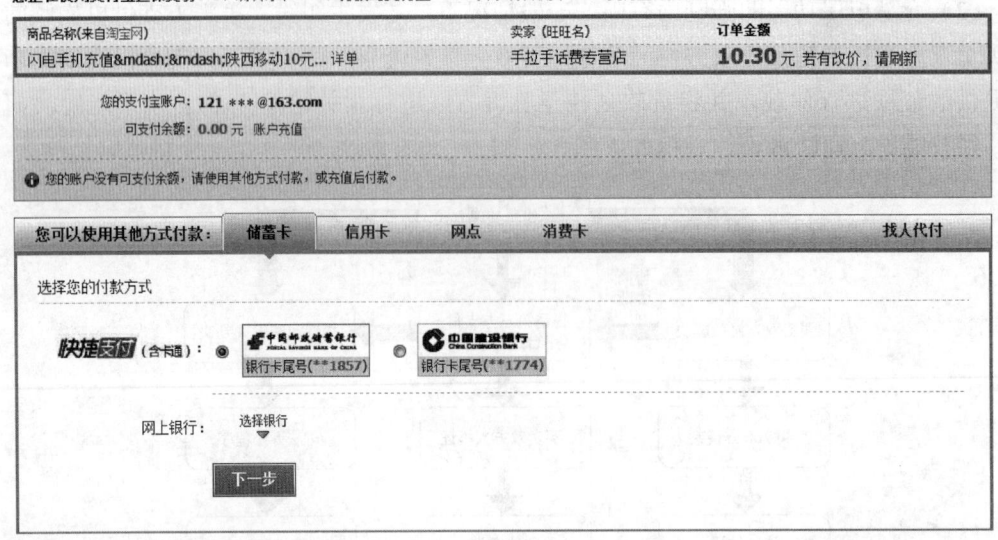

在这里，我们选进行支付宝支付过程的描述充值方式又分为两种：一种是支付宝卡通直接划账到支付宝，另一种是网银直接支付。先说明，卡通直接划账到支付宝。

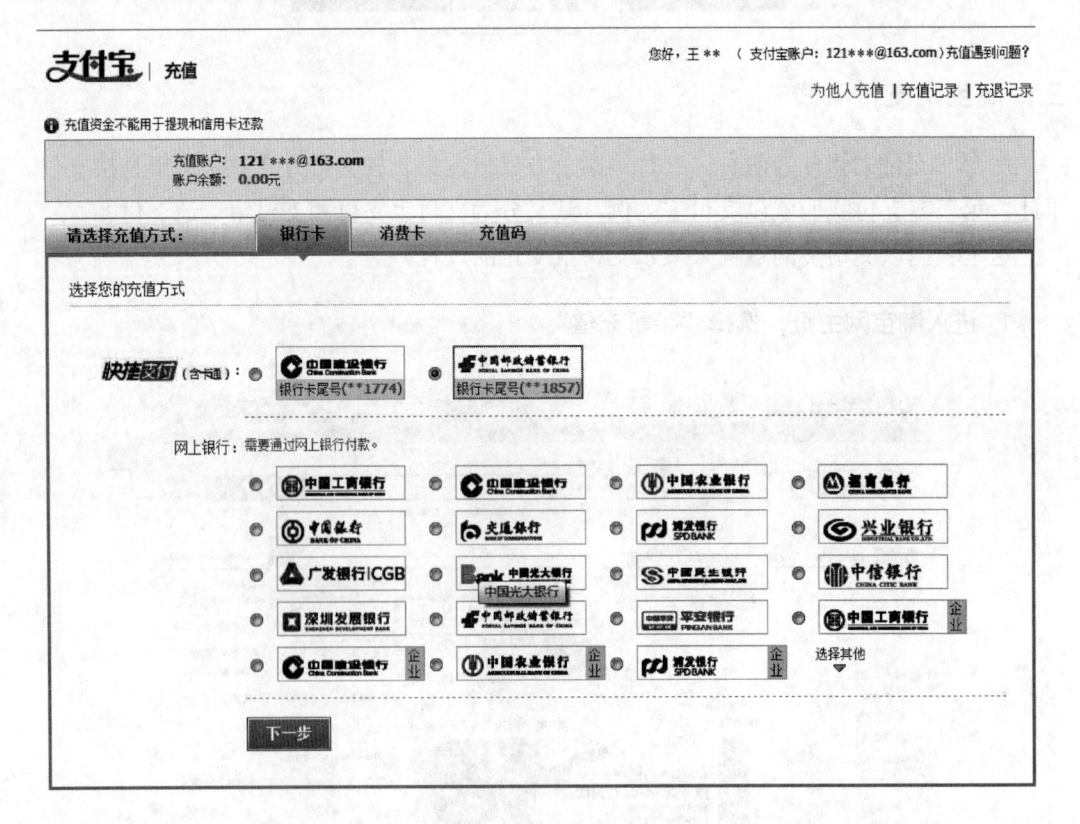

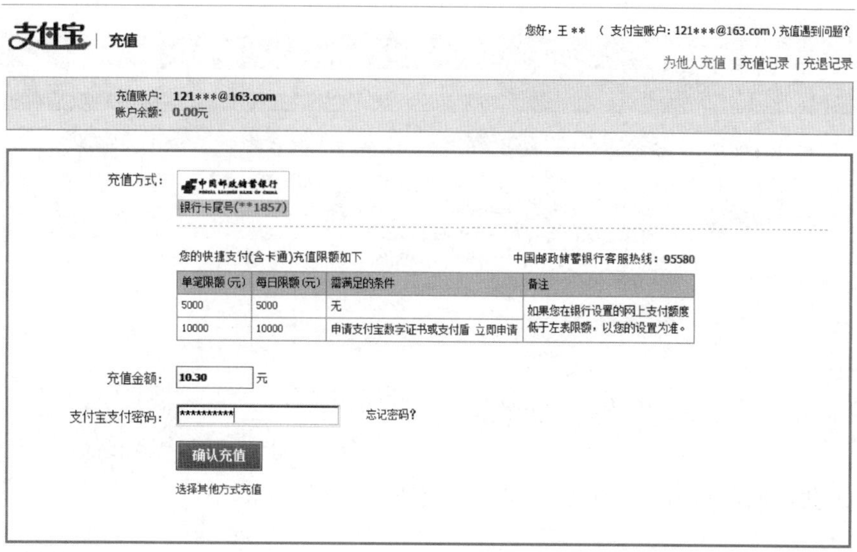
充值
您好，王 ** （支付宝账户：121***@163.com）充值遇到问题？
为他人充值 | 充值记录 | 充退记录
充值账户：121***@163.com
账户余额：0.00元
充值方式：
银行卡尾号(**1857)
您的快捷支付(含卡通)充值限额如下
中国邮政储蓄银行客服热线：95580
单笔限额(元) 每日限额(元) 需满足的条件 备注
5000 5000 无
10000 10000 申请支付宝数字证书或支付盾 立即申请
如果您在银行设置的网上支付额度低于左表限额，以您的设置为准。
充值金额：10.30 元
支付宝支付密码：
忘记密码？
确认充值
选择其他方式充值

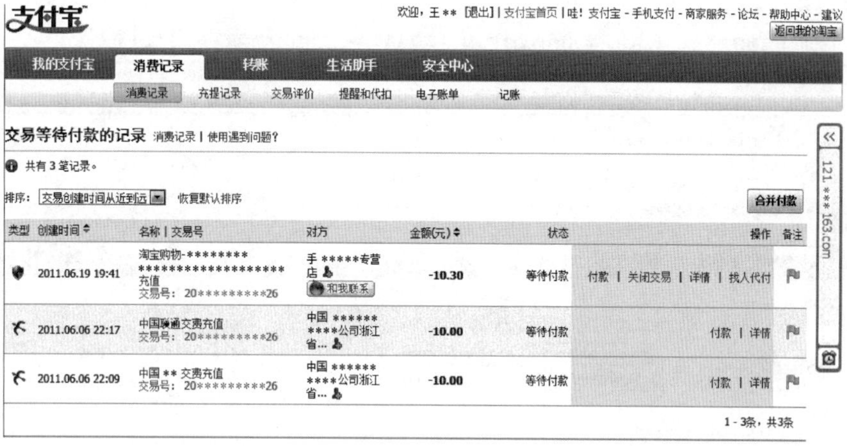
欢迎，王 ** [退出] | 支付宝首页 | 哇！支付宝 - 手机支付 - 商家服务 - 论坛 - 帮助中心 - 建议
返回我的淘宝
我的支付宝 消费记录 转账 生活助手 安全中心
消费记录 充提记录 交易评价 提醒和代扣 电子账单 记账
交易等待付款的记录 消费记录 | 使用遇到问题？
共有 3 笔记录。
排序：交易创建时间从近到远 恢复默认排序
合并付款
类型 创建时间 名称 | 交易号 对方 金额(元) 状态 操作 备注
2011.06.19 19:41 淘宝购物-******** 充值 交易号：20*********26 手 *****专营店 和我联系 -10.30 等待付款 付款 | 关闭交易 | 详情 | 找人代付
2011.06.06 22:17 中国联通交费充值 交易号：20*********26 中国 ****** ****公司浙江省... -10.00 等待付款 付款 | 详情
2011.06.06 22:09 中国 ** 交费充值 交易号：20*********26 中国 ****** ****公司浙江省... -10.00 等待付款 付款 | 详情
1 - 3条，共3条
121 *** 163.com

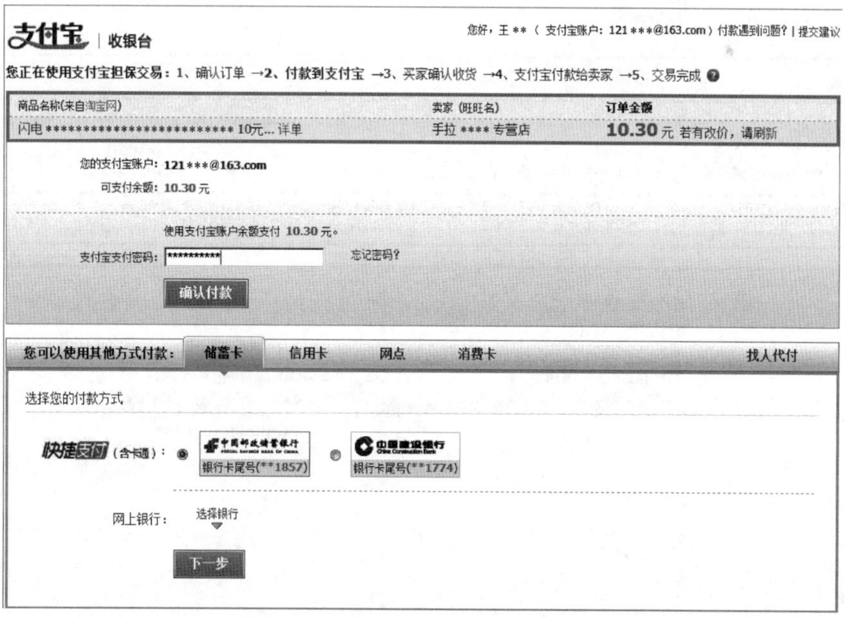
收银台
您好，王 ** （支付宝账户：121 ***@163.com）付款遇到问题？ | 提交建议
您正在使用支付宝担保交易：1、确认订单 →2、付款到支付宝 →3、买家确认收货 →4、支付宝付款给卖家 →5、交易完成
商品名称(来自淘宝网) 卖家（旺旺名） 订单金额
闪电 ************************** 10元... 详单 手拉 **** 专营店 10.30 元 若有改价，请刷新
您的支付宝账户：121***@163.com
可支付余额：10.30 元
使用支付宝账户余额支付 10.30 元。
支付宝支付密码：
忘记密码？
确认付款
您可以使用其他方式付款： 储蓄卡 信用卡 网点 消费卡 找人代付
选择您的付款方式
快捷支付（含卡通）：
银行卡尾号(**1857)
银行卡尾号(**1774)
网上银行： 选择银行
下一步

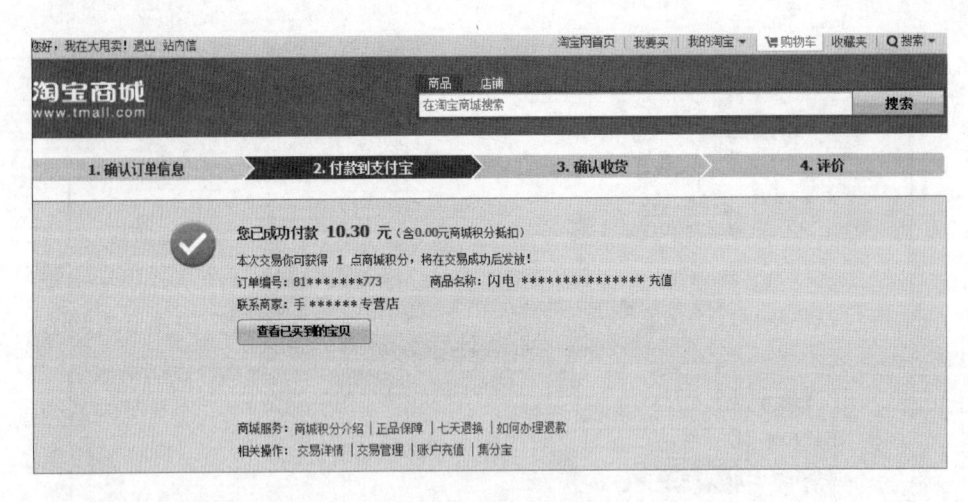

农村电子商务
基本理论与运营实践

接下来我们简单接着上面的步骤进行卡通支付过程演示。

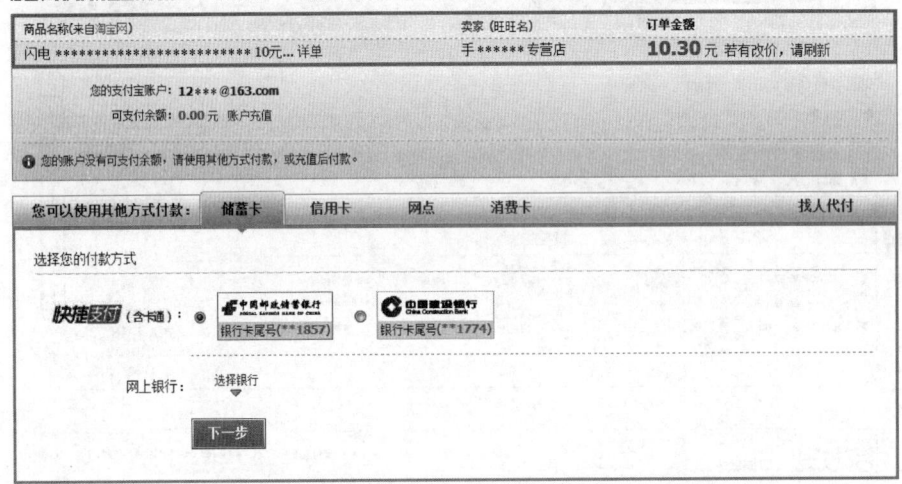

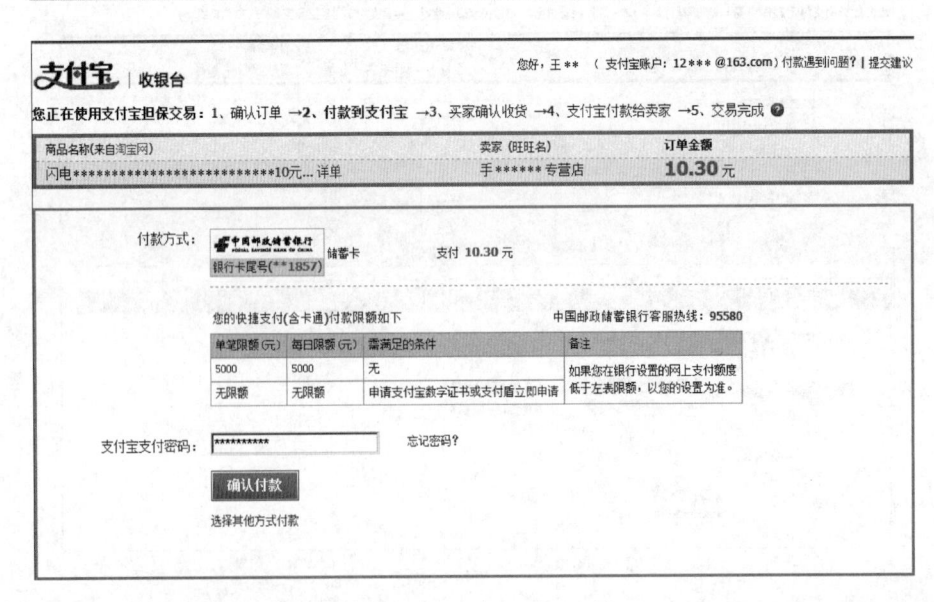

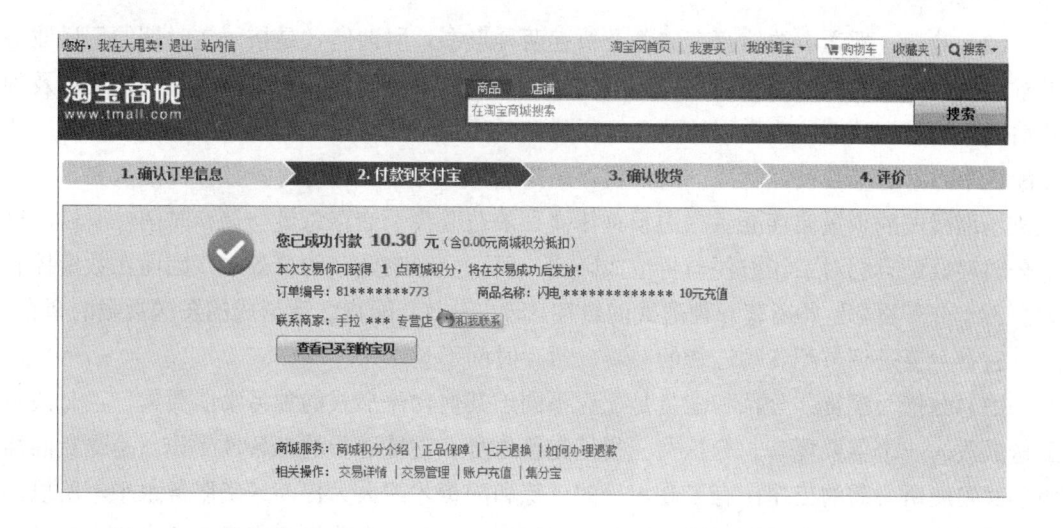

第二节　农产品物流配送

一、物流配送概述

1. 概念

物流配送是按照用户的订货要求，经过分货、拣选等货物配备工作，并经过配装把配好的货物送交收货人。物流配送是伴随着大生产、大流通而出现的一种完成资源配置和满足消费需求的物流方式。物流配送由于能实现定时、定量、准时性、计划性、即时性、低费用甚至可以实现客户的零库存，以至于可以完全取代客户原有的供应系统，用更高的供应质量和更低的供应成本，对客户实现供应，实现企业销售和客户供应的一体化。

2. 配送的一般业务流程

配送几乎包括了所有的物流功能要素，是物流的一个缩影或是在某小范围中物流全部活动的体现。一般的配送服务均集装卸、包装、保管、运输于一身，通过这一系列活动将货物送达目的地——货主。少数特殊配送还需要包装加工服务，包括的内容更广。但配送的主体活动与一般物流有明显不同，一般物流以运输及保管为主，而配送则是运输及分拣配货为主。分拣配货是配送的独特要求，也是配送中最有特点的活动，以送货为目的的运输则是最后实现配送的主要手段。网络店铺物流配送流程一般包含以下几个。

（1）备货：备货是配送的准备工作或基本环节。备货包括筹集货源、订货或购货、集货、进货及有关的质量检查、结算、交接货物等。配送的重要优势之一就是集中客户的需求进行较大规模的进货，因此备货是决定配送成败的基础性工作，如果备货成本太高，会大大降低配送的效益。

（2）储存：配送中的储存有储备及暂存两种形态。所谓储备是按一定时期的配送业务要求形成对配送的资源保证。这种类型的储备数量较大，储备结构也较完善，视货源及到货情况，可以有计划地确定周转储备及保险储备的结构及数量，配送的储备保证有时需要在配送中心附近单独设库解决。所谓暂存是指具体执行每日配送时，按分拣配货要求，在理货场地所做的少量储存准备。由于总体储存效益取决于储存总量与储存时间，所以，这部分暂存数量只会对工作方便与否造成影响，而不会影响储存的总效益，因而在数量控制方面不十分严格。另外还有一种形式的暂存，即在分拣、配货之后形成的发送货载的暂存，这种暂存主要是调节配货与送货的节奏，暂存时间不长。

（3）分拣与配货：分拣和配货是配送不同于其他物流形式的独特功能要素，也是决定配送成败的一个重要环节。分拣及配货是完善送货、支持送货的准备性工作，是送货向高级形式发展所必需的工作，有了高水平的分拣和配货才能大大提高送货服务水平，所以，分拣及配货是决定整个配送系统水平的关键要素，是配送企业提高市场竞争力和自身经济效益必须高度重视的环节。

（4）配装：在单个客户配送数量不能达到车辆的有效载荷时，就需要集中不同客户的配送货物搭配装载以充分利用运能、运力，这就是配装。通过配装送货可以大大提高送货水平及降低送货成本，所以，配装也是配送系统中有现代特点的功能要素，也是现代配送不同于以往送货的重要之处。

（5）配送运输：配送运输属于运输中的末端运输、支线运输，与一般运输形态的主要区别在于，配送运输往往是短距离、小规模的运输形式，一般使用汽车做运输工具。与干线运输的另一个区别是，配送运输的路线选择问题是干线运输所没有的，干线运输的干线是唯一的运输路线，而配送运输由于配送客户多，城市交通路线复杂，如何组合成最佳路线，如何使配装和路线有效搭配等，是配送运输的特点，也是反映配送管理水平的一项难度较大的工作。

（6）送达服务：配好的货物运输到户还不算配送工作的完结，因为送货和客户接货往往还会出现不协调，使配送前功尽弃。因此，必须圆满地实现货物的移交，如卸货地点、卸货方式等的衔接和协调，并有效地、方便地处理相关手续并完成结算。

3. 降低配送成本的途径

（1）差异化配送：差异化配送的出发点是产品特征不同、顾客不同，需要的服务水平也不同。

（2）混合配送：混合配送物流是指一部分配送物流业务由企业自身完成，一部分配送业务委托其他配送中心完成。

（3）合并配送：合并配送策略包含两个层次：一是配送方法上的合并，即企业在安排车辆完成配送任务时，充分利用车辆的容积和载重量，满载满装是降低成本的重要途径；二是共同配送，也就是产权层次上的集中协作配送，是几个企业联合起来集小量为大量共同利用同一配送设施的配送方式。

（4）适当延迟：传统的配送计划安排中，大多数库存是按照对市场需求的预测设置的，存在着一定的预测风险，当预测量与实际需求量不符时，就出现库存过多或过少的情况，从而增加配送成本。适当延迟策略的基本思想就是对产品规格、数量及其生产、组装、配送应尽可能推迟到接到顾客订单后再确定，一旦接到订单就要快速反应。因此采用延迟策略的一个基本前提是信息传递要非常快。

二、农产品物流配送

1. 仓储管理

农产品的客户需求周期短、生产计划多变、供应商供货周期长、仓储条件有限等，在提高服务水平、降低库存、节约时间、成本最小化的压力下，仓储管理在农产品物流配送中有着重要的意义。

一般来说，仓储管理分为入仓管理和仓内管理。

（1）入仓管理：农产品一般有散货与成品两种，两者有着不同的入库管理管理。

① 散货入库：首先供应商将散货（如小米、黄豆、红枣等）送到指定物流中心，物流管理部门进行货物验收，并通知送货车辆到指定位置卸货，同时通知采购人员到达现场确认。

货物接收前，库管人员先要检查送货人员提供的送货单据是否与《到货信息表》提供的信息相吻合（含质检报告、供应商名称、计量单位、规格型号、数量、批次等信息），如果在检查过程中出现不符或没有送货单据的，交由责任部门（采购部、营销部、生产安技部）确认处理。

库管员检查完送货单据无误后，他将会安排卸货和数量清点，如果存在数量上的差异，包装袋破损变形的需及时通知相关部门人员协调解决；对外包装破损变形的需拍照取证并通知质管人员，由质管人员判定是否拒收；任何货物必须有清晰的名称标识。如单据检查无误库管员与送货方进行单据签收。

货物卸入库房后，库管员及时填写报验单通知质检人员进行质量检测（包括外观检查），对检测不合格的货物，质量管理部需要及时通知相关部门人员及生产物控人员。物控人员需要根据生产需求决定是否接收或者挑选使用。

库管员跟据质量管理部的判定结果进行收货、退货或者让步接收。对非质量管理部检验范畴的货物，由货物的使用部门进行质量确认；对检验不合格并经联合评审不同意让步接收的物料需通知相关部门做退货处理（包括采购部、生产安技部、营销部）；对让步接收的物料在储存时仓库需做好标识以便与其他物料进行区别（这部分物资按合格品入库）。合格货物，库管员办理到货的正式入库，填写入库单，物资存放在仓库合格品存放区；不合格物料，库管员不办理入库手续，货物将被存放正仓库的不合格区并通知责任部门（采购部门、生产安技部、营销部）处理。责任部门需要在最短时间内完成退货手续的审批和实物退货，如不能按时处理应书面反馈理由，严禁造成不合格货物长期存放在库内，对于农作物来说储存时间不能太久（如下图中的散货），否则容易造成不必要的损失。

| 纯正优质农家自产粗粮红豆 赤 | 农家自种小黄米 优质小黄米 | 2013年 新米抢购 正宗农北农 | 山东农家自种小意米 香糯粒米 |

库管员填写完入库单转交相关单位负责人签字（包括采购部、生产安技部、营销部），签字后递交仓库账务员做系统数据录入。仓库账务员在系统数据录入完成后及时将单据递交相关部门（采购部、财务部等），仓库留存联做好整理归档，仓库入账人员入账必须在货物通过检验后完成。仓库账务员录入完成后及时将录入的系统数据告知库管员做最终的收货确认。

② 成品入库：成品指的是将农产品散货按照规定的分量装好印上公司标签（下图）后，会再次进行入库。在入库前，物料员需要填写成品入库单并完成相关审批手续，物料员将完整的入库单据递交仓库成品管理员，在货物送到仓库时，成品管理员需要检查货物包装以及标识，如无异常就可以签字交接入库，否则不予办理入库。

仓库成品管理员办理完成品实物入库后，要将单据递交给财务部门做数据录入和单据处理。

（2）仓内管理：仓库内农产品密集，因此要定期检查农产品，维护仓内清洁和安全，在各项运作中要做到细致、标准，在仓库进出货物中定期做统计汇总。

① 仓内安全：仓库最大的问题就是安全，仓库一旦发生火灾，就会使大量的物质被烧毁，造成重大的经济损失。农产品仓库经常存放大量的干货，如木耳、茶叶、桂皮、八角等，这些货物一旦遇火会立刻燃起，造成巨大损失，所以搞好仓库防火具有重要的意义。随着农享网业务的不断扩大，它的仓库也在不断新建、扩建和改建，在建设中严格按照国家建筑防火规范的有关规定，并经公安消防监督机构审核。仓库在竣工时，项目负责人会同公安消防监督部门进行验收，验收不合格，就不能使用。农享网在仓库管理中专门确定

一名领导为防火负责人,全面负责仓库的消防安全管理工作。

因此要求物流仓库管理员应当熟悉储存物品性质、保管业务知识和防火安全制度,掌握消防器材的操作使用和维护保养方法,做好本岗位的防火工作。在夜间也要严格执行巡逻制度。值班人员应当认真检查、督促落实。

进入库区的所有机动车辆,必须做好防火工作。各种机动车辆装卸物品后,不准在库区、库房、货场内停放和修理。装卸作业结束后,应当对库房、库区进行检查,确认安全后,方可离人。

② 存储方式:货物的存储方式有三种:第一种,季节性储存由生产季节与消费时间不一致引起,这种不一致包括全年生产季节性消费、季节性生产全年消费和季节性生产季节性消费三种情形;第二种,周转性储存指流通企业为维持正常经营而进行的储存,其储存量取决于企业的经营能力、资金实力和管理水平等;第三种,储备性储存又叫国家储备,指防备灾荒、战争或其他应急情况而进行的物资储备,一般是涉及国计民生的物资,如粮食、棉花、石油、药品、战备物资等。

一般来说,农作物都是有季节性的,所以在储存时按照上述季节性储存的三种情形分别储存,在储存过程中储存的货物由于自身各方面(如成分、结构、性质等)原因,以及储存环境因素(如空气、温度、湿度、阳光、微生物、虫鼠、外力、卫生状况等)的影响,往往导致货物发生质量的损失和数量的损耗。因此,储存货物时需按照种类存放在不同区域,为节省空间对于同种类有包装(如箱、桶、袋、箩筐、捆、扎等包装)的货物都按照堆垛的方式存储,必要时使用苫垫遮盖货物,防止货物受潮受损。

三、选择快递公司

在店主和客户之间,快递公司充当了一座桥梁的作用。快递公司的好坏,直接影响到店主和客户之间的关系。好的物流配送服务,对卖家(网店网主)而言,不仅会节省很多的物流成本,加快资金流动,产生更大的效益,还会因为良好的服务,带来更多的回头客户。

如果所选的物流公司暴力运输导致货物损坏,可能会让店主和客户之间产生信任危机,甚至出现纠纷。快递公司就成了店主和客户之间矛盾的导火索,轻则重新发货,重则直接影响到店主的信誉,被客户投诉。所以,对于网店店主来说,选择一家好的快递公司至关重要。为了使卖家选择一家适合自己的快递公司,使买家能及时、准确、完好地获得商品,增加客户的信任,下面就详细罗列不同快递公司的收费标准、各自的优势、选择的技巧等。

1. 不同快递公司收费标准

(1)快递区域:快递公司根据中国不同省份的分布,把全国分为三个不同区域。见下表。

一区/3	二区/22	三区/6	特殊区域/3
上海、浙江、江苏	黑龙江、吉林、辽宁、河北、北京、天津、山西、山东、陕西、河南、安徽、四川、重庆、湖北、贵州、湖南、江西、福建、云南、广东、广西、海南	内蒙古、甘肃、新疆西藏、青海、宁夏	香港、澳门、台湾

（2）各快递公司首重和续重收费标准

① 申通、圆通邮费收费标准：

一区：5+2（首重 5 元，超出首重后以每 1 千克加续重费用 2 元）。

二区：10+10（首重 10 元，超出首重后以每 1 千克加续重费用 10 元）。

三区：15+10（首重 15 元，超出首重后以每 1 千克加续重费用 10 元）。

② EMS 邮费收费标准：

一区：12+12（邮费 12 元，超出首重后以每 0.5 千克加续重费用 12 元）。

二区、三区：15+15（邮费 15 元，超出首重后每 0.5 千克加续重费用 15 元）。

③ 顺丰国内邮费收费标准：

一区：12+10（邮费 12 元，超出首重后每 1 千克加续重费用 10 元）。

二区、三区：20+10（邮费 20 元，超出首重后每 1 千克加续重费用 10 元）。

④ 特殊区邮费收费标准：

香港、澳门：30+10（首重 30 元，超出首重后以每 1 千克加续重费用 10 元，仅限顺丰快递。如是在偏远地区，还需加偏远费，只允许寄方支付）。

台湾：35+10（首重 30 元，超出首重后以每 1 千克加续重费用 10 元，仅限顺丰快递）。

小知识：何为首重、续重？

在国际快递行业，一般以 0.5 千克（0.5 公斤）为一个计费重量标准。首重就是指第一个 0.5 千克，也叫起重，这样的快递公司有很多，比如申通、中通等；也有的快递公司以第一个 1 千克为首重（比如圆通）。而续重就是指每增加的 0.5 千克。

（3）主要快递公司资费标准

① EMS（500 克为单位计算重量，EMS 任何地方都能送的到，拒收液体）：江、浙、沪、皖首重 7 元，续重 2 元；江西首重 15 元，续重 4 元，北京、天津、河北、山西、福建、山东、河南、湖北、湖南、广东、重庆、陕西首重 15 元，续重 5 元；辽宁、广西、海南、四川、贵州、甘肃、青海、宁夏、内蒙古首重 15 元，续重 7 元；吉林、云南、黑龙江首重 15 元，续重 8 元；西藏、新疆首重 18 元，续重 14 元。快递按公斤计算超过 1 千克按 2 千克算，超过 2 千克就按 3 千克算以此类推。（每个产品的重量在产品的详情里面都有标注）

② 顺丰：顺丰快递是按照按重量以及距离收费的，省内件一般 1 千克之内 15 元左右，每超出 1 千克另加 2~5 元，省外件一般起步价（1 千克以内）18 元，每超出 1 千克加 6~8 元。各地略有不同，具体价格还请咨询当地快递公司。顺丰快递要是寄单件的话，同城 10 元，省内 12 元，省外 20 元（均为首件起步价，要是超重会加 2~5 元不等的续重费）。计费重量单位：特快专递行业一般以每 0.5 千克为一个计费重量单位。

③ 圆通：省内件一般 10 元左右/千克，每超出 1 千克另加 2~5 元，要是易碎品或者是贵重物品，还要再加保价钱。各地略有不同，具体价格还请咨询当地快递公司；省外件一般都是 12~15 元/千克，未超出一千克另加 6~8 元。其中江浙沪 8 元不限制重量；安徽、广东、福建、山东、江西、北京、天津、河南、河北、湖南、湖北、海南、陕西、辽宁、云南、四川、重庆、贵州、宁夏、吉林、甘肃、青海、黑龙江、山西、广西首重 15 元，续重 12 元；内蒙古首重 20 元，续重 18 元，新疆首重 28 元，续重 22 元。

④ 韵达：江、浙、沪 5.6 元不限制重量；广东、福建、山东、江西、安徽首重 9 元，续重 4 元；北京、天津首重 9 元，续重 5 元；湖南、河南首重 10 元，续重 6 元；湖北、河北、海南首重 12 元，续重 7 元；四川、重庆、广西、陕西、辽宁、吉林、云南、贵州、山西首重 15 元，续重 10 元；黑龙江、宁夏、甘肃首重 16 元，续重 12 元；内蒙古、新疆、西藏、青海首重 25 元，续重 20 元。

⑤ 申通：江、浙、沪首重 10 元续重 1.5 元；北京、安徽、福建、广东、广西、贵州、海南、河北、河南、黑龙江、湖北、湖南、江西、辽宁、宁夏、山东、山西、陕西、四川、天津、云南、重庆首重 18 元，续重 15 元；甘肃、吉林、内蒙古、青海、西藏、新疆首重 25 元，续重 22 元。

⑥ 国通快递：江、浙、沪、皖首重 6 元，续重 0.5 元；广东、北京、天津、山东、河北、河南、湖南、湖北、江西、福建首重 8 元，续重 4 元；山西、陕西、四川、重庆首重 10 元，续重 5 元；广西、云南、海南、黑龙江、吉林、辽宁、贵州首重 12 元，续重 7 元；甘肃、内蒙古、青海首重 15 元，续重 15 元；新疆、西藏首重 20 元续重 18 元。

⑦ 中通快递：江、浙、沪首重 6 元，续重 1 元；安徽首重 6 元，续重 2 元；北京、广东、天津、河北、湖北、河南、福建、山东、湖南、江西首重 10 元，续重 7 元；陕西、四川、重庆、辽宁、黑龙江、广西、山西、吉林、云南、贵州、首重 15 元，续重 10 元；内蒙古、海南、宁夏、甘肃、青海首重 20 元，续重 18 元；新疆、西藏首重 28 元，续重 25 元。

⑧ 宅急送：江、浙、沪、皖首重 6 元续重 0.5 元；广东、北京、天津、山东、河北、河南、湖南、湖北、江西、福建首重 8 元，续重 4 元；山西、陕西、四川、重庆首重 10 元，续重 5 元；广西、云南、海南、黑龙江、吉林、辽宁、贵州首重 12 元，续重 7 元；甘肃、内蒙古、青海首重 15 元，续重 12 元；新疆、西藏首重 20 元，续重 18 元。

2. 如何选择快递公司

选择一家合适的快递公司，一方面可以减少物流成本，另一方面可以提高客户满意度，提升自己网店的口碑与竞争力。下面就从以下几个方面来学习如何选择快递公司。

（1）资费标准谁更低：通过上文的资费比较，不同的快递重量，各家快递公司所产生的资费就会有很大差别，同时我们也可以明显看出哪家快递公司最实惠、最昂贵。

从资费标准来看，比如，如果是发送 0.5 千克及以内的快递，中国邮政 EMS 最贵，达到 20 元。而圆通速递最便宜，从江苏发往江浙沪的资费仅 6 元；如果是发送 0.5～1 千克的快递，中国邮政 EMS 和申通快递的资费较高，而圆通因首重是 1 千克，所以 1 千克以内的快递资费相同；如果是发送 1.1～1.5 千克的快递，宅急送的资费相对实惠，因为它们所覆盖的网点多是发达省份，宅急送资费的计算也比较特别，根据不同的送达时间、包装材料，资费是不同，网站提供相应的计算工具；如果是发送 5 千克的快递，中铁快运和宅急送会更加实惠。

从续重资费来看，中国邮政超过 0.5 千克将续资 6～15 元或其零数；申通快递的续费分重量优惠，比如续重 0.5 千克支付 5～10 元，10 千克以上免首重资费；圆通速递首重 1 千克，续重 3～12 元/千克；中铁快运按快运包干费执行，不同的区段里程，费率不同，比如北京到上海为 3.3 元/千克。具体的评测结果因不同的收发地、不同的货物重量、不同的运送方式，所产生的资费是不同的。而且，一些民营的快递公司，比如申通、圆通等，只要与业务员洽谈，会获得一定的优惠。

（2）网点覆盖谁更广：不同的快递公司，因成立时间的早晚，拓展能力的不同，所覆盖的网点也不同。覆盖网点的多少，会直接影响到快递发送的范围。对于网店店主来说，选择的快递公司，如果网点覆盖越多，那么他未来的客户潜力就越大，也潜在影响网店卖家的生意。

下面来探讨各个快递公司的网点多少：中国邮政 EMS 凭借国资背景，拥有最全面的网点覆盖，目前已经覆盖全球 200 多个国家和地区及国内近 2000 个城市；其次网点覆盖比较多的就是中铁快运，经营网点几乎遍及全国所有省、自治区和直辖市，有 1700 多个经营网点，铁路能够到达的地方都能收到快递；来自上海的申通、圆通，网点覆盖范围相当，凭借加盟的方式，都达到 1000 多个；而宅急送目前在国内仅有 480 余个分支机构，覆盖的网点最少。

从快递公司的网点扩展方式来看，直接以分公司拓展的网络，相对来说要规范一些，让卖家也更加踏实，比如中国邮政 EMS 就相对正规，凭借自身已有的邮政网络轻松拓展；宅急送因自身网络有限，分公司拓展起来比较慢，也就是网点少的原因。而申通、圆通两家民营的快递公司多是以加盟方式迅速拓展的，相对来说，规范程度、工作人员业务水平要差一些；而中铁快运属于分公司、加盟混合拓展的快递公司，鱼龙混杂的事情是难免的。所以，在选择快递公司时，要权衡利弊。

（3）运输速度谁更快：速度快就意味和更具快的资金流动，可以带来更多的赚钱机会。而不同的快递公司，它们的快递运输各不相同。下面我们分别对这几家快递公司省内、跨省（发达地区）、跨省（县级城市及偏远地区）快递运输速度进行比较。

中国邮政 EMS 在大、中城市之间的快递一般两日到达，主要城市可以达到次日送达；作为最大的民营快递公司，申通快递速度比较快，发往京、津、沪及江浙周边地区基本可以次日送达，其他的两日送达，偏远地区的 48～60 小时；因为总部在上海，圆通在江、浙、沪皖之间的快递速度可以达到 24 小时，而跨省的快递可以达到 24 小时或 48 小时，全国偏远城市的各类快递 72 小时送达；有火车站的地方，对于中铁快运来说到达的速度就快，一般 3 日内送达（3500 千米以上的为 4 日内）；宅急送提供了于当日、次日或隔日送达的业务，比如从北京到上海的快递一般次日就可以送达，通常国内发往大中城市的可以做到两日达，发往偏远地区的埋单要达到 4～5 天。

从具体的运输速度上，可以看出民营快递公司在省内、发达省市之间的快递运输速度上有一定的优势，特别是申通、圆通在一定的区域有着明显的优势，而在发往偏远地区的跨省快递运输速度上，中国邮政 EMS 和中铁快运相对来说要高效一些，因为一些快递公司可能没有偏远地区的网点。

小提示：各快递到达不同区所用时间（正常情况）及各快递覆盖网点

① 申通、圆通

一区：发货后隔天到（18 点前发货）

二区、三区：发货后3天（18点前发货）

② EMS到货时间

一区：发货后2天左右

二区、三区：发货后3～4天

③ 顺丰快递到货时间

一区：发货后隔天到（上海10点前可发当天件，费用12元）

二区、三区：发货后隔天到、最迟不超过2天

特殊地区：发货后2天到。

（4）赔偿、保价率谁更高：为了防止快递公司丢失、损坏、调包快递的货物，赔偿条款是必要的。总体来说，几家快递公司的赔偿条款都或多或少存在"霸王条款"的内容，比如假设快递物品丢失、损毁，除了申通规定的未保价物品遗失，按实际价格赔偿（最高不超过1000元/票），其他的快递公司一般不会按照实际价格赔偿，通常是最高不超过邮递费用的两倍。相对来说，申通快递在赔偿条款的规定方面比较详细、相对合理，制定了专门针对淘宝业务的服务标准，除了邮件丢失、损毁等赔偿条款，还有违反服务承诺的赔偿，比如业务人员派送时要求客户自提或下楼甚至到小区门口接货，发生这类问题，可以要求赔偿10元/单。另外，虽然官方暂不接受保价运输，但是若真有需求，可以和网点业务员商量。

在保价率方面，宅急送仅为0.3%，属于业内比较低的；圆通的保价率相对较高，达到3%（可能是因为运费低的缘故）；中国邮政EMS和中铁快运的保价率均为1%，相对合理；而申通保价率的规定相对灵活一些，在0.3%～3%，通过与业务人员的沟通，可以获得满意的保价率。

（5）客户服务谁更好：客户服务这点尤为重要。客服质量的好坏，直接影响到网店店主对快递公司的选择，影响到网上交易的质量。为了公正地反映真实的情况，走访调查了许多网店店主，在调查中发现90%意见是负面的。服务差集中反映出来的有三点：①办事拖沓；②互相推诿；③语言态度差。这些原因是因为地域不同、工作人员自身素质不同，难免存在主观差异。当选择快递公司时，可以通过亲自感受快递公司的服务质量，来选择自己满意的快递公司。

在其他服务方面，比如操作正规程度，中国邮政EMS、宅急送都是比较正规的，特别是中国邮政EMS可以在专门的邮政窗口或EMS专车上操作；而申通、圆通下面的网点多采用加盟、承包的方式，正规程度要差一点，在服务水平上均有待提高。

3. 综合点评

从以上的表述来看，民营的申通、圆通、宅急送快递公司在资费、运输速度方面有一定优势，吸引了大批的网店店主选择；不过因为创建时间短，软、硬件设施跟不上，造成这些快递公司的网点分布相对较少，而且很多网点是采用加盟承包的方式，服务的正规程度不如中国邮政EMS和中铁快运。而国营的中国邮政EMS、中铁快运，虽然有广阔的网点分布、良好的硬件设施，而运输费用、运输速度、服务水平仍然需要提高。

总体来说，对于网店的店主，如果是往国内相对发达的城市、地区发送一般重量的货物（不超过5千克），最适合选择的快递公司包括申通、圆通、宅急送；如果的发送重量超过5千克的货物，建议选择中铁快运；如果要发送贵重的物品，或向边远地区发送物品，建议选择中国邮政EMS。

小提示：对于国内各大快递公司的优劣比较、我国快递公司排名如下：

第一名：顺丰速递

这个是业内公认的，服务好、态度好，全国统一服务电话，监督机制好，快递速度超高，效率最好。因为它不是加盟形式的，由总部统一管理的企业，所以各地的服务水准都保持基本统一。缺点是很多稍微偏远的地方还没有网袋点，其次是费用比其他公司稍高。

第二名：邮政EMS

可能有很多人对把邮政EMS放在快递公司排名第二有异议。但是邮政EMS的优点也是很明显的：网点多，几乎通达全国（包括乡村）；运营规范，实力有保证——至少不会出现全公司跑路找不到人的情况（就曾经有小的快递公司发生过这样的事）；邮政EMS运货的车辆在某些地方可能会受到特殊照顾（比如进出某些关口，这些是私营公司是无法做到的）；邮政EMS还是通达全球的，你有国外买家就可以考虑了。缺点是费用偏高、整体服务素质有待提高。

第三名：圆通快递

圆通快递成立得比较早，虽然它是加盟形式的，各地服务水准可能有差别。但圆通也算是行业内老资格了，经验丰富、网点也比较多。而且快递出了问题，你至少还是可以找总部投递电话的。

第四名：申通快递

申通快递总体水准略低于圆通。但是总体来说还是不错的。排在快递公司排名第四名当之无愧。

第五名：宅急送、韵达、中通、天天、汇通

这几家快递公司都全国范围内网点相对较多、也有一些知名度的。由于都是各地分公司加盟性质的，所以各地的服务水准参次不齐。也可能某些部分地方甚至可以用"恶劣"来形容。但是总体来说比一些更小的快递公司有优势。淘宝网就有很多卖家就选择他们中的其中一家作为主要的合作伙伴。而且客户服务、投递效率等也有基本的保障。

四、淘宝网物流配送实践

设置运费模板：运费模板就是为一批商品设置同一个运费，当卖家需要修改运费的时候，这些关联商品的运费将一起被修改。如果卖家发布商品时不想使用运费模板，可以在发布商品时不选择运费模板。

一般来说，建议卖家根据商品的类别、体积和重量来划分运费模板。例如，店铺销售干果和新鲜水果，那么就可以设置两个运费模板："干果的运费"和"新鲜水果的运费"。设置运费模板具体操作如下：

第一步：卖家登录到淘宝网，进入淘宝网卖家中心，在左边菜单栏中选择"物流管理-

物流工具"，在"物流工具"中可以看到有服务商设置（服务商指的是快递公司）、运费模板设置、运费/时效查看器、物流跟踪信息、地址库、运单模板设置。

第二步：输入运费模板名称，在输入名称时，可以按照商品重量和体积来命名。比如"大于 10 千克的商品"。运费模板名称在此为必填项，并且不能超过 25 个字。

第三步：选择并添加运费方式（提示：除指定地区外，其余地区的运费采用"默认运费"）。

目前淘宝提供了三种运费方式：平邮、快递公司、EMS。在所需的运费方式前勾选即可。

（1）设置默认运费：除了特别指定地区的运费之外都将使用这个运费。每超过一件需要增加运费，指的是如果卖家购买了两件商品，第一件商品按照默认运费收取，另一件商品的运费则是设置的这个运费。也可以不设置这个值，表示每多一件商品仍按照默认运费收取。

（2）设置指定地区的运费：点击"为指定地区设置运费"，会自动弹出一个包含地区信息的提示框。

（3）只需要在此勾选指定的地区，点击左下角"确定"按钮，这样运费就可以应用到指定地区了。(宝贝地址上面的地区为大范围区域，如勾选"华东"，那么其下的上海、江苏、浙江、安徽、江西都会被选上)。

举例说明：设置江苏省、浙江省、上海市这三个省份的首重为8元/千克，续费为8元/千克，内蒙古自治区、西藏自治区、青海省、新疆维吾尔自治区首重15元/千克，续重15元/千克如下图，完成后点击保存，这样一个默认模板就设置成功。

（4）修改运费模板：在设置运费模板时，卖家可以为自己的运费模版添加一个特别说明，运费说明是给卖家自己查看的，买家无法看到。运费模板设置好后，点击"保存并返回"即可。

如果店铺的大部分商品的体积和重量都很接近，那么建议使用运费模板功能。使用运费模板功能后，如果商品的运费需要修改，可以在运费模板中修改运费，修改的步骤如下：

第一步：在交易状态为"等待买家付款"时，卖家可以登录到"我是卖家"—"我是卖家"—"已卖出的宝贝"—"等待买家付款"中，找到对应的订单，点击"修改价格"。

第二步：在"邮费"栏中直接添加需要修改的邮费金额，填写完成后点击"确定"即可。如果卖家包邮，也可以直接点击"免运费"，即邮费金额为0元，卖家提交修改价格操作无次数限制。

但是，如果买家处于已付款的状态，则卖家无法修改交易价格，建议联系买家说明，在买家收到货以后申请部分退款即可。

（5）促销模板设置：促销模板是基于店铺的促销活动而设置的，其中在配合卖家促销活动进行的同时，运费模板可以采用一些付费软件来实现自动购物运费叠加的形式，这样在很大程度上减少了促销中对于运费设置的错综复杂的问题，而且有利于消费者的自助购物。

（6）批量打印发货单：对于若干个勾选中的订单，进行批量打印快递单，进入打印快递单页面，更改信息完成后，可以打印预览或者直接打印，省去您手工填写的工作。如果您打印的快递单的运单号是连号的，我们还能自动帮您填写运单号，省去您人工填写的工作量，并减少出错的可能。要使用此功能，您需要有一台针式打印机。

（7）快递单模板管理：轻松订制专用的快递单打印模板，满足卖家个性化的打印需求，可以新建、修改和删除模板。只要两步就能完成一个模板的新建：

第一步：输入模板名称，选择底图，输入尺寸，选择物流。

第二步：选择打印内容，把各标签拖动到合适位置，选择合适的字体，最后保存。

（8）交易管理中增加批量编辑物流公司和运单号：

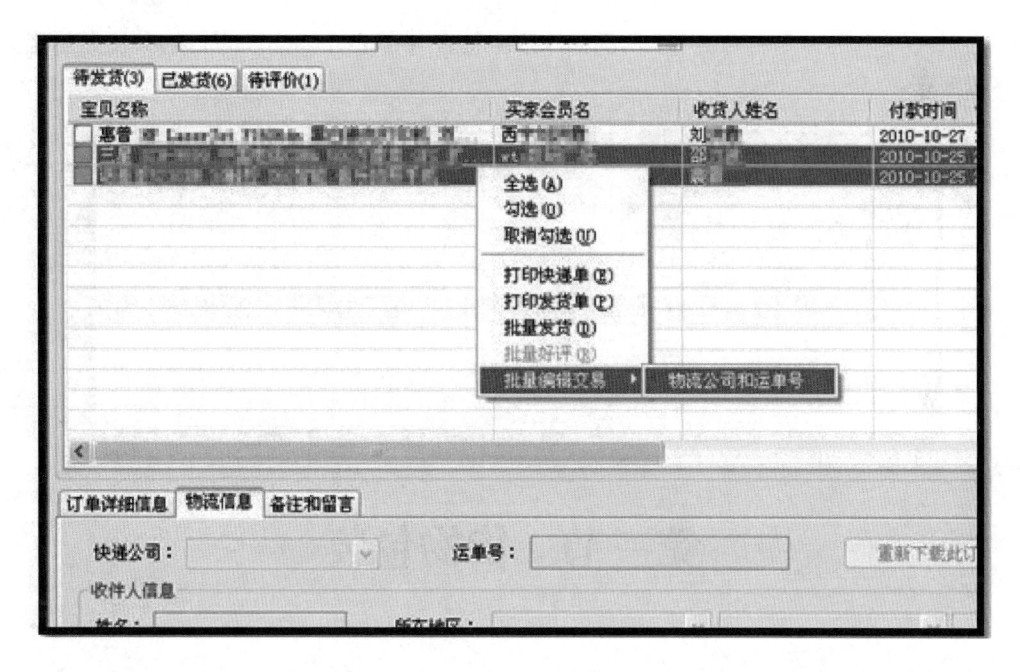

然后弹出对话框，会员可以批量设置编辑物流公司和运单号，如下图所示：

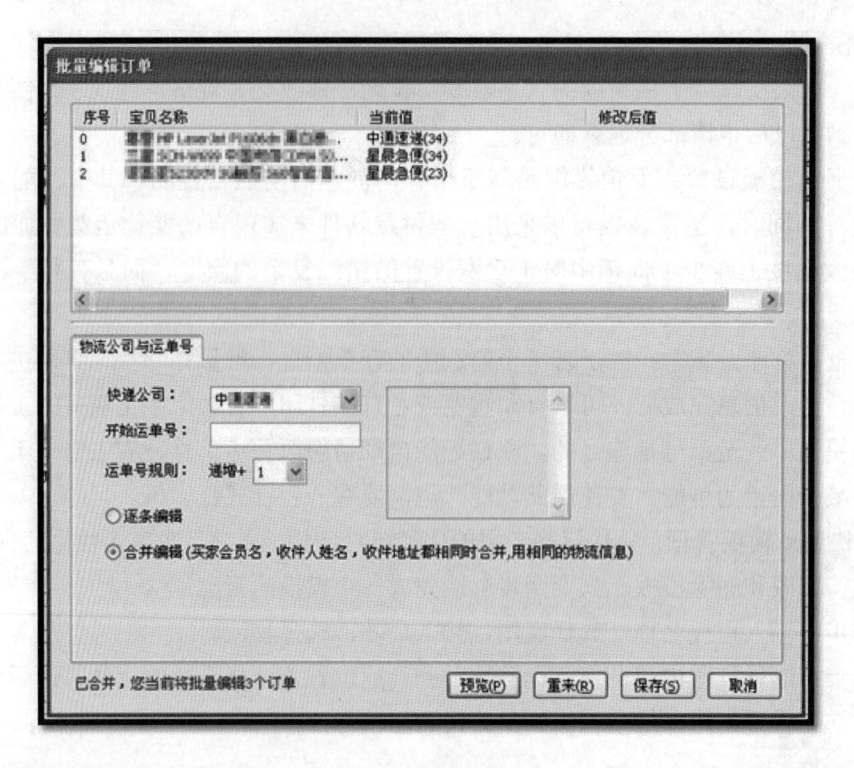

同时还可以选择是否合并打印，若合并打印则合并了的订单会以醒目的颜色显示出来，如下图所示：

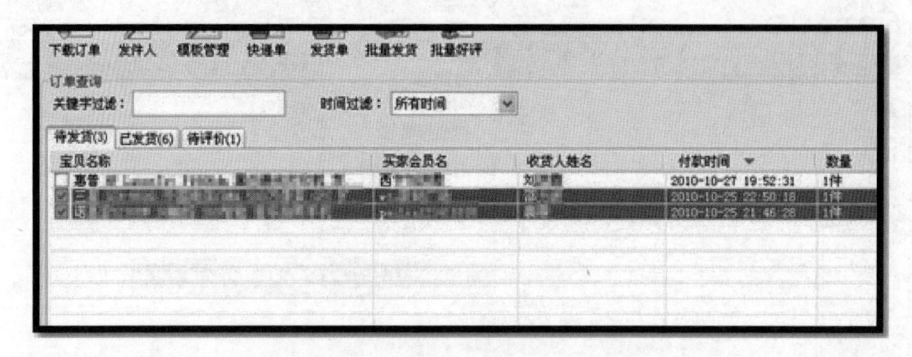

第三节　货物包装

一、包装概述

1. 包装的定义

商品的包装是影响商品质量的重要因素，商品只有经过适当的包装，才能有利于储存、保管、运输、装卸、计量、保护商品和增加销售。一般来说，多数商品都需要进行包装。商品的包装是商品生产过程的延续，只有经过包装的商品，才能进入流通领域转消费领域，借以实现商品价值，增加商品价值量。

可以这么说，从有产品的那一天起，就有了包装。包装已成为现代商品生产不可分割的一部分，也成为各商家竞争的强力利器，不同商家都运用"全新包装，全新上市"去吸引消费者，绞尽脑汁，不惜重金，以期改变其产品在消费者心中的形象，从而也提升企业自身的形象。在当今，包装已融合在各类商品的开发设计和生产之中，几乎所有的产品都需要通过包装才能成为商品进入流通过程。

2. 包装的作用

由包装的定义，可以总结出包装应该具备的功能。

（1）保护商品：商品的包装有利于保护商品的安全，减少货物在运输和储存中的货损货差。保护商品使用价值是包装的最重要作用。商品在运输、储存和销售过程中，会受到各种因素的影响，可能发生物理、机械、化学、生物等变化，造成商品损失、损耗。例如，运输、装卸过程中的颠簸、冲击、震动、碰撞、跌落及储存过程中的堆码承重，可能造成包装破损和商品变形、损伤、失散等；流通和储存过程中外界温度、湿度、光线、气体等条件的变化，可能造成商品干裂、脱水潮解、溶化、腐烂、氧化、变色、老化、锈蚀等质量变化；微生物、害虫侵入会导致商品的霉烂、变质、虫蛀等。因此，必须依据商品的特性、运输和储运条件，选择适当的包装材料、包装容器和包装方法，采用一定的包装技术处理，对商品进行科学的防护包装，以防止商品受损，达到保护商品的目的，使商品完好无损地到达消费者手中，最大限度地减小商品劣变损耗，确保商品品质和数量的完整，有利于提高商家的诚信力，从而提高商品在市场中的竞争力。

（2）方便运输与销售：合理的包装结构，可以节省包装物料，节省仓位，节省费用，方便运输储存，使买家便于搬运和携带。许多商品本身没有一定的集合形态，如液体、气体和粉状商品。这类商品只有依靠包装的容纳才具有特定的商品形态，没有包装就无法运输和销售。包装的容纳不仅有利于商品的流通和销售，而且还能提高商品的价值。对于一般结构的商品，包装增加了商品的保护层，有利于商品质量稳定；对于食品、药品、化妆品、消毒品、卫生用品等，包装还能保证商品卫生；对于复杂结构的商品，包装结合合理的压缩，可充分利用包装容积，节约包装费用，节省储运空间。成组化作用是指包装能把许多个体或个别的包装物统一组合起来，化零为整，化分散为集中，这种成组的容纳可大大方便运输，同时可以减少流通费用。

（3）便于促销：商品包装特别是销售包装，是无声的推销员，在商品和消费者之间起媒介作用。商品包装可以美化商品和宣传商品，使商品具有吸引消费者的魅力，引起消费者对商品的购买欲，从而促进销售。包装的促销作用是因为包装具有传达信息、表现商品和美化商品的作用。传达信息作用是通过包装上的文字说明，向消费者介绍商品的名称、品牌、产地、特性、规格、用途、使用方法、价格、注意事项等，起到广告、宣传和指导消费的作用。包装的表现商品的作用主要是依靠包装上的图案、照片及开窗包装所显露的商品实物，把商品的外貌表达给消费者，使消费者在感性认识的基础上对商品建立起信心。包装的装潢、造型等艺术装饰性内容对商品起到加强、突出、美化的作用。随着市场经济的发展，包装的促销作用越来越被人们所重视，得到了不断的开发和运用。因此精美的包装能够吸引更多的消费者。原因是赏心悦目的包装是引起消费者购买欲望和购买行为的重要因素，精美的包装可以提高售价，扩大销售，提高网店的知名度。这就要求包装的设计要美观、新颖、造型优美、富有艺术感、名贵感、高雅感、不落入俗套，达到美化商品的效果，同时对商品的包装还要掌握好图案颜色，能够引起消费者购买欲和购买行为。

（4）方便信息传递：包装是体现出口商品销售策略的一种重要工具。因而，包装设计必须同目标顾客的购买动机"和谐"，引起"共振"。从作用上讲，包装既是无声的推销员，也是一种广告工具，即传达商品信息的重要媒介。它担负着传达商品牌号、性质、成分、容量、使用方法、生产单位等职能。优秀的出口商品包装应该是商品特色的放大镜，它可以通过商品的商标、容器的造型、装潢的形象、色彩、文字等视觉传达的手段使目标顾客在不同的购物场合、同类或异类的竞争品中能够迅速地辨认出来。因为在许多情况下，消费者在每个商品前逗留的时间大约为几秒钟，所以特别要求包装具有针对目标顾客而显现其独特风格的强大的视觉冲击力。

（5）方便开启与使用：销售包装要方便消费者开启。像带有缝纫线开启口的运输包装纸箱或销售纸盒、用胶带封口的纸箱和采用撕拉带开启的玻璃纸包装、带有开启装置的罐头及饮料包装等都是方便开启的形式。方便使用指方便使用的说明和结构与形式两个方面。前者指以简明扼要的语言或图示向消费者传递使用某产品的方法及注意事项等；后者方便消费的结构与形式，如各种金属喷雾容器及装盐、胡椒粉、芥末、色拉调味汁等不用开盖便可喷撒出内容物的容器；利用人体工程学原理设计的便于把握的各种日常使用容器的提手；供一人用量的软包装或供2人或3人等家庭人口需要的包装用量等形式都是方便使用的范例。

（6）方便处理：方便处理是指部分包装具有重复使用的功能。比如各种材料的周转箱、玻璃饮料周转瓶等，又如有些内包装打开后或使用完其内装物以后可成为一件家庭陈设，一物多用。这种复用包装对于节省成本、环保及节省资源有一定意义。废弃包装对环保已构成了严重威胁，因而在包装设计时就应考虑废弃包装的处理问题，这也是满足消费者消费心理的一个重要方面。在可能的情况下，尽量采用可口收或可降解的包装材料。

3. 影响包装设计的因素

（1）政治法律因素：主要指目标市场国政府有关的政策、法令、条例等对商品包装提出的要求和规定。不少国家为了保护生态环境，迎合消费保护主义运动，或为了限制进口，把商品包装作为非关税限制进口的措施，对进口商品包装有严格的规定。进口商品必须符合这些复杂的规定，否则不准进口或禁止在其市场上销售。例如，美国设立包装税，并禁止使用一次性塑料咖啡杯和汉堡包盒等，一些其他国家也做出了类似的规定。此外，关于商品包装方面的法律规定涉及范围广，从美、日、加等一些国家禁止用稻草、干草、木丝、报纸作衬垫，到阿拉伯国家规定在食品包装上必须说明家禽、肉类是否按"伊斯兰屠宰法"处理，都必须了解清楚，以便更好地适应它。

（2）文化因素：这里所说的文化是指一个国家、地区或民族的传统文化。人们在不同的社会与文化环境中成长与生活，各有其不同的风俗习惯、伦理道德观念、价值观念等基本观念和信仰，这是在潜移默化中形成的，并且不断的丰富和发展，它影响和制约着人们的行为、思维和决策（包括消费行为）。包装的设计决策应建立在了解、尊重当地文化的基础之上，即使在创新的时候也不要同核心信念和价值观念相抵触。

文化所涉及的首先是教育。而教育对于包装信息的表达方式影响很大，要充分利用包装的色彩、图案、形状、文字说明、肌理、商标设计等手段迅速向目标购买者传达所预期的信息，不能忽视目标顾客的教育程度。比如，对教育水平低的顾客群体，就应重视利用图解法说明产品结构、使用方法等内容，对于商标的设计方式则应充分考虑到其知识水平和理解能力，以便使其一目了然、正中下怀。

其次是语言。在整个国际销售的过程中，最重要的是与顾客进行信息沟通。或者说，整个商品的推销过程就是信息沟通的过程。因为了解顾客需要、向顾客介绍产品、激发其购买欲望、动员其购买产品乃至根据顾客的意见改进产品都离不开信息沟通。选定的包装标志，一则文字要少，二则图案简明清晰，易于制作，易于辨认。标志上使用的文字、字母及数字号码的大小要与包装件的尺寸相称。

再次是宗教信仰。不同宗教的信奉者有不同的价值观念、禁忌和行为准则，从而导致不同的需求特点和消费模式。在设计出口商品的包装装潢时，为使商品适销对路，一方面，要符合进口国的有关包装的法令、规定；另一方面，由于各国的政治信仰、历史条件、地理环境、风土人情等原因而形成的对于图案、色彩的不同喜好。如伊斯兰教国家忌用猪或类似猪的动物作图案；日本忌用荷花作图案；意大利忌用菊花；法国忌用核桃等。就色彩而言，由于黄色是叛逆犹大穿的服色，因此在信奉基督教的国家被视为下等颜色。而在日本，黄色被认为是阳光的颜色，自古以来，初出婴儿穿的衣服要用黄色，黄色还被视为安全色，儿童的帽子、书包及其他用品都盛行黄色。西班牙喜爱黑色；埃及喜好绿色；巴西禁忌紫色、黄色等。因此引进出口商品包装装潢设计时，要注意这些内容，否则直接影响消费者对商品的购买，从而使商品失去在消费者心中的形象和信赖。

复次是美学观念。美学观念即一种文化中的审美观，不同的消费者在美学观念上差别很大，以女性服装为例，欧洲人偏好淡雅而明朗的格调，而不少发展中国家却喜欢色彩多样、图案复杂的设计。同时，还应注意的是涂刷包装标志的颜色要鲜明突出，颜色性能要具有耐温、耐晒、耐摩擦，避免发生褪色、脱落。如具有腐蚀性的包装物品，应当选择抗腐蚀性能的颜色。

最后是价值观念。价值观念是指人们对事物的评价标准和崇尚风气，不同的人往往具有不同的苦乐观、时间观、成就观、主次观、风险观等。有调查表明，消费者可分为七大类型：炫耀身份型、安全自在型、高人一等型、时髦型、传统保守型、随和型和实际型。因而，包装设计的决策者有必要根据目标顾客的价值观念特点和变化，适当地进行调整，积极而主动地迎合其购买动机。

4. 包装的原则

（1）根据商品特性：在进行包装前，应该先了解商品的特性，再选择合适的包装，如易碎商品，要有防震结构的包装；易腐商品要有防腐包装；鲜活商品，要保持空气流通；

液体商品要有防渗透包装。对于要经过海上辗转运输、多次装卸、搬运的商品，包装容器和捆扎材料必须牢固，等等。

（2）注重商品的完整性：完整性，就是产品经过包装，能够在送至顾客手中时，和你在产品描述中的一样：包括重量、规格、颜色、质量。一些卖家会在产品包装时不注意，结果少了一些产品附件或者颜色拿错了，这样不仅会浪费更多的邮费，更重要的是给顾客带来了不便。同时要注意包装物要能足够地保护商品，尽量做到没有货损货差，使买家对网店的信誉有个良好的印象。

（3）注重商品的附加值：是指商品经过包装，符合商品的特点，在包装完整性的基础上赠送该产品的辅助用品，可以给买家以惊喜，超出他们的意料。这在保持客户忠诚度方面有着意想不到的效果。因此可以在包装时，有的卖家在卖手机时，可以赠送个手机链；卖瓷器时，可以赠送当地一些廉价却古色古香的装饰物，等等。而如果卖家随便用报纸包装产品，当买家拿到货品时，也可能因心理感受造成负面的评价，造成客户的流失。尤其对于女性消费者而言，除了商品本身，她很容易被这些细节影响。

5. 卖家发货包装应该注意的问题

如果物流环节出现问题，那么就有可能获得中、差评，甚至会有买家对网店进行投诉。

不同的商品有着不同的包装和运输方法，网店中出售的商品其包装指的是为了保护商品目的所进行的包装，而不是商品本身的包装。合理的包装不但能够保护货物的安全，而且也能节省物流的成本，同时运用网店自身的包装设计还能够对网店进行宣传。

（1）贵重易损坏商品的包装：包装材料应该使用邮政纸箱进行包装，能够对商品进行有效的保护。邮政纸箱也有不同的型号、尺寸，根据商品选择相适应的纸箱，以便保证商品能够安全送达消费者手中。具体步骤：将贵重商品先用塑料袋包装好，再放入诸如塑料泡沫等一些填充物防止商品在运输途中晃动，将商品及向消费者赠送的商品一一放入邮政纸箱中，最后在底部与上部贴上自己店铺的宣传胶带，防止物流公司或其他人员在配送过程中对货物进行调换。

（2）食品类商品的包装：食品类商品的一个特点是具有一定的保质期，因此在发货时一定要注意食品的时效性，最好选择快递发货。在对食品类商品进行包装时要干净整洁、注意卫生，再就是不要有货差的现象，在发货时可以向消费者发放一下清单，标明各种食品的定购量分别是多少，买卖双方都可以了解货物的数量。具体做法是先将食品用塑料袋装好，放入纸箱内，食品与纸箱之间的空隙用报纸团塞好，用胶带将纸箱封好后就可以发货了。

在发货时，一定要注意商品的保价，在保价的进修要按商品的出售总额保价。原因是快递公司的承运条款规定，未保价货物每件最高按 500 元人民币赔偿。邮局 EMS 的承运条款对未保价货物丢失、损毁或短少的赔偿是"按邮政部门规定的标准赔偿"。因此一定要对所出售的商品进行发货时要保价，尤其是对价值较高的商品。

无论是哪一种包装方式，在发货时一定要在包装里加入一张感谢卡，一方面感谢买家购买产品，另一方面也可以让买家记得留个好评价。另外买家自己也可以定义感谢卡的内容，让买家了解你的更多信息，使经营网店的人做得更专业，同时买家也会对自己购买的产品感到信任，提高了买家的满意度，保持买家对网店的忠诚。

二、农产品包装

1. 干果包装

干果包装一般选择铝膜、牛皮纸、塑料袋等具有防潮功能的包装材料。

2. 茶叶包装

是指根据客户需求对茶叶进行包装，以促进茶叶商品销售。一个好的茶叶包装设计可以让茶叶的身价提高数倍，茶叶包装已经是中国茶叶产业重要环节。一般来说，茶叶有以下三种包装。

一是塑料包装：聚乙烯、聚丙稀、聚氯乙烯等塑料成型容器有着大方、美观，包装陈列效果好的特点，但是其密封性能较差，在茶叶包装中多作为外包装使用，其包装内多用复合薄膜塑料袋封装。

二是薄膜袋包装：塑料复合薄膜具有质轻、不易破损、热封性好、价格适宜等许多优点，在包装上被广泛应用。由于复合薄膜袋具有良好的印刷性，用其做销售包装设计，对吸引顾客、促进茶叶销售更具有独特的效果。

三是纸袋包装：又称为袋泡茶，这是一种用薄滤纸为衬料的袋包装，用时连纸袋一起放入茶具内。由于袋泡茶有冲泡快速、清洁卫生、用量标准、可以混饮、排渣方便、携带容易等优点，适应现代人快节奏的生活需要，在国际市场上很受青睐。

3. 大米包装

真空包装袋，大米袋承重能力，可以定制 2 千克、5 千克等包装。塑料袋是由薄而具有可拆性的塑料膜制造而成的包装袋。塑料袋主要用以盛载物件，塑料袋易破。

4. 面粉包装

面粉袋或称面粉包装袋、面粉编织袋，是由聚乙烯经过拉丝编制而成，主要用于作为面粉的包装，因面粉粉末状的特性，为了达到不泄露，对面粉袋的标准做出了严格要求。

5. 蜂蜜等液体农产品包装

一般选择玻璃瓶包装。

6. 熟食包装

熟食包装一般采用真空包装袋。真空包装袋指的是将产品加入气密性包装容器，抽去容器内部的空气，使密封后的容器内达到预定真空度的一种包装方法。真空袋也称减压包装，是将包装容器内的空气全部抽出密封，维持袋内处于高度减压状态，空气稀少相当于低氧效果，使微生物没有生存条件，以达到果品新鲜、无病腐发生的目的。应用的有塑料袋内真空包装、铝箔包装、玻璃器皿包装等。可根据物品种类选择包装材料。由于果品属鲜活食品，尚在进行呼吸作用，高度缺氧会造成生理病害，因此，果品类使用真空包装的较少。

三、农产品包装相关规定

为了规范农产品生产经营行为，加强农产品包装和标识管理，建立健全农产品可追溯制度，保障农产品质量安全，农业部发布了农产品包装和标识管理办法，以下为相关规定。

1. 必须包装的农产品

（1）获得无公害农产品、绿色食品、有机农产品等认证的农产品，但鲜活畜、禽、水产品除外。

（2）省级以上人民政府农业行政主管部门规定的其他需要包装销售的农产品。

（3）符合规定包装的农产品拆包后直接向消费者销售的，可以不再另行包装。

2. 农产品包装要求

（1）农产品包装应当符合农产品储藏、运输、销售及保障安全的要求，便于拆卸和搬运。

（2）包装农产品的材料和使用的保鲜剂、防腐剂、添加剂等物质必须符合国家强制性技术规范要求。

（3）包装农产品应当防止机械损伤和二次污染。

3. 农产品标识

（1）农产品生产企业、农民专业合作经济组织及从事农产品收购的单位或者个人包装销售的农产品，应当在包装物上标注或者附加标识标明品名、产地、生产者或者销售者名称、生产日期。

（2）有分级标准或者使用添加剂的，还应当标明产品质量等级或者添加剂名称。

（3）未包装的农产品，应当采取附加标签、标识牌、标识带、说明书等形式标明农产品的品名、生产地、生产者或者销售者名称等内容。

（4）农产品标识所用文字应当使用规范的中文。标识标注的内容应当准确、清晰、显著。

（5）销售获得无公害农产品、绿色食品、有机农产品等质量标志使用权的农产品，应当标注相应标志和发证机构。

（6）禁止冒用无公害农产品、绿色食品、有机农产品等质量标志。

（7）畜禽及其产品、属于农业转基因生物的农产品，还应当按照有关规定进行标识。

4. 包装不合格的相应处罚

（1）使用的农产品包装材料不符合强制性技术规范要求的。

（2）农产品包装过程中使用的保鲜剂、防腐剂、添加剂等材料不符合强制性技术规范要求的。

（3）应当包装的农产品未经包装销售的。

（4）冒用无公害农产品、绿色食品等质量标志的。

（5）农产品未按照规定标识的。

5. 相关用语定义

（1）农产品包装：是指对农产品实施装箱、装盒、装袋、包裹、捆扎等。

（2）保鲜剂：是指保持农产品新鲜品质，减少流通损失，延长贮存时间的人工合成化学物质或者天然物质。

（3）防腐剂：是指防止农产品腐烂变质的人工合成化学物质或者天然物质。

（4）添加剂：是指为改善农产品品质和色、香、味及加工性能加入的人工合成化学物质或者天然物质。

（5）生产日期：植物产品是指收获日期；畜禽产品是指屠宰或者产出日期；水产品是指起捕日期；其他产品是指包装或者销售时的日期。

四、货物打包

1. 选择打包材料

货物打包是物流当中一个重要环节，将不同的货物分类打包，不仅显示了物流工作的合理性，在一定程度上还能增加物流的安全性，包装因材料和重量的不同，物流成本也会有所影响，通常在保障货物安全的情况下企业会采用最合适的包装节省成本，打包常见的包装有纸箱、快递袋、木箱等。

纸箱通常情况下是最常见包装，根据货物本身选择不同大小的纸箱，堆放方便节省空间，但纸箱最大的缺点是成本较高；快递袋是有快递公司提供的货物包装袋，是对于那些不怕挤压的商品来说的，如衣服、毛绒玩具等；木箱和快递袋刚好相反，如跑步机、洗衣机等这样体积大容易损坏对防震要求很高的商品包装。

2. 易碎物品的打包

对于易碎物品，在打包时需要在商品周围加上填充物，防止在运输过程中产生严重震荡造成商品受损。填充物主要选择废旧报纸，也可以购买专门防震的填充物，填充物以体积大重量轻为最佳，在货物装箱时商品要和纸箱之间空出一定的距离，方便放置填充物。

五、打包流程

1. 商品确认

打包人员在打包前检查打包台面是否整洁，除了在打包过程中需要用到的工具外，其他物品不得放置。打包员从储物框内取出商品与销售单据，先检查销售单据与商品是否一致，如果不一致，返回给销售部负责人，对商品破损、条形码不清楚的必须退回质检部处理，使用扫描器正常扫描销售单和商品标签，等到系统确认完成再进行正式打包。

2. 选择包装

打包员要根据商品的大小、种类等特性选用合适的包装物进行初步放置。农享网采用的是纸箱包装，采用气泡膜包装，单个商品（含外包装）体积小于 5cm×5cm×5cm 时采用 16#纸箱或者废旧的小纸箱包装。像花生豆、黑豆、腐竹等这些表面不规则的散装商品，客户在订货时会可能会订购多包，就需要较大的纸箱。封箱前检查桌面商品有无遗漏，订单有无放入包装物内。

3. 胶带缠绕货物

用塑料袋包装的物品，胶带在塑料袋外缠绕呈"十"字形，防止商品从中流失，用拼袋（或拼箱）的商品，除用胶带呈"十"字形包装外，还要用胶带弥合接口，放置物品从中遗失，液体类如蜂蜜加贴"易泄易漏"标识"此面向上"标识，易碎品加贴"易碎"标识。标识加贴与包裹单同面。纸箱包装的物品，箱体上下对缝必须密合，胶带缠绕不少于两周，左右侧缝用胶带缠绕密合。包装完成后加贴标签打印机打印的面贴，地址面贴应保持与商品的外包装平整，以便于下个流程进行扫描，将包装完好的商品放置于绿色流水线上，打包完成。

小提示：水果包装创新

对于水果包装，应该改进目前市场上塑料袋和纸箱的包装，通过创新包装，创立自己的水果品牌。

1. 品牌化

在竞争激烈的水果市场中，许多农户都为自己的水果进行了商标注册。但在进行水果包装时，却不重视突出自己的商标品牌，用塑料袋、纸箱包装时，没有印上自己的注册商标，不利于水果市场的竞争，失去了水果的地方特色带来的效益。

2. 礼品化

以目前的水果市场情况来看，无论是苹果、酥梨，还是柑橘、葡萄，几乎都用同样的纸箱来包装，随意性很强。但是水果，特别是一些优质水果已经成为人们互相交往时的主要礼品之一，因此包装应该体现礼品化。

3. 绿色化

如今，无公害绿色水果已成为市场的宠儿，但许多绿色水果在选择包装时，却并没有配上"绿色"包装，不是一次性发泡塑料托盘，就是透明的塑料包装膜或者是聚氯乙烯塑料包装袋，使"绿色"大打折扣。有关资料显示，未来10年内"绿色"水果将主导世界水果市场，而良好且又符合标准的"绿色"包装则是进入国际市场的有效通行证，对于塑造"绿色"水果品牌、保证"绿色"水果质量将起着决定性的作用。

4. 保鲜化

水果包装除了储运方便外，其中最重要的一点就是保鲜。美国的水果经包装保鲜后，可增值 2~3 倍，日本的水果包装后增值 1.8 倍，而我国的水果包装后可增值 0.4 倍，可见我国有必要加大包装保鲜中的科技含量。

5. 说明化

从目前市场上的水果包装来看，很难发现其中有附带说明书的。但是从吸引客户角度来看，水果说明非常必要，比如要说明水果的地域特色、营养成分，还应说明如何保存，什么人群宜多吃、什么人群不宜吃；更要说明原产地的自然环境、行车路线及联系方式等。总之，一张说明书可增进农民与客户之间的联系，非常重要。

第四节　发货流程

一、发货流程概述

1. 货物出仓

当货物出仓时必须办理出仓手续，当淘宝店销售部在接到一个单子出货时，需要向仓库管理员传送销售订单，仓管通过订单开始备货，并送达质检部，质检部检查货物的是否受损、货物的数量是否正确、标签是否掉落，等等。核对正确后发放到销售部，再由销售部发出，如货物出现问题则会返回仓库。

2. 核对相关单据

在整个过程中各部门人员需要核对流程单或相关凭证等，货物发出必须由各销售部开具销售发货单据，仓库管理人员凭盖有财务发货印章和销售部门负责人签字的发货单仓库联发货，并登记。所有货物出库单据都要作保存归档。

3. 货物盘点

仓管员在月末结账前要与车间及相关部门做好物料进出的衔接工作，各相关部门的计算口径应保持一致，以保障成本核算的正确性。库存物资清查盘点中发现问题和差错，应及时查明原因，并进行相应处理。如属短缺及需报废处理的，必须按审批程序经领导审核批准后才可进行处理，否则一律不准自行调整。发现物料失少或质量上的问题（如超期、受潮、生锈、或损坏等），应及时地用书面的形式向有关部门汇报仓库主管。

二、淘宝发货流程

1. 设置发货

在订单配送过程中，卖家需要查看买家拍下并已经付款到淘宝中介的订单，那么在"支付宝专区"中看到"您有×××个交易"，买家已经付款到淘宝中介，等待您发货"。

支付宝专区

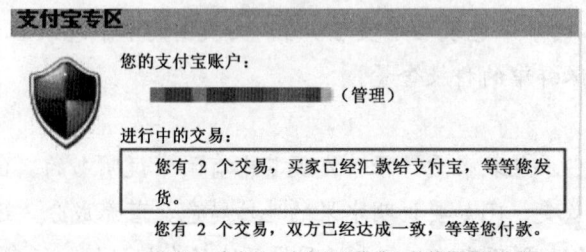

您的支付宝账户：▇▇▇▇▇▇▇（管理）

进行中的交易：

您有 2 个交易，买家已经汇款给支付宝，等等您发货。

您有 2 个交易，双方已经达成一致，等等您付款。

您有 3 个交易，卖家已经发货，等等您确认收货。

还有另外一种发货流程，点击"我的淘宝"左侧的"已卖出的宝贝"，会看到所有已卖出的商品，所有交易状态为"买家已付款"、物流状态为"等待卖家发货"，点击"发货"按钮，进行发货。

2. 发货流程

淘宝发货一般遵循下图所示的流程，从接到买家的订单后，卖家就准备发货。

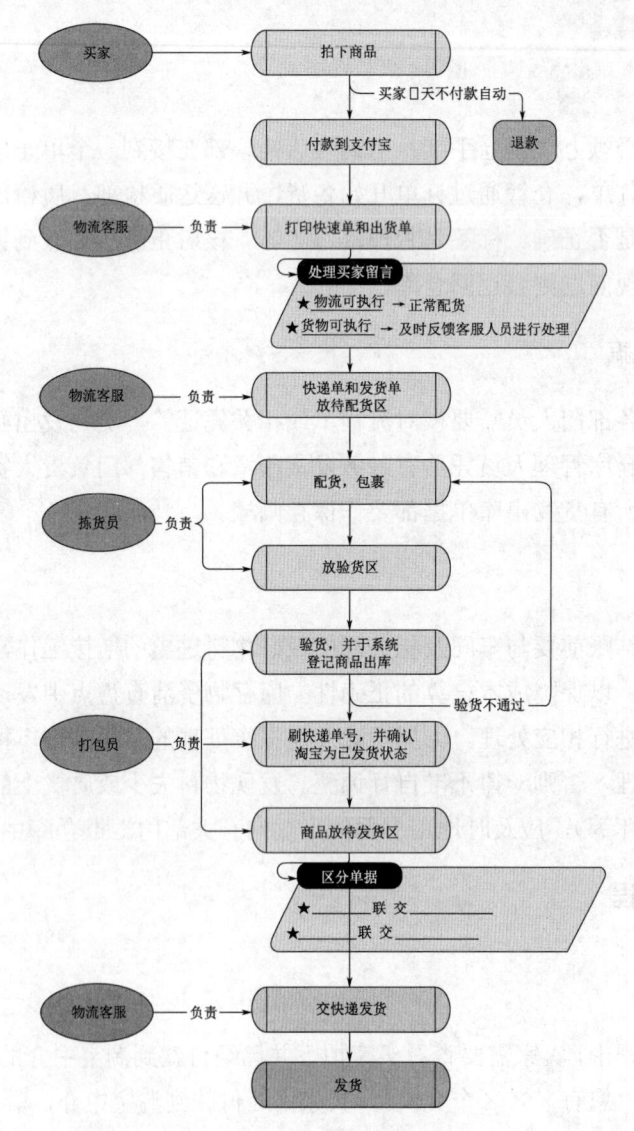

```
买家 → 拍下商品
          │ 买家□天不付款自动
          ↓
       付款到支付宝 ─→ 退款
          ↓
物流客服─负责→ 打印快递单和出货单
          ↓
       处理买家留言
       ★ 物流可执行 → 正常配货
       ★ 货物可执行 → 及时反馈客服人员进行处理
          ↓
物流客服─负责→ 快递单和发货单
             放待配货区
          ↓
拣货员─负责→ 配货，包裹 ←┐
          ↓              │
          放验货区         │
          ↓              │
       验货，并于系统       │
       登记商品出库 ──验货不通过┘
          ↓
打包员─负责→ 刷快递单号，并确认
             淘宝为已发货状态
          ↓
       商品放待发货区
          ↓
       区分单据
       ★____联 交
       ★____联 交
          ↓
物流客服─负责→ 交快递发货
          ↓
          发货
```

下面详细讲述从接到订单后的卖家发货流程。

（1）打印快递单、发货单、填写快递单号：在打印快递单和发货单时应该注意的事项是，快递单和发货单打印时是连续操作的，即同一快递的打单人员负责将打印出来的快递单号进行登记（同一批订单），以此来进行快递单号和订单号的匹配对应。并将快递单和发货单用曲别针一一装在一起。将快递单与发货单打印出来后，接下来就开始配货、拣货步骤。

（2）配货、拣货：按照快递单与发货单信息，进行配货与拣货，拣好货后将发货单、快递单和货品放在篮子中。在这一环节应该注意的事项是，拣货人员拣完货后在快递单或发货单上填写自己的工号或姓名，便于货品校验人员在货品校验环节登记订单与拣货员的匹配，以便出现问题能够及时更正。待拣货完成后，将拣好的商品放验货区进行校验。

（3）验货并登记商品出库：将拣好的商品进行扫描，即扫描发货单上的交易编号对应的条码，扫描后系统自动跳出该快递单或发货单对应的订单的货品详情，然后验货人员再对拣好的商品进行一一扫描校验（扫描商品上的条码，需要在货品目录中提前在货品资料中输入商品的条码）。验货人员根据快递单或发货单上拣货人员填写的工号在网店管家的打包出库界面填写所校验的订单的拣货人员（即配货员）并填写实际称得的货品重量（不包含包装的重量）。点击确认完成一个订单的校验，填写好配货人员信息和货品总重量后。将该校验完成的订单的发货单、快递单和货品转交给包装人员。

（4）包装封箱：取出包装盒，包装人员接到校验人员校验完成的商品后将货品和发货单（给买家看的那张）装进包装盒，贴上快递单，并贴上胶带封条。打包完成后，将自己的工号或名字填写在包装上某处，然后将该包裹放置到快递分流区等待快递取货。

（5）发货确认：负责联系快递并确认发货的工作人员点击打开"发货确认"界面，快递来取包裹时。扫描快递取的包裹上的快递单号，填写包装、打包员、包裹重量（货品加包装重量）、邮资，然后确认，完成该包裹的发货工作。

3. 使用淘宝助理进行交易管理

（1）设置打印的内容、收件人的信息等。

（2）批量打印发货单。对于若干个勾选的订单，进行批量打印快递单。进入打印快递单页面，更改信息完成后，可以打印预览或者直接打印，省去您手工填写的工作。如果您打印的快递单的运单号是连号的，淘宝网还能自动帮助卖家填写运单号，省去卖家人工填写的工作量，并减少出错的可能。

（3）快递单模板管理。轻松定制专用的快递单打印模板，满足卖家个性化的打印需求，可以新建、修改和删除模板。只要两步就能完成一个模板的新建：

第一步：输入模板名称，选择底图，输入尺寸，选择物流。

第二步：选择打印内容，把各标签拖动到合适位置，选择合适的字体，最后保存。

（4）在交易管理中增加批量编辑物流公司和运单号，同时还可以选择是否合并打印，若合并打印则合并了的订单会以醒目的着色显示出来。

4. 发货时的注意事项

（1）发货单填写时的注意事项

① 收件人详细地址、电话等不要漏写。

② 注明收件人要求的到货时间。

③ 商品编号、物流过程中需注意的方面要写明。

④ 选择是否保价，填写申报价值。

⑤ 写上签收提醒，以及备注栏内容。

（2）使用推荐物流：物流问题作为第三方是卖家和买家都无法控制的因素。尽管交易过程中卖家要与买家协商物流方式，但最终的物流商选择权仍然在卖家手上。因此，选择合适的物流商是卖家需要注意的又一问题。店铺经营者在选择物流商时需要注意以下几点。

第一，如果是产品、规模较大，需要经常发生物流活动的卖家，且商品没有特殊的物流要求，可以选择较为稳定的物流商，与之形成稳定的战略合作关系，从而保证物流环节的稳定、可靠。

第二，如果是产品、规模较小，且不经常进行物流活动的卖家，特别要注意问清楚买家的物流需求，比如物流时间、费用、特殊要求等，并尽可能按照买家意愿进行交易，避免物流环节引起不必要的争议。

第三，特别注意一些特殊的物流活动，如产品可能在物流活动中易损耗、物流费用差异等，当发生或者通过经验预感可能发生这些特殊情况时，应及时告知买家进行协商，避免不必要的损失。

推荐物流的优势有以下几个：

① 网上下订单，物流部门免费上门取件，支付宝系统自动修改交易状态。

② 货物丢失、损坏能得到及时理赔。

③ 除e邮宝和网上EMS以外，其他推荐物流享受先验货、后签收的权利。

④ 物流专职客服在线解答。

⑤ 享受更多优惠价格。

⑥ 使用e邮宝和网上EMS在买家签收后7天，使用其他推荐物流在买家签收后3天，支付宝将会自动打款给卖家。

第五节　农产品冷链物流

生鲜农产品冷链物流近年来，随着农业结构调整和居民消费水平的提高，生鲜农产品的产量和流通量逐年增加，全社会对生鲜农产品的安全和品质提出了更高的要求。加快发展农产品冷链物流，对于促进农民持续增收和保障消费安全具有十分重要的意义。

一、农产品冷链物流概述

1. 农产品冷链物流概念

农产品冷链物流是指水果、蔬菜、肉、禽、鱼、蛋等农产品在采购、加工、储藏、运输、销售直至消费的各个环节中始终处于规定的、生理需要的低温环境下,以保证农产品的质量、减少农产品的消耗的一系列供应管理措施和方法。

2. 农产品冷链物流环节

农产品冷链物流的环节包括的冷冻加工、冷冻贮藏、冷藏运输及配送、冷冻销售四个环节都要求按照农产品物流的特性需要,保证农产品的原料品质和耐藏性,保证保鲜贮运工具设备的数量与质量,保证处理工艺水平高、包装条件优和清洁卫生好,保证现代化管理和快速作业,最终保证农产品冷链物流冷链协调、有序、高效地运转。

3. 农产品安全生产标准化

为了保证农产品供应链的标准化,必须进行标准化生产,围绕安全种植、健康养殖、绿色流通、合理加工,构建科学、先进、适用的农产品安全标准体系和标准实施推广体系,安全种植,畜禽、水产健康养殖,中药材种植,新型农业投入品安全控制,粮食流通,鲜活农产品及中药材流通、溯源,粮油产品品质提升和节约减损,进一步完善覆盖农业产前、产中、产后全过程,实现从农田到餐桌全链条的农产品安全保障。

4. 农产品冷链物流特点

(1)冷链物流配送的对象通常是生鲜农产品,在配送过程中农产品冷链物流各环节的管理与运作都需要专门的设备和设施来保持低温环境,从而保证生鲜农产品的品质。

(2)农产品冷链物流的生产和消费较分散,市场供求及价格变化较大,天气、交通等各种不确定的影响因素较多,如果加工、存储、运输等环节的时间过长,农产品就会腐烂。因此,生鲜农产品销售商会对配送时间有所要求,冷链物流企业应该事先规划好配送路线,一方面降低冷链物流成本,另一方面提高农产品经销商的服务水平。

(3)与常温物流系统相比,农产品冷链物流要求冷链的各环节具有较高的组织协调性,保障物流环节和物流交易次数较少,保证易变质农产品的时效性强。

(4)农产品冷链物流要求较高的信息技术对农产品进行安全性的质量监控或实时跟踪。

(5)冷链物流的目的是保证农产品品质,而产品最终的质量取决于存储与流通时间、湿度与产品的耐储藏性。因此,针对不同农产品的品质要求,农产品冷链物流都有严格的相关产品控制和技术经济指标。

5. 农产品冷链物流的现状

(1)缺乏独立封闭的冷链体系:一条完整的冷链包括冷冻加工、冷冻储藏、冷冻运输与配送、冷冻销售四个环节。只有在四个环节中都使农产品处于生理需要的低温环境中才能保证其质量、减少其损耗。而目前，我国能独立开展仓储、运输、配送等一条龙冷链综合物流服务的企业很少，各地虽有一定数量的冷库和冷藏运输车队，但服务功能单一，规模不大，服务范围小，跨区域服务网络没有形成，无法提供市场需求的全程综合物流服务。而且，任一环节、任一家企业的条件不规范都会导致产品质量受损。如加工环节中一些企业使用不好的原料；贮藏环节中一些企业在常温下装卸时间过长；运输与配送环节中一些企业以保温车代替制冷车；销售环节中一些企业的冷柜温度设置过高，都会影响产品的质量和储存期。

（2）包装、保鲜技术落后，经济损失严重：长期以来，新鲜水果、蔬菜等农产品是我国主要的出口产品，但包装粗糙、保鲜技术落后，每年有上万吨的果蔬腐烂，经济损失严重。一些国家进口我国的农产品重新包装后，进入本国市场，其市场价远比进口时高。特别是我国加入世贸组织以后，关税下调，国外农产品涌入我国市场，更削弱了我国农产品的竞争力。

（3）硬件设施陈旧落后，冷藏运输效率低：目前我国农产品冷藏运输主要采用公路和铁路两种形式，而且冷藏运输和冷藏保温汽车非常少，铁路冷藏运输中大部分是陈旧的机械性速冻车皮，规范的保温式的保鲜冷藏车箱缺乏。装车多是在露天而非冷库和保温场所操作，大部分农产品都是用普通货车运输，最多上面盖一块塑料布或者帆布。此外，原有的设施设备陈旧，发展和分布不均衡，无法为农产品流通系统地提供低温保障，造成农产品的大量损耗。很多冷库功能比较单一，导致冷库的利用率并没有随着库容增加而增加。而当生产淡季或者原料资源不足时，冷库往往处于闲置状态。

（4）质量监管力度不够：一方面，农产品冷链物流管理能力不足，体系不健全，管理队伍十分薄弱，人员业务素质不高，大多缺乏现代管理知识和经验，加之一些地方机构性质不明，职能不明确，缺乏经费和硬件设施，难以适应新的形势。另一方面，我国冷链物流法律法规不健全，设施、设备及操作规程、温度控制等均没有统一的标准和技术规范；对农产品的保质期、外包装及农产品运输过程中温度的检查力度不够，对违规企业的处罚力度不够，社会监管体系有待于完善。

（5）第三方物流发展滞后：我国农产品除了外贸出口的部分以外，国内销售部分的物流配送业务大多由经销商完成。农产品低温物流仍以自营物流为主，只有极少数能够保证对整个冷藏供应链进行温度控制，正规的提供第三方冷链物流的物流公司规模大的不多。激烈的价格竞争，致使他们没有利润来进行投资和扩大规模，第三方物流发展比较滞后。

二、生鲜农产品冷链溯源信息关键点

1. 种植过程中的关键控制点及溯源指标

农产品种植过程的安全生产涉及：一是土壤农药残留、重金属和致命微生物对农产品生长所造成的危害；二是农产品生长过程中施肥剂量和频率；三是农药残留量的控制。农产品种植过程溯源指标记录见下表：

溯源指标	基地名称	所在地	农产品名称	农产品代码	农产品种子来源	农药残留	重金属检测	微生物检测	施肥	农产品去向
记录内容	××	××	××××	××	××	是否符合标准	是否符合标准	是否符合标准	是否符合标准	××

2. 采摘过程中的关键控制点及溯源指标

《良好农业规范》（GB20014.5-2013）要求，应依据农产品的成熟度、市场需求确定采摘日期，采摘时保证采摘员工严格按照采收卫生操作，确保采摘工具的卫生性和采摘操作的标准性。然而，采摘阶段对于水果的质量影响不大，因而这个环节只需记录过程溯源指标即可。农产品采摘过程溯源指标记录见下表。

溯源指标	基地名称	所在地	基地识别代码	种植起始日期	采摘日期	农产品名称	农产品代码	农产品来源	农产品去向
记录内容	××	××	××××	××	××	××	××××	××	××

3. 收购包装过程中的关键控制点及溯源指标

收购行为一般是在农产品自然生长阶段发生的，且收购时间相对较短，因此该环节只需记录过程溯源指标即可。收购完成之后，需要对农产品进行包装，在包装的过程中要严格按照卫生操作标准来进行，需在适宜的温湿度环境下进行操作。农产品收购过程溯源指标记录见下表。

溯源指标	收购企业名称	所在地	企业识别代码	收购日期	温度 ××℃	湿度 ××%	农产品名称	农产品代码	农产品来源	农产品去向
记录内容	××	××	××××	××	是否符合标准	是否符合标准	××××	××	××	××

4. 仓储过程中的关键控制点及溯源指标

农产品在采摘收购后，有时不会立即进入物流环节，而是在仓库内储存一段时间，该期间仓库的温湿度环节会对农产品质量产生极大的影响，不适宜的温湿度环境易滋生微生物细菌，造成农产品的腐坏，因此在农产品储存期间应保证农产品储存空间的卫生，减少生物危害和化学危害。在仓储环节应切实做好仓储记录，包括贮藏温度、湿度、储存时间等。农产品仓储过程溯源指标记录见下表。

溯源指标	仓库名称	所在地	仓库代码	存储起始日期	存储温度 ××℃	湿度 ××%	农产品名称	农产品代码	农产品来源	农产品去向
记录内容	××	××	××	××	是否符合标准	是否符合标准	××××	××	××	××

5. 物流运输过程中关键控制点及溯源指标

农产品在运输过程中容易由于装卸操作不当和微生物侵害等造成农产品的物理性及生物性损害，要求装运车辆符合食品卫生要求，车辆必须配有能连续记录并输出不可人为更改的温、湿度记录，装运前对农产品质量进行检测，在运输过程中时刻将温湿度保持在文件要求的农产品适宜范围之内。因此，在物流环节应做好以下记录：农药残留量、重金属含量、微生物量、运输温度、湿度、地理位置、运输时间等。农产品运输过程溯源指标记录见下表。

溯源指标	物流公司名称	所在地	物流公司代码	运输起始日期	农药残留检测	微生物检测	重金属检测	运输温度××℃	湿度××%	农产品名称	农产品代码	农产品来源	农产品去向
记录内容	××	××	××××	××	是否符合标准	是否符合标准	是否符合标准	是否符合标准	是否符合标准	××××	××	××	××

6. 销售过程中的关键控制点及溯源指标

销售环节是农产品溯源的最后一个环节，该环节的冷藏保鲜技术会影响农产品的质量，一些不法商贩通过添加有害防腐剂的方式保持农产品外观。因此，在销售环节应做好以下记录：冷藏温度、湿度、销售时间等。农产品销售过程溯源指标记录见下表。

溯源指标	销售企业名称	所在地	销售企业代码	销售日期	冷藏温度××℃	湿度××%	农产品名称	农产品代码	农产品来源	农产品去向
记录内容	××	××	××××	××	是否符合标准	是否符合标准	××××	××	××	××

三、生鲜农产品物流模式

1. 国外生鲜农产品物流模式

（1）美国的超市主导型物流模式：美国的农产品贸易占世界很大份额，农产品物流量大。美国不仅有高度专业化、区域化和规模化的农产品生产，还拥有庞大、通畅、高效、有效的农产品物流配送体系。完善的农产品冷链物流体系使美国的农产品损耗率一直保持在1%～2%的水平，其物流配送模式如下图所示。

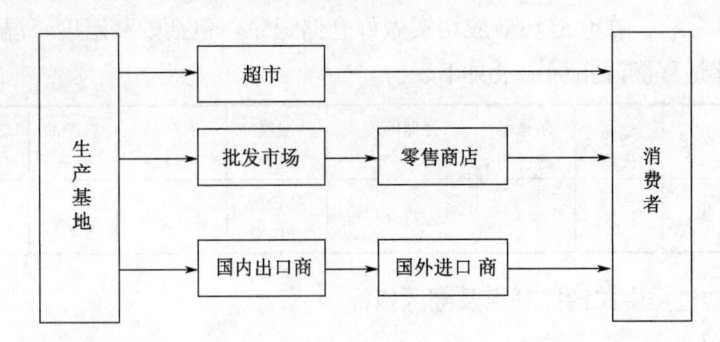

```
                    ┌─→ 超市 ─────────────────────┐
                    │                              │
生产基地 ───────────┼─→ 批发市场 ─→ 零售商店 ─────┼─→ 消费者
                    │                              │
                    └─→ 国内出口商 ─→ 国外进口商 ──┘
```

从美国农产品物流配送模式可以看出，其物流配送模式中间环节较少，降低了物流环节引起的农产品损耗。其优势在于以下几点。

① 农产品冷链物流基础设施完善：一方面，美国的交通基础设施十分完善，公路、铁路、航空网络十分发达。另一方面，美国拥有发达的通讯设施和农业信息网络，为农业生产者及时获取农产品信息提供了便利条件。除了发达的交通与通讯基础设施外，美国的冷链物流的基础设施也很完备，它拥有全球最大的冷库，人均冷库容量达到 70 千克。美国冷藏车占货运汽车的 1%，发达的冷链物流基础设施和设备为美国有效组织农产品冷链物流配送提供了基础。

② 农产品冷链物流服务社会化程度高：美国已建立了比较完善的农产品链物流社会化服务体系，无论在哪个环节，只要有需要，就会有人提供服务。顾客可登录超市网站就可以订购自己所需要的农产品，超市直接配送给顾客。

（2）日本的农协主导型物流模式：日本的物流在世界处于世界领先地位，这为农产品冷链物流提供了先进的技术。在农产品物流配送过程中，日本农协发挥着巨大作用，农产品的流通主要是通过农协参加的农产品批发市场送到消费者手中。随着目标农业经济的不断发展和消费者消费习惯的变化，农产品直销得到了快速发展，催生了农产品直接配送模式，即农户或农业团体对农产品进行简单加工、包装处理后，直接供应给零售商或消费者。见下图所示。

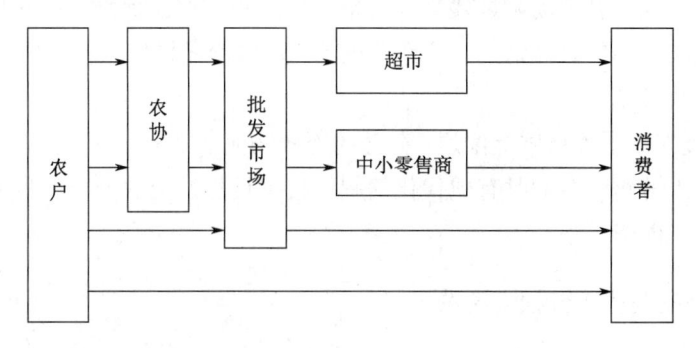

日本农产品物流配送主要有以下特点：

① 先进和完善的冷链物流基础设施：日本政府强大的投资力度和宏观政策的引导促使日本农产品冷链物流配送发展迅速。发达的交通网络、完善的保鲜冷藏设施与快速的信息处理网络，为日本发展农产品冷链物流创造了良好的条件。

② 农业合作组织在农产品冷链物流发展过程中发挥着积极作用：农协是日本最主要的农业合作姐织。在大大小小的城市都有农协直接参加或组织的农产品批发市场。农协一般拥有自己冷链物流系统，在农产品保鲜、加工、包装、冷藏运输、信息网络等方面具有优势，通过把农户生产的农产品集中起来，统一进行物流配送和销售，可有效降低农产品冷链配送成本。

③ 具有完备的农产品加工程序：日本通过建立农产品加工厂、预冷库、冷藏库，提高农产品的附加值。目前日本的农产品加工比例在 60%以上，加工转化后产值至少可增加 2~3 倍。

（3）荷兰的农产品物流加工一体化物流模式：荷兰位于欧洲的西北部，是建立欧洲农产品物流基地的理想位置，是为欧洲地区巨大的农产品市场提供物流服务的最佳中心，并因此成为世界上农业最发达的国家之一。荷兰拥有发达的农产品物流供应系统，以保证农产品的送货时间、速度、质量、新鲜度等，满足服务要求较高的欧洲客户。荷兰在市场附近建立农产品中转站，货物首先集中到中转站，然后从中转站配送给消费者，即农产品物流加工一体化配送模式，如下图所示。

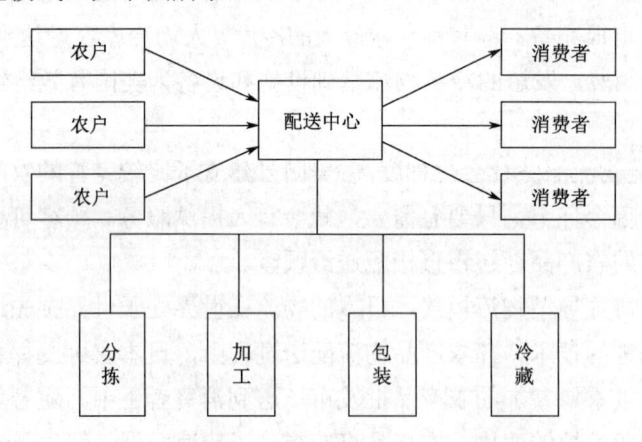

```
    农户                              消费者
    农户  ────→  配送中心  ────→   消费者
    农户                              消费者
                    │
        ┌───────┬───┴───┬───────┐
       分拣    加工    包装    冷藏
```

荷兰的农产品冷链物流配送的特点：

① 建立专业的农产品配送中心：为了获得成本低廉、质量可靠、品种多样的农产品，荷兰在农产品产区或交易市场附近建立具有不同分工的农产品保鲜中心和配送中心。农产品配送中心根据农产品的具体情况、条件和规范，对农产品进行分拣、加工、包装、冷藏，并及时配送到各个客户。

② 积极发展农产品冷链物流配送：荷兰的冷链物流业非常发达，其人均制冷和冷库容量居世界首位，冷链物流企业具有现代化的制冷技术设施，为农产品的保鲜、冷藏、冷冻和冷链运输提供了保障。

2. 国内农产品典型冷链物流模式

（1）生产基地—电子商务企业—消费者：我国生鲜类农产品流通渠道复杂，环节繁多，就生产而言，一种是以家庭为单位的单个农户，这种小农经济的生产方式是以单个农户自己决策来进行生产，其特点是生产分散、规模小、生产标准化程度低等。这种农业生产方式存在着"一家一户，小生产大市场"的特点，要保证产品质量非常困难，标准化、安全化很难把握。随着农产品市场上个性化需求的不断增加及消费者者生活水平的不断提升，农产品市场的需求发生了很大变化，高端需求越来越多，这种小农经济的生产方式越来越不适应消费市场的变化。同样地，在涉农电子商务实践中发现，一家一户的小生产不适应涉农电子商务的发展。因此逐步发展出具有规模化和专业化的生产基地模式，这种模式的特点是注重生产的专业化和种植的标准化，从农产品的全产业链上进行生产控制，从而保证农产品生产质量。随着互联网技术及电子商务的飞速发展，消费市场发生了巨大的变化，自从2005年易果进入果蔬电商领域，随之沱沱工社、菜管家、电果网、顺丰优选、永辉超市微店、天猫生鲜等也进入生鲜农产品电商领域，通过网络消费生鲜农产品的消费者越来越多。

生产基地—电子商务企业—消费者的流通模式是一种从种植源头到销售终端的物流模

式，该模式是生产基地直接将生鲜农产品直接送到消费者手中，减少了农产品的周转。以顺丰优选为例，消费者通过 APP 在网上下单，并选择送达时间，顺丰优选根据订单向生产基地订货，生产基地根据订单进行配货，并送到配送中心进行检验与包装，全程冷链送达消费者，如下图所示。

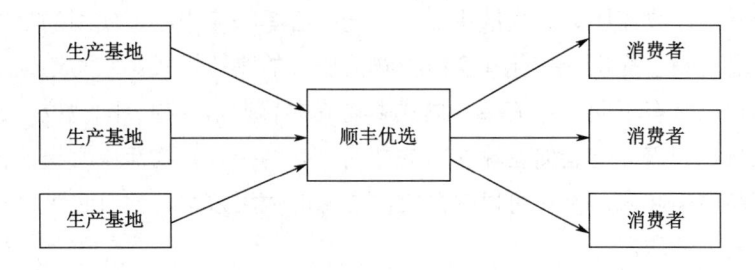

```
生产基地 ──┐              ┌── 消费者
生产基地 ──┼── 顺丰优选 ──┼── 消费者
生产基地 ──┘              └── 消费者
```

该模式主要包括生产环节、加工环节和物流环节，而销售环节主要涉及客户订单信息处理，对生鲜农产品质量影响较小。

① 生产环节：与单个农户的生产相比，生产基地具有规模性，注重生产的标准化与生产技术规程的实施，推动农资供应、提供病虫害防治等服务。由于生产基地与电子商务企业具有稳定的合作关系，在种植前对生鲜农产品的质量具有一定的要求，因此倒逼生产环节注重标准化生产，从源头保障农产品安全。

② 加工环节：基于生鲜农产品的电子商务销售模式，要求生鲜农产品的包装采用精包装的方式，因此需要在适宜的环境温湿度下对生鲜农产品进行称重、分类，按照订单需求，以单一订单号为单位，进行精包装，在此过程中，需要对生鲜农产品的采购信息和包装信息进行记录。

③ 物流阶段：物流运输过程中的操作与上面加工环节类似，电子商务企业委托物流供应商或通过自有物流完成最后一公里的配送，待物流配送完成，消费者收货后，整个流通过程结束。

（2）批发市场模式：批发市场模式是我们较常见的农产品物流模式，它是依托于一定规模的批发市场，由生产者或中间收购商将分散的产品集中到批发市场被批发商收购，然后再通过零售商销售，最终到达消费者手中的农产品物流模式。此种物流模式比较符合我国农产品行业的发展现状，因为可以规避产品分散经营，实现规模化，降低了物流成本。相比于其他商品的普货物流，冷链物流的特征就是流转的任一环节都需要配套的冷链设施，否则"掉冷链子"的流通会使得后续环节的流转腐损率增加，也就不能很好地得到规模化经营产生的优化收益。例如，大型零售商可以在配置冷柜设施的同时自建小型冷藏或者双温冷库，也可以更好地调节每次进货量，省心更便捷。

（3）连锁超市模式：连锁超市模式是连锁超市与物流企业结盟运转的农产品冷链物流模式，此种模式因为物流企业的加入使得物流环节减少，能很好地提高物流效率和保证稳定的货源。通常，连锁超市模式中的连锁超市、物流企业、分散农户三方会签订合作契约，是目前分散农户种植的生鲜农产品的商品价值和经济价值得到保障而采用的较典型的市场模式。生鲜农产品易腐易烂、保鲜期短，而自建冷库储藏运送保鲜增加了分散农户的成本投入，而物流企业的加入分担了储藏和流通成本，同时与连锁超市对接的方式实现了高效快速的流通愿景，产品与销售链上的无缝对接优化了整个物流供应链系统，对农产品行业的快速健康发展十分有利。

（4）物流中心模式：物流中心模式属于近几年兴起且发展迅速的农产品冷链物流模式，它联接着物流基地、物流团队、集散中心、配送中心等物流中心，实现的是以物流中心为主导的由农产品交易主提供现代化和全方位物流服务的物流模式。它与连锁超市模式中物流企业扮演的角色略有不同，物流中心模式中物流中心占据主导分配地位，而连锁超市模式中物流企业只是起着冷链仓储运输左右的契约三方的一方。物流中心模式将农户或生产商分散的农产品聚集起来，不仅可以提高物流资源的使用效率，而且也可以很好地解决小生产与大市场间的矛盾。

第六节　大宗农产品物流

一、农产品物流概述

1. 农产品物流含义

农产品物流是指为了更好地实现农产品的价值，集成了农产品从储藏、流通加工到销售的多个环节，为农产品提供运输、搬运、装卸、包装、加工、仓储及其相关环节的管理活动，它是为了满足用户需求而进行的农产品及相关信息从农产品生产者到消费者的实体流动过程。

2. 农产品物流模式

（1）自营物流：自营物流是企业应用先进的物流管理技术和物流系统，依靠自身的物流资源，持续改善物流运作流程，为企业的基本生产经营过程提供物流服务的方式。为了能够高效生产，企业需要稳定高效的保障和支持；需要为农产品销售进行市场营销，并且需要进行农产品加工处理以促进产品流通，从而实现农产品价值增值。为了达到上述目的，就需要企业自备人员、场地、仓库、车队等来为自身的运营活动提供物流服务。传统企业大都应用自营物流，通过在企业集团内部组建独立的物流中心，自己充当自己的物流服务主体，为内部和客户的提供物流服务。农产品自营物流的核心业务是围绕组织农产品生产、销售农产品展开。

自营物流具有以下几方面的优点：一是安全性。自营物流使得农产品企业能够对从采购到生产、到销售的各环节进行控制，拥有完备的运营资料，能够自主高效地对农产品物流各环节进行调节。二是有效性。一般而言，开展自营物流的企业拥有自己的仓库，配有汽车车队，有自动化装卸工具。自营物流能够使企业充分发挥其自身的资源效益，有效激活其物流资源，加速资金运转，给企业创造更大的利润空间。三是增强物流成本的可控性。

自营物流配送体系可以在各个环节节约费用,增加物流成本可控性。如果有一套物流配送的优化系统在后台支持,还可以进一步节约成本。尤其在大宗农产品物流时更为明显。

但是不可否认的是自营物流也有一些缺点:一是投资成本高,企业自营物流,必须投入大量的资金用于仓储、运输等基础物流设施的建设和人力资本的培养,这会削弱企业原本对于核心业务的投入,最终降低企业的抗风险的能力。二是管理难控制。对于大多数企业来说,物流活动并不是企业擅长的方面,而仅仅是企业的一个后勤部门,这样的话,企业自营物流相当于促使企业经营自己并不擅长的业务,使企业花费大量的精力、时间和资源以一种十分低效的方式用于进行辅助性的活动。三是专业化程度低。事实上,只有通过规模物流的作用才能充分发挥出来。企业自建物流,很难形成规模效益,一方面,物流成本过高,会导致产品的成本升高,降低其在市场上的竞争能力;另一方面,物流配送的专业程度也受限于规模,无法满足企业的实践需要。

(2)第三方物流:其核心业务是为农产品供需双方提供专业化的物流服务。第三方物流企业不参与农产品交易,不生产农产品,是通过与供求双方的合作来提供优质的物流服务,是一种目前最常见的农产品物流方式。

与自营物流相比,第三方物流具有以下优势:一是能够让企业集中精力于核心业务,为了赢得激烈的市场竞争中的优势地位,企业需要借助第三方物流的专业化服务能力,整合供应链资源,提升企业整体的核心竞争力。二是提高企业物流效率。第三方物流企业可以利用专业化的物流技术和业务管理,以及自己庞大的配送网络,达到提高物流效率的目的。三是减少企业固定资产投资。使用第三方物流企业,不仅可以加速企业资金周转,解放仓库和车队方面的资金占用,减少设施设备的投资,还可以为企业创造更多的机会。电子商务企业将物流业务外包给第三方物流企业,可以使自己保持在轻量级公司的状态,不再保有仓储仓库、运输车辆等物流设施,减少从事物流的工作人员,削减人力成本,同时也不必再对物流信息系统进行投资,从而减少投资和运营物流的总成本。四是提升企业形象。企业与第三方物流服务提供商之间不是商业对手的关系,而是共进退的战略合作伙伴,第三方物流企业将以适合的物流设计,个性化的增值服务,协助企业建立优异的品牌形象,给企业带来了更丰厚的价值回报,以使其在激烈的市场竞争中保持优势。利用第三方物流公司的信息和结点网络,能够加快对顾客订货的反应速度,加快订单的处理,实现货物的快速交付,可以提高顾客满意度。

第三方物流也具有以下缺点:首先,企业不能直接控制物流职能,不能保证供货的及时性和准确性,不能保证顾客服务的质量。其次,第三方物流设计的方案通常都是针对不同的客户量身定制的,不具有广泛适用性,因此第三方物流企业不具有规模经济性。第三方物流企业在为客户减少了配送成本的同时,随之而来管理成本却会上升,因此为货主节约的最终成本非常有限。最后,传统上,企业可以通过优化库存、利用地区服务代理商和第三方物流企业来满足客户不断增长的需要。

那么,对于一个农产品来说,到底是选择自营物流还是第三方物流呢,就需要根据不同的物流阶段来选择合适的物流模式。按农产品物流阶段来划分,主要分为农产品生产物流、农产品销售物流。农产品生产物流是指从农作物耕种、田间管理到农作物收获,其特点是活动范围较小,并且处于农产品的生产过程中,直接影响农产品的生产成本与收益,在该阶段一般不需要第三方物流的参与。农产品销售物流是指在农产品的销售过程中进行的配装、配货、送货、分拣、发放等活动。它是由农产品的销售行为所引起的活动,主要为了满足消费者的需求。市场对农产品的需求往往呈现的是小批量、多品种的特性,为了节省成本,提高效率,就需要依靠农产品物流系统的支持与第三方物流的参与。

二、国内典型省份农产品物流经验做法

1. 山东省

(1) 专业批发市场带动型：山东寿光蔬菜批发市场是全国最大的蔬菜集散中心,全国十大农副产品中心批发市场,与十多个国家及全国二十几个省、市、自治区进行业务活动。正是由于大型批发市场经济效益的带动作用,寿光拥有一大批农产品专营公司及中介组织,并成立了专门从事种子研发的研究院,从事新品种种植技术推广,农产品销售服务覆盖60%以上的村落,蔬菜商品率达到90%以上。

(2) 龙头企业带动型：作为全国有名的农产品加工基地诸城,拥有数量众多的农产品加工龙头企业,这些龙头企业与当地80%的农户实行产销一体化,结成利益共同体。在诸城,农产品收获后70%可就地加工,农产品增值50%以上,农户得到比养殖、种植高得多的利润。同时,诸城外贸集团的养殖基地分布在山东省8个县,全国9个省设有诸城外贸集团的种植基地,有多达100多万农户分布于省内外基地。

(3) 购销大户带动型：苍山县以运销联合体闻名全国,农民以资金、技术入股,从事蔬菜等农副产品的运输、批发、零售。上海的蔬菜市场苍山蔬菜占有60%以上的市场份额,从而有效带动苍山农产品物流及农业发展。山东荣庆集团是隶属于苍山的全国百强物流企业,其前身是运销蔬菜的个体户,目前该集团分公司遍布上海、南京等各大城市,拥有各类专业运输车辆近千台,集成多种物流功能于一体,是中国冷链物流第一供应商,服务于百事、雀巢、西门子、伊利、光明、蒙牛等国内外知名企业,是提升农产品物流效率的有效措施。

2. 河南省

作为中国重要的农产品生产基地,河南省粮棉等主要农产品产量均名列前茅,其农产品流通体系也相对较为完善。

河南省积极发展农产品物流中心,如濮阳市供销合作社建设的综合物流中心占地面积万余平方米；豫棉集团棉花物流中心、思达、众品、金博大等优势企业,在物流方面具有强大的竞争优势,形成了以企业为单位组合而成的规模大功能全的农产品物流中心。河南省将供销社作为农产品流通主渠道,目前已发展达万家。农业的发展,使社会各界对农产品流通的需求大幅增加,河南省自发形成了强大的农产品经纪人队伍,经纪业务覆盖所有农产品。自发形成的农产品经纪人队伍日益壮大,为推广农产品购销活动业务起到了积极的推动作用。同时,政府为推动农产品流通的健康发展,近年来一直加强包括修路、建仓

储式超市、开设农村服务站、建设信息服务网络等在内的农村基础设施建设。

三、提升农产品物流效率的路径举措

1. 培育农户现代物流知识

通过教育、培训，增强农民的市场经济观念，切实转变单一运输经营的观念，彻底转变"小而全，大而全"和自货自运的经营模式。运用系统优化原理、最小总成本方法、供应链管理等物流方法改善农产品流通方式，提高运作效率，降低成本，促进农民增收。

2. 加大对农产品物流基础设施的投入

农产品物流的基础设施建设包括农产品批发市场的建设，农产品仓储、交通运输条件和工具等设施的建设。重点完善批发市场功能，在全国大中城市和主要产区建设一批布局合理、交易方式先进、功能齐全、安全卫生的骨干批发市场；加强农村道路建设和农产品运载工具的开发生产，加强各种农用仓库的建设，发展农产品加工配送中心；积极发展连锁超市、直销配送等新型流通组织，建立多层次、多业态、多种经营方式的农产品市场体系；加快农产品的储藏、加工、运输、配送等物流设施建设，建立现代化的农产品物流服务体系；在资金来源上，采取多种形式，鼓励个人、集体、政府等多渠道资金投资农产品流通设施建设。

3. 打造现代农产品全产业链模式

农产品全产业链包括从育苗到大田管理、农畜产品加工、保鲜直至流通、市场销售、废弃物回收等所有流程,农业科技、农业信息和标准化等因素影响着农产品供应链的始终。一是在生产上要大力推进农业的标准化生产。把标准化贯穿于产前的种子、种苗、化肥、农药、饲料等生产资料的选用，产中的栽培、饲养等技术规程，到产后的加工、包装和产品质量的检验，把农业生产的全过程纳入规范化、标准化的轨道，实现农产品的优质化，为农业产出、产后各个环节的进行做好准备。还可实施"名牌战略"，大力发展名、特、优、新、稀产品，加强品牌推广和扩展，树立品牌形象，提高品牌知名度和品牌认知度，形成一批农产品的强势品牌，扩大产品的市场占有率，实现农产品物流的畅通。二是要提高加工、包装技术。包装除具有保护功能和促销功能外，还是连接农产品市场利润和物流成本的结合点。因此，要在农产品的精加工和包装上狠下功夫，积极采用新型的保鲜技术，延长农产品的储藏时间，扩大农产品销售半径。三是要积极运用现代营销手段。要在抓好传统销售方式革新的基础上，大胆探索和应用现代销售手段。鼓励龙头企业或销售公司在大中城市特别是在沿海沿边口岸设立流通加工和销售网点、对外窗口，发展代理商，建立直销市场。大力发展农产品连锁经营、配送等形式。积极运用拍卖、代理等现代交易方式。随着农产品贸易的国际化发展及人们消费水平的提高，消费者对食品的购买、消费方式也会发生巨大变化，网上购买的比例会逐步增加，要适应信息化、网络化趋势，加快发展电子商务，推进网上交易。鼓励农户成立生产协作小组，尝试实施整合型生产物流机制，将区域内的农作物耕作、田间管理及农产品的收获、加工、存储等作业形成的物流统筹由共同机制运作，引入农产品系列标准等认证，确保食品安全，着力打造绿色农产品生产链。

4. 加快农产品物流标准化进程

在包装、运输和装卸等环节，推行和国际接轨的关于物流设施、物流工具的标准，如托盘、货架、装卸机具、条形码等，不断改进物流技术，以实现物流活动的合理化。重点应联合有关部门制定全国统一的相关农产品质量标准，包括理化指标、感官指标、安全食用指标、鲜度指标等，并对产地进行大气环境测试、土壤成分测试、水资源测试，控制农药使用，以加速农产品流通。

5. 协助农业龙头企业构建各种形式物流组织实体

采取多渠道、多形式、多元化的办法，打破所有制、地域、行业界限，尽快培育一批农产品物流组织。发挥龙头企业的作用，鼓励龙头企业进行内部各环节的整合优化，积极引进和借鉴发达地区和国外物流企业的管理、技术和经验，充分利用运输、商业企业在市场信息、销售网络和运销经营等方面的特长和优势，组建自营物流企业。这也能充分实现农业产业化一体化的经营战略，使各产业链结合得更加紧密。同时，扶持农村营销大户、农村合作经济组织和农民经纪人，支持、鼓励农民开展农产品加工、销售服务和自办购销组织，推进供销社改革，发挥其在农产品流通中的作用，鼓励各组织之间的联合，运用管理和信息技术将它们连接在一起，兴办第三方物流，使其更加有效地服务于农业的生产。

四、普通物流与快递的区别

1. 物流企业

（1）物流企业概念：物流企业指从事物流活动的经济组织，至少从事运输（含运输代理、货物快递）或仓储的一种经营业务，并能够按照客户物流需求对运输、储存、装卸、包装、流通加工、配送等基本功能进行组织和管理，具有与自身业务相适应的信息管理系统，实行独立核算、独立承担民事责任的经济组织。

（2）物流企业类型

一般来说，物流企业的类型包括货代型物流企业，仓储型物流企业，综合型物流企业、第三方物流企业。

① 货代型物流企业特点

a. 以从事货物运输业务为主，包括货物快递服务或运输代理服务，具备一定规模。

b. 可以提供门到门运输、门到站运输、站到门运输、站到站运输服务和其他物流服务。

c. 企业自有一定数量的运输设备。

d. 具备网络化信息服务功能，应用信息系统可对运输货场进行状态查询、监控。

② 仓储型物流企业特点

a. 以从事仓储业务为主，为客户提供货物储存、保管、中转等仓储服务，具备一定规模。

　　b. 企业能为客户提供配送服务及商品经销、流通加工等其他服务。

　　c. 企业自有一定规模的仓储设施、设备，自有或租用必要的货运车辆。

　　d. 具备网络化信息服务功能，应用信息系统可对货物进行状态查询、监控。

　③ 综合服务型物流企业特点

　　a. 从事多种物流服务业务，可以为客户提供运输、货运代理、仓储、配送等多种物流服务，具备一定规模。

　　b. 根据客户的需求，为客户制定整合物流资源的运作方案，为客户提供契约性的综合物流服务。

　　c. 按照业务要求，企业自有或租用必要的运输设备、仓储设施及设备。

　　d. 企业具有一定运营范围的货物集散、分拨网络。

　　e. 企业配置专门的机构和人员，建立完备的客户服务体系，能及时、有效地提供客户服务。

　　f. 具备网络化信息服务功能，应用信息系统可对物流服务全过程进行状态查询和监控。

　④ 第三方物流企业特点

　　a. 第三方物流企业是以合同为导向提供一系列服务。第三方物流企业有别于上述的三种物流企业，它们只限于一项或一系列分散的物流功能，如运输公司提供运输服务、仓储公司提供仓储服务，第三方物流企业则根据合同条款规定的要求，提供多功能，甚至全方位的物流服务。依照国际惯例，服务提供者在合同期内按提供的物流成本加上需求方毛利额的20%收费。

　　b. 第三方物流企业提供的是个性化物流服务。其服务的对象一般都较少，只有一家或数家，它们之间是一种长期合作的关系。这是因为需求方的业务流程各不一样，而物流、信息流是随价值流流动的，因而要求第三方物流企业服务应按照客户的业务流程来定制，这也表明物流服务理论从"产品推销"发展到了"市场营销"阶段。

　　c. 第三方物流企业是建立在现代电子信息技术基础上的。信息技术的发展是第三方物流企业出现的必要条件，信息技术实现了数据的快速、准确传递，提高了仓库管理、装卸运输、采购、订货、配送发运、订单处理的自动化水平，使订货、包装、保管、运输、流通加工实现一体化；企业可以更方便地使用信息技术与物流企业进行交流和协作，企业间的协调和合作有可能在短时间内迅速完成；同时，电脑软件的飞速发展，使混杂在其他业务中的物流活动的成本能被精确计算出来，还能有效管理物流渠道中的商流，这就使企业有可能把原来在内部完成的作业交由物流公司运作。常用于支撑第三方物流的信息技术有实现信息快速交换的 EDI 技术、实现资金快速支付的 EFT 技术、实现信息快速输入的条形码技术和实现网上交易的电子商务技术等。

　　d. 第三方物流企业之间是联盟关系。依靠现代电子信息技术的支撑，第三方物流企业之间充分共享信息，这就要求双方能相互信任，才能达到比单独从事物流活动所能取得更好的效果，而且，从物流服务提供者的收费原则来看，它们之间是共担风险、共享收益；

再者，企业之间所发生的关联既非仅一两次的市场交易，又在交易维持了一定的时期之后，可以相互更换交易对象。在行为上，各自不完全采取导致自身利益最大化的行为，也不完全采取导致共同利益最大化的行为，只是在物流方面通过契约结成优势相当、风险共担、要素双向或多向流动的中间组织，因此，企业之间是物流联盟关系。

2. 快递企业

有邮递功能的门对门物流活动所衍生出的服务类公司，快递公司通过铁路、公路和空运等交通工具，对客户货物进行快速投递。快递业者可以不同的规模运作，小至服务特定市镇，大至区域、跨国甚至是全球服务。

3. 农产品普通物流与快递的区别

（1）运送大容积的货物一般选择物流合适，小物件的货物选择快递比较合适。

（2）快递业务主要为个人服务，物流一般为企业服务。比如网上购物，我们一般都用快递运送，而如果是一个企业，一次性要运送大批的货物，这时就需要用物流了。

（3）相比较而言，快递费用较贵些，物流费用较便宜些。这是由两种不同的服务内容决定的。如果运送一箱子矿泉水用快递的话，那么，很明显仅快递费用就跟成本差不多了。

（4）物流按体积收费，快递一般按照重量收费。

（5）快递一般是送货上门，而物流一般不直接将货物送上门，他们一般是将货物运送到目的地地区后，然后由客户自提。

（6）一般而言，快递运货的时间较快些，物流运送的货物较慢些。因为快递是全国联网的，只要收到货物后即会按照既定的流程发送，而物流一般需要等到货物达到一定的量后才开始运送。

（7）每个用快递运送的货品都是有快递单号的，可以按照单号在网上查询物品目前的运送状态，而物流是没有快递单号的，当然也不能在网上查询。

（8）快递公司在全国有很多的服务网点，每个省、每个市、每个县，甚至每个乡都有自己的公司网点，而物流公司则没有这么多网点，它们一般仅在比较大的地区设点。

一般来说，大宗农产品选择普通物流方式，但是在农产品电子商务环境下，多是面向最终消费者，大多采用小件包装，配送较为分散，同时为了快速响应消费者需求，则建议选择快速方式。

第八章
农村电子商务精准扶贫

第一节　精准扶贫相关理论

国内外学者对贫困问题的研究涌现出大量的理论成果和减贫理念，精准扶贫便是在这些理论基础上逐渐形成并发展起来的。因此，厘清精准扶贫的理论渊源有助于我们更好地理解其深刻要义。

一、贫困相关理论

1. 权利贫困理论与包容型增长减贫理念

权利贫困理论是由诺贝尔经济奖得主阿玛蒂亚·森提出的，他在《以自由看待发展》一书中将贫困看作对基本可行能力的剥夺，而不仅是收入的低下（强调能力贫困）。他从饥荒与权利的关系视角出发，将贫困的产生归因于享受权利的不平等，权利和分配的双重不平等导致了饥荒的蔓延。"如果一群人无法确立支配足够数量食物的权利，那么他们将不得不面临饥荒。"因此他认为消除饥荒首先要消除不平等，并在生产、交换、流通等多个环节向贫穷者赋权，让他们共享平等权利和分配机会。刘易斯在《贫困的文化》中提出贫困的特征是从经济与物质两个方面表现出来，但是社会文化因素则是贫困的深层次原因，并经过长期积累则会形成落后的贫困心态、思维定式和价值取向，最终会造成文化习俗、生活习惯、意识形态的固化，正如加尔布雷斯所提出的文化贫困概念。

发展中国家普遍存在着贫困问题，尤其是发展中国家农民自生能力问题。农民作为一个群体，农业作为一个产业，缺乏再生能力的根源在于这个群体和产业承担了过高的制度成本。受森的理论启发，世界银行于1990年提出的"基于广泛基础的增长"和亚洲开发银行于2007年提出的"有利于穷人的增长"，基于上述两个增长理论，构建出"机会均等"与"公平共享"为核心的包容型增长减贫理念，又称为共享型增长减贫理念。它强调增长应包容最大多数的劳动人口，并倾向于通过生产型就业而不是直接再分配来实现经济增长的缓解贫困。提出通过经济增长成果的公平分配来实现有效减贫，要求减少与消除机会不均等来促进社会的公平性与共享性，是一种"人人机会平等、人人分享成果"的减贫模式。不过，它侧重于在机会平等的基础上让穷人获得脱贫的基本条件，而并没有集中力量采取针对穷人的帮扶行动。

2. 参与式扶贫理念与合作型反贫困理论

要更好地理解这两种理论，首先要了解自然性贫困与制度性贫困这两个概念。自然性贫困具有先天性和客观性，是指社会成员先天性身体缺陷从而丧失劳动能力所导致的贫困，这些贫困需要国家的社会保障制度进行保障，助其脱贫。制度性贫困是指由于教育资源不均、社会阶层限制、政策缺陷及风俗陋习等制度缺陷方面的原因导致在某些区域、阶层、人群和个体的贫困。尤其值得关注的是阶层性贫困，是指在相同制度背景下，某些阶层（如农民）的个人和家庭由于自身的生存和发展能力较差使其竞争有限资源的能力较差而导致的贫困，这在我国农村大量存在，具有代际转移特征。这种贫困可以通过制度设计和公共政策予以消除。

包容性增长理论强调公平增长与共享经济发展成果，并强调生产性就业在缓解贫困中的重要作用，通过经济增长和收入分配缓解贫困往往表现为"政府输血"式的扶贫，由于未考虑到贫困个体自生能力和社会流动性的作用，无法从根本上消除贫困。缓解个体贫困最根本的途径是通过个体自生能力和社会流动进行社会造血，因此参与式扶贫理念与合作型反贫困理论这两个理论就逐渐走进学者与政府的视野中。参与式扶贫理念源于参与式发展理论，它将"参与"和"赋权"两大核心思想融入扶贫工作中，强调个体能力是解决贫困的关键所在。其中，"参与"是指贫困农民参与扶贫决策及扶贫资金和资源投放的领域、项目和产业选择，参与扶贫项目的决定、管理、监督和评估，分享扶贫项目的利益。参与的关键在于赋权，"赋权"意味着建立一套贫困农民进入扶贫项目场域的体制机制，消除贫困人口准入的各种制度和体制障碍，保障贫困农民的参与需求。参与式扶贫从贫困农户的角度出发，主张从制度建设和机制创新等方面赋予贫困群体的参与权利，为他们表达意见和需求开拓了渠道。然而，在现实工作中，贫困群体的参与往往力不从心，加之扶贫涉及面相当复杂，参与式扶贫很难真正落到实处。

在这种状况下，有学者提出了"合作型反贫困理论"，指出"反贫困工作不是由任何一个单一主体的投入即可完成的，它需要政府、社区、贫困群体之间的有效合作，且必须通过一个有效的合作平台来完成"。在反贫困实践中，政府和贫困群体应处于同等的主体地位，并在扶贫行动中通力合作。为此，其主张构建四大合作机制：官民合作机制、贫困户经济合作机制、社区与农户间合作机制、政府部门间合作机制。这种扶贫方式既有利于解决政府力量有限、资源整合等难题，又能够充分调动贫困群体主动脱贫的积极性，它也是精准扶贫中联动帮扶的重要理论依据。

3. 涓滴理论与利贫式减贫理念

涓滴理论又称"滴漏理论""涓滴效应"，盛行于 20 世纪 50～60 年代。该理论认为经济增长的减贫效应在很大程度上受一国的初始收入分配的平等程度及伴随经济发展的收入分配状况的变化程度的影响。它主张在经济发展过程中减少政府对贫困阶层和群体的优先照顾，而主要依靠市场机制的"涓滴效应"来实现经济增长的成果向穷人惠及或扩散，并带动其脱贫和致富。我国改革开放初期提出的"先富带后富"便与之契合。这种发展理念对于解放和发展生产力、促进短期经济发展具有重要的推动作用，但遗憾的是，由于实践中的体制机制不完善，穷人往往从中获利太少，减贫见效周期过长，反而加剧了贫富分化。针对这种弊端和不足，利贫式减贫理念应运而生。它主张加大政府或政策的干预，将穷人作为关注对象，让穷人在增长成果的分配中绝对地或相对地获得更多份额。它是一种有利于穷人的减贫模式，更是一种具有精准性和针对性的制度安排，为我国建立贫困对象瞄准机制提供了有益的启发。

综上可知，精准扶贫理念既融合了国内外减贫理论的精髓，也根据本土环境进行了有效创新；它既是一种利贫式减贫手段，也是注重多方参与、协同联动的合作型扶贫模式。它通过取长补短，形成了适合我国现代国情的减贫、治贫方式。

4. 关于扶贫实践的研究

发达国家和发展中国家有差别。发达国家普遍的做法有两种：一是中央政府采取一系列的政府措施帮助开发贫困地区；二是建立福利制度（如社会保险制度和救助制度），保障每个人获得基本生活条件。发展中国家是沿着经济增长直接进攻战略的轨迹来进行反贫困的。印度首先是通过"绿色革命"发展农业来解决粮食问题和贫困问题的，70年代以后又实施"缓解农村贫困计划"，政府不仅从初等教育、成人教育、农村医疗卫生和乡村道路、电力、供水、住房等方面帮助发展，而且还有粮食援助、信贷资金、创造就业机会等政策。

二、精准扶贫相关理论

精准扶贫的概念是在我国扶贫实践发展过程中总结出来的经验，最初是学者针对扶贫过程中财政扶贫资金使用不精准的问题所提出的一个概念，他们指出要提高扶贫资金和扶贫政策的"精准度"，真正意义上的精准扶贫概念是习近平总书记2013年在湘西考察时提出的。随着精准扶贫理念的提出，我国大量学者从精准识别和精准扶贫模式、机制、绩效评估、影响因素等方面进行了大量的理论研究与实践研究，但是从目前的研究来看，对于精准扶贫的研究更多的是对精准扶贫理念的阐述，指出精准扶贫既是一种减贫手段，也是注重多方参与、协同联动的合作型扶贫模式。

1. 精准扶贫的定义与内容

（1）精准扶贫的定义：关于精准扶贫的内涵，目前各界人士还没有形成统一的认识，学者们对于精准扶贫的解读更多来源于政策文件。从最初的区域精准，到后续的贫困县、贫困村、贫困户的精准，精准扶贫内涵随着时代发展逐步深化、扩展，不断丰富。

著名学者汪三贵提出精准扶贫是扶贫政策和措施要针对真正的贫困家庭和人口，通过对贫困人口有针对性的帮扶，从根本上消除导致贫困的各种因素和障碍，达到可持续脱贫的目标。汪继章认为，精准扶贫是扶贫方式的革命性变革，将实现由局部向全局、由自由抽象向具体、由硬件向软件、由业内向业外、由漫灌向滴灌、由定性向定量、由单一向综合的转变。王思铁等认为，精准扶贫是指针对不同贫困区域、不同贫困农户，对扶贫对象实施精准识别、精确帮扶、精确管理的治贫方式。刘解龙提出应该从微观、中观、宏观、全过程四个方面全面理解精准扶贫内涵。微观层面上的内涵是要理解具体扶贫行为的整体性、系统性设计与实施，包括扶贫对象的精准识别、判断与评价，精准扶贫项目的设立，扶贫活动的要素组合、主体组合及责权利界定、活动内容与过程、成效等方面的精细化；中观层面的内涵体现在两个方面，一是产业层面的精准扶贫；二是区域层面的精准扶贫，重点是经济效益的成本收益问题；宏观层面上内涵包括连片贫困的整体脱贫；全过程是将精准的精神、内容、标准体现到全过程之中，进行精准性评价。

（2）精准扶贫的内容：精准扶贫的内容主要包括贫困户的精准识别和精准帮扶，扶贫对象的动态管理和扶贫效果的精准考核。精准识别就是通过一定的方式将低于贫困线的家庭和人口识别出来，同时找准导致这些家庭或人口贫困的关键性因素，它是精准扶贫的基础。精准帮扶是在精准识别的基础上，针对贫困家庭的致贫原因，因户和因人制宜地采取有针对性的扶贫措施，消除致贫的关键因素和脱贫的关键障碍。动态管理首先是对所有识别出来的贫困户建档立卡，为扶贫工作提供包括贫困家庭基本状况、致贫原因和帮扶措施等方面的详细信息，为精准扶贫提供信息基础。然后根据贫困状况的实际变化，及时识别出新的贫困家庭和人口，同时将已经脱贫的家庭和人口调整出去，保持精准扶贫的有效性。精准考核是对精准扶贫的效果进行考核，主要针对地方政府。

2. 习近平总书记关于精准扶贫思想

（1）精准扶贫思想阶段：习近平总书记的精准扶贫思想分为两个阶段，第一阶段是从提出精准扶贫到 2013 年 11 月的扶贫精准识别、精确帮扶、精确管理三个精准；第二个阶段是 2015 年 6 月提出的扶贫对象要精准、项目安排要精准、资金使用要精准、措施到位要精准、因村派人要精准、脱贫成效要精准的"六个精准"。习近平总书记指出，要坚持精准扶贫、精准脱贫，重在提高脱贫攻坚成效。关键是要找准路子、构建好的体制机制，在精准施策上出实招、在精准推进上下实功、在精准落地上见实效。要解决好"扶持谁"的问题，确保把真正的贫困人口弄清楚，把贫困人口、贫困程度、致贫原因等搞清楚，以便做到因户施策、因人施策。要解决好"谁来扶"的问题，加快形成中央统筹、省（自治区、直辖市）负总责、市（地）县抓落实的扶贫开发工作机制，做到分工明确、责任清晰、任务到人、考核到位。

依据习总书记精准思想，中共中央办公厅印发《关于创新机制扎实推进农村扶贫开发工作的意见的通知》，国务院出台《关于印发〈建立精准扶贫工作机制实施方案〉的通知》《关于印发〈扶贫开发建档立卡工作方案〉的通知》，对精准扶贫工作模式的顶层设计、总体布局和工作机制等方面都做了详尽规制，推动了习近平精准扶贫思想的全面开展。应当说，习近平的精准扶贫思想是中国共产党和政府今后一个时期对于贫困治理工作的指导性思想，将对中国扶贫成败起到决定性作用。

（2）精准扶贫思想形成的理论基础和现实意义

① 理论基础："共同富裕"根本原则是精准扶贫思想产生的理论源流。共同富裕是中国特色社会主义的本质规定、奋斗目标和根本原则，也是中国特色社会主义理论体系中的重要基石。中共十八大会议重申，中国必须坚持走共同富裕道路。而精准扶贫思想就是要帮助每一个贫困人口都摸索出适合的致富路线，这正是"共同富裕"理论原则的发展和延伸。

② 现实意义："全面建成小康社会"宏伟目标是精准扶贫思想产生的现实需求。在 2020 年完成"全面建成小康社会"的宏伟目标，是中共十八大根据中国经济社会实际做出的重大决策，将为中华民族的伟大复兴奠定坚实基础。当前中国扶贫、脱贫已进入攻坚克难的重要阶段，不能再继续"灌水式""输血式"的传统扶贫模式，必须确保如期脱贫、杜绝返贫，因此需要精细化的扶贫思想，促使贫困地区整体脱贫、全面脱贫。精准扶贫是中国扶贫进行到新阶段后的新举措，符合中国国情。

（3）精准扶贫思想的主要内容

① 精准化理念是精准扶贫思想的核心要义：当前，中国扶贫工作不论是在贫困人群的识别，抑或扶贫政策的制定实施上，都缺乏精细化的工作理念。自20世纪80年代中期开始，中国政府扶贫单位是县级贫困区域；2001年转向15万个村级贫困区域；2011年划定了14个集中连片特困地区进行重点扶贫。农村扶贫的主要特点是区域瞄准，没有识别到户。这种扶贫模式在短期内集中了政策和资金资源，能够切实帮助部分贫困人口脱贫，或创造部分贫困群体脱贫的硬性基础设施条件。但是这种扶贫模式存在着扶贫工作成效不持久，显得重复而又低效率的问题。习近平总书记的精准扶贫思想是根据目前中国贫困群体状况所提出的针对性措施，要求将精准化理念作为扶贫工作的基本理念，贯穿于扶贫工作的全过程。

② 分批分类理念是精准扶贫思想的基础工具：习近平总书记在2015年详细论述了其分批分类扶贫理念，即通过扶持生产和就业发展一批，就是要加强业务培训和培育计划，因地制宜制定特色扶持政策、机制，帮助一批具备软硬件基本条件的群体迅速脱贫；通过移民搬迁安置一批，就是针对部分因居住地自然条件恶劣等因素、不具备扶贫脱贫的基本自然资源的贫困群体，有计划地移民搬迁，安置到自然条件相对较好的居住地，并继续实施帮扶直至脱贫；通过低保政策兜底一批，就是针对部分劳动能力低下，或是丧失劳动能力的贫困人群，不再以就业培训为主，而是果断通过低保等民政救助的方式保障其基本生活；通过医疗救助扶持一批，就是帮助部分群体缓解医疗压力，杜绝因病致贫、增加贫困人口，也防止因病返贫，使得扶贫工作倒退。

③ 精神脱贫理念是精准扶贫思想的战略重点：扶贫先扶志，不论造成贫困有何种直接原因，精神贫困始终是主观上的首要根源。精神贫困首先体现在缺乏脱贫致富的勇气、信心等主观意愿。树立脱贫信心、营造脱贫环境，帮助贫困群体充分认识到自身优势及主观能动性的重要性，拿出敢想敢干的毅力和决心，在精神上与贫困绝缘，是习近平精准扶贫思想的战略重点。

（4）精准扶贫思想的路径选择

① 科学设计精准扶贫的工作流程：现阶段精准扶贫的流程设计必须提高有效性，包括贫困户的精准识别、精准帮扶、动态管理和精准考核四个环节。精准识别是精准扶贫的首要流程，要求防止目标偏移，保证瞄准扶贫对象；精准帮扶要求依照贫困户致贫原因和脱贫条件，以针对性办法扶持贫困群体；动态管理要求对扶贫工作进行实时跟踪和把控，根据扶贫进展及时调整；精准考核是保证"脱贫成效精准"的必要手段，及时对政策实施后的扶贫效果进行评估。最终形成在扶贫工作中的目标识别、贫困治理、动态管理、成效考核、成功脱贫、后续跟踪的一系列反应过程。

② 形成完整的精准扶贫政策体系：精准扶贫政策涉及金融支持、社会救助、产业发展等多个领域的公共政策过程，落实习近平精准扶贫思想的主要抓手是要形成完整的精准扶贫政策体系。精准扶贫政策体系应当兼顾统一性和灵活性。一是政策体系必须要在全国范围内保持同级别的政策强度，保证各个贫困地区整体向脱贫目标和小康社会指标靠近，在2020年如期脱贫；二是因省、市、县、乡、村，直至农户，每一贫困户贫困原因、程度、特点，脱贫的禀赋、资源、机遇，以及返贫的可能性等都不尽相同，不能各地都依照完全

相同的扶贫办法，应当允许和鼓励各级、各地扶贫单位因地制宜、因人定策，灵活开展个性化扶贫工作。

知识链接

1. 扶贫的六个精准

扶贫对象精准、项目安排精准、资金使用精准、措施到户精准、因村派人精准、脱贫成效精准。

2. 扶贫的五个一批

发展生产脱贫一批、易地扶贫搬迁脱贫一批、生态补偿脱贫一批、发展教育脱贫一批、社会保障兜底一批。

3. 扶贫的五个坚持

坚持扶贫攻坚与全局工作相结合，走统筹扶贫的路子；坚持连片开发与分类扶持相结合，走精确扶贫的路子；坚持行政推动与市场驱动相结合，走开放扶贫的路子；坚持"三位一体"与自力更生相结合，走"造血"扶贫的路子；坚持资源开发与生态保护相结合，走生态扶贫的路子。

第二节 我国精准扶贫机制与政策

一、我国精准扶贫的主要政策

消灭贫困是一个世界范围内普遍关注的问题，精准扶贫战略是我国新形势下贫困治理的基本方略。2013年11月3日，习近平总书记在湘西土家族苗族自治州调研扶贫攻坚时，提出"精准扶贫"理念，指出："扶贫要实事求是、因地制宜、分类指导、精准扶贫"。2013年12月，中共中央办公厅、国务院办公厅印发《关于创新机制扎实推进农村扶贫开发工作的意见》(中办发〔2013〕25号)，明确提出建立精准扶贫机制的要求。2014年1月，中共中央办公厅关于印发《建立精准扶贫工作机制实施方案》（国开办发〔2014〕30号）的通知详细规制了精准扶贫工作模式的顶层设计。2015年10月16日，习近平在2015减贫与发展高层论坛上强调，中国扶贫攻坚工作要实施精准扶贫方略，从而实现贫困人口精准脱贫，由此可见我国将从粗放式扶贫阶段进入精准扶贫阶段。下表列举了自2011年到2016年之间我国主要的关于精准扶贫的相关政策。

2011—2016年我国精准扶贫政策主要内容

时间及颁布部门	精准扶贫主要政策	政策主要内容
2011年12月国务院	《中国农村扶贫开发纲要（2011—2020）》	纲要指出我国扶贫开发已经从以解决温饱问题为主要任务的阶段转入巩固温饱成果、加快脱贫致富、改善生态环境、提高发展能力、缩小发展差距的新阶段。提出了扶贫开发目标，到2020年，稳定实现扶贫对象不愁吃、不愁穿，保障其义务教育、基本医疗和住房。贫困地区农民人均纯收入增长幅度高于全国平均水平，基本公共服务主要领域指标接近全国平均水平，扭转发展差距扩大趋势

续表

时间及颁布部门	精准扶贫主要政策	政策主要内容
2014年1月中央办公厅、国务院办公厅	《关于创新机制扎实推进农村扶贫开发工作的意见》	意见指出扶贫开发工作要进一步解放思想，开拓思路，深化改革，创新机制，使市场在资源配置中起决定性作用和更好发挥政府作用，更加广泛、更为有效地动员社会力量，构建政府、市场、社会协同推进的大扶贫开发格局，在全国范围内整合配置扶贫开发资源，形成扶贫开发合力。 除此之外，意见明确提出了精准扶贫工作机制，即国家制定统一的扶贫对象识别办法。各省（自治区、直辖市）在已有工作基础上，坚持扶贫开发和农村最低生活保障制度有效衔接，按照县为单位、规模控制、分级负责、精准识别、动态管理的原则，对每个贫困村、贫困户建档立卡，建设全国扶贫信息网络系统。专项扶贫措施要与贫困识别结果相衔接，深入分析致贫原因，逐村逐户制订帮扶措施，集中力量予以扶持，切实做到扶真贫、真扶贫，确保在规定时间内达到稳定脱贫目标
2014年5月国务院	《建立精准扶贫工作机制实施方案》	通过对贫困户和贫困村精准识别、精准帮扶、精准管理和精准考核，引导各类扶贫资源优化配置，实现扶贫到村到户，逐步构建精准扶贫工作长效机制，为科学扶贫奠定坚实基础。 1.精准识别是指通过申请评议、公示公告、抽检核查、信息录入等步骤，将贫困户和贫困村有效识别出来，并建档立卡。 2.精准帮扶是指对识别出来的贫困户和贫困村，深入分析致贫原因，落实帮扶责任人，逐村逐户制订帮扶计划，集中力量予以扶持。 3.精准管理是指对扶贫对象进行全方位、全过程的监测，建立全国扶贫信息网络系统，实时反映帮扶情况，实现扶贫对象的有进有出，动态管理，为扶贫开发工作提供决策支持。 4.精准考核是指对贫困户和贫困村识别、帮扶、管理的成效，以及对贫困县开展扶贫工作情况的量化考核，奖优罚劣，保证各项扶贫政策落到实处
2015年10月第十八届中共中央第五次全体会议	《中共中央关于制定国民经济和社会发展第十三个五年规划的建议》	1.实施精准扶贫、精准脱贫，因人因地施策，提高扶贫实效。分类扶持贫困家庭，对有劳动能力的支持发展特色产业和转移就业，对"一方水土养不起一方人"的实施扶贫搬迁，对生态特别重要和脆弱的实行生态保护扶贫，对丧失劳动能力的实施兜底性保障政策，对因病致贫的提供医疗救助保障。实行低保政策和扶贫政策衔接，对贫困人口应保尽保。 2.实施精准扶贫、精准脱贫成为共享发展理念的重要组成内容。建议提出实施精准扶贫、精准脱贫，因人因地施策，提高扶贫实效
2015年10月国务院	调整扶贫开发领导小组成员	新增了中组部、统战部、国新办等成员单位
2015年11月中央政治局	《关于打赢脱贫攻坚战的决定》	指导思想：全面贯彻落实党的十八大和十八届二中、三中、四中、五中全会精神，以邓小平理论、"三个代表"重要思想、科学发展观为指导，深入贯彻习近平总书记系列重要讲话精神，围绕"四个全面"战略布局，牢固树立并切实贯彻创新、协调、绿色、开放、共享的发展理念，充分发挥政治优势和制度优势，把精准扶贫、精准脱贫作为基本方略，坚持扶贫开发与经济社会发展相互促进，坚持精准帮扶与集中连片特殊困难地区开发紧密结合，坚持扶贫开发与生态保护并重，坚持扶贫开发与社会保障有效衔接，咬定青山不放松，采取超常规举措，拿出过硬办法，举全党全社会之力，坚决打赢脱贫攻坚战。 总体目标：到2020年，稳定实现农村贫困人口不愁吃、不愁穿，义务教育、基本医疗和住房安全有保障。实现贫困地区农民人均可支配收入增长幅度高于全国平均水平，基本公共服务主要领域指标接近全国平均水平。确保我国现行标准下农村贫困人口实现脱贫，贫困县全部摘帽，解决区域性整体贫困

续表

时间及颁布部门	精准扶贫主要政策	政策主要内容
2011年11月中央扶贫开发工作会议	中西部22个省区市党政主要负责同志向中央签署脱贫攻坚责任书	确保到2020年现行标准下农村贫困人口实现脱贫，贫困县全部摘帽，解决区域性整体贫困
2016年1月中共中央国务院	《关于落实发展新理念加快农业现代化实现全面小康目标的若干意见》	把坚持农民主体地位、增进农民福祉作为农村一切工作的出发点和落脚点，用发展新理念破解"三农"新难题，厚植农业农村发展优势，加大创新驱动力度，推进农业供给侧结构性改革，加快转变农业发展方式，保持农业稳定发展和农民持续增收，走产出高效、产品安全资源节约、环境友好的农业现代化道路，推动新型城镇化与新农村建设双轮驱动、互促共进，让广大农民平等参与现代化进程、共同分享现代化成果
2016年2月中共中央办公厅、国务院办公厅	《省级党委和政府扶贫开发工作成交考核办法》	将扶贫成效作为领导考核评价的重要依据，对于出现问题的，国务院扶贫开发领导小组将不对省级党政主要负责人约谈，情节严重的甚至要追责
2016年11月国务院扶贫办等16个部门	《关于促进电商精准扶贫的指导意见》	指导思想：全面贯彻落实党的十八大和十八届三中、四中、五中全会精神，以习近平总书记扶贫开发战略思想为指导，坚持精准扶贫、精准脱贫基本方略，以贫困县（832县）、贫困村（12.8万）和建档立卡贫困户为重点，在当地政府的推动下，引导和鼓励第三方电商企业建立电商服务平台，注重农产品上行，促进商品流通，不断提升贫困人口利用电商创业、就业能力，拓宽贫困地区特色优质农副产品销售渠道和贫困人口增收脱贫渠道，让互联网发展成果惠及更多的贫困地区和贫困人口。 总体目标：加快实施电商精准扶贫工程，逐步实现对有条件贫困地区的三重全覆盖：一是对有条件的贫困县实现电子商务进农村综合示范全覆盖；二是对有条件发展电子商务的贫困村实现电商扶贫全覆盖；三是第三方电商平台对有条件的贫困县实现电商扶贫全覆盖。贫困县形成较为完善的电商扶贫行政推进、公共服务、配套政策、网货供应、物流配送、质量标准、产品溯源、人才培养等体系。到2020年在贫困村建设电商扶贫站点6万个以上，约占全国贫困村50%左右；扶持电商扶贫示范网店4万家以上；贫困县农村电商年销售额比2016年翻两番以上

二、精准扶贫的主要机制

1. 扶持对象精准

通过建档立卡的方式将真正的贫困人口准确识别出来。从国家层面来说，需要进一步转变贫困人口的估计指标，要从单纯依靠收入和消费指标评估转变为依靠包括收入、消费、资产、健康、教育、环境等多维贫困指标进行综合评估，使贫困人口的估计情况尽可能地符合贫困地区的实际状况。从基层民主评议的角度来看，必须更加重视收入和消费因素，同时要用严格的否决性指标来排除不合格的人群(如财政供养人口、企业主、有商品住房的家庭等)，大幅度降低人为操控评估的可能性。

2. 项目安排精准

因户因人制宜，根据贫困户和贫困人口的实际需要进行有针对性的项目帮扶，在找准每个贫困家庭致贫原因的基础上进行有针对性的项目安排。根据全国建档立卡数据分析，42.1%的贫困农户因病致贫，35.5%的贫困农户因缺资金致贫，22.4%的贫困农户因缺技术致贫，16.8%的贫困农户因缺劳力致贫，疾病、缺资金、缺技术、缺劳力是目前主要的致贫原因。而且多数贫困户的致贫原因不止一个，是多个致贫因素综合作用的结果。因此，扶贫项目也必须是综合的，并且要长期和短期帮扶措施结合。如在重视贫困农户的产业发展和创收的同时，重点解决儿童的营养、健康和教育问题，阻断贫困的代际传递。

3. 资金使用精准

保证到户项目有资金支持，资金跟着精准扶贫的项目走。改革扶贫资金管理体制，并进一步加强资金的整合力度。要满足千差万别的扶贫到户的需要，就必须给予对贫困户情况更了解的地方政府在资金使用上更多的自主权。比如，扶贫资金的管理应该进一步下放到县级政府，扶贫项目和扶贫方式由县乡政府根据实际情况自主确定。

4. 措施到户精准

解决扶贫项目到不了户或到户效率差的问题。地方政府需要重点探索和建立贫困户的受益机制。在产业发展和创收方面，重点探索如何将贫困户纳入现代产业链，解决贫困农户经常面临的技术、资金、市场等方面的困难。例如，采用"公司+合作社+贫困户"的产业组织模式，利用资产收益扶贫的模式来支持建档立卡贫困户入股以获取分红收入，同时鼓励贫困户将土地流转给公司或合作社来获取稳定的土地租金，并帮助贫困户为公司或合作社打工来获取工资收入；在移民搬迁项目中，需要采用差异化的补贴政策，增加对建档立卡贫困户的建房补贴，同时通过控制建房标准来降低搬迁成本；在金融扶贫中，可以通过信贷、保险和抵押市场的综合金融改革，进一步加强贫困户获得金融服务的能力。

5. 因村派人精准

增强村级实施精准扶贫的能力。选派第一书记和驻村工作队的方式，可以在短期内大幅提高贫困村的管理水平。扶贫工作队应该将工作重点放在精准扶贫上：一是帮助村两委改进贫困户的识别方法，协助解决识别过程中容易出现的矛盾；二是协助村两委建立有效的扶贫到户机制，让贫困户真正受益;三是对村级的精准扶贫工作进行有效监督。

6. 脱贫成效精准

使扶贫成果真实可靠，扶贫工作具有可持续性。要达到脱贫成效精准，前面的"五个精准"是保障。在此基础上，还需要强化对脱贫效果的科学考核与评估，防止成果造假和贫困人口"被脱贫"现象的发生。国家统计局可以利用农户抽样调查数据每年对全国和各省总的减贫状况进行可靠的评估，但8000多万建档立卡贫困户的脱贫状况则需要通过独立的抽查方式来进行核查和评估。这就需要进一步制定明确的脱贫标准，并组织和动员社会力量参与对减贫工作的动态监测、分析和评价，确保脱贫工作收到实效。

第三节　电子商务精准扶贫内涵与机制

一、电子商务精准扶贫内涵

近年来，随着农村电子商务的迅速发展，一些研究机构与学者对电子商务扶贫进行了实践研究，中国社会科学院信息化研究中心在江苏沙集、福建兰田、浙江义乌设立了调研基地，并对农村电子商务扶贫、减贫进行了深入研究；自 2012 年以来，阿里研究院大量的涉农电子商务的研究成果充分证明了农村电子商务的发展能够提升农户参与市场的能力，实现农户自身的可持续发展，真正帮助农民反贫困。

电子商务精准扶贫是电子商务在精准扶贫领域中的具体应用，针对不同贫困区域的电子商务基础设施、不同区域产业基础、不同区域扶贫开发条件、不同贫困人口状况，运用科学有效的程序和方法对电子商务扶贫目标对象进行精准识别、精准帮扶、精准管理和精准考核，以实现电子商务扶贫的扶真贫和真扶贫目标的扶贫方式。

二、电子商务精准扶贫主要内容

1. 电子商务精准扶贫识别

通过认真分析贫困地区电子商务基础设施、发展条件及贫困人口所具备的知识技能，有效识别适合开发电子商务的地区、适合进行电子商务的项目、适合参与电子商务的贫困人口，即准备将电子商务扶贫对象识别出来，解决电子商务精准扶贫中"能否扶""何种途径扶"及"扶谁"的问题。

2. 电子商务帮扶

在识别电子商务精准扶贫的基础上，根据不同贫困区域以及不同的贫困人口在电子商务精准扶贫开发过程中存在的问题及特点，确定有效的电子商务帮扶措施，解决电子商务精准扶贫中"扶什么""谁来扶""如何扶"的问题。

3. 电子商务精准扶贫管理

电商扶贫管理贯穿于电商扶贫的全过程（如电商扶贫识别过程、电商扶贫帮扶过程等）及各方面（如电商扶贫目标对象监控、电商扶贫项目和资金监管、电商扶贫各参与主体协调、电商扶贫效果监控等），主要作用是保障电商扶贫的有效实施及其目标的实现，其解决电商扶贫中"管什么？""谁来管？""怎么管？"的问题。

三、国内电子商务精准扶贫模式

1. 电商扶贫到户模式

该模式是直接针对具备一定知识与技能的贫困农户,政府及电子商务企业作为前期投资人与后期服务者,提供政策支持、教育培训、市场接入及技术辅导等服务,对这些农户进行相应电子商务培训,将其培养成为网商,使其作为电子商务的直接参与主体加入电子商务交易平台。这一模式的优势在于贫困农户直接与终端消费者进行交易,解决农户在交易市场中的信息不对称,直接获取农产品定价权,实现自身的脱贫致富。在这种模式中,贫困居民仅仅需要提供市场所需要的产品即可,在政府、企业和社会组织提供政策、技术和教育培训方面的支持后,就可以实现自身脱贫致富能力的提升。这种模式对于贫困地区的改变一般仅仅局限在贫困居民自身经济再生产的模式上,属于经济治理的一部分,并不涉及大规模的社会治理改变。

2. 参与产业链扶贫模式

构建基于产前、生产、加工、消费的整个农业产业链的农村电子商务平台及农产品标准化信息平台,采用"龙头企业+网商经纪人+种植大户+专业协会+贫困农户"模式,开发形成产业链,利用电子商务交易平台将外部市场接入贫困地区,使得贫困地区已经建立起来的产业得以将产品销售出去,降低市场波动带来的风险,解决了产业扶贫的隐患。这种模式中,贫困居民无须自己直接面对市场的波动,降低了其因经济外部性带来的返贫风险。贫困地区也得以打造一个完善的经济产业链条,提高地区抗返贫风险的能力。从治理视域来观察,"授人以渔"的电子商务扶贫模式涉及贫困经济结构的转型,贫困治理的难度更大,治理初期的风险更高,但成效更为明显和持久,利于贫困地区社会的可持续发展。

3. 分享电商溢出效益模式

在这种模式中,电子商务将作为一个不可或缺的通道和外部推动力,实现贫困地区社会生态的变化。电子商务规模化的发展需要不断的扩充其活动空间,这就需要不断的推广其整个运转逻辑和扩充其市场生态。相应地,整个社会运转也随之为其安排更多的资源和空间,提供更为稳定的运转平台。从产业链条来观察,电子商务的有效运转需要有充足的交易产品、健全的产品供应地或工业园区、高效的物流体系和广阔的市场。这一方面会带来增加劳动力需求,另一方面则会促进基础设施建设投入的增加和社会福利供应的增加。贫困地区或贫困居民尽管并未直接或间接参与到相关的电子商务交易或企业中,但是可以从这些溢出效应中满足就业需求和提高生活质量。因此,电子商务扶贫可以利用电子商务的发展增加社会福利供应,从而增加对于贫困居民的社会福利分配,改变导致其贫困的外部社会环境,消除制约,达到社会治理的目标。贫困治理整个过程也就变成了利用电子商务来推动经济结构变化,进而促进社会环境变化,从而消除导致贫困的外部结构性因素。

知识链接

《国务院关于促进电商精准扶贫的指导意见》（国开办发〔2016〕40号）

各省、自治区、直辖市和新疆生产建设兵团扶贫、发展改革、网信、商务、工业和信息化、交通运输、人力资源社会保障、财政、农业、人民银行、银监、共青团、妇联、残联主管部门，供销合作社、邮政集团公司：

近年来，随着互联网的普及和农村基础设施的逐步完善，我国农村电子商务发展迅猛，交易量持续保持高速增长，已成为农村转变经济发展方式、优化产业结构、促进商贸流通、带动创新就业、增加农民收入的重要动力。但从总体上看，贫困地区农村电子商务发展仍处于起步阶段，电子商务基础设施建设滞后，缺乏统筹引导，电商人才稀缺，市场化程度低，缺少标准化产品，贫困群众网上交易能力较弱，影响了农村贫困人口通过电子商务就业创业和增收脱贫的步伐。

为贯彻落实《中共中央、国务院关于打赢脱贫攻坚战的决定》（中发〔2015〕34号）和国务院办公厅《关于促进农村电子商务加快发展的指导意见》（国办发〔2015〕78号）要求，进一步创新扶贫开发体制机制，将电商扶贫纳入脱贫攻坚总体部署和工作体系，实施电商扶贫工程，推动互联网创新成果与扶贫工作深度融合，带动建档立卡贫困人口增加就业和拓宽增收渠道，加快贫困地区脱贫攻坚进程。现就促进电商精准扶贫提出如下指导意见。

一、指导思想

全面贯彻落实党的十八大和十八届三中、四中、五中全会精神，以习近平总书记扶贫开发战略思想为指导，坚持精准扶贫、精准脱贫基本方略，以贫困县（832县）、贫困村（12.8万）和建档立卡贫困户为重点，在当地政府的推动下，引导和鼓励第三方电商企业建立电商服务平台，注重农产品上行，促进商品流通，不断提升贫困人口利用电商创业、就业能力，拓宽贫困地区特色优质农副产品销售渠道和贫困人口增收脱贫渠道，让互联网发展成果惠及更多的贫困地区和贫困人口。

二、总体目标

加快实施电商精准扶贫工程，逐步实现对有条件贫困地区的三重全覆盖：一是对有条件的贫困县实现电子商务进农村综合示范全覆盖；二是对有条件发展电子商务的贫困村实现电商扶贫全覆盖；三是第三方电商平台对有条件的贫困县实现电商扶贫全覆盖。贫困县形成较为完善的电商扶贫行政推进、公共服务、配套政策、网货供应、物流配送、质量标准、产品溯源、人才培养等体系。到2020年在贫困村建设电商扶贫站点6万个以上，约占全国贫困村50%左右；扶持电商扶贫示范网店4万家以上；贫困县农村电商年销售额比2016年翻两番以上。

三、基本原则

1. 政府引导、市场主导。坚持政府引导、扶持不干预、服务不包揽，充分发挥市场在农村电商资源配置中的决定性作用，培育发展贫困地区电商产业，带动贫困人口就业增收脱贫。

2. 多元平台、突出特色。选择国内较为成熟的第三方电商服务平台开展合作，结合不同电商企业发展方向和贫困地区实际情况，注重农副产品上行，突出特色、因地制宜，搭建贫困地区产品和电商平台间的桥梁。

3. 先易后难、循序渐进。对具有一定资源优势、产业和电商基础好、工作积极性较高的贫困县，可首先列入电商扶贫示范，边探索、边总结、边推广。

4. 社会参与、上下联动。整合各类扶贫资源，鼓励引导市场化电子商务平台和电子商务服务商等广泛参与，充分调动贫困群众利用电子商务、参与电子商务产业链的主动性和积极性。

5. 鼓励创新、典型引路。坚持以基层实践推动政策体系创新，及时发现和总结电商在推动精准扶贫精准脱贫方面的典型模式，总结推广一些可学习、可操作、可复制、可推广的经验。

四、主要任务

（一）加快改善贫困地区电商基础设施。深入推进电子商务进农村综合示范，重点向国家级贫困县倾斜。扎实推进贫困地区道路、互联网、电力、物流等基础设施建设，改善贫困地区电商发展基本条件。到2020年，宽带网络覆盖90%以上的贫困村，80%以上的贫困村有信息服务站。加强交通运输、商贸、农业、供销、邮政等农村物流基础设施共享衔接，推进县、乡、村三级农村物流配送网络建设，加快贫困地区县城老旧公路客运站改造，推动有条件的贫困村客运场站信息化建设，提升电商小件快运服务能力。推进电信普遍服务试点工作，大力实施信息进村入户工程。（工业和信息化部、财政部、发展改革委、农业部、商务部、交通运输部、邮政集团公司、供销合作总社按职能分头负责）

（二）促进贫困地区特色产业发展。结合贫困村、建档立卡贫困户脱贫规划，确立特色产业和主导产品，推动"名特优新""三品一标""一村一品"农产品和休闲农业上网营销。制定适应电子商务的农产品质量、分等分级、产品包装、业务规范等标准，推进扶贫产业标准化、规模化、品牌化。扶持一批辐射带动能力强的新型农业经营主体，培育一批农村电子商务示范县、示范企业和示范合作社。对农产品质量安全检验检测、产地认证、质量追溯、田头集货、产地预冷、冷藏保鲜、分级包装、冷链物流设施等方面给予支持。（农业部、扶贫办、发展改革委、中央网信办、供销合作总社等负责，列第一位的为牵头单位，下同）

（三）加大贫困地区电商人才培训。以精准扶贫为目标，针对建档立卡贫困户、电商创业脱贫带头人、农村青年致富带头人、村级信息员和残疾人专职委员等，制订电商培训计划。整合各类培训资源开展电商扶贫培训，到2020年已完成1000万人次以上电商知识和技能培训，培养100万名以上农村青年电商高端人才，实现每个贫困村至少有1名电商扶贫高级人才，形成一支懂信息技术、会电商经营、能带动脱贫的本土电商扶贫队伍。建立贫困学员档案，跟踪贫困人口电商就业创业进展和需求，及时对接后续服务。（扶贫办、各部委系统组织）

（四）鼓励建档立卡贫困户依托电商就业创业。为符合条件的贫困地区高校毕业生、返乡创业农民工和网络商户等发展电子商务提供创业担保贷款，支持贫困村青年、妇女、残疾人依托电子商务就业创业。实施农村青年电商培育工程，支持和指导返乡大学生、青年农民工、大学生村官和农村青年致富带头人通过电商创业就业。结合"巾帼脱贫行动"，扶持贫困妇女参加电商培训，挖掘自身特长，灵活就业创业。发展适合贫困残疾人的电商产业，扶持一批电商助残基地，实施电商助残扶贫行动。组织开展返乡创业试点，积极调动市场资源对接贫困试点地区。（人力资源社会保障部、人民银行、共青团中央、全国妇联、

中国残联、发展改革委负责）

（五）支持电商扶贫服务体系建设。动员有志于扶贫事业的电商企业，搭建贫困地区产品销售网络平台和电商服务平台。支持银行业金融机构和非银行支付机构研发满足贫困地区电子商务发展需求的网上支付、手机支付等产品，加快贫困村村级电商服务点、助农取款服务点建设。鼓励贫困县成立电商扶贫协会等社会组织，为农村群众特别是贫困户提供产品集货、分级包装、品牌营销、物流配送、售后保障等服务，提高应对市场的能力；完善中国邮政县乡仓储中心布局；鼓励支持跨境电商发展。（扶贫办、商务部、人民银行、邮政集团公司、供销合作总社负责）

（六）推进电商扶贫示范网店建设。加快贫困村电商扶贫村级站点建设，重点打造4万家电商扶贫示范网店，通过贫困农户创业型、能人大户引领型、龙头企业带动型、乡村干部服务型等多种建设模式，完善电商扶贫示范网店与建档立卡贫困户利益联结机制，以保护价优先收购、销售贫困户农特产品，并义务为建档立卡贫困户提供代购生产生活资料、代办缴费购票等业务，形成"一店带多户""一店带一村"的网店带贫模式。中国邮政计划到2020年建成50万个邮乐购站点，实现自有网点对贫困县全覆盖、对有条件的贫困村全覆盖。（扶贫办、邮政集团公司、供销合作总社负责）

（七）整合资源，对基层传统网点实施信息化改造升级。加快全国信息进村入户村级信息服务站建设，支持贫困地区"万村千乡"农家店、邮政、供销合作社、快递网点、村邮站和村级综合服务中心（社）信息化改造，拓展经营服务内容，在提供便民超市、农资代销等传统服务的基础上，增加网上代购代售新型服务功能。（商务部、中央网信办、农业部、邮政集团公司、供销合作总社负责）

（八）加强东西部电商扶贫产业对接协作。充分利用东西部扶贫协作工作平台，深化东西部电商产业交流合作。东部省市帮助扶贫协作省份贫困地区建设一批扶贫产业基地，培育一批扶贫龙头企业和合作社，引进一批有扶贫意愿的优质电商企业，组织一批贫困人口通过参与电商扶贫产业链环节增收。贫困地区要充分利用本地劳动力、土地、资源等优势，主动配合做好电商扶贫产业对接协作，承接东部发达地区电商产业转移，支持建立东西部电商扶贫产业对接协作联盟。（发展改革委、扶贫办、商务部、中央网信办负责）

（九）动员社会各界开展消费扶贫活动。以每年扶贫日为时间节点，组织有关电商企业和网络平台，共同举办"邀您一起来网购"等消费扶贫体验活动，集中购买贫困地区土特产品，培育全社会消费扶贫意识，逐步形成电商扶贫的品牌产品、品牌企业。加强贫困地区优质特色农产品、民族手工艺品、休闲农业的宣传推介，鼓励支持电商平台常年开展富有特色的网购活动，共同营造消费扶贫的良好氛围。（扶贫办、中央网信办、农业部、商务部负责）

五、保障措施

（一）加强组织领导。成立由国务院扶贫办、国家发展改革委、中央网信办、商务部、工业和信息化部、交通运输部、人力资源和社会保障部、财政部、农业部、中国人民银行、银监会、共青团中央、全国妇联、中国残联、供销合作总社、邮政集团公司等部门组成的联络工作小组，下设办公室，负责推进电商精准扶贫具体工作。各省要根据脱贫攻坚整体规划和农村电子商务发展实际，切实加强组织领导，分解任务、细化措施、精心组织，指导督促市县抓好落实，努力提高电商精准扶贫成效。

（二）加大扶持力度。贫困县政府可根据当地脱贫攻坚实际，统筹使用各渠道资金支持电商精准扶贫工作，采取以奖代补、政府购买服务等方式，扶持贫困村电商服务站点建设、电商扶贫示范网店建设、特色产业基地建设、电商扶贫人才培养、县乡村农村物流配送体系、仓储配送中心建设、宣传推广等。探索实施土地、科技园区等优惠政策，落实税收相关优惠政策。发挥支农再贷款、扶贫再贷款、再贴现等多种货币政策工具的作用，引导银行业金融机构加大对电商扶贫企业和建档立卡贫困户的信贷投入。各金融机构要推进落实扶贫小额信贷、创业担保贷款、康复扶贫贷款等政策和产品，提高各项贷款产品的覆盖面。

（三）强化社会扶贫合力。商务、农业、邮政、供销等各部门资源重点向电商扶贫示范试点地区倾斜。充分利用各大电商企业"电商下乡"渠道下沉的时机，引导和推动他们在贫困村布局网点。贫困地区要整合各级帮扶力量，充分发挥东西部扶贫协作、定点扶贫等挂职干部和第一书记、驻村工作队、大学生村官等人才作用，把电商扶贫工作作为重要职责和绩效考核的重要内容。

（四）营造良好氛围。充分利用报纸、电视、广播和网络等各种媒体，特别是微博、微信等新媒体，加大对电商扶贫工程的宣传力度，营造电商扶贫的浓厚舆论氛围。及时总结和宣传推广电商扶贫工作中涌现出来的好经验、好典型、好做法，适时召开电商扶贫工程现场会，定期举办电商扶贫论坛，对表现突出的电商扶贫企业和个人推荐到全国层面表彰。

第四节　农村电子商务精准扶贫路径举措

根据《2015年国民经济和社会发展统计公报》显示，2015年我国农村贫困人口5575万人。传统扶贫存在的问题是没有针对农村贫困户这一微观层面设计相应的扶贫机制，以政府为主导的扶贫项目与贫困户实际需求脱节，扶贫精准度下降。作为互联网和实体经济深度融合的电子商务，能够有效解决农业小生产与现代市场经济大流通之间的矛盾，推动着整个农业产业链的优化，从而实现农村经济发展与农民增收，这些都为精准扶贫工作带来新的机遇。2016年11月，国务院扶贫办等16个部门联合发布《关于促进电商精准扶贫的指导意见》，意见指出要实施电商扶贫工程，推动互联网创新成果与扶贫工作深度融合，拓宽贫困地区优质农副产品销售渠道与贫困人口增收渠道，促进农村精准扶贫。总的来看，电子商务与农村精准扶贫两个领域的研究方兴未艾，既是理论研究的重要课题，也是农村经济发展实践的迫切需要，尤其是在当前供给侧改革背景下，我国农业产业发展需要发展新动能、进一步提升内生增长动力，进而促进农村贫困人口尽快脱贫，促进社会和谐发展。

一、模式

努力探索出一种"政-产-研-介"四方紧密结合的新模式。

政（政府机构及服务部门）：参与建立电子商务平台；制定完善实施农业电子商务的相关规则；构建良好的电子商务外部环境。

产（贫困农户、涉农企业、农业科技专家大院、良种繁育中心、无公害基地等）：交易主体，利用平台进行农产品、农资的买卖和信息交流。

研（不同区域的科研院所、研究中心、高等院校）：负责提供技术支持并进行人才培养。

介（供销社、农产品市场经纪人、农产品市场、专业合作经济组织、物流公司、银行、认证中心、各地农业信息中心等）：配合农业电子商务提供增值服务。

二、实施内容

1. 政府

在初期，进行网络基础设施建设，进行网络节点的布设，实现乡镇以上的网络互联；同时建设 CA 体系、支付体系、物流体系等支撑体系。基础设施建设完成后，引导贫困农户使用已建成的电子商务平台，进行法律法规的制定，保障电子商务活动的稳定进行。在成熟阶段，完善网络体系和法律法规建设，保障贫困地区三农电子商务稳定快速的发展。

2. 企业

在初期，简单上网，收集信息，创造必要的上网条件，实现在网络上寻找商机及发布信息。发展到中期时，建立网络品牌，进行域名和网站建设，通过自建网站的形式推出自有品牌。到成熟时期，完善企业网站，利用企业外部环境（包括 CA 认证体系、物流体系等）实现三农企业的完全电子商务交易活动。

3. 贫困农户

在初期，开始初级的发布和获取供求信息工作。中期，开始进行网上农产品交易，签订网上合同，根据实际情况决定是否采用 CA 认证及电子支付。在成熟阶段，学习完全电子商务概念，对电子商务完全信任，进行完整的电子商务活动。

4. 中介

在初期，提供初步的供求信息获取与发布平台，进行电子商务知识培训和宣传。中期开发并使用支付平台和 CA 平台，完善物流体系，为农民提供进行电子商务活动的环境。成熟期形成一整套包括信息、支付、信用和物流在内的完善的电子商务平台，为农民进行完全电子商务活动提供平台支持。

5. 高等院所及研究机构

在初期，对政府的基础设施建设，企业上网，在农民中普及电子商务知识等提供智力支持，同时提供电子商务人才的输出。中期进行网上交易活动的培训，培养一批能独立从事电子商务交易活动的新农民。为政府的法律法规的制定提供智力支持。成熟期协助政府完善电子商务交易环境，为农民提供培训，为当地提供中高级电子商务人才，为当地农业电子商务发展提供进一步的智力支持。

三、总体规划

对于适合进行电子商务精准扶贫的贫困地区,首先应该做好总体规划工作,即实现农业全方位的信息化,建立农产品贸易电子商务化的硬件基础。规划的重点在于引导各农产品生产、销售、供应企业突出发展重点,因地制宜,充分发挥特色农产品的比较优势,避免一哄而起和盲目追风。要从政策上和法律上保障农产品电子商务的安全实施。

1. 突出重点,带动全局

优先发展对农产品信息化建设影响最大的基础性和关键性信息化工程。认真分析不同区域农产品信息化建设中的制约因素,并努力加以解决,并通过重点支持和发展具有发展潜力的龙头企业信息化,形成辐射效应,逐渐形成规模,以推动不同区域的龙头企业信息化建设进程。

2. 分阶段、分层次进行农产品市场信息资源建设

农产品市场信息资源建设应本着先易后难、分阶段、分层次、分轻重缓急逐步进行,边建设边应用,以应用促发展的原则。立足现有信息资源的基本框架,通过分阶段扩充、改造、完善、优化、整合的方式进行。农业信息基础设施的建设,也必须分步进行。初期由政府加大投入,搭建信息网络平台,进行免费的信息发布和查询;中后期必须考虑利用农产品电子商务平台实现营利目的,可以通过会员注册等方式实现信息查询、交易匹配等,从而收回早期的投入,并逐渐实现赢利。

3. 加长农业产业链

通过加长产业链,发展劳动密集型的农产品加工业,向前延伸,把众多的农户组织起来,形成规模化、标准化生产基地;向后延伸,建立市场营销网络,推进农业产加销一体经营,由此逐步把小规模集合成大产业,把小生产连接到大市场。区域信息中心的建立和优势农产品的区域布局一致,形成区域局域网;再通过互联网实现与省信息中心乃至全国信息中心相连,直至融入世界网络,达到信息共享。由此,特色农产品区域内的市场信息可通过网络迅速传遍全国乃至世界。世界各地的信息、国内信息也可很快传到各区域信息中心,再通过网络、电视、广播等公共传播媒体及农村信息员等渠道向最基层的农户扩散。还必须依托区域性物流中心,积极发展外向型经济。通过股份制改造和资产重组,引进现代物流管理技术和设备,组建企业集团,逐步形成各自的市内物流配送中心和特色农产品区域物流中心。在农产品物流中心的建设上,突出特色,防止结构雷同。通过重要交通干线的联结,实现各物流中心的优势互补,增强沿线地区物流的整体实力和竞争力,拉动沿线经济低谷地区的经济增长。

5. 发展特色农产品电子商务

从特色农产品电子商务入手,建设一系列三农电子商务项目,培养一大批能从事农业

电子商务策划、推广及管理的人才。最终通过三农产品电子商务的发展，整合第一产业、第二产业和第三产业，形成新的经济增长点；整合各方资源，从制度安排、技术普及、模式创新、机制完善四个方面入手推动我国三农电子商务的发展。

四、总框架

根据以上需求分析，按照电子商务的内在机理，可以将不同区域特色农产品电子商务平台用下面的总框架来表示。

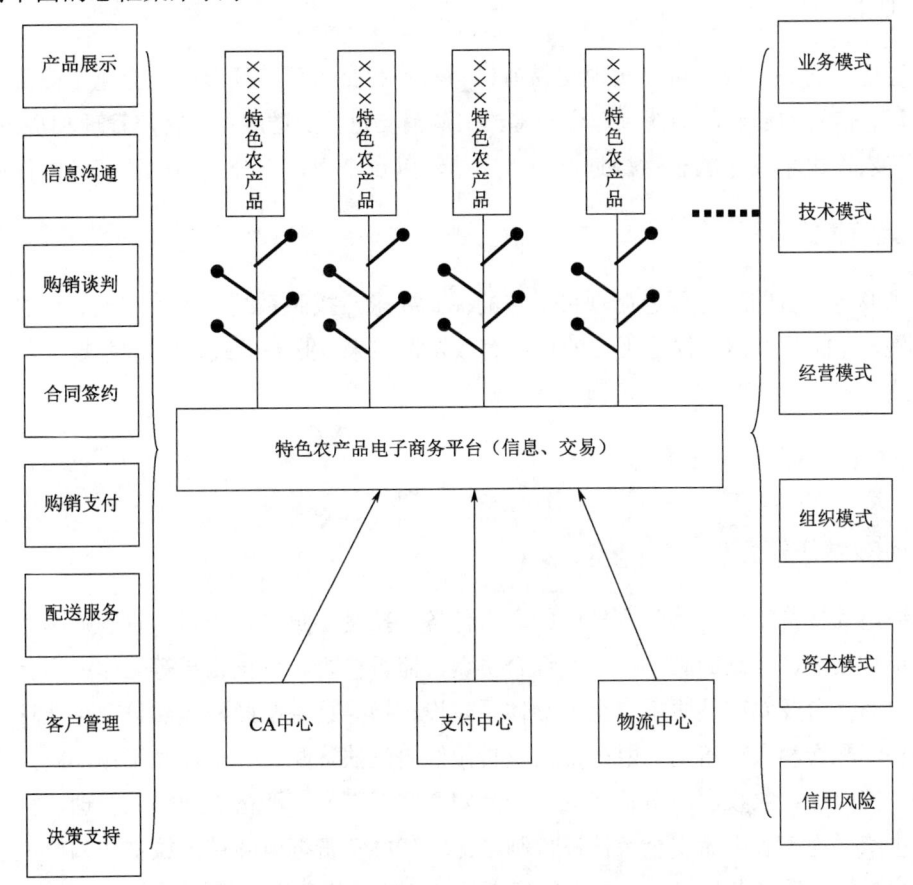

总框架中，电子商务平台要满足信息交流和交易实现两方面的需求，可以从四个方面进行阐述。

1. 产品

结合不同区域的具体情况，选择总量上具有规模优势、市场上形成一定知名度的特色农产品，同时考虑农业生产资料（农业机械、化肥、种子等）的交易。运行一段时间后可以扩充产品范围，增加产品种类。

2. 配套环境

不同区域特色农产品电子商务平台运行在良好的外部配套环境中，包括 CA 中心、支付中心和物流中心。平台与这些配套设施中心通过相应网关等设备对接。考虑具体情况，CA 中心也可以自建，以确保较高的信用水平，降低风险；支付环节通过银行网关来完成，可以加快资金流通速度，提高资金运作效率，降低资本使用成本；物流需要与交通、运输、配送等企业联系，为了节约成本，本平台不直接承担物流，而可以通过物流配送信息来提供增值服务，为买卖双方提供第三方物流公司的信息，由于买卖方和第三方物流公司都是平台的安全会员，所以可以进行有效匹配，实现多方共赢。

3. 功能

通过电子商务平台，可以实现交易前、交易中和交易后各环节的完全电子商务，包括产品展示、信息沟通、购销谈判、合同签约、购销支付、配送服务、客户管理和决策支持。按照"三农"电子商务的总体规划，分步实施，以点带面，充分发挥电子商务的作用。

4. 运行模式

电子商务平台的运行要遵循项目运作的模式要求，按照系统工程的方式进行思维、开发和实施，才能从整体上保证平台的作用有效发挥出来。业务模式、技术模式、经营模式、管理模式、资本模式和信用风险模式等，缺一不可。

五、电子商务精准扶贫方案

1. 明确责任分工

围绕电商扶贫工作，落实各部门的职责任务。扶贫办负责贫困村、贫困户基本情况、需求清单和规划、计划的制订，以及综合协调、监督检查、考核指导等工作；商务部门负责做好电商平台及农产品质量安全追溯体系建设、指导县乡电商网点建设及企业培育、协调做好物流配送和人员培训；财政部门负责做好电商扶贫配套资金保障工作，制定出台财政奖励扶持办法；农牧部门负责建立农产品安全监管制度，严格农业投入管理，推进农业标准化生产，完善农产品安全考核评价制度；农工办负责把电商精准扶贫作为单位包村和干部包户的一项重要帮扶措施，纳入年度考核；工信部门负责做好协调电信、移动、联通、广电网络等企业在贫困村的建设工作；工商、质监、食药监部门负责做好网上销售产品的资质认证、质量安全监管和诚信体系建设，加大网络市场监管力度等工作；邮政部门要充分发挥为乡村邮政站、点的功能，服务电商工作。

2. 搭建电子商务平台

建成"特色中国·××馆"，搭建县级展示平台，入驻本地电商企业 20 家，满足当地电商企业、网店经营者创业服务需求，成为当地特色产品、资源展示、销售窗口的平台。建成乡镇、街道办电子商务服务站，每个服务站设立运营服务、展览展示、培训等场地，提供产品整合、销售信息、技术指导、代运营等服务，配备投影仪、打印机、办公桌椅和 LED 电子宣传牌等。采取"点店结合、以店带点"的办法，鼓励扶持电商企业、网店经营者、"万村千乡市场工程"农家店在贫困村建设村级电商服务点，全县共建成贫困村电商服务点，每个贫困村电子商务服务点设有办公运营、产品存放等场地，开办网店，提供代销代购、信息查询、缴费等便民服务。依托县内农产品龙头企业，乡村邮政网点、快递公司等做好当地农产品基地及产品供应、订单处理、产品包装、包裹寄递等增值服务，健全电商物流服务链，实现"消费品下乡和"农产品进城"双向流通功能。

3. 壮大网店规模

因地制宜，因户施策，多形式、多方法扩大网店经营规模，充分发挥电子商务协会的作用，采取教育培训、资源投入、市场对接、提供技术服务等方式方法，帮助贫困户开办网店、销售农产品。对暂时不具备开办网店条件的贫困村，鼓励个体工商户、下岗失业人员、大学生村官、未就业大学生、农村致富带头人和贫困村在校大学生在乡镇服务站或社区开设扶贫网店，代销农产品。

4. 培育网络品牌培育

围绕不同区域的特色产品、名优小吃和文化旅游产品，培育特色品牌，鼓励支持龙头企业、家庭农场、合作组织，申报认证"地标保护""绿色""有机""无公害"等资质。对特色农产品生产、加工、包装、销售的龙头企业要进行认证挂牌管理和扶持。

5. 做好贫困农户技能培训

以县、乡为主体，做好电商扶贫的系统培训和专项培训。把电商扶贫培训列入年度计划，加大培训力度。采取"走出去"与"请进来"、课堂教学与现场观摩、专家理论和网上创业成功者现身说法相结合的方式开展高质、高效、专业的培训，重点对网上开店、网店装修、客服、运营推广、产品拍照美化及店铺管理维护工具等操作技能进行培训，确保每个贫困村有一些能够熟练掌握电子商务销售流程，并能独立运用电子商务平台开展业务的电商应用人才和信息员。

6. 加强金融服务支撑

将电商扶贫纳入小额信贷支持范围，对开办网店、从事网货生产销售的贫困户和带动贫困户生产销售网货产品、带动效果明显（以销售贫困户产品为主）的企业和网店，予以免抵押、免担保、5万元以下、3年以内的小额信贷支持。鼓励农村信用社、农村商业银行在贫困乡镇设立服务网店，村设立金融服务代办点，改善农村网点支付、结算等金融服务条件。

7. 建立考核评价体系

把电商精准扶贫纳入全县扶贫考核体系，与其他扶贫工作同安排、同部署、同检查、同考核、同奖惩。围绕建设目标，建立电商扶贫统计通报制度，重点考核网店数、销售量、交易额及带动贫困村、贫困户外销农特产品，以及帮助贫困户增收脱贫的情况。